国家出版基金项目
NATIONAL PUBLICATION FOUNDATION

丝绸之路经济带——新疆与中亚研究丛书

乾隆帝与新疆

周 轩 吴轶群 著

商务印书馆国际有限公司
世界图书出版公司

图书在版编目（CIP）数据

乾隆帝与新疆 / 周轩，吴轶群著. -- 北京：商务印书馆国际有限公司；西安：世界图书出版西安有限公司，2021.7

（丝绸之路经济带：新疆与中亚研究丛书）

ISBN 978-7-5176-0761-8

Ⅰ. ①乾… Ⅱ. ①周… ②吴… Ⅲ. ①地方政府－行政管理－研究－新疆－清代 Ⅳ. ①D691.22

中国版本图书馆CIP数据核字（2021）第112249号

QIANLONGDI YU XINJIANG

乾隆帝与新疆

著　　者	周轩　吴轶群
出版发行	商务印书馆国际有限公司 世界图书出版西安有限公司
地　　址	北京市朝阳区吉庆里14号楼 佳汇国际中心A座12层
邮　　编	100020
电　　话	010-65592876（编校部） 010-65598498（市场营销部）
网　　址	www.cpi1993.com
印　　刷	北京中科印刷有限公司
开　　本	710mm × 1000mm　1/16
字　　数	300千字
印　　张	22
版　　次	2021年7月第1版第1次印刷
书　　号	ISBN 978-7-5176-0761-8
定　　价	90.00元

目录

第一章

回首清朝新疆的历史与文化

众所周知，清朝是距我们今天最近的封建王朝，清朝历史上发生的许多事件，都与今天息息相关。研究清朝的历史，不仅有理论的、历史的意义，更有重大的现实意义。清朝新疆史，是一部新疆在汉、唐、元等朝之后继续归于祖国完成统一的历史，是一部各族人民共同开发建设和保卫祖国边疆、抗击外来侵略的历史，也是一部清朝中央王朝治理新疆的兴衰史，给后人留下一份极其珍贵的历史遗产。一个国家和民族，必须要从历史中认识自己，从中汲取经验和教训、智慧和力量，而绝不可以忘记过去。

一、清朝新疆历史上的重大事件

近代思想家魏源在《圣武记》中这样评价康雍乾三朝统一西域及开创盛世的历史作用："圣祖菑之，世宗畬之，高宗获之。"在准噶尔历时近十年的内讧残杀、经济凋敝、人心离散，各部纷纷归附清朝请求出兵讨伐的情况下，乾隆帝决定不失时机地平定准噶尔。但雍正年间的和通泊之败，使满朝大臣余悸尚存，只有大学士傅恒一人赞成出师伊犁。乾隆帝为了完成先辈两朝未竟之志，为了归顺部众的长远安置，力排众议，亲自谋划。两路大军有征无战，长驱直入，取得格登山大捷，第一次平准之役胜利结束。乾隆帝宽大怀柔，将押解入京的达瓦齐赦免，封为亲王，留居京城，并决定在格登山立碑纪功。肯定平定准噶尔的意义在于它不仅是汉唐统一与治理新疆的延续，还是清朝开始统辖天山南北的标志。

乾隆帝朝服像

胜利似乎来得太容易了。乾隆帝还作诗告诫自己不要忘乎所以，自满将招致损失。其实阿睦尔撒纳的降清并非出于真诚，他本想利用清军击败达瓦齐后，自立为汗。清朝大臣中有人持怀疑态度，提出防范，受到乾隆帝的严厉斥责。出师前，投清的原准噶尔部骁将玛木特曾经劝谏："阿睦尔撒纳，豺狼也，虽降，不可往，往必为殃。”但乾隆帝不以为然，反而听信阿睦尔撒纳之言，对玛木特采取不信任的态度。当时准噶尔土崩瓦解已是大势所趋，平定准噶尔并非缺了阿睦尔撒纳就不行。正是由于乾隆帝过分倚重他，以致听不得大臣的意见，将阿睦尔撒纳放虎归山，最终酿成大乱。

伊犁昭苏县边境的格登碑

清军初定伊犁后，因该地无粮，大兵不能久留，乾隆帝旋命撤离，留定北将军班第、参赞大臣鄂容安等率五百士兵驻守伊犁，结果，因力量单薄、孤悬边塞，给了阿睦尔撒纳发动叛乱的机会。乾隆帝密令班第相机行事，即于军中正法，勿贻后患。但班第因身边兵少，不敢贸然下手。班第、鄂容安最终捐躯伊犁。令乾隆帝没有想到的是，他过分倚重的阿睦尔撒纳成了叛首，而他怀疑的玛木特倒成了反对叛乱的不屈烈士。

清军再次出兵收复伊犁。追剿中，参赞大臣玉保听说阿睦尔撒纳已被擒获，派人报告。定西将军策楞未辨真伪，立即红旗报捷。乾隆帝非常高兴，宣示军务告竣并封赏诸将，各省督抚亦纷纷奏折祝贺。不料这是假消息。乾隆帝空欢喜一场，下令将策楞、玉保革职，拿解来京。两人在押解赴京途中被叛军杀害。阿睦尔撒纳逃入哈萨克。清军侦知其仅在二三里外，正欲进击。阿睦尔撒纳又派人哄骗，说哈萨克首领阿布赉赶到后就擒献阿睦尔撒纳。定西将军达尔党阿信以为真，又怕与哈萨克失和，遂制止士兵前进，致使阿睦尔撒纳再次逃脱。达尔党阿亦被革职解京。阿睦尔撒纳的叛乱与狡诈、当地部落轻视清军而反叛，加深了乾隆帝对准噶尔人的成见，使其认为准噶尔人反复无常，不可信任。

乾隆二十二年(1757)五月底，清军穷追阿睦尔撒纳进入哈萨克境内。阿睦尔撒纳于七月逃往沙俄，八月病死。乾隆帝命理藩院再三照会，援引条约，要求引渡。沙俄见其人已死，亦无利用价值，遂将其尸体运至中俄边界恰克图，交清朝官员验视。阿睦尔撒纳的败死，标志着平定准噶尔的胜利结束。

乾隆二十三年(1758)初，清朝平定准噶尔大局已定，立即调派满汉官兵南下，讨伐大小和卓。清军初次平定准噶尔时，被拘禁在伊犁的大小和卓也获得解救，表示归顺，愿为清廷效力。当时无论乾隆帝还是清军将领都对南疆形势茫无所知，他们未经认真调查和慎重考虑，对统治南疆的黑山派视而不见，盲目支持白山派大小和卓在争夺统治权的斗争中取胜，酿成日后的苦果。清廷原想利用大小和卓的影响，去招抚维吾尔族群众，和平统一南疆。没想到大小和卓负恩背德，杀害清军副都统阿敏道等百人和不肯附和的库车阿奇木伯克鄂对的家属，以狂热的宗教宣传蛊惑信众叛乱。

五月，清军围攻库车。小和卓率数千人来援。清军在库车以东的托和鼐(今托和乃)设伏歼敌二千四百人，取得首战的胜利。小和卓只率八百人进入库车城。清军如严密围困，一举聚歼，南疆可不战而定。但靖逆将军雅尔哈善昏庸无能，使小和卓逃逸，三个月只得一空城。乾隆帝悔恨自己用人不当，将雅尔哈善等问罪正法，改命定边将军兆惠、副将军富德迅速进兵。

虽然库车之战失机，但清朝显示出了军事实力和平叛决心。越来越多的维吾尔族首领和民众不愿追随大小和卓作乱。在库车被占领之后，阿克苏守将随即投诚。曾经擒献达瓦齐的乌什首领霍集斯也派人迎接清军入城。

兆惠于十月六日进抵叶尔羌(今莎车)城下，小和卓在此坚壁清野，进行固守，与驻守喀什噶尔的大和卓作掎角之势。三千清军陷入重围，在黑水河畔结营固守三个月。

乾隆二十四年(1759)初，清军大部队由阿克苏星夜奔驰赴援。行至呼尔璊(今巴楚县阿克萨克马热勒乡)，遇小和卓霍集占所派五千人在此截击。清军激战四昼夜，杀敌千余人。前来助战的大和卓肋间受伤，与小和卓各自逃回城中。九日,黑水之围解除。乾隆帝有诗赞叹黑水营孤军固守三个月、终能化险为夷的奇迹。

黑水营解围之后,清军撤回阿克苏休整。是年夏,三万大军出征。兆惠由乌什进攻喀什噶尔,富德则先支援归降的和田地区,随后攻打叶尔羌。大小和卓不敢迎战,劫持民众和牲畜,于清军到达前二十天向西逃窜。大和卓于六月二十七日逃离喀什噶尔,小和卓于闰六月二日逃离叶尔羌,两路会合后,即由今阿克陶向帕米尔高原窜去。清军兵不血刃地进入二城,所至处民众望风归附。南疆的社会秩序很快安定下来。

乾隆帝严令务必抓获首犯,清军紧追不舍,在霍斯库鲁克(今新疆阿克陶县邻近的塔吉克斯坦东北部的哈尔古什)、阿尔楚尔(今塔吉克斯坦东北部的阿尔楚尔山)、伊西洱库尔淖尔(今塔吉克斯坦的雅什库里湖),三战三捷,最后竖旗招降,敌阵纷纷来投。乾隆帝御制《平定回部勒铭伊西洱库尔淖尔之碑》以纪念胜利(此碑现藏塔什干博物馆)。

八月,大小和卓败逃进入拔达克山(今阿富汗东部巴达克山),因穷凶极恶被其汗素尔坦沙所杀,后者遂上表清朝归附,献上小和卓首级。

《乾隆西域战图》之十四《平定回部献俘》

清朝两征准噶尔、一定回部,统一天山南北的战争历时五年,至此大功告成。其中有乾隆帝的运筹帷幄,数万将士的浴血奋战,还有各地首领和各族民众的支持。战后被列入平定西域紫光阁百名功臣的六名维吾尔族地方首领,依次是吐鲁番的额敏和卓、乌什的霍集斯、库车的鄂对、哈密的玉素甫、和阗(今和田)的阿什默特、喀什噶尔的噶尔默特。而百名功臣中,竟有二十六人捐躯天山南北的沙场,可见战争之惨烈,代价之沉重。

清朝经过康雍乾三朝的努力,终于完成统一新疆的大业。尽管历尽曲折,付出沉重的历史代价,但其积极进步意义,还是应当给予充分的肯定。

二、清朝与周边部落的关系

清朝平定准噶尔及大小和卓的叛乱,与周边诸部落的前途命运息息相关,妥善处理与周边诸部落的关系,不仅对清朝,而且对周边诸部落都非常重要。周边诸部落一度对清朝产生疑虑和戒心,是可以理解的。在此期间,清朝显示了强大的武力,但没有滥用武力,它以强大的军事实力为后盾,加以积极的外交斡旋,使周边诸部落哈萨克、布鲁特、塔什干、霍罕(今写作浩罕)、安集延、拔达克山等望风归附,积极协助平叛和擒拿首凶。同时,周边部落首领的归附,给部落和民众都带来了福音。

清朝平定阿睦尔撒纳之乱,游牧楚河、塔拉斯河、伊塞克湖一带的东布鲁特五部归属清朝;在平定大小和卓叛乱中,西布鲁特十五部归属清朝。清朝将天山南北的布鲁特人分为东西两部分,其中东布鲁特由伊犁将军下属的领队大臣管辖,西布鲁特归喀什噶尔参赞大臣管辖。清朝对布鲁特各部头人按其职位赏给二至七品顶戴。对每年进贡的马匹,给以超值的绸缎赏赐。每年派员巡视,稽查约束。免征土地税,贸易税率比内地商人减少三分之一,以示优待。清朝与哈萨克、布鲁特的关系,不仅有乾隆帝的诗文、有大量的历史档案和文物为证,还有画作《哈萨克贡马图》《丛薄行诗意图》《乾隆帝戎装骑马大阅图》等直观而生动地反映了这段历史。

《皇清职贡图》卷表现的维吾尔族人、哈萨克人、布鲁特人、拔达克山人等的形象

乾隆帝统一新疆之后，随着社会的稳定和经济的发展，新疆与周边相邻部落的通市交往也呈现出繁荣盛况。在准噶尔时期，南疆维吾尔族只与布鲁特贸易，北疆准噶尔只与哈萨克贸易。而在乾嘉时期，每年三至九月，布鲁特人、哈萨克人都赶着大批马匹牲畜到伊犁各城交换布匹、绸缎、茶叶等生活物资。嘉庆初年流放伊犁的著名学者洪亮吉在《伊犁纪事诗》中描写贸易盛况说："谁跨明驼天半回，传呼布鲁特人来。牛羊十万鞭驱至，三日城西路不开。"乾隆年间的官员椿园也在《西域闻见录》中记载了南疆与周边相邻部落的通市交往情况。阿克苏北通伊犁，南通喀什噶尔与叶尔羌，东至吐鲁番，所以"内地商民，外藩贸易，鳞集星萃，街市纷纭，每逢巴扎会期，摩肩雨汗，货如雾拥"。叶尔羌一地，"中国商贾，山陕江浙之人，不辞险远，货贩其地。而外藩之人如安集延、退摆特（拉达克，今列城）、郭酣（霍罕）、克什米尔等处，皆来贸易。巴扎尔街长十里，每当会期，货若云屯，人如蜂聚，奇珍异宝，往往有之。牲畜果品，尤不可枚举"。

其中值得提及的是通过朝贡和通市交往进入清宫的痕都斯坦玉器，设计精美，磨琢圆润，深受乾隆帝的喜爱，此类玉器进入清宫后，不少被造办处加刻了年款和乾隆帝的御制诗。痕都斯坦玉器及乾隆帝的诗作，是清朝与周边部落经济文化友好交往的有力实证。

乾隆帝在统一新疆、处理涉外事务时，坚持灵活务实的外交策略，秉持与邻为善、和平共处的态度，谋求睦邻友好，边境安宁，由此产生了良好效果，展现出一幅与中亚友好交往的图景。

三、康雍乾三帝与土尔扈特部

在清朝统一西域十二年之后，乾隆三十六年（1771），西迁游牧于伏尔加河近一个半世纪的中国土尔扈特蒙古部落，由于怀念故土的历史因素、不同宗教的文化因素、心系祖国的政治因素、反抗沙俄的民族因素的相互激荡，在首领渥巴锡、策伯克多尔济等人率领下，近十七万人毅然举部东归，历尽千辛万苦，只有七万人抵达伊犁，付出巨大的牺牲，终于重返祖国。这成为当时震惊世界的大事件。

渥巴锡画像

策伯克多尔济画像

新疆档案馆珍藏了康雍乾三帝给土尔扈特部首领的敕书。《康熙帝谕阿玉奇汗敕书》，是康熙五十一年(1712)五月二十日写给远居伏尔加河畔土尔扈特汗阿玉奇的谕旨;《雍正帝谕土尔扈特汗敕书》，是雍正七年(1729)五月十八日写给远居伏尔加河畔土尔扈特汗王的谕旨;《乾隆帝谕渥巴锡、策伯克多尔济、舍楞敕书》，是乾隆三十六年(1771)六月二十日写给率部从伏尔加河畔回到伊犁的土尔扈特首领渥巴锡、策伯克多尔济、舍楞的谕旨。乾隆帝指示六百里加急驰递，十几天后即递交到正在朝觐途中的渥巴锡等人手中。康熙帝与雍正帝的敕书，从写成到送达都是历时两年;而乾隆帝的敕书，从写成到送达只用了十几天的时间，相比之下，前者可谓迟缓，后者可谓神速。

这三份谕旨，串联起清代的康熙、雍正、乾隆三位皇帝，是三位皇帝与一个部落的缩影。从文辞来说，《康熙帝谕阿玉奇汗敕书》最客气，《雍正帝谕土尔扈特汗敕书》最简短，《乾隆帝谕渥巴锡、策伯克多尔济、舍楞敕书》最清晰。这三份谕旨中，《康熙帝谕阿玉奇汗敕书》和《雍正帝谕土尔扈特汗敕书》，由康熙帝、雍正帝的使臣，不远万里从北京携往伏尔加河畔，又由阿玉奇汗、车凌敦多克汗、敦罗布喇什汗到渥巴锡汗世代珍藏，从伏尔加河畔携回伊犁。而《乾隆帝谕渥巴锡、策伯克多尔济、舍楞敕书》，是由渥巴锡在朝觐途中接旨，又从避暑山庄带回伊犁，后带往巴音布鲁克。一个游牧民族，历时二三百年，历经东归的炮火硝烟，其后还多有磨难，但这三件敕书却被其族神奇地保存下来，不能不使人感慨万端。作为土尔扈特东归这一重大历史事件的见证，三件敕书的历史价值和文物价值不言而喻。

乾隆帝对土尔扈特部的归来，既感到出乎意料，又感到欣喜；既乐于接纳归顺的土尔扈特部众，也对叛臣舍楞的归降宽容大度；既着眼于边疆的安定，又考虑到与沙俄的关系；既把握了大局，又注重了细节。其重视程度非同一般，安置措施也快速有力。乾隆帝在《优恤土尔扈特部众记》中记述了甘肃、陕西、宁夏以及蒙古地区将大批物资运往新疆，新疆地区各族人民更是将救济土尔扈特部众视为己任。当时赈济土尔扈特部众，计有牛羊二十余万头、米麦四万多石、茶叶二万余包、羊裘五万多张、棉布六万多匹、棉花近六万斤以及大量毡庐等。这些价值二十万两白银的物资如同雪中送炭，及时帮助饥困交加的土尔扈特人民渡过难关，发展生产。至今这仍然是历史上成功处理民族关系的典范。

故宫博物院的渥巴锡及属下进献的腰刀、鸟枪、铁盔以及避暑山庄的两通巨型石碑，中国国家博物馆的弓箭袋，新疆档案馆的康雍乾三朝皇帝谕旨，新疆博物馆的十方银印……虽说它们不说话，却是无声胜有声！这些藏品告诉我们二百多年前那一段惊天动地、震撼人心的历史，告诉我们辉煌和光荣是土尔扈特人的，更是我们整个中华民族的。东归精神是中华民族精神的重要组成部分，它有力地显示了中华民族强大的凝聚力，昭示着中华各民族都为我们多民族国家的统一、形成和巩固做出过贡献。

土尔扈特银印及印文

东归次年即1772年，当时在北京的法国耶稣会传教士阿米奥（即钱德明）将乾隆帝所撰的《土尔扈特全部归顺记》译成法文，加上按语，在巴黎发表。该文对土尔扈特东归给予很高的评价，认为“土尔扈特人在逾越万千艰险之后，到达伊犁河流域，虔诚地吁请加入中华帝国许多藩属之列，是最光荣的事件”。

1837年，英国文学家德昆赛在《鞑靼人的反叛》一书中说：“从有最早的历史记录以来，没有一桩伟大的事业能像土尔扈特跨越亚洲无垠的草原向东迁移那样轰动于世和激动人心了。”

1939年，美国学者芮弗在《土尔扈特》一书前言中说：“土尔扈特人的悲壮之举，不是消失在历史上的传奇交界地区的一个孤立事件，而是人类永恒地追求自由与和平的一个真实范例，是值得我们传诵的一篇宏伟的叙事史诗。”

四、乾隆帝治理新疆的经验与教训

我们总结乾隆帝治理新疆的经验主要有以下几点：

一是驻扎重兵以安定边疆。清朝根据天山南北地处边疆、地域辽阔的特殊情况，吸收汉唐治理西域的经验，驻扎重兵以安定边疆。在伊犁惠远城（今霍城县惠远镇）设立总统天山南北军政事务的最高长官伊犁将军。在乌鲁木齐设立都统，管辖范围东自哈密、西到精河、南到吐鲁番，军事上受伊犁将军节制，行政上则与陕甘总督共同管理。在喀什噶尔设立参赞大臣，管辖南疆八大城。伊犁、喀什、乌鲁木齐都下设各地办事大臣或领队大臣。这样北有伊犁将军，南有喀什噶尔参赞大臣，东有乌鲁木齐都统，形成较为稳固的三足鼎立之势。

二是因地制宜的民政管理。公元327年，前凉就在吐鲁番设立高昌郡，下设高昌县和田地县。清朝统一新疆后，从天山北路东部的巴里坤到乌鲁木齐的广大地区，实行与内地相同的府县制度。还有札萨克制（札萨克制本是清朝为统治蒙古地区而定的制度，新疆的札萨克制度主要实行在清朝平定准噶尔之前就已归顺的哈密、吐鲁番两地，及从伏尔加河回归的土尔扈特蒙古部落）和伯克制（伯克是维吾尔族语“长官”之意。清朝对维吾尔族地区原有的伯克制度进行重大改革，废除世袭制，实行回避制。伯克名目繁多，有三四十种，级别从三品到七品不等）。

三是开屯垦、办畜牧与兴贸易。（1）开屯垦。兵屯（汉军绿营兵屯田）、民屯（招募内地民户来新疆屯田）、犯屯（即发遣罪犯来新及屯田）、旗屯（即驻防八旗兵屯田），还有回屯（迁徙南疆维吾尔族人到伊犁屯田）。屯垦使天山北路、伊犁河谷得到大开发和大发展。（2）办畜牧。在天山南北广设马厂，以备军事、屯垦、交通之用，以伊犁、塔城、乌鲁木齐、巴里坤这四个地区马厂的规模最大。（3）兴贸易。官营贸易主要是与哈萨克和布鲁特的贸易，私营贸易主要是民间商人进行的贸易。开屯垦、办畜牧与兴贸易，促进了新疆社会经济的发展和繁荣，首先是农业经济的发展和内地来疆人口的大量增加，其次是城镇经济的发展和兴起。

清廷应当汲取的历史教训主要有以下几点：

一是追凶不彻底。乾隆帝在平定准噶尔的叛乱中，注重追拿首恶。叛乱首领阿睦尔撒纳逃往沙俄。乾隆帝知道沙俄会收容并利用阿睦尔撒纳，于是命令理藩院再三照会沙俄，援引条约，要求引渡，活要见人，死要见尸。一个月后阿睦尔撒纳病死，沙俄见人死已无价值，就将其尸体运至中俄边界恰克图，交给清朝官员验视。乾隆帝重视北方强敌沙俄，但在平定大小和卓的叛乱中，则未能做到除恶务尽。他轻视了帕米尔以西的霍罕（今费尔干那盆地）小国，致使隐匿于中亚的大小和卓后裔，此后百年间，在霍罕汗国的支持下，不断窜回南疆作乱，成为新疆最不稳定的因素。

二是军事布防重北轻南。为防止准噶尔势力死灰复燃，为防备觊觎新疆的沙俄，布防的重点在北疆，南疆布防相对来说薄弱。后来北疆安然平静，而南疆动乱叠起，这是重要原因之一。

三是民族隔离政策。清朝出于各民族分离便于统治的考量，在天山以南实行民族隔离政策。北疆驻防官兵可以携带家眷，而南疆派遣换防兵，不准携带家眷。南疆各城的满汉官员和汉人都住在汉城，在经济、文化上都实行隔离。这一民族隔离政策，不利于民族间的友好相处与共同开发。

四是南疆经济滞后。限制汉族人进入南疆屯垦，屯垦未能普遍实行于南疆，使南疆的经济发展明显落后于北疆，也是南疆不稳定的因素之一。

乾隆时期，大小和卓叛乱被平定，其后裔外逃，在中亚霍罕汗国的支持下，不断骚扰边境，并酿成道光年间数次大规模的南疆动乱，尤其是张格尔之乱为害甚剧。清朝大军在各族军民的支持下，最终得以平息动乱。《道光平定回疆战图》十幅，反映了平定张格尔之乱的全过程。

《道光平定回疆战图》之八《生擒张格尔》

同治三年底（1865 年初），霍罕汗国趁清朝忙于镇压太平天国、新疆内乱之机，派军官阿古柏挟持大小和卓后裔入侵新疆，到 1870 年，不仅占领天山以南除哈密以外的全部地区，而且占领乌鲁木齐到玛纳斯一带。次年，沙俄出兵侵占伊犁，长达十年之久。

光绪二年（1876），清朝任命陕甘总督左宗棠为钦差大臣，督办新疆军务。左宗棠由兰州移节肃州（今酒泉），委派湘军将领刘锦棠为前敌总指挥，挥师进军新疆，在全国上下的支持下，仅用一年半的时间，完全扫荡了阿古柏侵略者。

清朝在收复乌鲁木齐和南疆之后，与沙俄交涉收复伊犁事宜。崇厚丧权辱国被惩办，清政府改派曾纪泽谈判，左宗棠由肃州移驻哈密以配合，最终于光绪八年（1882）正式收复伊犁。

乾隆年间至清末百余年的新疆风云告诉我们：抚治不当就会造成内乱，

内乱招致外患,教训是惨痛而深刻的。

五、统一后对新疆的治理

乾隆帝统一天山南北之后,确定伊犁为统治中心,首先是出于政治稳定的需要,即为防止叛乱势力的死灰复燃;二是出于军事防御的需要,即明显感到强敌沙俄的威胁;三是出于地理位置的考虑,如汉代西域都护府设在轮台、唐代安西大都护府设在龟兹(今库车)、北庭大都护府设在北庭(今吉木萨尔)。伊犁当时处在全疆的中心,在伊犁设将军、在乌鲁木齐设都统、在喀什噶尔设参赞大臣,形成三足鼎立之势,可以相互支持。

清代伊犁将军府

伊犁将军经历了军府制时期、内忧外患时期、清末管理伊塔边防时期。

1. 军府制时期

该时期从乾隆二十七年(1762)设置伊犁将军开始,到同治五年(1866)惠远城被维吾尔族、回族农民反清起事攻陷为止。一百零四年间,有三十一人、四十六任将军在位。将军中除保宁、海禄、松筠、长龄、庆祥等人为蒙古族外,全部都是满族宗亲重臣,如首任将军明瑞与其弟奎林是乾隆帝内侄,明亮是乾隆帝的侄女婿,奕山是道光帝侄,增海、永铎、晋昌、札拉芬泰、常清都是宗室。伊犁将军任期最长的是伊勒图,五次任期长达十五年。保宁四任,松筠三任,明亮、晋昌、长龄、德英阿、奕山、札拉芬泰、常清都是两任。署理将军舒兴阿任期最短,在位仅五天便调任他职。

2. 内忧外患时期

该时期从同治五年(1866)惠远城被攻陷开始,到光绪八年(1882)清朝收复伊犁为止。十六年间,有二人、二任代理将军在位。惠远城失守后,塔城参赞大臣李云麟(汉军正白旗人)代理伊犁将军为期一年。伊犁参赞大臣荣全署任伊犁将军长达十多年,是连续任期最长的,但仍然是在塔城设立将军行营。他奉命于危难之际,对外多次赴俄交涉收回伊犁事宜,对内召集安抚民众,积极屯田备战,苦苦支撑残局。

3. 清末管理伊塔边防时期

该时期从光绪八年(1882)金顺率清军进驻伊犁开始,到宣统三年(1911)伊犁辛亥革命爆发为止。二十九年间,有八人、十任次。历任将军有金顺、锡纶、色楞额、富勒铭额、长庚(两任)、马亮、广福(两任)、志锐。建省后,巡抚统辖全疆的体制,势必极大削弱伊犁将军的权益,抚、军关系紧张,最终形成巡抚统辖全疆,将军管理伊塔边防的体制。宣统三年底(1912年初),杨缵绪、冯特民等领导伊犁辛亥革命一举成功,将伊犁将军志锐枪杀在惠远城钟鼓楼前。

综上所述,清朝的伊犁将军设置长达一百五十年,共有四十一人、五十八任次。

将军中不乏多有建树者。如明瑞对驻防官兵悉心规划;阿桂是伊犁屯垦的创始人,从南疆各地迁移六千户维吾尔族农民,安置在伊犁河两岸定居开垦(史称塔兰奇),为伊犁军民粮食供应的主要来源;舒赫德妥善安置了从伏尔加河东归的土尔扈特与和硕特部;松筠开辟满营旗屯,利用流放官员编纂志书《西陲总统事略》和《新疆识略》;长龄督师平定张格尔之乱;布彦泰善待林则徐,开创伊犁和南疆垦荒新局面;金顺帮办军务收复天山北路,出任伊犁将军督办收复伊犁;长庚推行新政……皆可圈可点,为后人称道。

将军中官至大学士、协办大学士、军机大臣的,有舒赫德、阿桂、永贵、保宁、明亮、松筠、长龄、玉麟等。因各种原因受过革职(或留任)处分的有明瑞、奎林、明亮、松筠、晋昌、常清等。

将军中亦有不光彩者。如索诺木策凌以贪赃受贿被赐自尽;奎林因嗜酒暴躁被革职;奕山以签订中俄第一个不平等条约《伊塔通商章程》而留下骂名;常清以聚敛钱财被军民同恨,称其为"常大钱袋子"。

将军中死于任所的,有伊勒图、德英阿、札拉芬泰、明绪、常清、色楞额、志锐。其中后四人是非正常死亡的:同治五年(1866)惠远城陷落时,将军明绪自尽,被革职的前任将军常清巷战阵亡;色楞额是光绪十六年(1890)因钱局公款亏空而自杀身亡;志锐是宣统三年底(1912 年初)被辛亥起义新军枪杀。还应当提及庆祥,由伊犁将军调任喀什噶尔参赞大臣,在道光六年(1826)张格尔之乱城陷时自杀。虽是各有缘由,但仍然不免令人唏嘘感慨。

军府制下的札萨克和伯克,利用各地驻扎大臣不理民事的机会,滥派徭役和巧取豪夺,加剧了社会矛盾,财政基础脆弱,潜伏着巨大的社会危机。

清末新疆巡抚衙门

光绪八年(1882)收复伊犁,光绪十年(1884)新疆建省。这样不仅统一了新疆全境的行政建制,而且使新疆与内地各省在体制上一致起来。取消了伯克制度,以分成制代替徭役制,无疑是一种社会性的进步。鉴于国土沦丧、伊犁将军驻地距边境仅数十里、偏隅西陲再也无力总统全疆的情况,全疆行政中心不得不从伊犁东移,将省会设于迪化(今乌鲁木齐市),由巡抚统辖全疆。伊犁将军只是管理伊塔边防,并仿照旧城规制,在惠远故城以北十五里另筑新城。

新疆巡抚于光绪十年（1884）设立，到宣统三年（1911）辛亥革命后结束，历时二十七年。历任巡抚八人，依次为刘锦棠（湖南人）、魏光焘（代理，湖南人）、陶模（浙江人）、饶应祺（湖北人）、潘效苏（湖南人）、吴引荪（代理，浙江人）、联魁（满族人）、袁大化（安徽人）。其中刘锦棠、魏光焘是扫荡阿古柏侵略者、收复乌鲁木齐和南疆的功臣，在建省之初多有贡献；陶模简朴从政，身后建祠纪念；饶应祺振兴武备，加强边防与治安；潘效苏以贪污公款，被革职发配军台；吴引荪考核属员，分别举劾；联魁严肃吏治，热心学务；袁大化主纂《新疆图志》，因反对辛亥革命而去职。

以上将军、巡抚们留下的奏稿及诗文，是我们研究新疆历史不可或缺的宝贵资料。

六、各民族融合与文化共荣

统一之后的新疆，各民族熔为一炉，互相学习，互相影响，共同参加祖国历史文化的创造，形成各民族文化共荣的局面。正如当代伟人毛泽东所指出的："各个少数民族对中国历史都做过贡献。"

文化共荣首先表现在舆图志书的编纂。乾隆帝先后发布《平定准噶尔告成太学碑文》和《平定回部告成太学碑文》，通过文庙立碑的方式，向天下士子昭告国之统一西域大事。舆图是国家疆域的重要象征。乾隆在康熙《皇舆全览图》的基础上进一步修订，绘出《乾隆内府舆图》，制成铜版。英国著名科学家李约瑟在《中国科技史》中评价该图"不仅是亚洲当时所有地图中最好的一种，而且比当时所有欧洲地图都更好、更精确"。依据《乾隆内府舆图》等绘制《大清万年一统地理全图》，图中对新疆地区迪化加了直隶州标记，左上镌有"乌鲁木齐"字样，并标注"库车""于阗"等地名，明确界定新疆与清朝中央政府的隶属关系。《钦定皇舆西域图志》是清朝新疆的第一部官修地方志，为《大清一统志》新疆部分之所本。汪廷楷、祁韵士编纂《西陲总统事略》（又称《伊犁总统事略》），后经徐松补纂，伊犁将军松筠呈奏御览，道光帝赐名《新疆识略》。清末亦有《新疆图志》。

《西域同文志》是清代官修以满、汉、蒙、藏、维、托忒六种文字对照的人名与地名辞书 。《五体清文鉴》是以满、蒙、藏、维、汉五种文字对照的分类辞书，内容丰富，篇幅浩繁，是五大民族在文化上互通共荣的体现。

尊俗重教，突出表现在乾隆帝下令保护喀什阿帕克和卓墓，为留居京城的维吾尔族人修建从事宗教活动的礼拜场所。还表现于在避暑山庄修建普宁寺和安远庙，申明之所以要这样做，并不仅仅是宣扬藏传佛教，主要还是为了安定边疆，安抚边地的民众，使他们能安居乐业，永享幸福。

西域的音乐杂技进入宫廷和内地。《太和殿筵宴图》表现西域音乐在国家盛典中的献演；《塞宴四事图》反映乾隆帝在承德避暑山庄设宴招待各部首领时举行的四项活动——诈马（幼童赛马）、什榜（蒙古器乐合奏）、相扑（摔跤比赛）、教駣（套马驯马）；《胪欢荟景图册》中的《回人献伎》，展现的是维吾尔族人在京城表演的绳伎（即高空走绳，今称“达瓦孜”）。

清人绘维吾尔族达瓦孜（高空走绳）

平定大小和卓次年初，西域水果就进宫了。乾隆帝作《叶尔羌驿贡石榴、苹果、木瓜三种，诗以纪事》：“慎德何须却食物，兢兢敢诩昄章恢。”大意是为君应注重道德修养，却不应拒绝来自西域的果品。应当敢于理直气壮地说，能品尝到西域的果品，不正说明大清的疆域辽阔吗？

清乾隆朝统一新疆之后，社会安定，经济发展，和阗玉得到大规模地开采，每年都有大量玉料以及用大块玉料制作的大型玉雕运至内地。北京故宫博物院珍宝馆陈列的玉山《大禹治水图》，高两米多，宽近一米，重五千三百多千克。除玉山《大禹治水图》外，故宫藏有多件大型玉雕制品，如玉山《丹台春晓》、玉山《会昌九老》、玉山《秋山行旅》和云龙青玉大瓮等，都重达数千斤之多。玉山《大禹治水图》背面镌刻着乾隆皇帝《题密勒塔山玉大禹治水图》御制诗。玉山的原材料采自我国自古以来以产玉著称的新疆和阗（今和田）一带的密勒塔山（属昆仑山的一部分）。大禹是民间久传的圣王，大禹治水是数千年来人们传颂的伟大功绩，历代帝王都以效仿尧、舜、禹来标榜自己。乾隆帝把大禹治水这一古老传说雕刻在珍贵的玉石之上，表示对大禹的崇敬。“功垂万古德万古，为鱼谁弗钦仰视。画图岁久或湮灭，重器千秋难败毁。”他感到大禹治水的功德应当万古流芳，仅仅是图画难以永久保存，刻在玉石之上可以传之千秋万代。

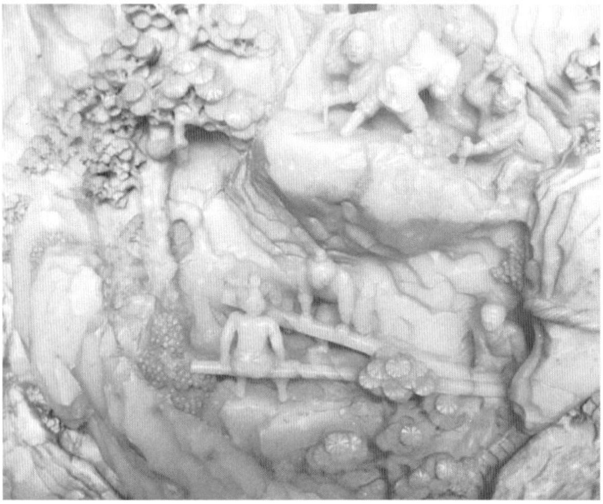

《大禹治水图》（局部）

乾隆帝在统一新疆三十年后，抚今忆昔，为新疆的社会进步而深感欣慰。他申明刻玉是为了宣传古代圣王的功德，使自己和后来者效仿，而不是玩物丧志，这才是他的良苦用心所在。

我们回首清代新疆的历史与文化，进行历史与现实的对比，深感国家统一、民族团结、社会稳定的重要性。温故而知新，鉴往而知今。历史是一面镜子，昭示着今天的我们：维护祖国统一，加强民族团结，保持社会稳定，共建美好家园。

第二章

乾隆帝西域诗文研究

清乾隆帝在统一和治理西域的过程中，写下了大量诗文。这些诗文，大体可厘次为平定准噶尔、平定大小和卓、哈萨克与布鲁特归附、外藩通使朝贡、土尔扈特归来、西域风物这六个方面的内容。清代新疆历史上最重大的事件，莫过于乾隆帝先后平定天山以北准噶尔部达瓦齐割据政权及阿睦尔撒纳的叛乱、平定天山以南布拉尼敦与霍集占（史称大小和卓）的叛乱。清朝经过康雍乾三朝的努力，终于完成了具有深远历史意义和重大现实意义的统一新疆的大业，奠定了近代中国的版图，达到了几千年历史上从未有过的辉煌。在此期间，哈萨克与布鲁特的归附，是我国多民族国家统一和形成的历史见证。清朝拥有强大的军事实力，加以积极的外交斡旋，使周边诸部落支持清朝的平叛，给部落和民众都带来了福音。统一之后十二年，西迁伏尔加河畔近一个半世纪的土尔扈特部毅然归来，这是震惊世界的大事件，是可歌可泣的壮举，更是历史上成功处理民族关系的典范。随着社会的稳定，经济的发展，新疆与周边相邻部落的交往呈现出繁荣盛况。乾隆帝关于西域的诗文，与时政密切相关，是他统一和治理西域的文学实录，是我们研究他思想和活动不可缺少的珍贵资料，它可弥补官书与档案的不足，无疑值得我们重视。

一、平定准噶尔

乾隆帝关于准噶尔的诗作，较早的有乾隆十二年（1747）的《宴准噶尔夷使》：“敬承庭训诫嘉兵，底事犁庭剪骇鲸。”①意思说乾隆自继位以来，敬承父皇的训诫，与准噶尔罢兵停战，但最终还是要将其犁庭扫穴，消灭铲除。

从乾隆十年（1745）起，准噶尔部贵族之间为争夺汗位进行了将近十年的争夺残杀，最后是准噶尔部贵族达瓦齐在辉特部贵族阿睦尔撒纳的支持下夺得汗位。内讧使准噶尔经济凋敝，人心离散。继准噶尔部宰桑萨拉尔、杜尔伯特部台吉车凌、车凌乌巴什、车凌蒙克（史称三车凌）率部投奔乌里雅苏台（今蒙古国扎布哈朗特）清军北路大营之后，与达瓦齐反目成

①《清高宗（乾隆）御制诗文全集》初集卷三十七。

仇的阿睦尔撒纳兵败失利，率部归顺清朝。准噶尔部骁将玛木特见大势所趋，也毅然投清。乾隆帝在避暑山庄接见、宴请、封赏三车凌和阿睦尔撒纳并多有诗作。在各部纷纷请求出兵讨伐的情况下，乾隆帝决定不失时机地平定准噶尔。

乾隆二十年（1755）二月，清军两路出师，北路三万兵出乌里雅苏台，西路二万兵出巴里坤，共马匹七万。阿睦尔撒纳和萨拉尔两副将军各领兵三千为前锋先行。清军所到之处，准噶尔人纷纷闻风归附，师行三月，跋涉千里，兵不血刃地长驱直入。自康熙年间就归顺清朝的哈密、吐鲁番的维吾尔族人也随军效力。两路大军四月底会师于博尔塔拉，五月二日抵达伊犁。准噶尔人夹道欢迎。乾隆帝作《西师底定伊犁捷音至，诗以述事》：

乘时命将定条枝，天佑人归捷报驰。无战有征安绝域，壶浆箪食迎王师。两朝缔构敢云继，百世宁绥有所思。好雨优霑土宇拓，敬心那为慰心移。①

傅恒画像

乾隆帝利用伊犁动乱的大好时机命将出征，上天佑助，人心归向，驿马奔驰传来胜利的捷报。虽然有出征，但是没开战就平定了伊犁，受到民众壶浆箪食的载道欢迎。康、雍两朝的经营开创，乾隆帝认为自己已然承继，他要为大清江山的百世安宁打下坚固的基石。时雨之师，开疆拓土，皇帝的恭敬之心哪能因为心中感到安慰就转移呢？一派豪情，溢于言表。全诗仅用八句，就简明概括了西师平定伊犁这一重大历史事件，述事写景与抒情言志融为一体，情真意切，一气呵成，可说是一首好诗。

---

①《清高宗（乾隆）御制诗文全集》二集卷五十七。

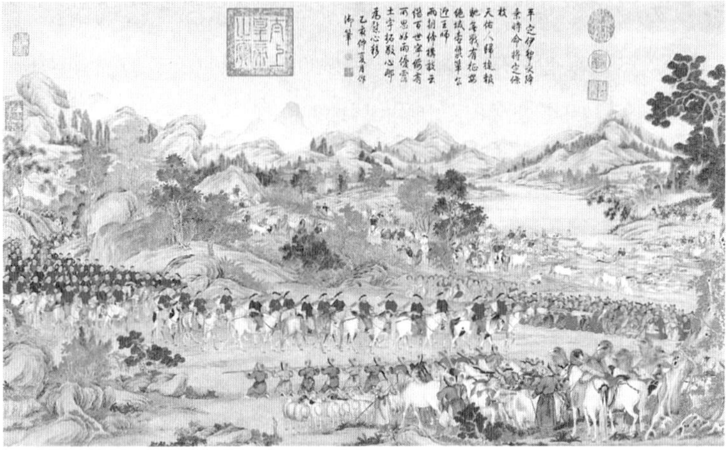

《乾隆西域战图》之一《平定伊犁受降》

乾隆帝题画时将诗题改为《平定伊犁受降》。画面上左侧山道崎岖，清军骑马佩带弓箭，穿越果子沟来到伊犁河畔，受到准噶尔人夹道欢迎：马前是准噶尔武装举枪迎降；近景是牵着马牛羊和骆驼前来欢迎的牧民，生动再现了“无战有征安绝域，壶浆箪食迎王师”的场景；远景是固尔札庙的圆顶。右侧牧民中，有人双手持降表或捧献哈达，乐队吹奏着欢迎曲，远景中还有众多牧民正在渡河赶来欢迎。

达瓦齐率万人退守伊犁西南的格登山。清军争渡伊犁河，追至山下。五月十四日(6 月 23 日)夜，清军前锋将领派出翼长阿玉锡等三名巴图鲁，率二十二骑前往山头侦察，他们在夜色的掩护下，直捣达瓦齐大营。拍马横矛，搴旗大呼，枪矢并发，声震山谷。达瓦齐所部顿时兵败如山倒，阿玉锡等取得擒获大小首领二十余人、降者六千五百人的格登山大捷。乾隆帝为此作《阿玉锡歌》：

阿玉锡者伊何人？准噶尔属司牧臣。其法获罪应剉臂，何不即斩犯厥尊。徒步万里来向化，育之塞外先朝恩。萨拉尔来述其事，云即彼中勇绝伦。持铳迎面未及发，直进手夺无逡巡。召见赐银擢侍卫，即命先驱清漠尘。清军直入定伊犁，达瓦齐聚近万军。鼓其螳臂欲借一，依山据淖为营屯。我两将军重谘议，以此众战玉石焚。庙谟本欲安绝域，挞伐毋乃违皇仁。健卒抡选二十二，曰阿玉锡统其群。曰巴图济尔噶尔，及察哈什副以进。阿玉锡喜曰固当，廿五人气摩青旻。衔枚夜袭觇贼向，如万祖父临儿孙。大声策马入敌垒，厥角披靡相蹦奔。降者六千五百骑，阿玉锡手大櫜搴。达瓦齐携近千骑，鋭走喙息嗟难存。荆轲孟贲一夫勇，徒以藉甚人称论。神勇有如阿玉锡，知方亦复知报恩。今我作歌壮生色，千秋以后斯人闻。①

《乾隆西域战图》之二《格登鄂拉斫营》

达瓦齐落荒而逃，翻越天山达坂向南逃窜，与随行的七十余人被乌什维吾尔族伯克霍集斯遵行清军檄文擒获，缚献清军大营，第一次平定准噶尔之役胜利结束。乾隆帝宽大为怀，将押解入京的达瓦齐赦免，封为亲王，配以宗室之女，留居京城。

阿玉锡凯旋之后，受到乾隆帝的接见，被封为散秩大臣，列入平定西域五十功臣之三十三，画像悬挂于紫光阁。乾隆帝御笔赞辞："散秩大臣喀喇巴图鲁阿玉锡：于格登山，贼据险守。率廿四人，间道袭后。诸贼大溃，爰以成功。本厄鲁特，降顺效忠。"②他命令供奉清廷的意大利传教士、著名画家郎世宁为其作画《格登鄂拉斫营图》，御笔题诗，将诗题《阿玉锡歌》改为《格登鄂拉斫营》（《乾隆西域战图》之二），更加细致地描绘了阿玉锡的战绩。他背枪持矛，率队突袭，在格登山策马冲击，双方厮杀，准部溃散，细腻的笔触把战场的气氛渲染得非常成功。此画采用西洋画法，强调透视、明暗，人

①《清高宗（乾隆）御制诗文全集》二集卷五十七。
②《钦定皇舆西域图志》卷首四天章四。

物与马匹的比例适中，注意结构和解剖。后来在法国制成铜版画，使格登山大捷与阿玉锡更加声名远扬。郎世宁还奉命作《阿玉锡持矛荡寇图》，以其擅长的写真技法，刻画了蒙古族勇士的形象——坚毅勇敢的阿玉锡身着戎装，持矛跃马向前冲杀。画家舍去全部背景，既富于我国传统绘画的特色，又是阿玉锡冲杀敌阵如入无人之境的生动写照。诚如御题“英风伟绩”。

阿玉锡画像

郎世宁绘《阿玉锡持矛荡寇图》

阿睦尔撒纳的降清并非出于真诚，他是想利用清军击败达瓦齐后，自立为汗。清朝大臣中有人持怀疑态度，提出防范意见，却受到乾隆帝的严厉斥责。出师前，投清的原准噶尔部骁将玛木特曾向乾隆帝劝谏说：“阿睦尔撒纳豺狼也，虽降不可往，往必为殃。”①但乾隆帝不以为然，反而听信阿睦尔撒纳之言，对玛木特采取不信任的态度。当时准噶尔土崩瓦解已是大势所趋，平定准噶尔并非缺了阿睦尔撒纳就不行。乾隆帝过分倚重阿睦尔撒纳，所以听不得大臣的意见，将阿睦尔撒纳放虎归山，为其在伊犁煽动大规模叛乱提供了机会。在叛乱中因军力不敌，班第等率五百士兵边战边退，陷于重围，最终与鄂容安战败自杀。乾隆帝作《双烈诗》述其事，叹息“临奠例双忠，惜哉泪涌流。初若听我言，宁有今日不”②。这何尝不是对二臣没有遵旨行事的薄谴？但令乾隆帝没有想到的是，他过分倚重的阿睦尔撒纳成了叛首，而他怀疑的玛木特倒成了反对叛乱的不屈烈士。玛木特奋勇突围，杀敌三人，终因久病未愈，体力不支，不幸被捕。阿睦尔撒纳假意抚慰，劝诱他参加叛乱，被他大义凛然地唾骂。阿睦尔撒纳恼羞成怒，下令将他活活勒死。乾

①《玛木特诗》，《清高宗（乾隆）御制诗文全集》二集卷六十四。
②《清高宗（乾隆）御制诗文全集》二集卷六十四。

隆帝深为震动,写下《玛木特诗》述其事,以表表彰:“烈士何处无,未可分域乡。录实檿栝辞,千载流声芳。”①

乾隆帝还作《三巴图鲁歌》,歌颂三位勇士:其一是侍卫额纳伸(后写作额讷慎),从军在将军班第手下,阿睦尔撒纳发动叛乱之初,他单骑闯入敌群,射杀数人,知道事不可为,拔刀自刎以期报答君主。其二是原察哈尔总管巴宁阿,出征为领队大臣,变乱时在班第前后护卫突围,奋勇杀敌。班第命他先出,他说自己是朝廷命官,怎能苟且偷生。他亲眼看着班第拔剑自刎后,也随后自刎,可谓忠义节烈。(额纳伸和巴宁阿神奇地死而复活,被反对叛乱的宰桑巴桑相救,养伤数月,清军再入伊犁时,他们又回到军旗下。)其三是侍卫富锡尔,班第命他携将军之印返回京城交给皇帝,奈何叛贼蜂拥而至。他想到冲出无望,于是将印沉于河水中,奋勇杀敌,身受重伤,生命垂危,被好心的伊犁喇嘛相救后得以不死。“嘉我旗人多忠诚,旧风未远垂仪型。愉以为戚留定评,乃至西海扬芳声。”②

《舒布图铠巴图鲁奇彻布歌》,诗意如下:奇彻布曾为宫廷侍卫,从军监督准噶尔的炮兵部队,谁知炮兵部队受阿睦尔撒纳的煽惑叛乱,将他的军帐团团包围,要将他杀害。奇彻布毫无惧色,从容不迫地拿着弓箭,出帐跨马,声威凛然。敌群叫嚷着凑上前,劝他投降,但上前者随着他的弓弦的声响而接连倒下,其余敌兵不得不后退躲避,后依仗着人多势众,又手持长枪大铳向前逼来。奇彻布边战边走,进入一片柳树林得以隐蔽。敌人虽然包围了好几层,但恐怕伤及自己人而无法放铳。持长枪的也不敢轻易进入,进去的就被奇彻布放箭射死,尸体横陈。敌军两千人有两千条心,奇彻布一人气势压倒两千人。天渐渐黑了,敌人向西撤走,奇彻布归来报告了这一特殊功绩。皇帝赏金赐爵,酬其辛劳,他却不肯宴乐和安享,请求再次从军。舒布图铠巴图鲁这一神勇的称号,是奇彻布应得的。“荆轲孟贲匹夫豪,日月爝火光应熄。我歌嘉尔岂徒然,勖我八旗永为式。”③说的是古时的荆轲、孟贲都是以匹夫之勇被称为英豪,历时两千年岁月声名渐小,皇帝今天歌颂奇彻

①《清高宗(乾隆)御制诗文全集》二集卷六十四。

②《清高宗(乾隆)御制诗文全集》二集卷六十四。

③《清高宗(乾隆)御制诗文全集》二集卷六十四。

布，不仅仅是为他一个人，而是为了勉励八旗将士要以他为榜样。后来，奇彻布在深入哈萨克境内追剿准噶尔残匪时，作战阵亡。

阿睦尔撒纳的叛乱使乾隆帝经常夜不能寐，作诗《冬月怀军前十四韵》：

王师因示讨，义问岂应稽。念彼荷戈者，仍吟击鼓兮。雪山经岨峿，铁甲卧寒凄。为此心常恻，宁能乐独禔。驰书怜驿马，问夜达晨鸡。露布重殷伫，永清绥狄鞮。①

紫禁城养心殿

大军诏示天下，进行征讨，正义之举哪里还有争议？皇帝想到出师官兵正在奋勇进剿，山高路远，爬冰卧雪，为此心生怜悯，不敢独自安乐。驿站马匹日夜奔驰，不断送来军情奏报。他萦怀战事，常常夜不能寐，通宵达旦。真切盼望着捷报早日到来，西域永远安宁。

乾隆帝坐镇京城，指挥着万里之外的平叛战争。《御园纪事》云："也识事难期尽善，洗兵志在挽天河。"②是说也知世间之事难以尽善尽美，这次出兵进剿就是为了伊犁长久的平安啊！

叛乱给准噶尔各部带来灭顶之灾。乾隆帝在《哀伊犁》诗中描绘：

马牛羊食以尽，野无黄独室无糺，疾疫出痘亡者白沙捐。伊犁河流为之赤，竟有血人于牙以冀旦夕延。王师重入，匍匐归者军门环。

他表示平定之后，"须竭内地力，万里惠穷边"③。

乾隆二十一年（1756）初，清军再次两路出击，收复伊犁。追剿中，前锋参赞大臣玉保听说阿睦尔撒纳已被擒获，派人报告。定西将军策楞不审虚实，立即红旗报捷，旗上书写"为恭报捉获逆贼阿睦尔撒纳捷音事"。乾隆帝非常高兴，向中外宣示军务告竣，并封赏诸将，封策楞为一等公，玉保为三等

①《清高宗（乾隆）御制诗文全集》二集卷五十九。
②《清高宗（乾隆）御制诗文全集》二集卷六十三。
③《清高宗（乾隆）御制诗文全集》二集卷六十四。

男爵。各省督抚亦纷纷具折祝贺。不料这是假消息,使乾隆帝空欢喜一场。得知当时与阿睦尔撒纳仅隔一程,却坐失机宜,以致阿睦尔撒纳乘机逃入哈萨克,乾隆帝非常气愤,下令将策楞、玉保革职,拿解来京。两人在途中被叛军杀害。定西将军达尔党阿奉命出征,清军侦知阿睦尔撒纳仅在二三里外,争欲进击。阿睦尔撒纳故伎重演,遣哈萨克人说阿睦尔撒纳已被看押,待哈萨克首领阿布赉赶到后擒献。达尔党阿信以为真,又怕与哈萨克失和,遂制止士兵前进,使阿睦尔撒纳再次金蝉脱壳。达尔党阿亦被革职解京。乾隆帝在《西陲》诗中不禁自怨自艾:"事顺乏人干,乏人责在谁?"①

清军缴获阿睦尔撒纳的银经匣

是年冬,定边右副将军兆惠率部一千五百人从济尔哈朗(今乌苏市四棵树镇)向东转移,在鄂垒扎拉图突遇叛军大队人马。兆惠且战且退,幸遇援兵赶到,打退叛军,得以解围,返回巴里坤军营。乾隆帝作《鄂垒扎拉图之战》:"以诚驭诈致相轻,哈萨才回谲变生。戊已驻营携少卒,螳螂怒臂阻前程。直何畏曲中宵出,一可当千众贼惊。竟得全师逢接骑,整军复入大功成。"②诗的大意是,以诚相待,难于对付敌人的欺骗,致使被敌人看轻了。逃匿的阿睦尔撒纳刚从哈萨克草原返回,伊犁一带就变乱丛生。但叛军想要阻挡,可谓是螳臂挡车,自招失败。平叛是正义之举,叛乱是邪恶与非正义。正义之师毫无畏惧,半夜突袭,杀得叛军胆战心惊。全部人马遇到援兵接应,得以返回进行休整,后来又继续投入战斗,最终建立了重大功勋。

①《清高宗(乾隆)御制诗文全集》二集卷七十五。
②《清高宗(乾隆)御制诗文全集》三集卷五十三。

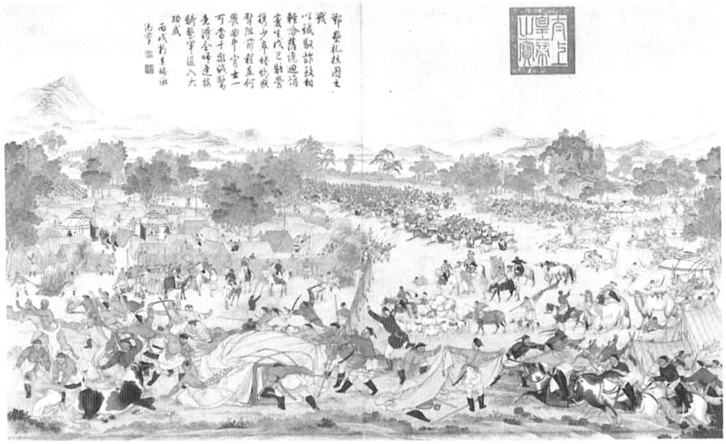

《乾隆西域战图》之三《鄂垒扎拉图之战》

《鄂垒扎拉图之战》画面上，清军人马虽少，但士气旺盛，以一当十，冲锋陷阵，半夜向叛军的营地发起攻击，有的帐篷倒塌，有的叛军连衣服都来不及穿就赤身出逃，惊恐万状。

乾隆二十二年(1757)三月，清军第三次两路出兵，穷追阿睦尔撒纳，五月底进入哈萨克境内，阿布赉表示归顺，愿意擒献阿睦尔撒纳。阿睦尔撒纳于七月逃往沙俄。乾隆帝为根绝后患，命理藩院再三照会沙俄萨纳特衙门，要求遵照两国不匿逃犯条约，将其引渡。阿睦尔撒纳于八月间病死，时年三十五岁。沙俄见其人已死，遂将其尸体运至中俄边界恰克图，乾隆帝派亲王齐巴克雅喇木丕勒与三泰等前往验视，并作《俄罗斯驿致叛贼阿睦尔撒纳死尸信至，诗以纪事》：

联猭善走更工藏，苏对潜逃又北荒。讵识罗叉和约固，献来万里逆尸僵。功如彭宠辽东豕，心是温禺天外狼。遗孽廓清永砥属，持盈益励敬皇皇。①

诗的大意是，阿睦尔撒纳像狡兔一样，擅长逃跑，更擅长躲藏。歇息苏醒后，逃入沙俄，死后被送还尸体。难道能说沙俄是真心实意守和约吗？平定达瓦齐，不能说阿睦尔撒纳没有功劳。可他就像东汉的彭宠一样，居功自傲，不自量力，狼子野心，贪婪凶残。他的残余势力正被肃清，准噶尔将被彻

①《清高宗(乾隆)御制诗文全集》二集卷七十五。

底平定。我要努力保持已成的盛业。

乾隆二十三年(1758)三月,在伊犁附近的库陇癸清剿中,兆惠率领八十余人,夜袭敌营获胜。乾隆帝作《库陇癸之战》:

威弧有事射天狼,三穴穷追那许藏。铤险贼人虽鼠窜,捣虚士气正鹰扬。五更直袭屯营寨,两骑先收牧马羊。以少胜多张挞伐,将军诚勇著旗常。①

诗的大意是,就像威弧射天狼一样,叛贼即使如狡兔有三窟到处躲藏,清军也要穷追不放。他们虽然仓皇逃窜,有时也铤而走险,负隅顽抗,可清军攻打虚弱之敌士气高昂。战斗在五更时分开始,兆惠派遣侍卫扎延保、投诚的厄鲁特达什车楞二人先夺取了敌人的牧群,使其无法脱逃。这次战斗以少胜多,勇敢的兆惠将军功绩引人注目,值得称道。

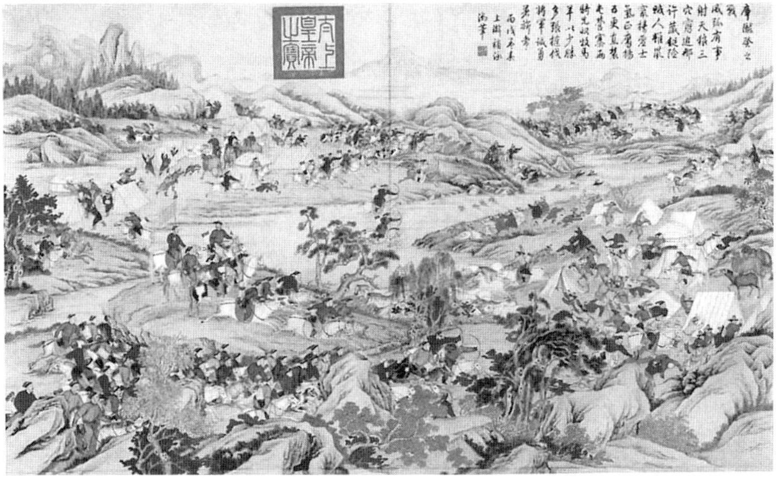

《乾隆西域战图》之四《库陇癸之战》

《库陇癸之战》画面上,将军兆惠居高临下指挥战斗,山谷间晨雾迷蒙,清军前锋骑兵已冲入河对岸的叛军营帐,后续勇士正跃马弯弓,争先渡河,大多叛军已无斗志,虽有若干叛军在河边顽抗,但也逃脱不了失败的命运。

1758 年春天,清军定北右副将军策布登札布指挥在和落霍澌(今沙湾县乌兰乌苏以西)杀敌近四百人。乾隆帝作《和落霍澌之捷》:

①《清高宗(乾隆)御制诗文全集》三集卷五十三。

今春我师剿逆夷，首战实和落霍澌。斩将搴旗早报捷，酬劳颁赉已有差。即今生解俘囚至，曰渥赭特宰桑伊。散秩大臣曾授职，乃敢倡乱如鸮鸱。面询彼所致败故，咋舌惟叹天夺其。彼众犹有千余骑，觇知我寡设计奇。辎重远行诱我逐，层层伏贼据险巇。官军四百始驰至，少骑示弱山之陲。我进彼乃蜂涌集，铳炮如雨循环施。我军曾无一伤者，百灵拥护信有之。冲锋突入矢齐发，贼乃丧胆纷离披。鹿埵陇种各逃命，大鞣大膊张军威。歼彼尸僵近四百，负伤逭者数无訾。是诚天助额手庆，奋勇要亦资人为。问率军者其人谁？超勇亲王家声贻！①

诗的大意是，今春剿逆，首战就在和落霍澌。众兵将斩杀敌人将领，拔取敌人旗帜，很快就报捷而来，俘虏渥赭特被押解至京。他原是准噶尔宰桑，归顺大清后，授为散秩大臣，没想到竟然带头作乱。问他为什么失败了，他叹息说上天叫他们灭亡。当时他们有千余骑兵，侦察到清军人少，便以辎重车诱其深入，而在险要之处层层埋伏，清军官兵四百骑追逐少量敌骑到了山下，敌人伏兵蜂拥而起，枪炮如雨，轮回施放。相信是各种神灵在佑护，清军竟无一人受伤，他们冲入敌阵，枪矢并发，敌人崩溃败逃，多被斩杀。近四百人被歼，伤者无数。我为上天佑助而额手称庆，但也明白胜利还要靠人的作战勇敢。想知道率领这支军队获胜的将领是谁吗？他就是继承家族世传声名美誉的超勇亲王额驸策棱之子超勇郡王策布登札布将军！

《乾隆西域战图》之五《和落霍澌之捷》

策布登札布像

①《清高宗(乾隆)御制诗文全集》二集卷八十。

画面上，一片空旷平地，双方骑兵纵马冲杀，清军手持弓箭，叛军则持火枪，但在清军的射杀下，叛军纷纷中箭落马，大部分掉转马头后退。远处，清军大队人马在山谷间尾随叛军，乘胜掩杀。

平定达瓦齐之后，乾隆二十年（1755）十月八日，乾隆帝公示："御制《平定准噶尔告成太学碑文》……勒石大成殿阼阶前；《平定准噶尔勒铭伊犁碑文》……勒石伊犁东岗；《平定准噶尔勒铭格登山碑文》……勒石格登山上。"①

《平定准噶尔勒铭格登山碑文》记载格登山大捷的经过，追溯"汉置都护，唐拜将军"的历史，阐明平定准噶尔的意义不仅是汉唐统一与治理西域的继续，还是清朝开始统辖天山南北的标志。《平定准噶尔勒铭伊犁碑文》申明"自今以始，四部我臣，伊犁我宇"。《平定准噶尔告成太学碑文》追溯准噶尔的历史和平定达瓦齐的经过，以其灭亡引为借鉴："且准噶尔一小部落耳，一二有能为之长，而其树也固焉；一二暴失德之长，而其亡也忽焉，朕用是知惧。"意思是说回想准噶尔一个小部落，有为的首领可使之发展壮大，失德的首领却使之迅速败亡，不禁感到触目惊心。乾隆帝以此警醒、告诫自己。

乾隆二十三年（1758）六月初，此时平定准噶尔之役已历时四个年头，乾隆帝想到许多臣民投身此役，奔波在外，辛勤劳苦，此役虽是应时而动，但因距离遥远，多有变故，致使欲罢不能，遂作长诗《西师》记述其历史与经过。

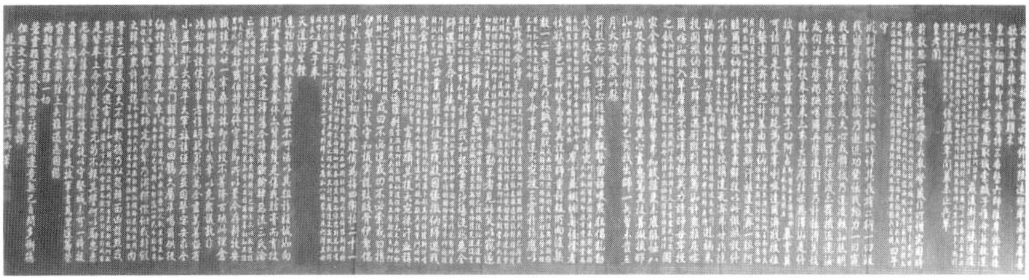

紫禁城乐寿堂颐和轩内所藏《西师》诗

平定阿睦尔撒纳的叛乱之后，乾隆帝在避暑山庄普宁寺树立《平定准噶尔勒铭伊犁之碑》和《平定准噶尔后勒铭伊犁之碑》，申明平叛战争是不得已而为之。伊犁既已归于大清的版图，长治久安和善后事宜的大政方针也已确定。

①均见《清高宗实录》卷四九九。

伊犁河北岸原有著名的固尔札庙，在阿睦尔撒纳的叛乱中毁于战火，乾隆帝曾写诗记载此事。他考虑到避暑山庄成为蒙古诸部朝拜之地，于是下令在山庄东北的小山上，按照固尔札庙的样式，修建了安远庙，并多次作诗吟咏。

关于伊犁和天山北路的开发建设，乾隆帝非常关注并有诗作，如乾隆三十七年(1772)的《陕甘总督文绶奏新疆屯田，诗以志事》，乾隆三十八年(1773)的《伊犁将军舒赫德奏伊犁客民愿入屯田籍事，诗以志慰》《陕甘总督勒尔谨请于巴里坤设学额，因命建置州府，诗以志事》，乾隆四十九年(1784)的《伊犁马牛羊》，乾隆五十四年(1789)的《伊犁将军保宁奏伊犁各城户口耕牧情形，诗以志慰》等。

二、平定大小和卓

乾隆二十年(1755)五月，清军抵达伊犁，被准噶尔拘禁的大小和卓获得解救，率当地维吾尔族人归顺清朝。大和卓布拉尼敦在清军的护送下返回南疆，在争夺统治权的斗争中取胜。而留在伊犁的小和卓霍集占则参加了阿睦尔撒纳的叛乱，后来也率众逃回南疆，大小和卓兄弟成为新的统治者。乾隆帝原想利用大小和卓的影响，去招抚维吾尔族群众，和平统一南疆。大和卓布拉尼敦认识利害，而小和卓霍集占过高估计清军进兵的困难，以怨报德，杀害前往招抚的清军副都统阿敏道，并以狂热的宗教进行蛊惑宣传，发动反清叛乱。

清朝平定大小和卓叛乱、统一天山以南的战争，是从库车开始的。库车是由吐鲁番进入南疆的要隘，乃兵家必争之地。乾隆二十三年(1758)五月，清军围攻库车。六月首战，即在库车以东六十里的托和鼐取得歼敌二千四百人的胜利，乾隆帝接到捷报，作诗《托和鼐行》。

但接下来的库车战事，却是颇多曲折。七月底，乾隆帝接到库车捷报，说斩获敌人众多，并缴获小和卓霍集占的旗帜，他遂赋诗《回纛行》，说接到捷报既高兴又惋惜，要是能抓到叛乱首恶霍集占就更好了。实际情况是，小和卓霍集占在托和鼐之战惨败后，只率领八百人进入库车城，坐困围城，外无援兵，这对清军而言是极好的战机，擒获霍集占，南疆可不战而定。但是，清军统帅雅尔哈善颟顸无能，措置失当。他见库车城坚固，用炮轰击无效果，改用地道攻城。敌人掘一横沟，水淹火攻，使挖地道的数百名清军被淹毙烧死。雅尔哈善不自引咎，却把责任全部推到主持挖地道的绿营提督马得胜身上。归顺的库车伯克鄂对进言称，霍集占困守孤城，粮尽援绝，必将突围，请在城西鄂根河水浅处，及通向戈壁的北山口，各埋一千伏兵，则可擒获霍集占。但雅尔哈善不予理会。霍集占果然乘夜率四百骑向西突围，防守西门的副都统领队大臣顺德讷不敢发兵，竟然放纵霍集占涉河逃去。

到八月底，清军以八千人围城数月，仅得一座空城，乾隆帝愤懑赋诗《得库车城志事》：

> 我师久围贼库车，歼其援者纷如麻。惟是将军无纪律，卒致窜走彼幺麽。《军书》之什已志恨，后闻地穴为贼遮。预料将得空城耳，彼贼腹心仍逃他。驿章忽至共披阅，一一如言曾不差。言则不差事则偾，用匪其人愧若何。①

清军久围库车城，大量歼灭了敌人的援兵。可是将军雅尔哈善无能，致使霍集占脱逃。乾隆帝在《军书》诗中就表示了愤懑，后来听说挖穴攻城失利，就料想将得到的是座空城。军报到后与大臣传阅，果真如此。雅尔哈善败事被说中了，乾隆帝为用错了人深感惭愧！

乾隆帝以劳师糜饷、安坐纵敌之罪，将雅尔哈善以失职罪正法，其子发往黑龙江充当苦差。副都统领队大臣顺德讷虽然在托和鼐之战中杀敌有功，但纵敌罪重，与提督马得胜一道被就地正法，其子发往广东充当苦差。参赞大臣哈宁阿被责令自尽。

库车战事，用将不当，无疑是乾隆帝平定回部之役中的败笔。好在乾隆帝以反省自身、严明律法迅速整治了军纪。如他在《开惑论》中所说："至库车之稽绩，实偾辕于逍遥。更将申律，旗鼓一新，遂长驱直入，而功垂成于崇朝。"

雅尔哈善失机后，乾隆帝命定边将军兆惠、副将军富德进军南疆。虽然小和卓霍集占逃出了库车，但清朝的军事实力和平叛的决心，使越来越多的

①《清高宗（乾隆）御制诗文全集》二集卷八十一。

维吾尔族人不愿追随大小和卓作乱。九月，在库车被清军占领之后，阿克苏城随即开门投诚，乾隆帝写下《阿克苏城回众投降，诗以纪事》。因霍集斯曾经擒献达瓦齐，所以清朝在平定大小和卓中对他寄予厚望。小和卓霍集占由库车败走乌什，霍集斯定计请其进城，欲赴宴时乘机擒拿，但未实现。霍集斯随即降清，使清军轻而易举地进驻乌什城，为继续征讨大小和卓准备了一个易守难攻的军事基地，乾隆帝作《乌什城酋长霍集斯伯克携回众献城降，诗以纪事》：

执渠早是被恩荣，畏逼迁随尚近情。识顺料伊将倒戟，剪凶匪我愿佳兵。申明昧雉霜严令，叠见牵羊肉袒迎。天佑人归逮底绩，越因兢业凛亏盈。①

《乾隆西域战图》之六《乌什酋长献城降》

诗的大意是，霍集斯在格登山之战后，曾因协助清军擒获达瓦齐而被录功褒赏，继而在大小和卓的威胁逼迫下附和观望，应当情有可原。进兵南疆之初，我就预料到霍集斯会归顺天朝反戈一击的。他果然是率众投诚，愿意协助平叛。出兵是为了消灭顽凶，而不是我喜好用兵。申明军令如冰霜般严厉，对昏愦失律的前任将军雅尔哈善给予处死。军队西进途中不断有维吾尔族人迎于道旁表示归服，上天佑助，人心归向，最终清军会完全取胜的。但我还是关心着每一战的输赢，为此兢兢业业、不敢懈怠。

---

①《清高宗(乾隆)御制诗文全集》二集卷八十一。

定边将军兆惠在乾隆帝的催促下，只率领八百人匆忙赶到阿克苏，未等军队集结完毕，就带领四千名士兵，于十月初进抵叶尔羌城下。小和卓霍集占在此坚壁清野，负隅顽抗，与坐镇喀什噶尔的大和卓作掎角之势。兆惠所部长途跋涉，在通古斯鲁克陷入小和卓霍集占两万叛军的重围之中，前锋统领鄂实（捐躯伊犁的参赞大臣鄂容安之弟）、侍卫特通阿（原定西将军策楞子）、副都统三格及在后修桥的总兵高天喜皆战死，兆惠面部和腿部受伤，坐骑中枪倒毙。清军竭力突围，退居叶尔羌河畔结营（史称黑水营）固守三个月，形势十分危急。兆惠派七人各携告急文书，分两批突出赴阿克苏求援。

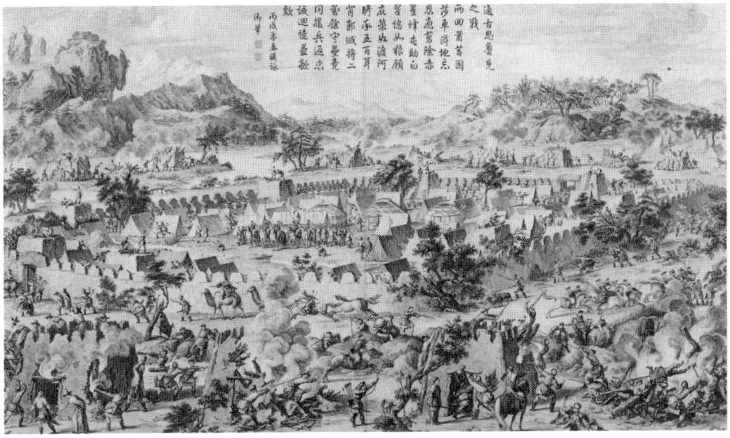

《乾隆西域战图》之七《通古斯鲁克之战》

乾隆帝作《通古斯鲁克之战》，以纪念攻伐叶尔羌城之初遇险苦战这件事：

两回酋昔困莎车，得地忘恩应剪除。赤翟蜂屯助白翟，侨如狼顾庇荣如。渡河骑率五百耳，背郭贼将二万余。守垒竟同援兵返，忠诚回忆益欷歔。①

诗的大意是，大小和卓纠众谋逆，据叶尔羌城而反，对如此忘恩负义之徒，应当彻底消灭。虽有喀什噶尔叛贼援助叶尔羌叛贼，但他们还是有所畏惧的。随兆惠将军渡河的五百勇士与两万敌人进行殊死决战，守卫黑水营

①《清高宗（乾隆）御制诗文全集》三集卷五十三。

垒的将士待援兵到后一同突出重围。忠诚的将士回忆起通古斯鲁克苦战的往事，听者无不为之感叹抽咽。

乾隆二十四年(1759)初，清军增援部队由阿克苏星夜奔驰，于正月初六在呼尔璊与五千敌军激战五天四夜，杀敌千余人。前来助战的大和卓布拉尼敦肋间受伤，与小和卓霍集占各自逃回城中，黑水营得以解围。乾隆帝作《我师》纪其事：

> 我师万里外，马力实难继。况深入贼巢，主客势诚异。以此被所围，固守鼓众气。岂忍罪轻进，惟奖勤王事。再三督援师，速进以接济。亦不待督责，敌忾人同励。屈指数居诸，兵应临彼地。争胜在俯仰，所关信非细。中夜不安寝，亟盼佳音至。忽传驿致章，秉烛披衣视。鏖战五日夜，斩将搴旗帜。副将军富德，参赞及军士，同心成巨功，歼贼数千骑。已近将军营，通信卒遣四。硕回百计攻，官军一意备。以此历三月，无恙皆宁谧。相商夹击策，一举期功遂。四月寤寐萦，今朝始庆慰。殷心念众劳，额手感天赐。伫待捷音驰，国朝威远被。①

乾隆帝将此诗题写在西域战图之八，诗名改为《呼尔璊大捷》。

《乾隆西域战图》之八《呼尔璊大捷》

诗的大意是，清军出师万里之外征讨大小和卓，道远马乏，实在是难以

---

①《清高宗(乾隆)御制诗文全集》二集卷八十四。

及时得到补充,更何况是孤军深入。双方人马悬殊极大,以致兆惠三千余人在叶尔羌城外的黑水被两万敌军包围。但他们仍筑营固守,士气高昂。我只有奖励他们尽力于王事,哪里忍心怪罪他们轻率冒进?再三下令赶快增援接济。参赞大臣舒赫德从阿克苏率三千五百兵马星夜驰往,副将军富德率三百精兵急行赴援,参赞大臣阿里衮押解千余马匹以济军,军声士气大振,同仇敌忾。屈指数着日子,援兵应该陆续赶到了。这一仗事关重大,取胜应是不成问题的。我半夜醒了,盼望胜利的消息。忽然传来奏报,我披衣而起,在烛光下急切地看起来。此战激烈地进行了五天四夜,将士们同心协力,呼尔璊一战大获全胜,将士们杀敌千余,其中有头目多名,缴获霍集占的旗帜和大量枪炮。援兵将到时,兆惠在黑水营听到枪炮声,也率部奋勇冲出杀敌,并派出索伦、维吾尔族兵各两名与富德军营联系。他们在黑水营众志成城,一心固守,打退了敌人的百般进攻,使黑水营得以在三个月内平安无事。现在将领们研究下一步的夹击之策,希望能一举大功告成。四个月来萦绕在心头的平叛之事常常使我日夜思虑,今天颇感欣慰。我深切知道这是众将士的辛劳,双手合掌加额感谢上苍,盼望着捷报不断传来,使大清的声威传布远方。

还有诗作《黑水行》:

喀喇乌苏者,唐言黑水同。去年我军薄回穴,强弩之末难称雄。筑垒黑水待围解,讵人力也天帲幪。明瑞驰驿踰月到,面询其故悚予衷。蜂蚁张甄数无万,三千余人守从容。窖米济军军气壮,奚肯麦麹山鞠藭①。引水灌我我预备,反资众饮用益丰。铳不中人中营树,何至析骸薪材充。著木铳铁获万亿,翻以击贼贼计穷。先是营内所穿井,围将解乃眢其中。闻言为之怅,诸臣实鞠躬。既复为之感,天眷信深崇。敬读皇祖《实录》语,所载曾闻我太宗,时明四总兵来战,正值大雾弥雺雺。敌施火炮树皆毁,都统艾塔往视攻。回奏敌炮止伤树,我兵曾无伤矢弓。匪今伊昔蒙帝佑,觐扬前烈励予冲。讵人力也天帲

①山鞠藭(qióng):中药名,能驱寒御湿。

幪，大清寰海钦皇风。①

《乾隆西域战图》之九《黑水围解》

喀喇乌苏，汉语是黑水之意。去年清军在定边将军兆惠率领下，直逼大小和卓的大本营叶尔羌城，长途跋涉，到此呈现强弩之末的衰微之势。于是他们在黑水结营固守，等待增援解围。打仗之事哪里只是人的力量，还有上天的佑护。副都统明瑞自叶尔羌乘驿马疾行，一个月后赶回京城，听了他的讲述，皇帝肃然起敬。面临着数万敌人的两翼夹击，兆惠率领三千兵马从容应对。将士筑营掘地时发现大批窖藏粮食。敌人导渠淹了营垒，清军欲开沟引之入河，这样一来饮水就不愁了。敌人据高射击，铅丸都打在树上，清军砍木为柴，且得到铅丸，得以反击。先前营中打井得水，解围之时营内井枯无水。我听完不禁深受感动，更为上天的眷顾而崇敬不已。我曾读《大清实录》，记载太宗时，明朝四总兵来攻打满洲，时值大雾迷蒙，明军的炮火都打在树上而清军无损。再现先烈功绩，既靠人力也靠天眷，大清将完成西域的统一大业。

就在兆惠抵达叶尔羌之前，先遣侦察的侍卫满绰尔图身受重伤被俘，他怒目圆睁，大声唾骂。霍集占气急败坏，下令将他用铁钩裂开四肢而死。乾隆帝作《固济尔巴图鲁满绰尔图尽节诗》称赞："为齿睢阳张，为舌常山

①《清高宗（乾隆）御制诗文全集》二集卷八十六。

颜。古有今岂无,诗录其人传。”①意思是说唐代平定安史之乱,河南副节度使张巡移守睢阳,每战大呼,几乎将牙齿咬碎;常山太守颜杲卿城陷被俘,大骂叛贼,被钩出舌头,不屈而死。像这样的英雄难道只是古代有今天没有吗?固济尔巴图鲁满绰尔图就是这样的英雄啊!

纳木札尔画像

就在兆惠渡河的当天,新任命接替雅尔哈善的蒙古族将军纳木札尔与参赞大臣三泰率领二百名士兵赶往前线,中途遭到叛军三千人围攻,最终寡不敌众,全部被害。特别是纳木札尔竟手脚被钉在叶尔羌城门上,壮烈惨死。乾隆帝作《双义诗》痛悼纳木札尔“徒携百余骑,赴义命同捐”,叹息他们:“即先至一日,合兆惠军屯。亦可旋今岁,奚烦以身殉。”意思是说他们若先到一天,就可与兆惠会合,今年一同突围出来,可他们就这样战死了。“丰碑旌墓门,千秋西海垠。捐躯固臣节,在尔非所论”。② 意思是说朝廷要表彰他们的功绩,而不能使朝野上下有所非议。纳木札尔后被列入清朝平定西域紫光阁五十功臣之四。乾隆帝为画像亲笔赞辞——《原靖逆将军三等义烈公工部尚书纳木札尔》:“我怀贤劳,命将往代。正值黑水,猖獗鼠辈。以二百众,陷万贼中。因缘徇节,勇济以忠。”③

在呼尔瑞之战中,勇士玛瑺奋勇杀敌,三箭将敌酋射落马下,后来被敌军所围,战马负伤倒毙。他弃坐骑步战,负伤十余处,仍坚持作战,凭借战功升为护军统领。乾隆帝作诗《墨尔根巴图鲁玛瑺斫阵歌》:

今春我军急进援,富德率军如黑熊。玛瑺命领涂路首,呼尔瑞处贼迎攻。堂堂之阵贼辟易,瑺乃独进蹑寇穷。金鞭连策大宛马,绣蝥不用

①《清高宗(乾隆)御制诗文全集》二集卷八十九。
②《清高宗(乾隆)御制诗文全集》二集卷八十九。
③《钦定皇舆西域图志》卷首四天章四。

用雕弓。一箭正中贼要害，再箭仓卒乃落空。三箭终殪贼堕马，忽忘深入贼队中。蜂屯蚁杂齐拥簇，瑺之马踣倒沙蓬。舍马步战短兵接，叱咤凌厉气如虹。①

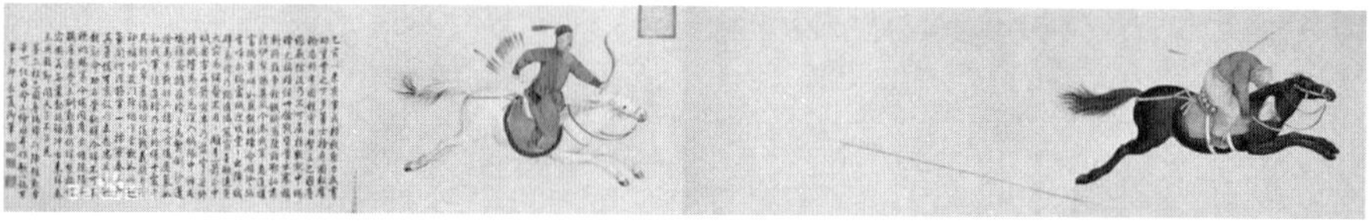

《玛瑺斫阵图》(图左为乾隆帝题诗)

乾隆帝命郎世宁作画。画家在图中将所有的背景舍去，玛瑺纵马弯弓追杀，敌酋中箭，垂首弃矛坠马，画作突出了玛瑺的英雄气概。

清军提督豆斌是绿营老将，雍正年间西陲用兵时建立功勋，在呼尔璊之战中中枪捐躯，临终前还鼓励将士们奋勇杀敌。乾隆帝作《惜阵亡提督豆斌诗》:“最怜来歙临终际，强起犹虞众志摇。”②

豆斌画像

黑水营解围之后，清军撤回阿克苏休整数月。乾隆二十四年(1759)夏天，三万兵马分两路出击:定边将军兆惠由乌什进攻喀什噶尔，副将军富德则先往援和阗，再攻打叶尔羌。兆惠率军到达前，大和卓布拉尼敦已于六月二十七日逃离喀什噶尔。乾隆帝作《喀什噶尔回众投诚，诗以纪事》，说“整师两路一时进，歼渠务使回应宁”。投诚的喀什噶尔和济默尔等六人同声归服，述说“久慕归顺大皇帝，奈胁霍集占弟兄。大和卓今肆掠，想同伊弟潜逃生”。③ 随后，小和卓霍集占于闰六月二日逃离叶尔羌，两路会合后，由今阿克陶向帕米尔高原西窜。清军紧追不舍，三战三捷。

①《清高宗(乾隆)御制诗文全集》二集卷八十六。
②《清高宗(乾隆)御制诗文全集》三集卷四。
③《清高宗(乾隆)御制诗文全集》二集卷八十八。

《乾隆西域战图》之十《霍斯库鲁克之战》

一为《霍斯库鲁克之战》：

回城既定进追凶，双耳山前窜迹逢。贼已六千横据岭，兵才九百仰攻峰。遮回安集延逃路，直蹑拔达山去踪。将卒同心奋敌忾，千秋国史勒勋庸。①

霍斯库鲁克在今新疆阿克陶县邻近的塔吉克斯坦东北部的哈尔古什。诗的大意是，大小和卓相继西逃，被他们盘踞的喀什噶尔、叶尔羌两大城得到平定之后，清军开始进击追剿。闰六月十五日，参赞大臣明瑞挑选精兵追击堵截，先期的九百骑兵在霍斯库鲁克山（汉语意为双耳山）与敌军相遇激战。此地是去安集延、拔达克山的交通要道。敌军六千人排列在山上抗拒，清军就从山下往上进攻，转战三个时辰，斩敌数百，俘获甚多，堵截住了大小和卓逃往安集延的道路，直向拔达山方向跟踪追击。将士一心，同仇敌忾，为国家建立的功勋，将永载史册。

二为《阿尔楚尔之战》：

霍斯库鲁遁余魂，合旅穷追玉水源。蕃部勤王随契苾，旗军励志定坚昆。蚩尤所恃依重险，风后宛同握八门。健锐营兵精火器，雪山倏作

①《清高宗（乾隆）御制诗文全集》三集卷五十三。

陆浑原。①

《乾隆西域战图》之十一《阿尔楚尔之战》

阿尔楚尔即今塔吉克斯坦东北部的阿尔楚尔山。诗的大意是，惊魂未定的大小和卓从霍斯库鲁克败逃，畏惧我军勇锐，难以抵挡，就在阿尔楚尔山设伏以待。清军追击到古称河源的阿尔楚尔。支援平叛的布鲁特人随军为向导引路，激发着八旗将士平定西域的斗志。大小和卓依赖险要顽抗。清军副将富德与参赞大臣明瑞商议，以健锐营火器居中攻坚，左右两翼侧攻支援，最终以三千之众克敌制胜，杀敌千余人。他们兵力精锐，火力威猛，视雪山如平地，所向无敌。

三为《伊西洱库尔淖尔之战》：

三交三胜武貔雄，黠鼠徒嗟五技穷。一线沿溪进鱼贯，千寻列嶂突蚕丛。游魂釜底虽潜脱，驰檄天边竟定功。蒇事追思临事慎，持盈永以励深衷。②

①《清高宗（乾隆）御制诗文全集》三集卷五十三。
②《清高宗（乾隆）御制诗文全集》三集卷五十三。

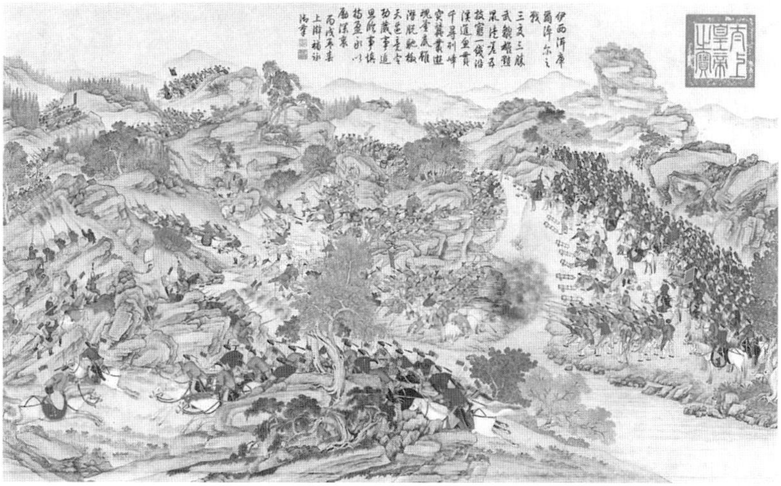

《乾隆西域战图》之十二《伊西洱库尔淖尔之战》

伊西洱库尔淖尔即今塔吉克斯坦的雅什库里湖。诗的大意是，清军在霍斯库鲁克、阿尔楚尔及伊西洱库尔淖尔三战三胜，勇猛如虎，大小和卓虽像狡猾之鼠，可再耍伎俩也无济于事了。山路险绝就像李白笔下的《蜀道难》，清军将士沿着只见一线天光的崖底依次前行，在七月十一日抵达伊西洱库尔淖尔。大小和卓在湖畔隘口顽抗。清军分头攻击，竖旗招降，敌军纷纷来投，大小和卓夺马而逃。犹如釜底游鱼不能久活，清军讨伐大小和卓的檄文发布西域各地，定能成功。在大功告成之际，我追思往昔，告诫自己谨慎行事，努力保持已成的盛业。

大小和卓被拔达克山汗素尔坦沙擒杀，并向清军献上小和卓首级，送至京城，于乾隆二十五年(1760)正月十一日举行受俘礼。乾隆帝作《御午门受俘馘》：

函首霍占来月窟，倾心素坦款天阊。理官淑问宁须试，骠骑穷追实可臧。西海永清武保定，午门三御典昭详。从今更愿无斯事，休养吾民共乐康。①

①《清高宗(乾隆)御制诗文全集》三集卷一。

《乾隆西域战图》之十四《平定回部献俘》

诗的大意是，小和卓霍集占的首级用匣子装盛，由西域极西之地送来京城，看来拔达克山汗素尔坦沙真心诚意归顺大清天朝。审判定罪之事由刑部官员办理，清军将士穷追获胜，建立了功勋。西域从此永保安定，西征以来，我这是第三次在午门楼举行受俘仪式。愿从此以后西域再无战争，大清子民得以休养生息，安乐吉祥。

郊迎将士凯旋，乾隆帝作《二月廿七日，郊劳出征将军兆惠、富德及诸将士，礼成纪事》诗二首：

京县郊南亲劳军，圜坛陈櫜谢成勋。出师本意聊尝试，奏凯今朝备礼文。释甲韬戈罢征伐，论功行赏策忠勤。膝前抱见询经历，一瞬五年戚以欣。

同心万里那暌违，毕竟欢言赋采薇。勇将归来兼福将，黻衣著得解戎衣。漫称偃武修文日，恐即嬉文恬武机。饮至宁夸畅和乐，持盈益励慎几微。①

乾隆帝来到京城南郊，亲自慰劳西师凯旋的将士们，先前已在天坛祭拜，谢天谢地成就西域统一大业。西征之始，本是偏师尝试，今天礼仪完备庆祝胜利。将士们脱下征衣，收起兵器，罢兵休战。朝廷要论功行赏以表彰其忠心与勤劳，按国朝旧制，对获胜将领行抱见之礼，并询问征

①《清高宗(乾隆)御制诗文全集》三集卷三。

战经历。回想平定准噶尔与大小和卓之役，一晃五年过去了，这期间有多少忧愁与欢乐！西征将士们在万里之外与皇帝同心同德，最终胜利归来。这其中有勇将兆惠，还有副将富德，他们解下军服，朝廷赏赐给他们华贵的朝服。并不是说从此就可以停止武备、修明文教了，耽于游乐、轻视武备恐怕不是幸事。我在欢乐中畅饮，同时告诫自己要谨小慎微，保持已成的盛业。

设宴犒劳将士，乾隆帝作《上巳日凯宴成功诸将士》诗八章，其一云：

> 出劳嘉勋蒇礼旋，升平凯宴液池壖。辟疆扫逆诚资众，助顺成功总赖天。策绩林林恩予厚，询劳一一命来前。宁惟云不重生望，只觉回思越悚然。

出师有劳将士获胜，建立功勋而凯旋，我在太液池畔举行庆功宴。扫除叛逆，统一西域，开疆拓土依靠将士之力，还有上天佑助。朝廷对众多的功臣们要给予优厚奖赏，并逐一询问他们的阵战辛劳。听到他们说得最多的是没想到自己能活着回来，我不禁为他们奋不顾身的忠勇之气而肃然起敬。

其二云：

> 日丽风和春未深，奖庸备礼有壬林。试看偃伯灵台上，讵数流觞曲水浔。命预绮筵排伯克，也陈夷乐奏任禁。笑聆蜀技无情者，那觉西悲动乃心。

在这风和日丽的三月三，朝廷设下盛大的庆功宴奖赏功勋，将士们接受一次次的祝酒。参加者有维吾尔族伯克，他们为大家演奏西域乐曲。我看那些来自西域的乐工艺人们，并没有什么悲哀的表情。

其三云：

> 圆幕高张榆柳垂，犒筵喜值禊修时。策勋舍爵竟今日，包武书常允不期。谁拟浯溪沕崖颂，我歌灵夏出车诗。紫光将画凌烟像，穆棣同叨乾贶贻。

草地上、榆柳旁搭建着高大宽敞的帐篷，犒劳将士们的庆功宴正值三月三。在今天他们被记功勋于策书之上并授勋，将士们从此收藏武器不再使用。有人拟写庆功的颂文，而我再次书写关于西师的诗歌。紫光阁里陈列着功臣们的画像，他们一个个端庄恭敬，共同接受赏赐和封赠。

其四云：

成功将士锦衣旋，日月光辉军气蠲。藉我虎臣典宿卫，笑他杯酒解兵权。八旗子弟心如石，万祀国朝龙荷天。宣看疮瘢犹未愈，能无一体恫瘝连。

西征将士成功凯旋，解下甲胄换上精美华贵的礼服，此时天地平和，兵气全除。我正是依靠这些勇武之臣和侍卫，得以成功，怎能像宋太祖赵匡胤那样不放心而杯酒解兵权。八旗将士心如金石，大清仰仗上天的恩惠。参加庆功宴的三等侍卫绰克图巴图鲁恩特冲锋陷阵，额头受伤还未痊愈，抚其伤口，我深觉感同身受，遂为之恻然。

其五云：

柳舒花放正良辰，上日前期福履申。卸甲韔弓尽凫藻，凹睛丰额集鱼鳞。千秋难遇太平宴，百战归来义勇身。独忆储胥宣力者，凯回未见惜斯人。

三月三日是良辰，这天是戊申日，象征大清之福延伸。收藏起弓甲，和睦欢悦，边地之人也人心归向。这是千年难遇的庆贺太平盛世的宴会，功臣们都是身经百战归来的忠勇之臣。我回想起总揽军需的大学士黄廷桂因劳累病逝，痛惜在宴会上未能看到他的身影。

其六云：

敦瓜烝栗允堪怜，二万何期竟拓边。远愧周王兴六月，迟过殷帝克三年。依杨霏雪凡经几，立帜登弧尽陷坚。此日征夫真迩止，皇州春满七条弦。

大清将士西征可谓辛劳艰苦，超出预想的是他们竟然开拓疆土两万里。真惭愧自己不像周武王那样即位第二年六月即举行征伐演习，也不像武王伐纣那样只用三年时间就推翻了殷商纣王的暴虐统治。我依靠先祖之功，几经严峻考验。西师将士们摇旗呐喊，攻克顽敌阵垒。他们今日归来，京城里春意盎然。

其七云：

拔达山人献馘归，三军饮至蔼晴晖。劳心幸我纾宵旰，公道凭伊论是非。紫绮朱提颁渥泽，前歌后舞迓鸿禨。欢来忆不同来者，劳爵手持泪暗挥。

（军兴以来，我大臣将弁等咸以荩忱自奋，其间有遇阿逆之叛，如将军公班第、参赞伯鄂容安；遇噶尔藏多尔济等之叛，如宁夏将军和起；而追舍楞之逃者，如副都统唐喀禄；误听沙拉斯、呜唬斯之诈者，如都统满福；至遇回酋和卓木之叛，如副都统阿敏道，前锋统领鄂实，副都统三格，侍卫特通额，总兵高天喜；而奉命在途猝遇乱贼，如将军伯纳穆扎尔，参赞侍郎三泰；其巴图鲁侍卫中之奇彻布、巴凌阿、宁古礼、富锡尔、满绰尔图等，并能以死勤事，秉节捐躯，虽加恩优予旌恤，而当功成饮至时，回念义烈炳然，尤不胜雪涕云。）

拔达克山汗素尔坦沙献上小和卓霍集占的首级，归顺大清，宣告西征胜利结束。将士们畅饮庆贺时，一派太平景象。我为西征宵衣旰食，功过是非要靠谁来给予公正的评说。对立功将士优厚赏赐，以示恩惠。载歌载舞庆贺，迎接吉祥盛世。在欢宴中回想起捐躯西域而不能生还的大臣将弁，我禁不住手持酒杯暗自落泪。

其八云：

芳节延禧淑气清，禊歌声是凯歌声。元戎允合躬承衮，勇校均教手赐觥。藉众力兹疆地戒，敕予心永奉天行。从来悟得受招理，虔巩流谦慎捧盈。①

阳春时节一片祥瑞景象，古来修禊日的宴聚之乐，而今是庆贺西征的凯歌之声。立功的将帅们，被赐以衮服。勇敢的校官们，皇帝亲手赐酒。依靠众将士之力开拓边疆广阔的土地，我告诫自己要奉行天命而行事，从此领悟到接受归降或招安的道理，要更加恭敬虔诚地保持已成的盛业。

①《清高宗（乾隆）御制诗文全集》三集卷四。

《乾隆西域战图》之十六《凯宴成功诸将士得诗八章》

乾隆帝在平定大小和卓后，于乾隆二十四年(1759)十月依据西师成功始末，仿照《四子讲德》意趣，作长文《开惑论》宣示中外。文中的春秋硕儒对西师颇有微词，臻成大夫给予一一反驳和耐心教诲，乾隆帝以信天主人之名召见二人，申明自己眼下只有谨慎和戒惧，没有闲心计较两位夫子的议论短长。

十一月，乾隆帝宣布将御制《平定回部告成太学碑》勒石大成殿阼阶前；《平定回部勒铭叶尔羌碑》勒石叶尔羌城；《平定回部勒铭伊西洱库尔淖尔碑》勒石伊西洱库尔湖畔，①以纪念胜利。

《平定回部告成太学碑碑文》从“上天助我”的八个方面，论述西师中的大事和意义。《平定回部勒铭叶尔羌碑碑文》记载大小和卓以怨报德失民心，最终自取灭亡的经过。《平定回部勒铭伊西洱库尔淖尔碑碑文》(此碑现存塔什干博物馆)记载平定大小和卓的最后胜利一战。另外还有《紫光阁五十功臣像赞》，由乾隆帝亲笔撰辞题写。《次五十功臣像赞》则由大臣奉旨撰辞题写。这百名功臣中，竟有二十六人捐躯天山南北的沙场，可见战争之惨烈，代价之沉重。

①均见《清高宗实录》卷六〇〇。

在统一天山南北之后，为了纪念胜利，昭告后世，乾隆帝向参战将领询问战况，了解地形，命令供奉清廷的外国传教士画家郎世宁(意大利人)、王致诚(法兰西人)、艾启蒙(波希米亚人，今捷克人)、安德义(意大利人)绘出《乾隆西域战图》十六幅。这套战图采用西洋画法，比例适中，强调透视明暗关系，注意解剖和结构，人物生动，色彩鲜明，场面宏大，景物繁复，每幅画上均题诗钤印，后来又被送往欧洲，在法国制成铜版画。

《乾隆西域战图序》云：

西师定功于己卯，越七年，丙戌战图始成。因详询军营征战形势，以及结构丹青，有需时日也。夫我将士出百死一生，为国宣力，赖以有成，而使其泯灭无闻，朕岂忍为哉。是以紫光阁既勒有功臣之像，而此则各就血战之地，绘其攻坚斫锐、斩将搴旗实绩，以旌厥劳而表厥勇尔。时披露布已有成咏者，即书之帧间，其未经点笔者，兹特补咏，凡六事。《礼》不云乎：听鼓鼙之声，则思将帅之臣。抚是图也，有不啻若是之感。先是宵旰勤劳，虽日神驰于连营列阵之间，此则目击心存，竟如指挥诸将士于折冲御侮之际，而痛定之惧，予惟益钦天眷于无穷，凛月盈于有永，遑敢自诩坐谋伐赫濯而忘兢业哉。

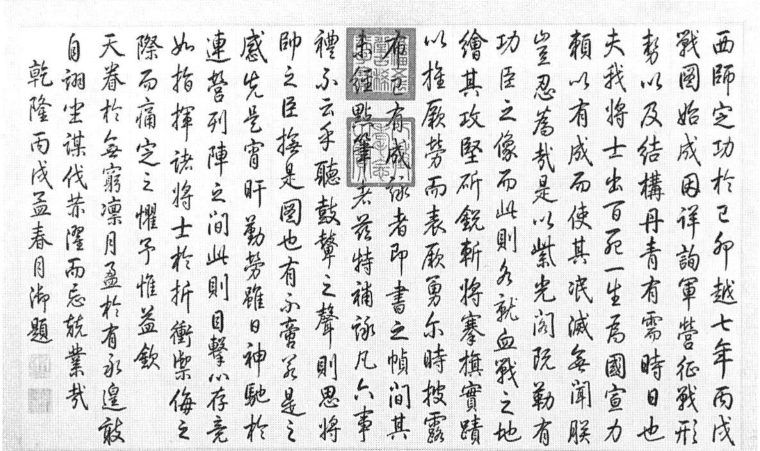

《乾隆西域战图序》

乾隆帝关心统一后天山南部的社会安定与经济发展，如《驻叶尔羌大臣新柱等奏报得雨，诗以志慰》：

自古天方艰致雨，今年还比去年优。频逢恺泽滋戈壁，乃觉微凉到火州。笑口于思歌乐利，缠头亚旅事锄耰。辟疆远益勤民远，慰在绥丰逮海陬。①

西域天山以南自古以来就是干旱少雨之地，可驻叶尔羌大臣新柱等奏报，今年的雨水比去年还要丰沛。戈壁荒漠、农田土地连番受到好雨的滋润，气温凉爽，连火州吐鲁番都有了凉意。民众笑得合不拢嘴，歌唱又是一个丰收年。家家的兄弟及众子弟都操起农具，辛勤耕种。疆土开辟得越远，皇帝就更要尽心致力于民事。令人感到欣慰的是极远的西域，社会安定，农作丰收。

令乾隆帝没有想到的是，由于派驻官员与当地官员的胡作非为，五年之后新疆就爆发了“乌什事变”。虽然历时半年被镇压下去，但这对乾隆帝的震动极大，他故而进行了一系列整顿，并为《乌什战图》补咏诗作六首。

乾隆五十六年(1791)，乾隆帝作长诗《回疆三十韵》，回顾平叛历史，谈及治理现状。他指出：“乌什昔作乱，实缘素诚罪。叶尔羌高朴，鬻玉为私弊。”可见吏治腐败是南疆动乱的一个重要原因。他在诗末告诫说：“三十年安康，方敢言成事。敬以告后人，慎勿生奢志。”②若论长治久安，无论三十年，还是六十年，都是短暂的。乾隆帝在清军初抵伊犁时吟咏的“百世宁绥有所思”，值得后人回味和深思。

三、哈萨克与布鲁特归附

1. 左部哈萨克

乾隆二十二年(1757) 六月间，清朝将军兆惠追剿准噶尔叛首阿睦尔撒纳，再次进入哈萨克境内。左部哈萨克首领阿布赉表请归附。次月，乾隆帝

①《清高宗(乾隆)御制诗文全集》三集卷十三。

②《清高宗(乾隆)御制诗文全集》五集卷六十六。

下旨封赏，作《哈萨克称臣内属，遣使进贡，诗以纪事》：

采入伊犁靖陆梁，鲸鲕惩逆武维扬。已看颉利成生虏，又报洛那归职方。致马本非如武帝，闭关未得学萧王。更欣原缚渠魁献，载戢干戈日月光。①

阿布赉画像

清军深入伊犁及哈萨克草原，追剿阿睦尔撒纳等叛首。眼看阿睦尔撒纳就要被生擒俘虏，又传来哈萨克左部阿布赉称臣归附天朝的喜讯。乾隆帝不像汉武帝为了获得良马而出师攻伐，也不学那光武帝（称帝前曾封萧王）无力解决边患而闭关。更喜的是阿布赉约定擒献阿睦尔撒纳，停止战事的伊犁又将是日月重光。

当年九月，哈萨克阿布赉使臣赍表入觐行礼，乾隆帝赐宴，命哈萨克使臣等随从参加围猎，并作《哈萨克使臣至，令随围猎，并成是什》：

伊古从来化外蹻，间关驰使远朝天。不知中土岁月日，乃隔长安万二千。塞野便教预猎喜，山庄旋与锡恩骈。即今行国多天马，附会谁穷太史编。②

哈萨克之地是自古以来政令教化所达不到的地方，如今哈萨克使臣崎岖辗转来朝觐。他们不晓得天朝历法的年月日，亦不知哈萨克距京城有万里之遥。使臣高兴地参加了塞外原野的秋季围猎，朝廷在避暑山庄给予赏赐以示恩惠。哈萨克草原自古出产好马，可谁能将司马迁《史记》中的有关记载考证清楚呢？

其间乾隆帝还作《万树园宴哈萨克使臣，诗以纪事》：“耀武未烦贰师李，穷源底籍凿空张。”意思是说皇帝并未像贰师将军李广利那样炫耀武力，哈萨克与中央王朝的关系，还应追溯到汉代的张骞通西域。《九月十五日赐哈

①《清高宗（乾隆）御制诗文全集》二集卷七十三。
②《清高宗（乾隆）御制诗文全集》二集卷七十四。

萨克使臣观灯火》中有诗句:“可识仙庄原月宇,只疑盐泽接星桥。”①是说这样美如仙境的园林原来只在想象中的月宫里,疑似遥远的西域盐泽(今罗布泊)连接着天上的银河。

后来,乾隆二十四年(1759),阿布赉汗派遣其侄俄罗斯苏尔统入觐,乾隆帝作《填仓日命哈萨克人观灯火》:

> 委羽来经五月程,上元盛典入都城。得教饼节观灯火,为示怀柔洽众情。②

哈萨克使臣历经五个月的行程,于元宵节十天后来到京城。乾隆帝让他们参加盛大典礼,赏月尝饼观灯火,为的是怀柔远方的哈萨克,建立和谐融洽的关系。

乾隆二十五年(1760)九月,乾隆帝作《宴哈萨克陪臣作》:“哈萨陪臣候起居,优恩锡宴示荣诸。”③又作《哈萨克使至,俾观围》:“兼程而进堪嘉彼,厚惠以加宁靳予。”④意思是说使臣急于拜见皇帝,日夜兼程,以表至诚之意,圣上认为值得嘉奖,给予丰厚赏赐,以示荣宠,在所不惜。

乾隆二十七年(1762)二月作《哈萨克陪臣到,因携观广陵风景》:

> 哈萨朝正贡马频,路遥迟到值南巡。因教驰驿来江国,便挈行春阅绮闉。昔岁观光称使者,今番优赉实陪臣。广陵鄂畚(哈萨克地名)何南北,总我心怀保赤人。⑤

哈萨克部使臣在每年正月都来京朝见,频繁地进贡骏马。今年因为路途遥远到京迟了,皇帝已南巡出发,因此命令驿站接送使臣们到江南,携带他们领略绮丽的江南风景。记得辛未年(即乾隆十六年,1751),准噶尔使臣曾赶到苏州朝见并观光。今年在广陵(今江苏扬州)接受优加赏赐的是来自哈萨克的陪臣。虽然哈萨克与此相隔遥远,可说是天南地北,但不必如此区

---

①《清高宗(乾隆)御制诗文全集》二集卷七十四。
②《清高宗(乾隆)御制诗文全集》二集卷八十四。
③《清高宗(乾隆)御制诗文全集》三集卷五。
④《清高宗(乾隆)御制诗文全集》三集卷八。
⑤《清高宗(乾隆)御制诗文全集》三集卷十九。

分，朝廷总是要对他们加以保护的。

乾隆三十四年（1769），乾隆帝作《哈萨克汗阿布赉遣其子斡里苏尔统来请安，于御园赐宴，因成是什》：

未征侍子入朝参，却以输诚叠遣男。不督因之深感慕，无私应与遍包含。笙镛并奏春光畅，金帛优颁恺泽覃。[1]

朝廷并未强征哈萨克部遣子来天朝，可左右哈萨克部为献纳诚心，不断地派遣男儿：右部哈萨克阿布勒比斯遣子卓尔齐，于今年正月入觐，皇帝令其随来朝的外藩共同赐宴赏赉；今天左部哈萨克阿布赉之子斡里苏尔统也来到北京，特命按例赐宴，以示均以怀柔恩惠之礼相待。他们感念仰慕皇恩是因并未受到监督责罚，皇帝要以无私之光尽量包涵。在春光明媚的圆明园赐宴，东西方的乐器共同演奏美妙的乐曲，并为他们赏赐黄金和丝绸，人人心中充满欢乐与恩惠。

乾隆四十一年（1776）初，乾隆帝作《幸西苑接见朝正外藩年班回部哈萨克来使及四川土司土舍头人等之初次觐谒者，即事得句》："夹衢左右纷迎接，露冕笑言普拊循。回部更番久依例，内旗札萨旧称宾。土尔扈入朝如雁，哈萨克流仰集鳞。"[2]诗的大意是，各方使臣列队夹道欢迎乾隆帝，皇帝头戴便帽笑言抚慰。使臣中有西域回部伯克、蒙古王公、土尔扈特台吉，还有左部哈萨克阿布赉的使臣。

2. 右部哈萨克

乾隆二十三年（1758）八月间，清军参赞大臣富德追索准噶尔余孽时，平息了哈萨克右部与塔什罕人的争斗。右部首领吐里拜等进表文曰内附，乾隆帝又作《右部哈萨克归化，遣使朝贡，诗以纪事》：

偏师西海剿逋逃，取便恩宣杂种曹。岂谓解纷更释难，匪征苜蓿与葡萄。情欣左部荣同被，德慚两阶会偶遭。厚往薄来九经式，持盈保泰一心操。[3]

---

①《清高宗（乾隆）御制诗文全集》三集卷八十。
②《清高宗（乾隆）御制诗文全集》四集卷四十。
③《清高宗（乾隆）御制诗文全集》二集卷八十一。

清军在追剿中，顺便向当地诸部族宣扬天朝恩惠，没想到竟会为他们排解纠纷争斗，这不是为了征取苜蓿和葡萄。令人高兴的是右部哈萨克继左部之后也归附天朝，这使乾隆帝在庆幸之中又感到惭愧。皇帝要认真遵循厚往薄来等治国平天下的九项准则，尽心保持这安定兴盛的局面。

右部哈萨克在归附后即遣使朝觐，乾隆二十三年（1758）十月，乾隆帝作《将之盘山，驻跸汤泉行宫作》，其中有诗句："扈行俾识朝家制，大阅兼陈士气豪。"①说右部哈萨克使臣将随从皇帝出行，可以了解天朝礼制，南苑阅兵，更可展示大清军威雄壮、士气英豪。

乾隆帝另作《右部哈萨克及塔什罕城回人、布鲁特首领胥来觐谒，恰至山庄，曲宴示恩，点笔成什》：

罢争归化信堪嘉，举踵延颈岂计遐。向日心般身忘倦，敷天无外总为家。讵期葱岭殊言侣，也厕田盘曲宴加。南苑纡临俾扈驾，视前来者肯教差？②

右部哈萨克与塔什罕结束争斗归附天朝，值得称道。他们如葵花向日，翘首东望，不远万里派遣使臣，历时两个月赶来朝觐，使皇帝感到普天之下皆为一家。他哪里想到葱岭之下会有语言各异的同伴，来到盘山（静寄山庄，今天津蓟县西北）。皇帝应当宴赐有加，再令其随同去南苑。皇帝对他们的优待不会比以前差。

乾隆三十四年（1769），乾隆帝就右部哈萨克阿布勒比斯子卓尔齐等来京请安作《上元前二日锡宴外藩，即席得句》，其中有诗句："仰流鳞集贺元正，锡宴欣逢雪后晴。"③说西域各部人心归向大清，使臣就像鱼群一样来到京城祝贺新年。皇帝在元宵节前两天设宴款待，正值雪后放晴。

乾隆三十八年（1773）初，乾隆帝作《上元前一日，宴哈萨克波罗特汗陪臣阿克台里克及卓尔齐，即席成什》：

波罗特兹驰使伻，继汗请命觐都京。底须更置示威重，便可允行奖

①《清高宗（乾隆）御制诗文全集》二集卷八十二。
②《清高宗（乾隆）御制诗文全集》二集卷八十二。
③《清高宗（乾隆）御制诗文全集》三集卷七十八。

恪诚。卓尔齐尤习国礼，理藩院引贺新正。厚恩丰宴颁嘉节，柔远旁通万里情。①

哈萨克波罗特继承父亲的汗位后，就派遣陪臣阿克台里克朝拜，去年十一月底从伊犁出发，急驰一个半月，于今年元宵节前抵达京城。皇帝何必表示出威严庄重呢？应当表彰他们的恭敬和忠诚。阿布勒比斯部王子卓尔齐也要由理藩院官员引导参加明天的元宵活动。皇帝在正大光明殿设宴款待、厚加赏赐，为的是安抚万里之外的哈萨克部众。

乾隆五十二年(1787)八月，乾隆帝还作《左部哈萨克瓦里苏尔坦遣其弟哈斯木入觐，于山庄万树园赐宴，因成是什》，其中有诗句："贵山右部使方回，左部今随遣弟来。"②反映了哈萨克左右部争先恐后朝觐的场面。

左右部哈萨克向清朝进献的贡品主要是骏马。乾隆二十四年(1759)正月皇帝作《哈萨克汗阿布赉之侄俄罗斯苏尔统及其陪臣来朝，诗以纪事》，其中有诗句："命彼近亲亦台吉，献其方物乃蒲捎(古代骏马名)。"③说这次哈萨克汗阿布赉派遣其侄俄罗斯苏尔统向天朝进献的，就是该地的特产骏马。

乾隆二十九年(1764)三月，乾隆帝作《赐赉哈萨克陪臣并携游御园，诗以纪事》，其中有诗句："献马无过聊表悰，同舟真是大联情。"④说哈萨克进献骏马是为了表达真情，而今大家建立起同舟共济的情意。

乾隆二十四年(1759)，乾隆帝还就右部哈萨克进献骏马，作《大宛马歌》：

今之哈萨昔大宛，峤山神种古所传。乌孙中阕阻声教，攘为己有曾贡闲。不仁之守再世斩，伊犁万里拓幅员。哈萨布鲁胥向化，无他为贶致敬虔。騕褭汗血实方物，左右部长及可汗。遣其首领远来献，却之失望厚赉还。駩騢騮骓类实夥，匍匐牵跪陈墀前。为龙为騋各夭矫，雄姿逸态英且闲。流珠喷玉谁则见，奔霄追电有必然。往者贰师求善种，徒劳数万恶少年。致一二耳犹艳诩，奚称归德开远门。辟疆勤远非本意，

①《清高宗(乾隆)御制诗文全集》四集卷十。
②《清高宗(乾隆)御制诗文全集》五集卷三十四。
③《清高宗(乾隆)御制诗文全集》二集卷八十四。
④《清高宗(乾隆)御制诗文全集》三集卷三十八。

人归天与宁可捐。人归天与宁可捐，作歌自警示后昆。①

今日的哈萨克是昔日的大宛，在葱岭以西，出产良马自古流传。近世因被准噶尔阻隔，与天朝未能联系。其马被准噶尔当作贡品来向大清进献。准噶尔残暴统治经历几代就结束了，天朝平定伊犁，版图开拓两万里，哈萨克、布鲁特先后归附，都以进献良马表示敬意和虔诚。乾隆帝感到若不接受，他们会失望，所以就用丰厚的赏赐来回报。各种良马实在多，献马使臣在阶下一一向皇帝展现。良马雄姿逸态，仰天长嘶，喷吐唾沫，谁曾见过？皇帝想它们一定像周穆王的奔霄骏马一样，风驰电掣。回想汉武帝以李广利为贰师将军，征发数万人伐大宛，为的却是获取良马，还作诗夸耀什么“经万里兮归有德”和“天马徕，开远门”。拓疆辟地并非是乾隆帝的本意，实因天命所属，人心所向。如果不是这样，他说宁肯不接受。写下这首诗自我警醒，并告诉后世子孙。

乾隆帝后来作诗《哈萨克马》，其中有诗句：“哈萨克马多无万，古称大宛实讹传。”②对哈萨克是昔日大宛的说法做了更正，他出于对哈萨克马的喜爱，对哈萨克诸部献马大加赞赏，命清宫画家郎世宁绘出名画《哈萨克贡马图》（现藏法国巴黎集美博物馆）。

郎世宁绘《哈萨克贡马图》

3.东布鲁特

乾隆二十三年（1758）六月，将军兆惠追剿准噶尔残部，到达东布鲁特地区，即伊塞克湖、楚河、塔拉斯河一带，派人向他们的头人宣布清朝的政策。

①《清高宗（乾隆）御制诗文全集》二集卷八十三。
②《清高宗（乾隆）御制诗文全集》四集卷九十一。

东布鲁特以玛木特呼里为首的五部头人表示愿意归属清朝。乾隆帝作《布鲁特称臣内属，遣使诣阙，诗以纪事》：

挞伐原因讨逆回，仰流讵意远人徕。旧传勃律两王据，即见坚昆一面摧。厚往薄来风早树，东鹣西鲽道方开。不招不拒敷吾惠，王会何妨达九垓。①

清朝出师的原因是讨伐大小和卓叛乱，出乎意料的是东布鲁特继哈萨克之后竟然也归附而来。唐时西域有大小勃律两个部落，就像今天的东西布鲁特（坚昆为布鲁特祖先在叶尼塞河上游地区时的汉代称呼）。东布鲁特与回部毗连，内附天朝，等于将大小和卓断其一臂。该部首领派使臣前来朝觐，他们也进贡了珍异物件，朝廷将施予丰厚而纳受微薄。乾隆帝虽不是有意招徕，但来者不拒并施以恩惠。他想象着统一西域之后天山南北各部朝会的盛况，心中充满喜悦。

东布鲁特归附后，首领玛木特呼里年已九十高龄，身体肥胖，行动不便，于是派遣其弟舍尔伯克与头目车里克齐、图鲁起拜、尼沙等人入觐。是年九月，他们在避暑山庄以北木兰围场的布呼图口受到隆重招待。乾隆帝为纪念此事，取满语“会归”之意，改其地名为伊绵峪。宴会上还有前任准噶尔总台吉达瓦齐作陪。乾隆帝作《布鲁特使臣至，宴赐即席得句》，其中有诗句：“新恩恰值伊绵峪，旧识兼逢达瓦齐。”②

围猎期间，乾隆帝命供奉清廷的意大利画家郎世宁等人绘制《丛薄行诗意图》，描绘他在山林空场，骑在马上，由侍卫簇拥着，正在接受索伦勇士献上的小老虎和布鲁特使臣的朝觐。画面左上端有大学士于敏中书写的御制诗《丛薄行》，最后两句是：“喜亦讵为万目睹，适有新归化布鲁。”③

①《清高宗（乾隆）御制诗文全集》二集卷八十。
②《清高宗（乾隆）御制诗文全集》二集卷八十一。
③《清高宗（乾隆）御制诗文全集》二集卷八十一。

《丛薄行诗意图》(局部)

到了避暑山庄,乾隆帝作《万树园宴布鲁特,即席得句》,其中有诗句:“鳞集仰流鹿食苹,筵开万树洽舆情。”另作《万树园赐布鲁特人观灯火》:“锤峰正挂玉轮盈,合灿烟花惬远情。”①

十一月五日,乾隆帝在南苑阅兵,请哈萨克、布鲁特、塔什罕使臣参观,作《仲冬南苑大阅纪事》:

便设军容示西域,伫看露布靖坚昆。好齐以暇千旃飐,既正还奇万炮喧。风日晴和士挟纩,非予恩也总天恩。②

天朝在西域诸部使臣面前展现出威武的军容,皇帝盼望报捷文书传来平定叛乱的好消息。在飘拂的旌旗下,受阅部队严整有序,从容不迫,出人意料的是还有轰鸣的礼炮声。仲冬时节风和日丽,士兵并未感到寒冷,这不

①《清高宗(乾隆)御制诗文全集》二集卷八十一。
②《清高宗(乾隆)御制诗文全集》二集卷八十二。

是朝廷的恩惠而是上天在眷顾啊！

《乾隆帝戎装骑马大阅图》

此时正是清军在叶尔羌与大小和卓战事吃紧之际，乾隆帝为了展示清王朝的实力和军威，在南苑阅兵，命郎世宁等人在紫禁城西御苑内，绘出《乾隆帝戎装骑马大阅图》（后称《清高宗大阅图》），张挂于南苑行宫。图上乾隆帝英姿勃发，气宇轩昂，身着华贵甲胄，骑在一匹雄健剽悍的骏马上，眉宇中透出一股英雄气概，给西域诸部使臣留下深刻印象。

4. 西布鲁特

乾隆二十四年（1759）秋，清军追剿大小和卓。额德格纳部落头人阿济比代表西布鲁特部十五个部落上书臣服。于是从伊犁西南伊塞克湖到喀什噶尔西北、浩罕以东帕米尔一带广大布鲁特地区，全部归属清朝管辖。

乾隆二十三年（1758）冬，乾隆帝作《赐哈萨克布鲁特等宴，即席得句》：

乌孙扫净玉门开，受号争先肯后哉。献马不须金马去，右宛今效左宛来。踵前布露相伯仲，罢战康居总厕陪。谁道蒲萄经岁久，三巡早各醉芳醅。①

平定准噶尔后，从西域通往天朝的道路畅通，哈萨克、布鲁特等部落争先恐后地前来归附，接受封号。乾隆帝不像汉武帝那样派遣贰师将军攻伐大宛，左右哈萨克就接踵而来，东西布鲁特也于今秋朝觐返回。塔什罕人曾与哈萨克相互争斗，如今和好同来入觐。皇帝赐宴举杯与使臣们共饮葡萄酒。酒过三巡之后，大家都高兴得有些醉了。

应当指出，阿济比代表西布鲁特部十五个部落上书臣服清朝之前，就有

①《清高宗（乾隆）御制诗文全集》二集卷八十二。

一些西布鲁特上层人士随东布鲁特使臣入觐,并参加南苑阅兵、围猎及避暑山庄的赐宴和观灯火活动。

乾隆二十六年(1761),东布鲁特别部酋长额木尔贝率部归附,次年进贡匕首,由驻喀什噶尔的官员侍郎海明进呈。乾隆帝欣然赏赐额木尔贝三品顶戴,作《布鲁特额木尔贝所献匕首歌》:

> 贡物表敬惭菲轻,驿致金阙由海明。开匣尺八居然呈,龙鳞其室椭以赪,玉柄金镂象鼻形。抽看光如波溢青,月牙直芒披电星。封还销铸胥矫情,咸宾用识王道贞。①

贡物虽轻,情意恳切,匕首由驻喀什噶尔侍郎海明通过驿站传送呈来。乾隆帝打开一看,居然有尺八之长,刀鞘是红铜皮上錾刻龙鳞纹,刀把是玉柄象鼻形,带着金丝穗。抽出看更是如水波泛着青光,似月牙般闪亮。他认为若缄封退还或下令销熔就太违背人之常情了,只有施以仁政,使天下归心。

乾隆五十三年(1788),乾隆帝作《伊犁将军保宁奏布鲁特寿妇一百六岁,既赐之貂帛,并诗以纪事》:"耕牧伊犁卅岁仍,外疆欣报百年登。祝釐乃以遣子告,获健还能遇马乘。貂帛用颁贞寿奖,干戈早辑礼仪兴。深维初念末期者,保泰惟增业与兢。"②诗作表现了乾隆帝敬老的美德,也表达了他更希望边疆稳定、民众安居乐业的情感。

乾隆帝对哈萨克、布鲁特尊其宗教,赐封爵号,减轻赋税。其大小头目原职不变,但要由清廷任命,赐以二品至七品顶戴。哈萨克、布鲁特每年要向清廷进献一定数量的马匹,清廷回赠绸缎、布匹、茶叶等物资。靠近伊犁的哈萨克与东布鲁特,由伊犁将军每年派领队大臣前往巡查一次,对整个布鲁特的常年巡查,则由喀什噶尔参赞大臣专管。清朝允许哈萨克、布鲁特回到被准噶尔侵占的原牧地自由放牧,而不征收土地税,不强迫其改变原有的风俗习惯。哈萨克与布鲁特在新疆进行贸易,税率比内地商人减少三分之一,以示优待。清朝驻军及官员所需马匹和牛羊,主要由哈萨克、布鲁特供

①《清高宗(乾隆)御制诗文全集》三集卷十七。

②《清高宗(乾隆)御制诗文全集》五集卷四十二。

应。以上措施使得哈萨克与布鲁特的社会经济在西域统一于清朝之后得到了很大发展。后来由于历史原因,哈萨克与布鲁特分别成为跨国民族。而乾隆帝关于哈萨克与布鲁特的诗篇,纪事述事,有着鲜明的时代感和深厚的历史感,无疑是我国多民族国家统一和形成的历史见证。

四、外藩通使朝贡

1. 霍罕

时辖安集延、玛尔噶朗、那木干。乾隆二十四年(1759)夏,清军追捕大小和卓,遣侍卫达克塔纳至其地进行外交斡旋,要求其协助擒获大小和卓。额尔德尼向乾隆帝进表文,率四城全部归附。

霍罕在归附清朝的次年九月遣使贡马,乾隆二十七年(1762)贡白鹰,乾隆二十九年(1764)贡白海青。乾隆三十五年(1770),额尔德尼卒,其侄纳禄博图袭位伯克,遣使进贡龙泉盘子。乾隆帝皆有诗作。

《白鹰歌——霍罕额尔德尼伯克所进,歌以纪事》:

受将军檄遮贼魁,设网未入慚雉媒。捧首以降心无乖,方物屡献表宾徕。每教厚往而薄来,九经正义诚昭哉。白鹰今复致鸷材,雪毛金脚刷羽皑。下韝目不留狼豺,鹘师赤养皆旗回。蒲萄喂肉那可侪,开门揖盗谋非佳。博观今古益凛怀,作歌匪诩遐荒开。①

霍罕额尔德尼伯克接受大清兆惠将军的檄文,协助拦截擒获叛乱头目大小和卓。他虽说设计布局,张网以待,但因大小和卓未取道霍罕,这让他感到遗憾,遣使进贡表示诚意。拔达克山汗素尔坦沙献上小和卓的首级,归附大清,心诚不贰。各部也不断前来贡献方物。朝廷对各部都是厚往薄来,古来儒家治国平天下的九项准则中不是明确写着“柔远”吗?贡马之后,霍罕又进贡了白鹰:金色的脚爪整理着霜雪般洁白的羽毛,从臂套上飞出去,双目容不得豺狼野兽。京师八旗中养鹰鹞的维吾尔族人,在维吾尔

①《清高宗(乾隆)御制诗文全集》三集卷十七。

族语中称为“鹘师赤”。西域进贡来的葡萄可由皇帝和群臣品尝,而霍罕进贡来的白鹰却要用肉喂养,但如果开门揖盗那就不是好事了。纵观古今,乾隆帝更加感到敬畏而慎行,写下这首诗并不是为了夸耀大清声威远抵霍罕。

白鹰历来被视为祥瑞之兆。我们可以从意大利传教士画家郎世宁为白鹰所绘《嵩献英芝图》中,想见霍罕所献白鹰的风貌。

《嵩献英芝图》

乾隆帝作《白海青歌》:

海东翻飞下海西,变青为白斯更奇。东木西金五行配,各从其色非人为。霍罕部在天山右,其汗名额尔德尼。摅诚通贡致方物,鞲来鸷鸟随译鞮。黄睛玉爪气隽逸,素翘皓羽光陆离。笼育林监昭远服,为之造屋诚无稽。豪腾雄击都弗藉,纯精明洁亶宜题。瑞图越裳漫比拟,写形传实宁可遗。写形传实宁可遗,久安永奠殷吾思。①

这只白海青竟然来自海西(西域以西),颜色由青变白更令人称奇。五行配属各有对应,各有其色也不是人力所为。远在天山以西的霍罕汗额尔德尼真诚通好,贡献方物,这只白海青随同翻译和养鹰人前来。它双眸金黄,两爪如玉,俊秀飘逸,披一身洁白如玉的羽毛翘立着。乾隆帝将进贡来的鸷鸟或笼中养育或林中照看,以代表边远之地对天朝的服从,但如《元史》所说的为之建造房屋就没必要了。皇帝不是为其傲然飞腾、英勇搏击,而是只为其纯洁精明而题诗。任人将它与越裳进贡祥瑞之雉来相比,皇帝要郎世宁画出这只白海青的英姿神韵流传后人,永保天下长治久安才是他最为关切的啊!

①《清高宗(乾隆)御制诗文全集》三集卷三十九。

另作《咏龙泉盘子》：

古宋龙泉世颇稀，云何外域尚或有。吐鲁番器昔讶看，霍罕包贡今复走。不宝厚往致频来，所嘉彼亦知献寿。质厚色葱弗茅蔑，定窑之下斯抡首。赵家幅员未逮彼，彼何以得故难剖。长言纪实非玩物，更廑深意慎所守。①

古代宋朝的龙泉瓷器本来存世就很稀少，不知为什么国外竟然还有。十三年前从吐鲁番带回的龙泉盘子就使皇帝很惊讶，如今霍罕又进贡了一个龙泉盘子。因此天朝实行薄来厚往，所以各地不断派使臣前来。高兴的是霍罕此次是为乾隆帝五十九岁生辰祝寿而献礼。这个龙泉盘子质地厚而色葱翠，且没有损伤，可说是定窑中的精品。当年北宋的疆域并未到达西域及以西，而这个龙泉盘子何以到达该地实在难以解释。皇帝写下这首诗记录此事并不是为了玩赏，而是表明自己要更加勤慎地守住祖先留下的功业。

2. 拔达克山

乾隆二十四年（1759）八月，大小和卓败逃进入拔达克山，清军遣使往谕，宣示大小和卓罪状，要求当地协擒。是时大小和卓抢掠村落，准备继续南逃。拔达克山汗素尔坦沙下令将其擒获，并派人报告清军。此时邻近部落准备发兵劫持大小和卓，素尔坦沙因宗教原因，又担心邻近部落不同意，颇感为难。在清军将领晓以顺逆利害的情况下，素尔坦沙下令杀死大小和卓。大和卓尸身被盗，他遂向清廷献上小和卓首级，率其部落十万户与邻近的博洛尔三万户归附清朝。乾隆帝接奏报作《副将军富德奏报，拔达山汗素尔坦沙献逆贼霍集占首级，并以全部纳款称臣信至，诗以志事》：

罙入歼渠逃望风，情知三窟已途穷。嘉兹识早献馘顺，笑彼悔迟跋扈雄。和众永看两部定，成功速在五年中。天恩如此昭优贶，保泰弥殷慎敕躬。②

①《清高宗（乾隆）御制诗文全集》三集卷九十二。
②《清高宗（乾隆）御制诗文全集》二集卷九十。

《乾隆西域战图》之十三《拔达山汗纳款》

副将军富德率部深入西域追歼望风逃窜的大小和卓及残匪，俗话说狡兔三窟，得免一死，而他们是日暮途穷。拔达克山汗素尔坦沙识时务是俊杰，献上小和卓霍集占首级，并率部归顺天朝。皇帝笑看骄横跋扈、猖獗一时的大小和卓，如今被彻底扫荡。西域准噶尔部、回部得以平定，天朝在五年内就完成了统一西域的大业。上天对大清如此恩惠眷顾，皇帝要时时警饬己身，保持这安定兴盛的局面。

乾隆二十五年(1760)夏，乾隆帝作《拔达山八骏马歌》：

大宛骏马斯已奇，拔达山骏奇倍之，方隅贵山南以西。献馘称臣诚识时，良骥服皂纳赆随。青骢送喜领群蹄，捷音早共红旗驰(右送喜骢)。坚昆底定我马归，鹛其英鹜色其骐(右坚昆鹛)。洱海一战搴厥旗，获良翻以徕白羲(右洱海骦)。有騋紫电名雅宜，扫尘灭迹追无遗(右紫电騋)。服远在德不在威，阚虎已老兹其妃(右服远骝)。虾蟆一跳丈六齐，掉尾肃肃白玉题(右玉题骏)。呈览按队过荷池，祥霞辉映光配藜(右祥霞骥)。逸足未骋望可知，蹑云底藉鞭箠施(右蹑云騢)。徒观骨格皆英姿，揣称且命儒臣为。天闲调习付有司，待予秋狝徐试骑。譬霍集斯居京师，富贵之更教礼仪。游阊阖兮观玉台，初非求马兴戎麾，销兵从此含生熙。①

大宛骏马自古以来就以奇称名，而位于大宛以南的拔达克山骏马更是加倍胜之。素尔坦沙献上逆贼霍集占首级，向天朝纳款称臣，可谓识时务。进贡来的主要是八匹骏马。领头的是送喜骢，毛色青白相杂，伴随它的是平定大小和卓报捷的红旗。第二是坚昆鹘，因天朝平定西域而来归，如鹰鹘勇猛强悍，毛色有青黑斑纹。第三是洱海骊，纪念伊西洱库尔淖尔之战拔取了敌方的旗帜，这匹马就像周穆王八骏之一的白羲。第四是紫电騄，身高七尺，飞驰起来转眼杳无踪迹，疾如闪电。第五是服远骝，皇帝以德服远而不诉诸武力，古时唐太宗如虎啸的十骥早已衰老，这匹马可以与之匹配。第六是白马玉题骏，像蛤蟆一样善跳，摇尾疾速。第七是祥霞骧，排队过荷池时，毛皮犹如吉祥云霞，油光发亮。第八是蹑云騢，这匹青白相间的杂毛马，不用鞭子抽打就可追云飞驰。八骏骨格英姿，皇帝命令文臣们为之作诗文与绘画。在上驷院调教驯服，等待木兰秋狝时试骑。就像留居京城的郡王霍集斯，使之富贵，更要教之礼仪。不是为了获得良马而兴兵，平定了大小和卓的叛乱，天下从此太平，呈现和悦与吉祥，这才是本意。

次年，乾隆帝还有《拔达山汗素尔坦沙贡刀歌》和《咏拔达山汗素尔坦沙所进斧》等诗作。

3. 博洛尔

乾隆二十八年(1763)正月，乾隆帝作《博洛尔部沙瑚沙默特伯克所进武器，制匣藏之，并纪是什》二首：

> 文列星行光溢涛，切昆璆似断秋毫。于阗西去千余里，那数寻常玉把刀。
>
> 齐斧言旋早洗兵，更无拓远祇持盈。集鳞流仰宁当拒，厚往惟嘉底贡诚。②

诗中其一说剑：剑上纹理像群星排列，又似波涛光芒闪耀，其锋刃切昆

①《清高宗(乾隆)御制诗文全集》三集卷五。
②《清高宗(乾隆)御制诗文全集》三集卷二十七。

仑美玉如同切断秋天鸟兽身上新长的细毛。博洛尔部在于阗以西千里远，《宋史》记载开宝二年，于阗使臣曾进贡了玉把刀。

其二说斧：皇帝早就高举黄钺下令凯旋，西域从此停止了战争。皇帝本无开拓边疆之意，只是想守好祖先的成业。如今西域各地如鱼群迎向上流，纷纷归服贡献，清廷怎能拒绝，只有厚往薄来以嘉奖他们的真诚。

乾隆二十九年(1764)六月，乾隆帝作《博洛尔部沙瑚沙默特所献匕首歌》：

风胡欧冶徒传昔，淬锋敛锷术谁核。外域尚斗防暴迫，必佩利器求精饬。博洛小部自守域，近拔达山时被逼。诉之守臣为和息，感恩献此表食德。出匣月牙光奕奕，断蛟龙复剸犀革。解纷怀远斯堪式，非同侈诩郑遵得。①

自古以来就相传春秋时的风胡子、欧冶子精于铸剑，可是锻造淬火、隐匿锋芒的技艺又有谁知道呢？外域之人爱好且盛行争斗，他们为防欺凌逼迫，必须随身佩带武器，同时还讲究锐利而美观。博洛尔是一小部落，临近拔达克山，时常被威逼或强取。该部为此求助大清驻叶尔羌办事尚书新柱，为之和解，平息争端。皇帝派遣使者晓示告诫拔达克山守约管束，归还俘虏，停止争斗。博洛尔部沙瑚沙默特伯克为感恩而进贡，其中匕首是该部最珍贵之物。匕首出匣，形状如新月，光亮闪耀。其锋利程度可杀死蛟龙、刺穿犀牛皮。此事可为排解纷乱或纠纷、安抚边远之人的一个准则或模式，而不像郑遵得那样夸夸其谈，无济于事。

乾隆三十四年(1769)正月，乾隆帝还作《博洛尔部沙瑚沙默特伯克进玉把双匕首，诗以志事》：

戢干西极各安居，表进佉庐弗改初。双器先之宜酌纳，五年贡亦不为疏。球琳把内铁衔定，氍毹室端银镂诸。以短乘长休论彼，薄来厚往益怀予。②

战后西域及以西各部安居乐业，博洛尔部上表仍然不改古老的文字，进

①《清高宗(乾隆)御制诗文全集》三集卷四十。

②《清高宗(乾隆)御制诗文全集》三集卷七十七。

贡双匕首，皇帝应酌情收下。以前该部进献武器，乾隆帝曾作诗。五年之后再来进贡也不算少。双匕首是美玉镶嵌着刀把，里面还有铁件衔接相连。刀鞘是羊毛织品，还有用银箔刻成的装饰品包裹着。皇帝不论其长短，只想以薄来厚往热情款待。

4. 爱乌罕

爱乌罕，即今阿富汗北部，地处拔达克山之西。乾隆二十七年(1762)遣使贡刀及骏马，次年正月抵京，与清朝建立联系。乾隆帝作《爱乌罕刀》：

西蒙奉表驰使伻，献名驹二抒远诚。陪臣乘传达帝京，敬同诸部朝元正。丰飨曲宴皆预令，承筐币帛厚赐行。繄密尔汉感悦并，贡刀可否咨公卿。笑而许之联彼情，长跪百炼双手擎。弯如碧水弓在檠，虽弗适用器则精。上有白气横庚庚，不资磨莹漫理呈。匣度武库志偃兵，玉关开后通昆瀛。既非招致来亦迎，殷殷予意惟持盈。①

爱乌罕向大清天朝送上表文，派遣使臣密尔汉急驰上路，献呈骏马，表示来自远方的真诚。使臣乘坐驿站的马车日夜兼程，于正月新年赶到京城，与各地诸部代表朝拜皇帝。皇帝用丰美的酒食款待，让他们参加宫中之宴。热情欢迎，厚赐送行。使臣感动喜悦，向大臣咨询可否献上刀具。皇帝笑着答应，为的是联络彼此的感情。于是密尔汉朝上长跪，双手高举着献上爱乌罕刀。刀光闪亮如水波，还弯如半弓，虽不适用，却制作精良，不用磨治就纹理横布，闪着白光。皇帝下令接受，放入武库收藏，以示兵戈止息，天下太平，大清的声威远达昆仑山和西海。招而使至，皇帝一心想着保持祖先留下的盛业。

乾隆二十八年(1763)正月，乾隆帝作《爱乌罕四骏歌》：

天山左右多回部，声教古艰通译鞮。分疆划界各领众，其名不可偻指稽。爱乌罕实土著国，遥在拔达山更西。遣使进表非招致，浡泥蜡纸金字题。先以乘马色不一，嘉诚那责比物齐。使者邮至早赐遣，按程马到怜穿蹄。曰骢超洱菊花簇，度西海忽蹀金隄(右超洱骢)。昂藏之骝若喷玉，用昭徕远房星低(右徕远骝)。有騋有騋生月嵴，一形十影耳竹

①《清高宗(乾隆)御制诗文全集》三集卷二十七。

批(右月蛸騻)。凌昆之骏色正白,不须鞭策行追霓(右凌昆白)。高逾七尺长八尺,为龙一一皆駃騠。于阗董毡四五尺,伯时图画犹艳提。别毛按品予嘉号,永志底贡无乖睽。所幸在此惧在此,太保作训吾将徯。①

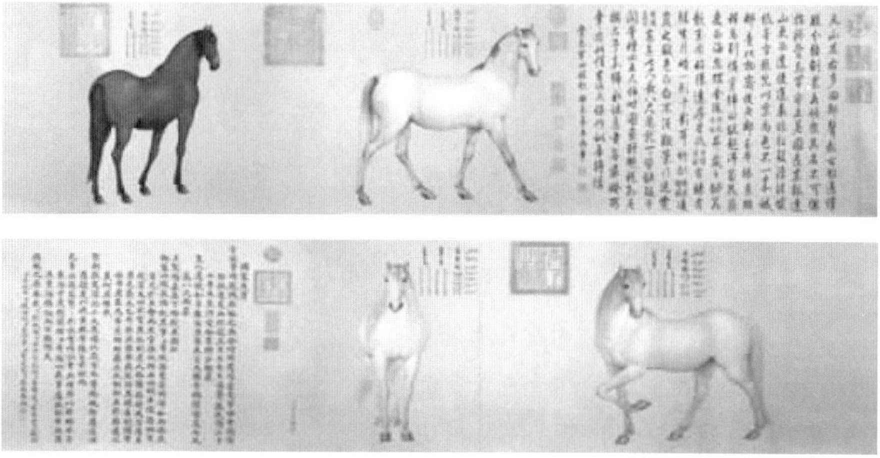

《爱乌罕四骏图》(一幅为二,上图右部为乾隆帝题诗)

天山南北有许多信奉回教的部族,声威教化难以到达且主要依靠翻译人员来进行联系。这些部落都划分了各自的疆界,各领其众,至于一些小的部落就不能细数和考证了。爱乌罕人世代定居于此,在拔达克山以西,派遣使臣来进表并非招而使至。表文用的是浡泥国出产的蜡纸,用金字书写。随之进贡的马匹毛色各不相同,他们如此真诚,哪能责备其献上的马匹毛色未能统一呢?使臣来信说贡马早早就上路了,山高路遥万里程,贡马到京时马蹄都流血了,让人怜惜。四骏中一是超洱骢,青白色相杂,毛簇如菊花,以其纪念平定大小和卓的最后之役伊西洱库尔淖尔大捷;二是徕远骝,红色黑鬃尾,超群出众,嘶鸣时如同喷洒玉珠,来自远方,凌空飞驰;三是月蛸騻,双耳小而尖,犹如被斜削的竹筒,好像来自于月宫,展现着各种健美的形态;四是凌昆白,毛色如昆仑之雪一样纯白,不用挥鞭抽打,就自行凌空追赶彩云了。爱乌罕四骏都是高过七尺,身长八尺,匹匹都是良马。回想宋代时,西域于阗首领董毡进贡的五匹马都是身长四五尺,神宗就命令画师李公麟(字伯时)为之浓抹妆点画出《五

①《清高宗(乾隆)御制诗文全集》三集卷三十。

马图》。皇帝将爱乌罕四骏按毛色、品相,分别给以美好的称号,记录爱乌罕倾心朝贡不背离之意。皇帝为此庆幸也同样为此忧惧,待太保辅导太子时再讲述君王如何治理好天下的道理。

五、土尔扈特归来

清乾隆帝在统一和治理新疆的过程中,写下了大量诗文,其中关于土尔扈特部的诗文,反映了土尔扈特部东归这一震惊世界的重大事件以及安置土尔扈特部的全过程:一是欢迎归来,精心接待;二是碑铭纪略,传诸后世;三是吟咏贡物,赞赏诚意。这些诗文记载历史,启迪现实,今天仍然值得我们珍视。

1. 欢迎归来,精心接待

土尔扈特部归来的前奏,是该部使臣吹札布受汗王敦鲁布喇什(阿玉奇之孙、渥巴锡之父)的派遣,冲破沙俄的阻挠,历时三年多到达承德避暑山庄,向乾隆皇帝进献弓箭袋等贡品。乾隆二十一年(1756)九月十二日,乾隆帝接见并宴请吹札布一行,赋诗《宴土尔扈特使臣》纪之:

> 乌孙别种限罗叉,假道崎岖岁月赊。天阙不辞钦献赆,雪山何碍许熬茶。覆帱讵可殊圆盖,中外由来本一家。彼以诚输此诚惠,无心蜀望更勤遐。①

乌孙为汉代游牧于伊犁河流域的古族,张骞曾到此促成结亲联盟,乌孙别种指土尔扈特部。罗叉指沙俄。乾隆帝在诗中说,土尔扈特部汗敦鲁布喇什派遣使臣吹札布,借道沙俄,历经三年多的艰苦跋涉,来向我天朝入贡。对于来自远方恭敬的进献,我欣然接受,不会推辞;该部使臣想代表部落去雪域西藏熬茶礼佛也得到许可,派员护送。大清对土尔扈特部视为一家人。彼此真诚献纳和施以恩惠。眼下正在进行统一西域的战事,虽然我不是得陇而望蜀,但我从此不能不关注身处远方的土尔扈特部。随后,西域杜尔伯

①《清高宗(乾隆)御制诗文全集》二集卷六十五。

特亲王伯什阿噶什来避暑山庄朝觐，乾隆帝宴请及观灯火，都有土尔扈特使臣吹札布等作陪。

十五年后的乾隆三十六年（1771）六月底，土尔扈特部东归抵达伊犁。乾隆帝接到奏报，写下《伊犁将军奏土尔扈特汗渥巴锡率全部归顺，诗以志事》：

> 土尔扈特部，昔汗阿玉奇。今来渥巴锡，明背俄罗斯。向化非招致，颁恩应博施。舍楞逃复返，彼亦合无辞。卫拉昔相忌，携孥往海滨。终焉怀故土，遂尔弃殊伦。弗受将为盗，俾安皆我民。从今蒙古类，无一不王臣。①

诗中说，土尔扈特部曾有汗王阿玉奇，今天归来的是他的曾孙渥巴锡，公开明确地与沙俄背离和决裂。该部归向大清，虽然不是招徕，但我还要多加赏赐恩典。十几年前平定伊犁时，舍楞设计杀害我副都统唐喀禄，逃入沙俄藏匿。我大清当即追索。而沙俄以土尔扈特部为其所属，竟不交还。今天舍楞既然抛弃沙俄归顺大清，沙俄如向我索取舍楞，我大清据理答复，沙俄将无言以对。然而不如先由理藩院行文告知沙俄，更显得我朝方面做事光明正大。土尔扈特部漂泊异域百余年之后，最终由于怀念家乡故土，于是弃别了从不信佛的沙俄，回到格鲁派振兴的伊犁。他们还听说真诚归顺的杜尔伯特部在此受到封官赏爵，安居乐业，也愿意前来归顺。刚听到土尔扈特部归顺的消息，朝中有的人提出舍楞以前是负罪的逃犯，不应当接受他的归降。我认为舍楞既然弃别沙俄前来，如果拒不接受他，他没有退路，必然沦为强盗抢掠，使边境不得安宁。我还有些担心舍楞不来，同行的土尔扈特部众可能疑虑畏惧而不敢前来，也不是万全之策。土尔扈特的归来是大势所趋，人心所向。如果等舍楞到来将其抓获治罪，不能昭显我天朝的威严信誉表示怀柔之意。舍楞既然反悔罪过表示忠诚，就应当既往不咎，体现天朝的宽大仁义。而厄鲁特全部成为大清的臣民，是从来没有的事，我又何必为之顾虑呢。我要使其安居乐业，使天下的蒙古部众，都成为我的臣民。

---

①《清高宗（乾隆）御制诗文全集》三集卷九十九。

乾隆帝一面精心筹划对土尔扈特部的接待和救助，一面命伊犁将军舒赫德陪同护送渥巴锡、策伯克多尔济、舍楞等部落首领由伊犁起程赶往承德避暑山庄，并命令沿途各省地方官员做好各种供给。乾隆三十六年九月八日(1771年10月15日)，乾隆帝在木兰围场伊绵峪亲切召见渥巴锡一行，用蒙古语与之亲切进行交谈，并设盛宴款待，赐渥巴锡等鞍马弓箭，一同围猎。作《土尔扈特汗渥巴锡等至伊绵峪朝谒，诗以纪事》：

通使曾经丙子年，兹徕统部不期然。名编典属非招致，礼肄鸿胪合惠宜。类已全归众蒙古，峪征嘉兆信伊绵。无心蜀望犹初志，天与钦承益巩虔。①

乾隆二十一年(1756)，土尔扈特汗敦鲁布喇什曾经派遣使臣吹札布向天朝进贡，现在其子渥巴锡率土尔扈特部落前来归顺，这是出人意料的，皇帝颇感欣慰。他命令理藩院将土尔扈特部首领列入朝谒名单，按照朝中礼制施于恩惠。如今漠南漠北蒙古、厄鲁特蒙古及土尔扈特蒙古已全部归于大清的统治，皇帝在热河木兰围场的伊绵峪接见渥巴锡等人，就是一个好的征兆。皇帝曾于此接见准噶尔部台吉噶勒藏多尔济和哈萨克与布鲁特的使臣，今天土尔扈特部汗渥巴锡等又在此瞻觐。伊绵，满语“会归”之意。乾隆帝的《宴土尔扈特使臣》诗结句为“无心蜀望更勤遐”。因为当时土尔扈特部远在额济勒(今称伏尔加河)，又被沙俄阻隔，虽然有归向大清之心，却无法实现，所以大清也并未存有奢望。现今渥巴锡等抛弃沙俄，举部归顺天朝，也不是大清有意招徕。包括土尔扈特在内的准噶尔四厄鲁特从此都成为大清的臣仆，是皇帝所想不到的。由此他恭敬地承受上天的恩惠，怀有戒惧的心更加虔诚。

接着来到避暑山庄，乾隆帝在万树园连番设宴招待渥巴锡等，作《万树园赐宴土尔扈特汗渥巴锡等，即景成什》：

汗仍其旧号新绥，余各优封五等施。契苾讵徒四百帐，招摇那藉九夷旗。宁餬珍膳饱以德，马湩蚁醪醉不辞。于古为稀今厚幸，天恩祖烈

①《清高宗(乾隆)御制诗文全集》二集卷一百。

奉惟寅。①

朝廷将新归顺的土尔扈特部，分封为亲王、郡主、贝勒、贝子、公这五等爵位，仍保留汗王，加封新号。渥巴锡乃旧汗敦鲁布喇什之子，封号为卓里克图汗。除汗王外，策伯克多尔济封为亲王，舍楞、巴木巴尔封为郡王，其他封为贝勒、贝子、公，封爵有别。土尔扈特汗渥巴锡就像唐代贞观年间从热海迁移沙州的契苾何力，不用借助于招徕就主动归顺。皇帝在宴席上热情款待，使他们饱受恩德。这样归顺的事，自古以来都是少见，皇帝遇此可谓大幸。对于上天和祖宗的恩惠，大清只有恭敬地承受和尊奉。

《万树园赐宴图》

乾隆帝还在万树园为渥巴锡等举行宴会和灯火表演，并写下《万树园灯词》：

其一：

西陲平定已多年，宴赉频施毕后先。孰意新归额济勒，山庄重看设灯筵。

其二：

程经万里不辞遥，嘉与优恩咏蓼萧。自是劳徕惠远部，非关寻乐借

①《清高宗（乾隆）御制诗文全集》三集卷一百。

元宵。

其三：

通使昔曾阿玉奇，今来明背沙俄。纳降彼已先孤约，以此折之信得辞。

其四：

舍楞逃去复还归，悔过斯应湔昔非。留爽光明有如是，缚鸡笼内岂为威。

其五：

讵止随围按岁轮，频繁来集仰流鳞。新来那不心生羡，明有伊犁旧识人。①

其一是说，天朝平定西域已有多年，对各部首领先后频繁地宴饮赏赐。这次是为了欢迎从额济勒归来的土尔扈特部，在山庄重新举办灯火晚会。

其二是说，土尔扈特部不远万里归顺天朝，皇帝像《蓼萧》所咏施以恩泽。灯火晚会是为了慰劳前来的土尔扈特部，而不似在热闹节日举行的元宵灯会。

其三是说，土尔扈特部在阿玉奇时就与天朝联系，现在渥巴锡公开与沙俄决裂。当年沙俄收留舍楞即已违背条约，若向大清求索渥巴锡，朝廷就以舍楞之事回复，使其无言以对。

其四是说，舍楞外逃十余年后又归来，后悔过错，洗刷罪责，应属弃暗投明，改恶从善。皇帝若追究治罪，如同笼内抓鸡，何以体现天朝的威严？

其五是说，西域各部首领每年轮番入觐，随同皇帝围猎，如同鳞集仰流。新来的土尔扈特部首领哪能不心生羡慕？来者中就有舍楞在伊犁所相识的人。

由以上诗篇可见，乾隆帝对土尔扈特部的归来，既感到出乎意料，又为事在情理之中感到欣喜；既乐于接纳归顺的土尔扈特部众，也对叛臣舍楞的归降宽容大度；既着眼于边疆的安定，又考虑到与沙俄的关系；既把握了大

①《清高宗（乾隆）御制诗文全集》三集卷一百。

局，又注重了细节。乾隆帝对土尔扈特部的重视程度非同一般，布置措施快速有力，至今仍然是历史上成功处理民族关系的典范。

2. 碑铭纪略，传诸后世

据《清高宗实录》记载乾隆三十六年九月八日(1771 年 10 月 15 日)，“土尔扈特台吉渥巴锡等以归顺入觐，上御行幄受朝，赏顶戴冠服有差”。同日公布了碑文《御制土尔扈特全部归顺记》《御制优恤土尔扈特部众记》，还作《御制土尔扈特部纪略》。

《御制土尔扈特全部归顺记》全文如下：

> 始逆命而终徕服，谓之归降；弗加征而自臣属，谓之归顺。若今之土尔扈特，携全部，舍异域，投诚向化，跋涉万里而来，是归顺非归降也。西域既定，兴屯种于伊犁，薄赋税于回部。若哈萨克，若布鲁特，俾为外围而羁縻之。若安集延，若拔达克山，益称远徼，而概置之。知足不辱，知止不殆，朕意亦如是而已矣。岂其尽天所覆至于海隅，必欲悉主悉臣为我仆属哉。而兹土尔扈特之归顺，则实天与人归，有不期然而然者，故不可以不记。
>
> 土尔扈特者，准噶尔四卫拉特之一。其详已见于《准噶尔全部纪略》之文。溯厥始率亦荒略弗可考。后因其汗阿玉奇与策妄不睦，窜归沙俄。沙俄居之额济勒之地。康熙年间，我皇祖圣祖仁皇帝，尝欲悉其领要，令侍读图里琛等假道沙俄以往。而沙俄故为纡绕其程，凡行三年又数月，始反命。今之汗渥巴锡者，即阿玉奇之曾孙也。以沙俄征调师旅不息，近且征其子入质，而沙俄又属别教，非黄教，故与合族台吉密谋，挈全部投中国兴黄教之地，以息肩焉。自去岁十一月启行，由额济勒，历哈萨克，绕巴勒喀什诺尔戈壁，于今岁六月杪，始至伊犁之沙拉伯勒界。凡八阅月，历万有余里。
>
> 先是朕闻有土尔扈特来归之信，虑伊犁将军伊勒图一人不能经理得宜，时舒赫德以参赞居乌什办回部事，因命就近前往。而畏事者乃以新来中有舍楞其人，曾以计诱害我副都统唐喀禄(唐喀禄于戊寅四月偕

厄鲁特散秩大臣和硕齐率兵追捕逸贼至布古什河源，射舍楞弟劳章札布，仆而擒之。既而舍楞至，称欲投诚，请释其弟。唐喀禄虽许而疑其诈，欲先擒舍楞。和硕齐云，擒之无益，不若招之使降。越日舍楞诡称，欲入觐，且携众至。唐喀禄益疑之。和硕齐复言彼畏我兵威，不敢动移，曷亲莅抚谕之。唐喀禄信其言，从数人往。既至，和硕齐劝各解鞍去櫜鞬，俄顷变诈，唐喀禄遂遇害。和硕齐即降贼，寻擒获伏诛。舍楞乃窜入沙俄境)。因以窜投沙俄者，恐其有诡计，议论沸起。古云受降如受敌，朕亦不能不为之少惑，而略为备焉。然熟计舍楞一人，岂能牟动渥巴锡等全部？且沙俄亦大国也，彼既背弃而来，又扰我大国边界，进退无据，彼将焉往？是则归顺之事十之九，诡计之伏十之一耳。既而果然。而舒赫德至伊犁，一切安汛设侦筹储密备之事，无不悉妥，故新投之人，一至如归。且抡其应入觐者，由驿而来。朕即命随围观猎，且于山庄宴赉，如都尔伯特策凌等之例焉。

夫此山庄，乃我皇祖所建，以柔远人之地。而宴赉策凌等之后，遂以平定西域。兹不数年间，又于无意中不因招致，而有土尔扈特全部归顺之事。自斯凡属蒙古之族，无不为大清国之臣。神御咫尺，有不以操先券阅后成惬志而愉快者乎。予小子所以仰答祖恩，益凛天宠，惴惴焉，孜孜焉。惟恐意或满而力或弛，念兹在兹，遑敢自诩为诚所感与德所致哉。或又以为不宜受沙俄叛臣，虞启边衅。盖舍楞即我之叛臣，归沙俄者，何尝不一再索取，而沙俄讫未与我也。今既来归，即以此语折沙俄彼亦将无辞以对。且数万乏食之人既至近界，驱之使去，彼不劫掠畜牧，将何以生？虽有坚壁清野之说，不知伊犁甫新筑城，而诸色人皆赖耕牧为活。是壁亦不易坚，而野亦不可清也。夫明知人以向化而来，而我以畏事而止，且反致寇，甚无谓也。其众涉远历久，力甚疲矣。视其之死，而惜费弗救，仁人君子所不忍为，况体天御世之大君乎？发帑出畜，力为优恤，则已命司事之臣(土尔扈特部众长途疲顿冻馁，几不能自存，因命舒赫德等分拨善地安置，仍购运牛羊粮石以资养赡，置办衣裘庐帐俾得御寒，并为筹其久远资生之计，令皆生活安居，咸获得所）。兹不赘记。记事之缘起如右。

乾隆三十六年岁在辛卯季秋月中浣御笔

碑文是说，最初不恭顺而最终投奔归服，这叫归降；未加征讨而自动前来臣服，这叫归顺。如现在的蒙古土尔扈特部，率领全族部众，断然舍弃异国，不畏艰难险阻跋涉万里归来，真诚地归向天朝，这是归顺而不是归降。天朝自平定天山南北之后，在北疆伊犁大兴屯田，在南疆各地减轻赋税。对边远的哈萨克、布鲁特等部落，则很好地予以安抚，使之成为边疆的屏障。至于更远的安集延、拔达克山之地，则只加封号而不强求臣服。知道满足才能不受屈辱，适可而止才能避免危险，皇帝的想法就是这样。怎么能让天下所有的地方都归大清主宰，让他们都做大清的臣仆和属国呢？而今土尔扈特之归来，实在是上天的意旨与民众的意愿，所以不能不记载下来。

土尔扈特部落，原是四厄鲁特蒙古之一，见于《准噶尔全部纪略》一文。土尔扈特的源流，因年代久远且很少有文字记载，现今已无从查考。后来因部落首领阿玉奇与准噶尔首领策妄阿拉布坦不合，率部辗转流落到沙俄去了，沙俄让他们居住在伏尔加河流域。康熙时期，皇祖关心他们，想了解他们的情况，特派内阁侍读图理琛等借道沙俄前往。可是沙俄故意让他们多走弯路，所以一共走了三年多，才返回复命。如今他们的首领渥巴锡，是他们部落离开我朝时的首领阿玉奇的曾孙。由于沙俄不断征调他们的战士去打仗，最近又要把渥巴锡的儿子送到莫斯科当人质，加上沙俄信奉异教，不信格鲁派，所以渥巴锡和全族台吉秘密策划，带领全族同胞投奔信仰格鲁派的故土去，以脱离异族异教的统治，免除沉重的负担。他们从去年（乾隆三十五年，1770）十一月出发，从伏尔加河经过哈萨克草原，绕过巴尔喀什湖以南的大沙漠，到今年六月底，到达伊犁的沙拉伯勒，回到故乡。总共历时八个月，行程一万多里。

在这之前，乾隆帝听说土尔扈特回归的消息，考虑到伊犁将军一个人不一定能把这件事办理好，就让当时正好在南疆乌什参赞大臣任上办理回疆事务的舒赫德前去协助办理。而一些怕事的人，因归来者中的舍楞曾经设计杀害过副都统唐喀禄而心有余悸。1758 年 4 月，唐喀禄与厄鲁特散秩大臣和硕齐领兵追捕逃贼,当追到布古什河源时,把舍楞的弟弟劳章扎布擒获。接着舍楞赶来,声称准备归降,请把他弟弟放了。唐喀禄虽然答应,但怀疑这或许有诈,想先把舍楞抓起来。和硕齐说,抓他没有用,还是让他归降好。第二天,舍楞又假称想进京朝拜皇帝,而且把部下都带来了。唐喀禄更加怀疑了。和硕齐又说,他害怕清军强大,不敢轻举妄动,我们为何不亲自晓谕和招抚他们呢?唐喀禄轻信了他的话,带几个人去了。到后,和硕齐又劝大家解下马鞍,取下弓箭。不一会儿变乱发生,唐喀禄被杀害了。和硕齐随即投敌,不久被抓获处决,而舍楞流窜到沙俄境内,因为归来的人中有过去的叛逃者,大臣们担心其中或有诡计,所以议论纷纷。古人说,接受敌人的投降就像对付敌人一样,不可不加以防备,皇帝也不能不对这种说法加以考虑,同时也做些准备。可是经过深思熟虑,皇帝认为单凭舍楞一个人,怎么能鼓动渥巴锡的全部人马呢?况且沙俄是个大国,他们既然背弃沙俄而来,又在大清国的边疆骚扰,果真这样,岂不是进退两难,又能到哪里去呢?所以说十有九成是归顺,搞诡计的可能性只能是十有一成吧!后来事实证明果真是归顺。而舒赫德到伊犁后,所有的安抚、情报、物资准备等,都安排得周密妥当,使归来的土尔扈特部众就像回到家里一样。他同时挑选进京朝见的人,经过沿途驿站前来。朝廷让他们随同到木兰围场观看打猎,并在避暑山庄设宴款待,赏赐有加,接待的规格和以前接待都尔伯特车凌等人一样。

避暑山庄是皇祖修建的,目的是为了怀柔边地部众。朝廷在款待车凌等人之后,很快就平定了西域。现在才过了几年,没想到又发生了土尔扈特全部归顺这件事。此后凡蒙古部众,没有不是大清国臣民的了。先祖在天之灵能不为事先谋划把握先机、经过努力终于成功的事而感到如愿和高兴吗?为了报答祖宗恩德,乾隆帝更加敬畏上天的眷顾,因而总是兢兢业业,孜孜不倦,就怕有得意自满或懈怠松弛的现象发生。这应归功于上天和先祖,他哪里敢自夸这是他的诚意和德政所造成的呢?也有人认为最好还是不接受逃往沙俄的叛臣,担心会引起两国的边境冲突。舍楞原是逃往沙俄的大清国叛臣,过去朝廷何尝不一再与沙俄交涉,要求他们引渡,可是他们始终没有交还。今天既然土尔扈特部自愿归来,朝廷就用这个话来答复沙俄,他们是没有话可说的。而且现在数万缺衣无食的人已经来到边界,要是驱逐他们,他们必会靠抢掠来过活。虽然有人说可坚壁清野以防备,岂不知伊犁刚刚建城,各族民众以耕作放牧为生,不宜都入城坚守,至于田野更无法清除。明明知道他们是自愿归来,可是因为怕出事而拒绝接待,这就必然使他们成为流寇,这太说不过去了。土尔扈特人万里跋涉,历时八个月,太疲劳了。朝廷要是看着他们活活饿死,而吝啬钱财不去救济,这是仁人君子所不忍心做的事,何况是受命于天统治国家的大清皇帝呢?所以皇帝命令主管大臣发放银两和牲畜,大力救济他们。土尔扈特部众长途跋涉,疲劳冻饿,几乎活不下去了。因此朝廷命令舒赫德等拨给部分水草丰美的地方给予安置,还购买大批牛羊粮食,让他们食用,又购置皮衣毡帐,让他们御寒,并为他们筹划了长远的生计,让他们安居乐业,各得其所。这些就不多记了,只是把这件事的缘由经过记述如上。

在这篇碑文中,乾隆帝首先区分了归降与归顺的不同,认定土尔扈特是归顺而不是归降。土尔扈特归顺是在清朝统一天山南北、安抚边外部落的形势下,按照上天的意旨与民众的意愿而做出的一件事,十分出乎意料,但又在情理之中。接着记载土尔扈特西迁历史,康熙帝曾派使团前往慰问,该部因不堪忍受沙俄压迫而东归。康熙帝始建避暑山庄的目的,就是为了怀柔边地部众。他还就有人担心接受逃往沙俄的叛臣可能导致两国边境冲突的顾虑做了解释,申明救济土尔扈特既是为了安定边疆,也是仁义君主应当做的。

《御制优恤土尔扈特部众记》全文如下:

归降、归顺之不同既明,则归顺、归降之甲乙可定。盖战而胜人不如不战而胜人之为尽美也。降而归来,不如顺而来归之为尽善也。然则归顺者较归降者之宜优恤,不亦宜乎?土尔扈特归顺原委,已见前记,兹记所以优恤之者。

方其渡额济勒而来也,户凡三万三千有奇,口十六万九千有奇。其至伊犁者,仅以半计。夫此远人向化,携孥挈属而徕,其意甚诚。而其阽危求息,状亦甚惫。既抚而纳之,苟弗为之赡其生,犹弗纳也。赡之而弗为之计长久,犹弗赡也。故自闻其来,及其始至,以迨于今,惟此七万余众,冻馁尫瘠之形,时悬于目而恻于心。凡宵旰所究图,邮函所咨访,无暇无辍,乃得悉其大要。于是为之口给以食,人授之衣,分地安居,使就米谷而资耕牧,则以属之伊犁将军舒赫德。出我牧群之孳息,驱往供馈,则以属之张家口都统常青。发帑运茶,市羊及裘,则以属之陕甘总督吴达善。而嘉峪关外董视经理,则以属之西安巡抚文绶。惟时诸臣,以次驰牍入告于伊犁、塔尔巴哈台之察哈尔、厄鲁特。凡市得马牛羊九万五千五百,其自达里冈爱商都达布逊牧群运往者,又十有四万,而哈密、辟展所市之三万不与焉。拨官茶二万余封,出屯庾米麦四万一千余石,而初至伊犁赈赡之茶米不与焉。甘肃边内外暨回部诸城,购羊裘五万一千余袭。布六万一千余疋,棉五万九千余斤,毡庐四百余具,而给库贮之毡棉衣什布幅不与焉。计费诸用帑银二十万两,而赏贷路费及宴次赉予不与焉。其台吉渥巴锡等之入觐者,乘传给饩而来,至则锡封爵(封渥巴锡为卓里克图汗,策伯克多尔济为布延图亲王,舍楞为弼里克图郡王,功格为图萨图贝勒,默门图为济尔噶尔贝勒,沙喇扣肯为乌察拉尔图贝子,叶勒木丕尔为阿穆尔灵贵贝子,德尔德什达木拜扎尔桑为头等台吉,恩泽为四等台吉。其未至之巴木巴尔,亦封为郡王。旺丹克布腾封为贝子,拜济呼封为公,余封台吉等秩有差)。备恩礼。(各赐鞍马、櫜鞬、黄褂,并赐渥巴锡、策伯克多尔济黄辔,舍楞、功格、默门图、沙喇扣肯紫辔。其汗王皆赐三眼翎,贝勒、贝子双眼翎,余皆花翎。并视其爵秩,锡以章服。)其往也,复虑其身之生,不宜内地气候(蒙古以已出痘为熟身,未出痘为生身,其生身者多畏梁内地气候出痘),则命由边外各台,历巴里坤以行。而迎及送,并遣大臣侍卫等护视之。用以柔怀远人,俾毋致失所。

或有以为优恤太甚者,盖意出于鄙吝,未习闻国家成宪,毋惑乎其见之隘也。昔我皇祖圣祖仁皇帝时,喀尔喀土谢图汗等,为厄鲁特所残破,率全部十万众来归。皇祖矜其穷阨,命尚书阿喇尼等往抚之,发归化城、张家、独石二口仓储,以赈其乏,且足其食。又敕内大臣费扬古、明珠等，赉白金茶布以给其用，采买牲畜以资其生。遂皆安居得所，循法度，乐修养，迄今八十余年（喀尔喀众，以康熙二十七年来归），畜牧日以蕃，生殖日以盛，乐乐利利，殷阜十倍于初。其汗王台吉等，世延爵禄，恪守藩卫，一如内扎萨克之效臣仆，长子孙莫不感戴圣祖德泽及人之深，得以长享升平之福也。朕惟体皇祖之心为心，法皇祖之事为事。惟兹土尔扈特之来，其穷厄殆无异曩时之喀尔喀，故所以为之筹画无弗详，赒惠无少靳，优而恤之，且计长久。庸讵知谋之劳而费之巨乎？冀兹土尔扈特之众，亦能如喀尔喀之安居循法，勤畜牧，务生殖，勿替厥志。则其世延爵禄，长享升平之福，又何以异于今之喀尔喀哉？

用是胪举大凡，勒石热河及伊犁，俾土尔扈特汗王部众，咸识朕意，且以诏自今以往我诸臣之董其事者。

乾隆三十六年岁在辛卯季秋月中浣御笔

碑文是说，归降与归顺是两个不同的概念。既然已经明确，那么归顺与归降的高下排序也就可以确定。一般说来，用战争征服别人，不如不战而胜征服别人完善，使人被迫投降，不如别人自愿归顺更完善。这样说来，对自愿归顺的人比投降而来的人更多地给予优待和照顾，难道不是应该的吗？关于土尔扈特部归顺的整个过程，皇帝在此前的《土尔扈特全部归顺记》中已经说明，这里记载从优抚恤的情况。

土尔扈特部众刚从伏尔加河出发的时候，有三万三千多户共十六万九千多人。可是他们到达伊犁时，仅仅剩下一半人了。这些远道而来归顺的人，携带妻子儿女，特别诚心实意。他们处境危险，身体也都疲惫不堪，亟须休养生息。既然已经收抚接纳，如果不去帮助他们解决生活困难，那就等于没有接纳。临时解决生活问题而又不做长远打算，那也等于没有解决他们的生计问题。所以从听说他们归来直到现在，这七万之众的土尔扈特人的冻饿贫病情景，经常显现在皇帝的眼前，使他心生恻隐而不安。皇帝夜以继日地精心谋划，下发公文查访，不停地忙碌，弄清了他们的大概情况，发给他们口粮和衣服，分别择地安排他们居住。对于分给土地发放种子使他们安居乐业、种地放牧这件事，交代由伊犁将军舒赫德负责；从牧群中挑出能繁殖的牛羊让他们饲养这件事，由张家口都统常清负责；发给银两、运送茶叶、购买皮衣等事，由陕甘总督吴达善负责；对嘉峪关外的监督和管理，则由西安巡抚文绶负责。当时诸位大臣将办理情况先后飞递公文告知伊犁、塔尔巴哈台的察哈尔和厄鲁特蒙古大臣。他们就近采买马牛羊九万五千五百头，另外从达里冈爱商都达布逊牧群运往的又有十四万头，而哈密、辟展所买的三万头还不算在内。他们共拨给归来者官茶二万多封，出屯米麦四万一千多石，而他们刚到伊犁时发给临时救济的茶和米等都不在内。他们在甘肃嘉峪关内外和南疆几个城镇购买了羊皮袄五万一千多套，布六万一千多匹，棉花五万九千多斤，毡帐四百多具，而发给仓库储藏的毡、棉、衣物、用具、布匹等还不算在内。以上各项共计用银二十万两，而过去的赏赐和宴请费用也并未算在内。

他们的首领渥巴锡等人来京朝见时，沿途乘坐驿站的传车并受到免费招待。到京以后朝廷都给以赐封爵位：封渥巴锡为乌讷恩素珠克图旧土尔扈特部卓里克图汗，策伯克多尔济为乌讷恩素珠克图旧土尔扈特部布延图亲王，舍楞为青色特奇勒图新土尔扈特部弼里克图郡王，功格为巴图色特奇勒图和硕特部图萨图贝勒，默门图为济尔噶尔贝勒，沙喇扣肯为乌察拉尔图贝子，叶勒木丕尔（雅兰丕尔）为阿穆尔灵贵贝子，德尔德什、达木拜扎尔桑为头等台吉，恳泽为四等台吉。没有来的巴木巴尔也封为毕锡呼勒图郡王，旺丹克布腾封为贝子，拜济呼封为公，其他的封为各级台吉。朝廷还赏赐礼物，都赐予备鞍的马、弓箭和弓箭袋、黄马褂，并且给渥巴锡和策伯克多尔济以黄缁头，舍楞、功格、默门图、沙喇扣肯紫辔头。汗王都赐给三眼翎，贝勒、贝子赐双眼翎，其他的都给花翎。另外根据他们的级别，赐给不同等级的礼服。对于他们前来朝见，朝廷还考虑到他们是生身（蒙古人以出过天花为熟身，没出过天花的叫生身，生身的人多怕内地气候太热容易出痘），不适宜内地的气候，所以指示边境各台站，让他们经巴里坤后由北道行走，迎来送往，都专派大臣和侍卫一路看护照顾。这些都是为了安抚远道而来的土尔扈特人，使他们不致流离失所。

可能有人要说这样优待土尔扈特部是不是太过了，这种认识大概是出于过分吝啬。他们没听说过国家有过这样的先例，无怪乎他们见识狭窄短浅了。过去皇祖康熙帝时，喀尔喀、土谢图汗等部受到厄鲁特的摧残破坏，率领十万部众归顺大清。皇祖怜悯他们贫穷和困苦，命令理藩院尚书阿喇尼等前去安抚，发放归化城、张家口、独石口的仓库储粮，赈济饥乏，满足食用。同时又命领侍卫内大臣费扬古、明珠等人，送去白金、茶、布等供他们生活之用，采买牲畜帮助他们发展生产。最后他们都安居乐业，遵守国家的法令制度，愉快地生活，如今已经八十多年了。在这期间，他们的牲畜日益增多，人口也逐年增长，物产丰富，比当时增长了十多倍。他们的汗王、台吉等首领，世代享受爵位和俸禄，忠实地守卫边疆，就像内扎萨克称臣效忠一样。长久以来他们的子孙无不感激皇祖恩德之深厚，使他们能够长期享受和平幸福的生活。皇帝认为只有体会皇祖之心为自己的心思，效法皇祖的做法办事。这次土尔扈特之归来，他们的穷困艰苦情况与以前喀尔喀一样，所以朝廷不仅在优恤筹划上无不详细周到，在物资方面也不吝啬，从优赈济他们，而且做了长远规划。谁知道皇帝为这件事是如何费心费力啊！他无非是希望土尔扈特部众也能像喀尔喀那样安居乐业，遵循法度，勤于畜牧，发展生产，后代子孙不要改变祖辈的忠诚。这样他们也会世代享受爵位和俸禄，永享和平幸福的生活，果真如此，怎么会和今天的喀尔喀不一样呢？

皇帝将以上列举的大概事实，刻石碑于热河和伊犁两地，以使土尔扈特部从汗王到民众，都能明白朝廷的用心，也使自今而后管理他们事务的大臣都知道这段历史。

在这篇碑文中，乾隆帝首先记录了自己对土尔扈特东归付出的惨重代价心生恻隐而不安，以至于夜以继日地精心谋划。新疆、青海、甘肃、陕西、宁夏等地人民，支援土尔扈特的物资有马牛羊二十余万头、米麦四万多石、茶叶二万多包、羊皮五万多张、棉布六万多匹、棉花六万斤及大批毡房，这些物资如同雪中送炭，及时帮助土尔扈特人民渡过困难，发展生产。他申明如此救助和优待，是为土尔扈特部做长远筹划。

此时，仿照西藏布达拉宫样式修建的普陀宗乘庙在避暑山庄落成，渥巴锡等随同参加盛大法会。乾隆帝特意撰文的《土尔扈特全部归顺记》和《优恤土尔扈特部众记》，被刻在庙中的两块巨型石碑上，作为永久纪念。

此外，乾隆帝还与渥巴锡长谈，详细了解部落历史和悲壮的回归经过。写下《土尔扈特部纪略》：

事不再三精核，率据耳食以为实，君子弗为也。言不求于至是，已觉其失，护己短而莫之改易，君子弗为也。必知斯二者，然可以秉史笔以记千载之公是公非。余之为土尔扈特部之纪略，亦亹是而已。

土尔扈特之初来也，盖尝咏之诗，载之纪，皆以为始自阿玉奇汗。溯而上之，荒略不可考。此亦述向之所闻者而书之，而不知其更有所祖，非始自阿玉奇。兹以其麇至，乃得一一详徵其实，为之重记。何必隐约弗明，以讳吾前言之未精核载哉。

阿玉奇之父曰棚楚克。其祖曰书库尔岱青，其曾祖曰和鄂尔勒克，其高祖曰卓立甘鄂尔勒克，其高祖之父曰贝果鄂尔勒克。自贝果鄂尔勒克溯而上之，实远不可徵。

其入俄罗斯也，则自阿玉奇之曾祖和鄂尔勒克于策妄之祖巴图鲁浑台吉时。其时四卫拉特各自为汗，无所统属，又不相和睦。和鄂尔勒克因率其子书库尔岱青等至俄罗斯之额济勒地，其时阿玉奇尚在襁褓，因留巴图鲁浑台吉处。后书库尔岱青往西藏而回，遂向浑台吉索阿玉奇归俄罗斯。巴图鲁浑台吉为阿玉奇之外祖，以时代计之，适相当。而阿玉奇汗时，其子散扎布台吉率所属一万五千余户往投策妄，策妄尽留其属，而逐散扎布归额济勒。则向记所云阿玉奇与策妄不睦，亦未为大误也。

自贝果鄂尔勒克至和鄂尔勒克皆单传。和鄂尔勒克有子六人，一即书库尔岱青，余三无子，其二皆有子孙式微，无足传。书库尔岱青子四，二绝嗣。其一曰那木策楞四传而至巴木巴尔，今封郡王。其一即棚楚克，四传而至渥巴锡，今封汗。棚楚克之子阿玉奇，有子八人，其六皆无子嗣。其一曰衮扎布，有子嗣，今之封亲王策伯克多尔济者，其曾孙也。衮扎布乃渥巴锡之祖沙克都尔札布之亲弟，故其子孙为渥巴锡近族，与沙克都尔扎布子孙皆随渥巴锡而来，其户口之数，已见前记。

兹惟记其始祖所自出，并证前之失精核而未实者。至其重黄教，置鄂拓克宰桑之类，率同准噶尔，但具体而微。盖准噶尔之纪略纪其全部之盛衰，而兹土尔扈特之纪略则纪其世系之详悉云尔。

凡事不经过再三精细考核，轻率地把传闻作为史实，这是君子和秉笔史家所不为的。记载并非准确恰当，已感到有失误，而又为了护短不做改正，这也是君子和秉笔史家所不为的。必是知此二者，然后才可以秉笔记载历史上千百年来公认的是与非，皇帝写这篇《土尔扈特部纪略》而不顾疲倦，就是为了这些。

土尔扈特部归顺初来的时候，皇帝曾经为之咏诗、作文以纪实，都以为该部始于阿玉奇汗。再寻根溯源，因以往的记载简略，只有大致的传说而不可考证。这只是听了被问询的人所说而记录，而不知该部更有远祖，并非始于阿玉奇。等到该部属众都抵达后皇帝得以详细询问，以求确实，重新记录。何必要模糊不清，以掩饰他以前诗文中所写的那些不准确的史实呢？

阿玉奇之父棚楚克，其祖父书库尔岱青，其曾祖父和鄂尔勒克，其高祖卓立甘鄂尔勒克，高祖之父贝果鄂尔勒克。自贝果鄂尔勒克再往上寻根溯源，实在是年代太久远而无法考证。

土尔扈特部迁入俄罗斯，是在阿玉奇的曾祖父和鄂尔勒克与准噶尔部策妄阿拉布坦的祖父巴图鲁浑台吉的时候。是时四厄鲁特（即准噶尔部、都尔伯特部、和硕特部、土尔扈特部）每部落都有自己的汗王，相互之间没有统属关系，又不能和睦相处。土尔扈特部首领和鄂尔勒克因此率其子书库尔岱青等向西迁徙到俄罗斯的额济勒之地。当时阿玉奇还是襁褓中的婴儿，因而留在巴图鲁浑台吉处抚养。后来书库尔岱青赴西藏熬茶礼佛回来，从巴图鲁浑台吉处接阿玉奇返归额济勒。巴图鲁浑台吉是阿玉奇的外祖父，按年代推算，也是适当的。而阿玉奇为汗时，其子散扎布率领所属一万五千户投向准噶尔部，但策妄阿拉布坦只留下了他的部属，而将散扎布驱赶回额济勒。看来以前所记的阿玉奇与策妄阿拉布坦不和睦的事，没有大的误差。

从贝果鄂尔勒克到和鄂尔勒克都是一子传宗接代。和鄂尔勒克有六个儿子，一个就是书库尔岱青，另外三个没有儿子，其他两个都有子孙，但家势衰微,不予记载。书库尔岱青有四个儿子,两个断绝了子孙后续。还有一个叫那木策楞,下传四代到巴木巴尔,现今封爵为郡王。另外一个就是棚楚克,下传四代而到渥巴锡,现今封爵为汗王。棚楚克之子阿玉奇,有八个儿子,其中六个没有子孙后续,有一个叫衮扎布的有子孙,现今封爵为亲王的策伯克多尔济,就是他的曾孙。衮扎布是渥巴锡祖父沙克都尔札布的亲弟弟,所以他的子孙是与渥巴锡系统较近的宗族,与沙克都尔札布的子孙都随渥巴锡归来。关于土尔扈特的户口人数,皇帝已在《优恤土尔扈特部众记》中记载。

皇帝说,此文只是记载土尔扈特部最早的祖先,并考证以前失于精细考核而不实之处。至于该部信奉格鲁派及设官等,与准噶尔大致相同,但有细微差别。皇帝所写的《准噶尔全部纪略》记载准噶尔的兴盛与衰亡,而这篇《土尔扈特部纪略》,则是较详细地记载土尔扈特部的世系。

3. 吟咏贡物,赞赏诚意

渥巴锡归来时,献上腰刀表示诚意。乾隆帝作《七宝刀》吟咏:

举族来王脱异疆,解刀虔用贡天阊。虽殊乞伏铭建义,雅是呼韩献脱光。珌琫银花合六裹,縠纨秋水正中藏。例同武库皮包耳,何事于斯试锐鈋。

此诗作于乾隆三十七年(1772)正月。诗的大意是,土尔扈特汗渥巴锡去年率领整个部族脱离异邦归顺大清,虔诚地进献了腰刀。虽是与晋时乞伏祐邻率户迁移不同,朝廷还是在避暑山庄刻石立碑以纪念。渥巴锡的七宝刀,就像汉时呼韩邪的宝刀一样。刀鞘由银镂花装饰包裹,刀剑的光芒如纱似绢,又像秋水般冷峻明澈。皇帝照例下令将七宝刀交武库用皮革包扎收藏,不知何时何事可以一试七宝刀的锋芒。

策伯克多尔济也献上腰刀表示诚意。乾隆帝作《银削刀》吟咏:

书刀古遗法,乌孙何当有?然彼亦有经,削刻资工手。羊角为之室,护以银花扣,内外映虚明,匌匌簇雕镂。微物表至诚,那论好与丑。筑氏谢成规,牛家曾删谬。昔为毳幕珍,今作棐几友。还拟问昆吾,斯得所托否？①

此诗也作于乾隆三十七年（1772）正月。诗的大意是，古老的书刀之法，不知土尔扈特人是否拥有。然而他们信奉的佛教经典，就是出自工匠之手。去年归来的土尔扈特亲王策伯克多尔济，向皇帝进献了银削刀。这把刀用羊角作鞘，以银镂花装饰刀鞘扣，刀的内外寒光闪耀，刀鞘上刻镂着重叠的花纹图案。这件礼物虽然菲薄，表达的却是极其真挚诚恳的心意，自然也就不管它美观还是难看了。建造房屋的人，感谢前人流传下来老规矩、老办法，而唐人牛僧孺曾经用刀割之法改正错别字。这把刀过去是游牧异域的策伯克多尔济的珍爱之物，今天来到桌几上与帝为友。乾隆帝想问一下这把刀，它真正想托付的人是他吗？

渥巴锡继献上七宝刀之后，又献上金错刀，乾隆帝赋诗《金错刀》：

铦刀金错迎雪光，氍毹为室七宝装。掣出云文动星芒，近背勒字非颉皇。知是噶爱左行旁，辨以回人果识详。大都回语成文章，佩之辟邪延吉祥。陆剸水截靡挫芒，斫阵万夫莫也当。渥巴锡汗新来王，解用为贡表至诚。云昔额济勒异方，近洪豁尔来往常。刀得自彼称精良，珍守历世四叶长。兹归乐土无甲兵，敬备武库一器藏。归文弃暴尔允臧，持阿莫索予益蘉。②

此诗作于乾隆三十八年（1773）正月。诗的大意是，渥巴锡进献的这把金错刀，用黄金镶嵌花纹，刀锋如冰雪一样闪着寒光，用毛织物包裹为刀鞘，就像佛经中说的王者之宝，又可称之为七宝刀。刀上的云状花纹似星光闪烁，刀背上镌刻的也不是汉字。乾隆帝知道西域文字多是从右向左书写，就交由维吾尔族人辨识，得知意思是说佩戴在身上可以避除邪恶，带来好运。这把刀，无论是陆上刺戳还是水中拦击，无不挫敌锋芒，冲入敌阵砍杀，有万夫不当之勇。新归顺的土尔扈特汗王渥巴锡，解下这把金错刀献上，极表真心和忠诚。渥巴锡说土尔扈特部居住在沙俄境内的额济勒，邻近洪豁尔部，时常往来，这把精

①《清高宗（乾隆）御制诗文全集》四集卷二。
②《清高宗（乾隆）御制诗文全集》四集卷十。

良的金错刀就来自洪豁尔,从曾祖阿玉奇汗到他手中,先后珍守了四代。如今回归故土安居乐业,乾隆帝将这把金错刀交由宫中武库收藏。该部落弃武就文确实善良,如今将这把刀进献,皇帝更加感到应当勤勉努力。

策伯克多尔济还献上骏马表示诚意。乾隆帝作《宝吉骝》吟咏:

(土尔扈特亲王策伯克多尔济所进色尔克斯处马也。色尔克斯为洪豁尔所属界,邻沙俄。土尔扈特归顺时,携以来者,贡至天闲,调习经岁,兹御以行围,性果驯良,因锡之名,并成是什。)

归顺新藩贡异骢,远于哈萨路难通。本殊汉帝贰师取,宁数周王八骏同。教育天闲观骥德,竟如土产备车攻。题词自是表诚恪,曰示怀柔祗愧衷。①

此诗作于乾隆三十八年(1773)八月。诗序的大意是,去年土尔扈特部归顺天朝,部落首领入觐时,亲王策伯克多尔济进贡了一匹由色尔克斯出产的骏马。经过一年的调养,皇帝骑乘行围,感到果然是好马,因而赐名"宝吉骝",命宫中画家艾启蒙绘图纪念,并题写了这首诗。

新归顺的土尔扈特部亲王策伯克多尔济进献了一匹来自遥远异国他乡的色尔克斯骏马。哈萨克良马如今已充满宫中马厩,不为少见,而色尔克斯远在哈萨克西北,其马尤为难得。这匹骏马,不似汉武帝时贰师将军李广利伐大宛所得,可以和周穆王的八匹名马相媲美。在宫中养育驯化,观察其本性和品格,可以和天朝的马匹一起装备战车。乾隆帝写诗是为了表彰土尔扈特部的忠诚,在怀柔安抚方面还惭愧自己做得不够完善。

乾隆三十八年(1773)八月,沙喇扣肯进献白鹰表示诚意。乾隆帝作《咏白鹰》:

归顺重来入觐班,白鹰为献擎绦环。素翘图瑞百禽表,竦翮凌虚万里间。班史休夸一雉赋,周王或异四狼还。怀柔西北猷粗具,戢靖金川计正艰。②

①《清高宗(乾隆)御制诗文全集》四集卷十六。
②《清高宗(乾隆)御制诗文全集》四集卷十六。

土尔扈特部归顺后，沙喇扣肯前年随渥巴锡等到避暑山庄朝觐，被封为贝子。今年又随台吉博尔哈什哈前来，并献上白鹰，以丝带为环系在脚上。白鹰素身翘立，俨然一幅可为百鸟表率的祥瑞图画，好像振翅就可以飞上万里长空。写《汉书》的班固不要再夸白雉了，《史记》记载周穆王征犬戎获得四匹白狼而还。眼下大清对西域的安抚谋划已大致完备，可平定金川的事正值艰难。

白鹰历来被视为祥瑞之兆。乾隆三十年（1765）正月，喀尔喀多罗贝勒阿玉尔进献白鹰，乾隆帝命时年七十七岁的意大利传教士画家郎世宁为白鹰画图。土尔扈特贝子沙喇扣肯献白鹰时，郎世宁已去世七年。我们可以从郎世宁的另一幅《嵩献英芝图》中，想见沙喇扣肯所献白鹰的风貌。

乾隆三十九年（1774）五月间，喀喇沙尔办事大臣阿思哈奉召回京。土尔扈特部汗王渥巴锡亲自送行，并请转呈匙叉匕首，代为请安。乾隆帝赋诗《咏土尔扈特汗渥巴锡所进匙叉匕首》吟咏：

> 畏吾都护换回京，渥巴锡汗亲送行。吁以请安忱悃达，先之微物两三呈。有掠堪佐漆几用，无垢都教皮匣盛。岂是大官偏少此，成诗缘识远人诚。①

派驻喀喇沙尔办事大臣阿思哈受代回京，渥巴锡汗亲自送行。呼求代为请安，还呈上匙叉匕首。虽然是微薄物件，但心意却是真诚。长而曲貌的匙叉匕首可以摆上餐桌，用以叉刺食物进餐，它们个个明亮洁净，都用皮匣盛装。乾隆帝写下这首诗，不是因为宫中缺少这类餐具，而是因为看到远在新疆的土尔扈特汗渥巴锡的一片忠诚。

乾隆四十年（1775）正月，策伯克多尔济向乾隆帝进献了曾祖阿玉奇汗所用铠甲。乾隆帝作《刚甲行》纪念：

> 刚甲蕃甲骖靳辕，贲然来贡解累看。伊犁平曾歌蕃甲，兹咏刚甲后廿年。土尔扈特隔罗叉，慕化内向其心坚。山庄宴赉锡爵秩，雁臣岁觐来翩翻。优恤部众俾得所，作文纪事千秋传。至诚感恩无可献，献此刚

①《清高宗（乾隆）御制诗文全集》四集卷二十三。

甲藏由先。锁子连环实精致，介以明铁兜鍪骈。曩彼两大弗相下，跳去沙俄界边。驻牧额济勒之地，自统属如左右贤。昔时曾欲一致使，而沙俄以为患。抉我使人故绕道，遂令三阅寒暑延。岂料穷荒弗招致，即今归顺为我臣。即今归顺为我臣，昊苍锡佑蒙转旋。①

两副铠甲就像骖马相随靳马飞快地进献到皇帝的面前，皇帝解开包裹细细端详。乾隆二十一年（1756）平定伊犁准噶尔时朝廷缴获了一副精良铠甲，皇帝曾经写了《蕃甲行》，而今再写《刚甲行》，前后已隔二十年。土尔扈特西迁后驻牧于额济勒，虽然沙俄一直阻隔着天朝的声威教化，但土尔扈特向往天朝之心非常坚定。归来后，渥巴锡与策伯克多尔济等在木兰围场拜见圣上，又在避暑山庄受到赐宴封爵等优待，此后该部首领们每年朝觐成为惯例。朝廷对土尔扈特部从优抚恤，作《优恤土尔扈特部众记》，刻石立碑，传之后世。策伯克多尔济亲王为表示真挚和忠诚，献上了这副珍藏的铠甲。这部铠甲制作精良，五环相衔，还配有明晃晃的头盔。土尔扈特部原与准噶尔部同属厄鲁特四部之一，两部落势力不相上下。阿玉奇曾祖和鄂尔勒克与策妄阿拉布坦之祖巴图鲁浑台吉不合，因而率部西迁沙俄境内的额济勒，自相统属，如同汉代匈奴的左右贤王。康熙年间，阿玉奇派遣使臣与天朝联络，圣祖派使团回访，但沙俄故意为难，哄骗使团绕道而行，历经三年。而今渥巴锡率部归来，只用了八个月就到达伊犁，所以说，此前沙俄的欺诈有什么用呢？土尔扈特部不是招徕的，而是主动归顺。既然归顺就是大清的臣民，乾隆帝承受并感谢上苍的恩赐与保佑。

乾隆帝关于土尔扈特部的诗文，告诉我们二百多年前那一段惊天动地、震撼人心的历史。辉煌和光荣是土尔扈特人的，更是我们整个中华民族的。东归精神是中华民族精神的重要组成部分，东归精神有力显示了中华民族强大的凝聚力，是中华民族伟大复兴的精神动力，它昭示着中华各民族都为我们统一多民族国家的形成和巩固做出过贡献，激励我们加强民族团结，维护祖国统一！

---

①《清高宗（乾隆）御制诗文全集》四集卷二十六。

六、西域风物

乾隆帝吟咏西域风物的诗作，较早的见于乾隆八年（1743）的《哈密进瓜至，敬遣諴亲王、和亲王赍供二陵，感而有赋》：

碧玉嘉实当冬熟，珀色琼瓤甘且馥。花门勞面不敢私，厥包累累盛筠簏。山中匹马岂愁疲，年年方物来京师。①

乾隆二十三年（1758）六月，乾隆帝就哈密进贡的孔雀，在颐和园赋诗《孔雀开屏》：

郎世宁绘《孔雀开屏图》

三年小尾五年大，花下开屏金翠簸。綷羽映日焕辉辉，圆眼凌风张个个。低飞嫩条高屋檐，绣罳双窥玳瑁帘，招之即来拍之舞，那虑翻翱葱岭尖。于禽亦识土产好，菁莪棫朴风人藻。盈廷济济固未能，离文揭览惭怀抱。②

诗文大致是说乾隆帝认为禽鸟还是当地所产的为好，就像《诗经》中的

①《清高宗（乾隆）御制诗文全集》初集卷十九。
②《清高宗（乾隆）御制诗文全集》二集卷七十九。

吟咏。可惜美丽的西域孔雀未能充满庭院，他看着群臣的咏赞诗文不由得颇感惭愧。

乾隆二十四年(1759)八月，乾隆帝就避暑山庄所藏的伊斯兰铜器作诗《咏唐时回铜器》吟曰："迁其重器兹先兆，伫待俘来罢远征。"①是说这件重要器物来到避暑山庄是个好兆头。皇帝等待着大小和卓等叛乱头目被早日擒获，如此，天朝就可以停止远道征伐了。

平定大小和卓次年初，西域水果就进宫了。乾隆帝作《叶尔羌驿贡石榴、苹果、木瓜三种，诗以纪事》：

> 大宛天马早歌徕，果品惟三致自回。张协金牙斯漏赋，牂牁蒟酱此殊开。讵曾燕赵移根往，且共琼琚包贡来。慎德何须却食物，兢兢敢诩昄章恢。②

乾隆帝诗，钱维诚绘题《回部四果图》

汉武帝得大宛良马写《天马歌》，今天从西域叶尔羌进贡来石榴、苹果、木瓜这三种果品。在宫中品尝甚是惬意，从此西域的果品可以不断进贡而来。皇帝欣赏这些果品好像美玉一样，难道京畿不可以移植栽种吗？为君应注重道德修养，却不应拒绝来自西域的果品。应当理直气壮地说，能品尝到西域的果品，不正说明大清的疆域辽阔吗？

乾隆二十八年(1763)夏，驻守伊犁的大臣阿桂回京，献上大黑鸟，赤睛黄眼圈，尾部散落白点，对照鸟谱找不到类似的。乾隆帝命郎世宁绘图，并赋诗《鸳鸶尔》，其中有诗句"鸳鸶尔何出，伊犁沙水浔"，还有"聊将纪殊域，非是宝珍禽"。③ 申明写诗是为了记载伊犁，而不是特别看重这只珍禽。

---

①《清高宗(乾隆)御制诗文全集》二集卷八十九。
②《清高宗(乾隆)御制诗文全集》三集卷一。
③《清高宗(乾隆)御制诗文全集》三集卷三十一。

这一年，乾隆帝还作《奇石蜜食》诗二首吟咏西域绿葡萄：

服食明垂贡旅獒，苑中初熟绿葡萄。昔同苜蓿原有子，此便离支宁比高。广志徒传三种色，燕歌休诩一杯豪。奇石蜜食宾方物，慎德那辞乾惕劳。

枝叶蝉封献者同，碧琉璃颗独中空。采条移植上林茂，结实颁餐造物功。欲笑酦醅歌太白，直疑崖蜜咏坡翁。本来无子根何托，鸡卵谁先辨岂穷。①

“奇石蜜食”是维吾尔族语对绿葡萄的称谓。诗的大意是，皇帝曾经品尝的葡萄都是来自西域的贡品，而今皇家园林栽种的绿葡萄成熟了。原来葡萄与苜蓿都是有籽的，三国曹丕将南方荔枝与西域葡萄相比，难道他当年亲眼见过？《太平广志》只记载葡萄有黄白黑三种颜色，荆轲慷慨作歌可惜没有西域葡萄酒来助兴。皇帝接受西域的贡物并以礼相待，同时告诫自己注重道德修养，勤奋谨慎，不敢懈怠。又说西域进献来的葡萄藤，都是用土封裹枝条，用薄布包着叶子，可唯独如玉的绿葡萄却是中空无籽。皇帝下令在皇家园林移植，结出果实分给众人品尝，感受天地神灵的造物之功。唐代大诗人李白作《襄阳歌》：“遥看汉水鸭头绿，恰似葡萄初酦醅。”当是见过西域葡萄酒。宋代大文豪苏东坡作《橄榄》：“待得微甘回齿颊，已输崖蜜十分甜。”他若见了西域葡萄，定会诗兴大发。至于葡萄中空无籽，是如何生根的，如同先有鸡还是先有蛋，只是一个古老而又难以解决的问题。

乾隆帝所说的绿葡萄，即今日新疆所称的无核白葡萄。不过无核白葡萄并非无核，只是因其浆果中的种子发育不全，吃起来不觉得有核而已，晾成葡萄干，色香味俱佳。

乾隆二十九年（1764）五月，乾隆帝作《阿克苏桑葚熟，因成八韵咏事》：“嫩条阿克苏初移，结实仍当夏五时。”说看着阿克苏进贡来的桑葚，乾隆帝不由得想起每年五月是阿克苏桑葚成熟的时季，给人恩惠的桑葚来自遥远的西域。“只传乌白原恒有，讶见丹红实出奇。”原来传说桑葚只有乌和白两种，当你看到阿克苏丹红的桑葚一定会惊讶称奇。“迎眸磊落诚轩意，可口

①《清高宗（乾隆）御制诗文全集》三集卷三十四。

甘芳孰朵颐。”阿克苏的桑葚个大肥硕，累累果实，笑对世人，甘甜可口，供人鼓腮嚼食。“分赐莫将容易看，洸洸曾用济王师。”①阿克苏桑葚从遥远的西域进宫很不容易，乾隆帝分发给上朝的百官品尝，说可别小看这小小的桑葚，当年可是平叛大军的干粮啊！

乾隆帝还作《野马》：

阿尔台山高且寒，此兽孳育丛林下。蒙古名之曰塔奇，沫亦流朱汗飞赭。②

在西域风物中，乾隆帝最多的是为和阗玉器吟咏题诗，有数百首之多，除如意、碗盘瓶壶、尊觚屏甕外，多注入历史文化内涵，如《达摩苇渡图》《商山四皓图》《竹林七贤图》《桃源采菊图》《渔樵山水图》《江城春晓图》《应真观泉图》《溪桥策杖图》《王羲之书扇图》《会昌九老图》《东坡夜游图》《前后赤壁图》《米芾拜石图》《关山行旅图》等，都被雕刻再现于大小和阗玉之上，极大地丰富了中国的玉文化。

镌刻在最大玉器上的是《题密勒塔山玉大禹治水图》：

神禹敷土定九州，帝都之地冀州始。冀者近也距三河，其中大河巨擘是。导之虽曰由积石，意在寻源必于尾。雍州九末继昆仑，于斯可识神禹旨。垂四载迹遍寰区，曾至否乎难穷纪。昆仑河源并产玉，大都早见简明语。设曰积石即河源，是实拘墟耳食矣。汉武之言有见哉，昆仑产玉千古美。兹得密勒塔巨材，昆仑宛延干所迤。其高七尺博三尺，卓立如峰之峛崺。不中尊罍中图画，石渠古轴传治水。装潢边幅失姓名，顾展朱赵难率拟。以为粉本命玉人，宛见劬劳崇伯子。免收执斧同众工，诚感神明助力亹。高山以奠及大川，曰椎曰析曰剔釃。功垂万古德万古，为鱼谁弗钦仰视。画图岁久或湮灭，重器千秋难败毁。作歌敬志神禹神，毛晃指南诚小耳。然而吾更有后言，是器致之以万里。攻用十年告蒇事，博大悠久称观止。一之为甚可再乎，曰剔曰惭胥在此。无服

①《清高宗(乾隆)御制诗文全集》三集卷三十九。
②《清高宗(乾隆)御制诗文全集》三集卷六十九。

远德莫漫为，求珍玩物或致否。慎哉长言示奕禩，召伯训当熟读尔。[①]

诗中还有六处较长的夹注。我们从“兹得密勒塔巨材”之句，可以知道玉山的原材料采自我国自古以来以产玉著称的新疆和阗(今和田)一带的密勒塔山，属昆仑山的一部分。昆仑山地区包括喀喇昆仑山、昆仑山、阿尔金山和帕米尔高原，环塔里木盆地南缘，西高东低，山势险峻。今天我们所了解的昆仑山地，应当说是比较清晰的，但在古代却是朦胧混杂，迷雾一团。人们认为昆仑山是黄河的发源地，高大雄伟并盛产玉石，于是极大地崇敬，尊为万山之祖。乾隆帝在“昆仑河源并产玉，大都早见简明语”后自注说：“此玉采自密勒塔山，密勒塔者，回语谓枪也，接和阗南境诸山，和阗玉采之水中者，小而润泽。密勒塔所产质较逊，而多巨材。”因此，才有玉山《大禹治水图》、玉山《会昌九老图》等玉石巨雕杰作。

玉山《大禹治水图》的稿本，是根据清宫内府所藏宋代及以前的《大禹治水图》画轴临仿成的。乾隆帝在“装潢边幅失姓名，顾展朱赵难率拟”后自注：

> 内府所藏《大禹治水图》，轴边幅俱似裁去，故无作者姓名。按《宣和画谱》有晋顾恺之《夏禹治水图》。郭若虚《图画见闻志》有隋展子虔及五代朱简章《禹治水图》。又王世贞续集有宋赵伯驹《大禹治水图》，而疑以为非千里能辨似周文矩云云。证之内府所藏恺之《洛神图》、子虔《春游卷》、伯驹《后赤壁图》，笔法俱不似。惟与所弆文矩《圣迹图》有相仿者，其为文矩笔，亦未可知。

①《清高宗(乾隆)御制诗文全集》五集卷三十五。

玉山《大禹治水图》

玉山《会昌九老图》

可见因以上列举的画轴边幅都被裁去而使得画作无作者姓名，年代也不清楚。虽然考证到晋人顾恺之、隋人展子虔、五代朱简章与周文矩、宋人赵伯驹都曾绘过《大禹治水图》，但也不知出自谁的手笔。可以肯定的是最晚不迟于宋人所画。

乾隆帝在诗末自注说：

> 予筹办西师决机，定策克集大勋。自底定后三十余年以来，抚绥安辑，整饬怀柔，无不备至。所以新疆各部之人，安乐爱戴，效顺输忱，一家臣仆。每岁春秋采玉供役，受赏踊跃，子来绝无劳怨之状。获此巨珍以传古王圣迹，非耳目华嚣之玩可比也。因即免其每岁春贡之玉，著为令典，以示体恤。后之人思艰图易，抚驭有方，征求勿事，慎守旅獒之训，以凝承大宝，庶不负予制器垂裕之深衷耳。

乾隆帝为新疆统一之后三十年来的历史进步而深感欣慰。他申明刻玉是为了宣传古代圣王的功德，使自己和后来者效仿。

最为人称道的是《咏和阗玉桐荫仕女图》：

> 相材取碗料，就质琢图形。剩水残山境，桐檐蕉轴庭。女郎相顾问，匠氏运心灵。义重无弃物，赢他泣楚廷。①

苏州玉工取材于琢碗所剩的一块玉料，根据其质地形状，雕琢出了《桐

①《清高宗(乾隆)御制诗文全集》四集卷十三。

荫仕女图》。意境如明灭隐现的零散山水,庭院中有桐荫蕉丛和叠石假山,侍女和情郎在倾心交谈。吴工雕成此图可谓匠心独运。时逢盛世,包容无弃,胜过古时卞和在楚国的王廷哭泣。乾隆帝将两个仕女有意解释为仕女与情郎,更添一番兴味。

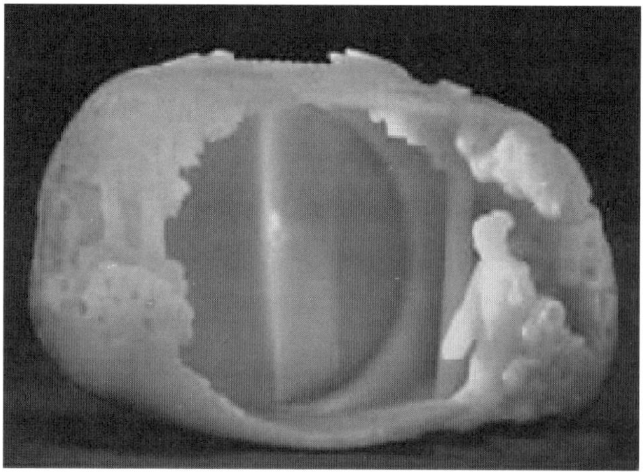

玉雕《桐荫仕女图》

值得提及的还有通过朝贡和通市交往进入清宫的痕都斯坦玉器。《钦定皇舆西域图志》记载痕都斯坦:“在拔达克山西南,爱乌罕东。国工治玉,以水磨成器最精,为内地所弗逮。旧于叶尔羌贸易,乾隆二十五年,颁敕书赐物,令通市如故。”痕都斯坦位于古印度西北部,包括今印度与巴基斯坦交界的克什米尔地区。痕都斯坦玉器主要分为盛食物用的器皿和杂器两大类。盛食物用的器皿有碗、盘、杯、壶、盒及罐等,杂器有灯盘、香炉、剑把等。与新疆玉质相同,雕造具有鲜明特点,常用自然花卉果实和动物形象设计器型,器物多雕耳和足,耳或柄一般作枝叶花果形。多追求纯净美,一般没有俏色,但部分玉器镶嵌金银或宝石,呈现典型的阿拉伯装饰风格。雕工与中国玉雕差异较大。痕都斯坦玉器由于设计精美,磨琢圆润,很受乾隆帝的喜爱, 进入清宫后,不少玉器在造办处被加刻了乾隆帝的御制诗和年款。《钦定皇舆西域图志》收录乾隆帝吟咏痕都斯坦玉器诗作二十九首(截至乾隆四十二年,1777),收录在《清高宗(乾隆)御制诗文全集》中的近六十首,乾隆帝写诗极尽赞美痕都斯坦玉器。痕都斯坦玉器及乾隆帝的诗作,是清朝与周边部族经济文化友好交往的一个有力实证。

痕都斯坦玉器

第三章

乾隆帝伊犁诗文研究

乾隆帝君临天下六十载，虽然终其一生未能亲履伊犁，但他对距京城万里之外的伊犁应当是非常亲切和熟悉的，因为伊犁是他建立丰功伟业的地方。正是从伊犁开始，清政府五年间历经曲折，最终平定准噶尔与大小和卓的叛乱，设立总统天山南北的伊犁将军，奠定了近代中国的版图，达到几千年历史上从未有过的辉煌。在战事紧张时，在批阅奏章时，在浏览舆图时，在规划治理时，他运筹帷幄，心绪都曾一次次飞抵伊犁。除了发布大量谕旨外，他还为此写了不少诗文。本文从平定准噶尔的两次曲折历程、平定准噶尔中的英雄烈士、平定准噶尔的碑文、平定准噶尔后的善后治理、对伊犁风物的吟咏五个方面来进行论述。

一、平定准噶尔的两次曲折历程

乾隆帝冠名“伊犁”的第一首诗，应当是乾隆二十年（1755）的《西师底定伊犁捷音至，诗以述事》：

乘时命将定条枝，天佑人归捷报驰。无战有征安绝域，壶浆箪食迎王师。两朝缔构敢云继，百世宁绥有所思。好雨优霑土宇拓，敬心那为慰心移。①

从乾隆十年（1745）起，准噶尔部贵族之间为争夺汗位进行了将近十年的残杀，内讧使经济凋敝，人心离散。在各部纷纷归附、阿睦尔撒纳等部落首领力请清朝出兵讨伐的情况下，乾隆帝为了完成先辈两朝未竟之志，为了归顺部众的长远安置，力排众议，决定不失时机地平定准噶尔。乾隆二十年（1755）二月，清军两路出师，自康熙朝就归附清朝的吐鲁番维吾尔族人也积极随军，师行三月，跋涉千里，兵不血刃地长驱直入。四月底会师于博尔塔拉，五月二日抵达伊犁，受到准噶尔部众及维吾尔族塔兰奇人的夹道欢迎。准噶尔汗（厄鲁特西部总台吉）达瓦齐率万人退守伊犁西南的格登山。

清军定边左副将军阿睦尔撒纳奏报：“臣等进兵至伊犁，沿途厄鲁特回

①《清高宗（乾隆）御制诗文全集》二集卷五十七。

人等，牵羊携酒，迎叩马前。臣等宣布恩旨，无不额手称庆。所在人众，耕牧如常，毫无惊惧，臣等抚定贼巢，即渡伊犁河北，务擒达瓦齐献俘。”乾隆帝为此于乾隆二十年五月十九日（1755年6月28日）发旨，指出平定准噶尔是康雍两朝“未竟之绪”，准噶尔出现乱局“是其势有可乘，机不容失”，“夫准噶尔一日不定，则其部曲一日不安”。但满朝大臣“无不意存畏葸”，只有“大学士傅恒与朕协心赞画，断在必行”。如今兵抵伊犁，旗开得胜，他在“感戴上苍福佑，列祖贻庥”之际，封赏功臣（其中阿睦尔撒纳赏亲王双俸），告祭天地、太庙、社稷、陵寝，御制《平定准噶尔告成太学碑文》，勒石太学，并开馆纂辑《平定准噶尔方略》。①

《平定准噶尔方略》记载：清军争渡伊犁河，追至格登山下。五月十四日（6月23日），“两军各据形胜，整阵以待，并示欲掠游牧之势，将诱出达瓦齐乘机执缚。是夜派翼领喀喇巴图鲁阿玉锡、厄鲁特章京巴图济尔噶尔，并新降宰桑察哈什等，带兵二十二名，往探达瓦齐果否在营。而阿玉锡等奋勇突入贼营冲击，出其不意，放枪呐喊。贼众惊溃纷奔，自相蹂躏。达瓦齐仅率二千余人窜去。比黎明，将余众一一收服，并获其台吉二十人，宰桑四人，宰桑等子弟二十五人”。②

格登山战役既是乾隆帝统一西域战争中以少胜多的著名战例，也是取得决定性胜利的标志。为此，乾隆帝不仅亲撰《平定准噶尔勒铭格登山碑文》，还赋诗《阿玉锡歌》，称赞二十五勇士的神勇：

> 衔枚夜袭觇贼向，如万祖父临儿孙。大声策马入敌垒，厥角披靡相蹦奔。降者六千五百骑，阿玉锡手大纛搴。达瓦齐携近千骑，駾走喙息嗟难存。③

达瓦齐落荒而逃，翻越天山奎鲁克岭（贡古鲁克山）向南逃窜。④ 到乌什只剩七十余人。乌什维吾尔族伯克霍集斯遵行清军檄文，在其酒足饭饱酣

①《清高宗实录》卷四八九。

②《平定准噶尔方略》正编，卷十三。

③《清高宗（乾隆）御制诗文全集》二集卷五十七。

④王启明：《清代新疆伊犁通乌什道——从达瓦齐逃遁路线谈起》，《西域研究》2015年第2期，第30～38页。

睡之时，将其全部擒获，缚献清军大营，第一次平定准噶尔之役由此胜利结束。

清军初定伊犁后，因该地无粮，大军不能久留，乾隆帝旋命撤离，留定北将军班第、参赞大臣鄂容安、副将军萨拉尔率五百士兵驻守伊犁。力量单薄，孤悬边塞，给了阿睦尔撒纳发动叛乱的机会。

乾隆帝在决定出兵伊犁之际，就在谋划伊犁未来。平定准噶尔之后，他并不直接设官管理，而是采取分散就地安置的办法，仍按厄鲁特旧制，分封四部，阿睦尔撒纳为辉特部汗。这对一直觊觎准噶尔汗位的阿睦尔撒纳来说，当然是不能接受的。尽管乾隆帝对他委以重任，高官厚禄，但他图谋汗位的野心未能满足，遂于九月在伊犁煽动大规模叛乱。班第与鄂容安等虽早有察觉，并多次奏报，但鉴于势单力薄，未能按乾隆帝所指示的如乾隆十五年（1750）驻藏官员傅清与拉布敦那样果断锄凶，致使叛乱不可避免地发生。如乾隆帝《双烈诗》所述：“两路如期发，猖狂肆叫呶。蜂屯更蚁杂，不可爬与梳。二臣知不改，全军将内投。而彼截归路，加以聚蚍蜉。”①因兵力不敌，班第等率五百士兵边战边退，陷于重围，最终与鄂容安战败自杀。

班第画像

叛乱给准噶尔各部带来灭顶之灾。乾隆帝在《哀伊犁》诗中描绘：“马牛羊食以尽，野无黄独室无粈，疾疫出痘亡者白沙捐。伊犁河流为之赤，竟有血人于牙以冀旦夕延。王师重入，匍匐归者军门环。”他希望“休养生息延数

①《清高宗（乾隆）御制诗文全集》二集卷六十四。

年，或得元气复以全”，表示平定之后，“须竭内地力，万里惠穷边”。[①]

乾隆二十一年（1756）初，清军再次两路出击，三月收复伊犁。追剿中，参赞大臣玉保听说阿睦尔撒纳已被擒获，未经证实，即派人报告。定西将军策楞立功心切，未辨真伪，立即红旗报捷。乾隆帝获此消息，十分高兴，本动身赴孔庙，立即改程拜谒祖陵，告慰先人。他宣示军务告竣并封赏诸将，各省督抚亦纷纷奏折祝贺。不料这是假消息，是阿睦尔撒纳玩弄的花招，意在为迷惑清军，脱身率残部逃入哈萨克。乾隆帝又接策楞奏报，说前报擒获阿逆“事属子虚”[②]。空欢喜一场，乾隆帝怒冲冲地降旨将策楞、玉保革职，解京治罪。后两人在途中被叛军杀害。定西将军达尔党阿在追剿中，有哈萨克人来报，阿睦尔撒纳“即欲擒献，但需汗至，乞暂缓师待”。[③] 阿睦尔撒纳在被清军即将擒获时，派人哄骗，达尔党阿信以为真，停止追击，等待擒获，使阿睦尔撒纳再次逃脱。达尔党阿亦被革职解京。乾隆帝在《西陲》诗中不禁自怨自艾：“事顺乏人干，乏人责在谁?”[④]

乾隆二十二年（1757），清军第三次两路出兵穷追。阿睦尔撒纳进入哈萨克境内，阿布赉表示归顺清政府，并愿意协助擒拿阿睦尔撒纳。阿睦尔撒纳于七月逃往沙俄。乾隆帝为根绝后患，命理藩院再三照会，援引条约，要求引渡。阿睦尔撒纳于八月间病死。平定达瓦齐，不能说阿睦尔撒纳没有功劳。可他就像东汉的彭宠一样，居功自傲，不自量力，狼子野心，贪婪凶残，他的残余势力将被肃清。彻底平定了准噶尔，乾隆帝自言要努力保持已成的盛业。

之后清剿残匪，乾隆二十三年（1758）三月，兆惠率领八十余人，在伊犁附近的库陇癸，夜袭敌营获胜。乾隆帝作《库陇癸之战》：“威弧有事射天狼，三穴穷追那许藏。铤险贼人虽鼠窜，捣虚士气正鹰扬。”[⑤]是说就像威弧射天

①《清高宗（乾隆）御制诗文全集》二集卷六十四。

②《清高宗实录》卷五〇六。

③［清］魏源：《圣武记》卷四《乾隆荡平准部记》。

④《清高宗（乾隆）御制诗文全集》二集卷七十五。

⑤《清高宗（乾隆）御制诗文全集》三集卷五十三。

狼一样，叛贼即使如狡兔有三窟到处躲藏，朝廷也要穷追不放。他们虽然仓皇逃窜，有时也铤而走险负隅顽抗，可清军攻打虚弱之敌士气高昂。“五更直袭屯营寨，两骑先收牧马羊。以少胜多张挞伐，将军诚勇著旗常。”①五更时分，兆惠派遣侍卫扎延保、投诚的厄鲁特达什车楞二人先收缴了敌人的牧群，使其无法脱逃。兆惠将军以少胜多，值得赞扬。

二、平定准噶尔中的英雄烈士

平定准噶尔的烈士中，应首推班第与鄂容安。班第与鄂容安，是清朝第一次平定准噶尔后，在阿睦尔撒纳的叛乱中捐躯伊犁的两名将领。叛乱起时，班第、鄂容安由固勒扎（今伊宁市）赴巩乃斯转战至乌兰库图勒时被围，以身殉国。其地在今伊宁县与尼勒克县交界处的黑山头附近。《清史稿》记载：“鄂容安与班第力战不支，相顾曰：‘今日徒死，于事无济，负上付托矣！’班第自刭。鄂容安腕弱不能下，命其仆剚刃于腹，乃死。”乾隆帝将二人列为平定西域五十功臣之三和十五，命图形紫光阁，亲制赞辞：“原定北将军一等诚勇公兵部尚书班第：元戎帅师，平定伊犁。而何阿逆，叛乱乘危。变出不期，投躯西漠。故里榇归，痛哉酹酌。”“原参赞大臣三等襄勤伯总督鄂容安：世臣知书，料善论兵。惜弗通语，遂弗烛情。变起仓卒，力战命毕。用违其材，实予之失。”②

今日伊犁黑山头

①《清高宗（乾隆）御制诗文全集》三集卷五十三。

②《钦定皇舆西域图志》卷首四天章四。

乾隆帝作《双烈诗》述其事。所谓双烈，是仿照双忠之例而作。乾隆十五年(1750)，驻藏都统傅清和左都御史拉布敦，诛杀了谋划叛乱的西藏郡王朱尔墨特纳木扎尔，然后力战自尽。虽然人少力微，但是铲除了叛乱元凶，安定了西藏，所以皇帝建祠祭奠，并作《双忠诗》表彰他们的功勋。班第和鄂容安驻守伊犁，奏报阿睦尔撒纳谋反，乾隆帝密令他们自行决断，见机行事，消除祸患于未然。不幸的是二人最终为国捐躯沙场。前者以勇敢果决建立功绩，而后者却以彷徨误事。然而二者奋不顾身地殉难，令皇帝哀伤。二臣的灵车到京之日，他亲临祭奠，并写了这首诗。称他们为双烈，毕竟不如双忠那样尽善尽美啊！他们当初若是听了朝廷的指示，哪里会有今天这种情况？“临奠例双忠，惜哉泪涌流。初若听我言，宁有今日不。”①这诗句何尝不是对二臣没有遵旨行事的薄谴？

平定准噶尔中的英雄，最著名的应是归附清朝的原准噶尔官员阿玉锡。乾隆帝在《阿玉锡歌》中称赞道：

> 荆轲孟贲一夫勇，徒以藉甚人称论。神勇有如阿玉锡，知方亦复知报恩。今我作歌壮生色，千秋以后斯人闻。②

是说古来都称赞荆轲、孟贲的一夫之勇，与今相比就不足称道了。阿玉锡既有神勇还知报答恩惠。今天皇帝写诗为阿玉锡壮其生色，但愿后来的人们也能知道。

英雄还有三位巴图鲁。其一是侍卫额纳伸，在将军班第手下从事，阿睦尔撒纳发动叛乱之初，他单骑闯入敌群，奋勇杀敌，知事不可为，拔刀自刎。其二是原察哈尔总管巴宁阿，出征时为领队大臣，变乱时在班第前后护卫突围。班第命他先出，他说自己不能苟且偷生，在班第拔剑自刎后，也随后自刎。神奇的是，额纳伸和巴宁阿被反对叛乱的宰桑巴桑相救，死而复生。其三是侍卫富锡尔，班第命他携将军之印返回京城，他在重围中将印沉于河，奋勇杀敌，身受重伤，被好心的伊犁喇嘛相救，得以生还。乾隆帝作《三巴图

①《清高宗(乾隆)御制诗文全集》二集卷六十四。

②《清高宗(乾隆)御制诗文全集》二集卷五十七。

鲁歌》:“嘉我旗人多忠诚,旧风未远垂仪型。愉以为戚留定评,乃至西海扬芳声。”①后富锡尔与巴宁阿在征战中阵亡。富锡尔被列入平定西域五十功臣之四十五,画像悬挂于紫光阁,乾隆帝亲笔赞辞:“原二等侍卫哈布台巴图鲁富锡尔:三巴图鲁,于中之一。要遮色楞,忽堕其术。不及弯弓,白刃挥霍。犹斩数人,之死弗却。”巴宁阿、额纳伸分别被列入平定西域五十功臣之二十一和三十四,乾隆帝命大臣为画像撰辞:“原领队大臣察哈尔总管坤都尔巴图鲁巴宁阿:见贼辄怒,如刺必拔。战布拉齐,矢石交戛。奋身挥突,竟殒贼中。既禽叛首,祭以报忠。”“头等侍卫卓里克图巴图鲁额纳伸:一战伊犁,再呼尔璊。捉身入贼,贼营夜翻。被刺者三,枪痕斜竖。牌以纪功,勇犹可贾。”②

还有奇彻布,他曾为宫廷侍卫,从军监督准噶尔的炮兵部队。阿睦尔撒纳煽惑叛乱,将他的军帐团团包围。奇彻布从容不迫地出帐跨马,搭弓射箭,敌人随着他弓弦的声响而接连倒下。奇彻布进入一片柳树林隐蔽。敌人恐怕伤及自己人而无法放铳,又不敢轻易进入,进去的人就会被奇彻布放箭射死。天黑时,敌人只有撤走。乾隆帝作《舒布图铠巴图鲁奇彻布歌》:“荆轲孟贲匹夫豪,日月爝火光应熄。我歌嘉尔岂徒然,勖我八旗永为式。”③赞扬奇彻布如同古时的荆轲、孟贲,应当被称为英豪,勉励八旗将士要以他为榜样。后来,奇彻布在深入哈萨克境内追剿准噶尔残匪时不幸牺牲。乾隆帝将他列入平定西域五十功臣之三十九,画像悬挂于紫光阁,亲制赞辞:“原头等侍卫舒布图铠巴图鲁奇彻布:包沁之叛,千贼一身。赐巴图鲁,昉乎斯人。后复屡战,丧哈萨克。始终于是,曷胜悼惜。”④

值得提及的还有归清的原准噶尔部骁将玛木特。出师前,玛木特曾向乾隆帝劝谏:“造膝陈言良:撒纳今虽顺,其心乃豺狼。不可命彼往,往必为厉殃。”但乾隆帝不以为意,反而听信阿睦尔撒纳之言,对玛木特采取不信任的态

①《清高宗(乾隆)御制诗文全集》二集卷六十四。
②《钦定皇舆西域图志》卷首四天章四。
③《清高宗(乾隆)御制诗文全集》二集卷六十四。
④《钦定皇舆西域图志》卷首四天章四。

度。令乾隆帝没有想到的是，最终他过分倚重的阿睦尔撒纳成了叛首，而他怀疑的玛木特倒成了反对叛乱的不屈烈士。玛木特奋勇突围，杀敌三人，终因久病未愈体力不支被捕。阿睦尔撒纳假意抚慰，劝诱他参加叛乱，被他大义凛然地唾骂。阿睦尔撒纳恼羞成怒，下令将他活活勒死。乾隆帝深为震动，写下《玛木特诗》述其事，以表赞赏："烈士何处无，未可分域乡。录实爨栝辞，千载流声芳。"①并赏银三百两治丧，其公爵即由伊孙扎木禅承袭。

三、平定准噶尔的碑文

平定达瓦齐之后，乾隆帝于二十年(1755)十月八日公示："御制《平定准噶尔告成太学碑文》，勒石大成殿阼阶前；《平定准噶尔勒铭伊犁之碑》，勒石伊犁东岗；《平定准噶尔勒铭格登山之碑》，勒石格登山上。"②

《平定准噶尔勒铭格登山之碑》：

格登之崔嵬，贼固其垒。我师堂堂，其固自摧。格登之巀嶭，贼营其穴。我师洸洸，其营若缀。师行如流，度伊犁川。粤有前导，为我具船。渡河八日，遂抵格登。面淖背崖，藉一昏冥。曰捣厥虚，曰歼厥旅，岂不易易，将韬我武。将韬我武，讵曰养寇。曰有后谋，大功近就。彼众我臣，已有成辞："火炎昆冈。"惧乖皇慈。三巴图鲁，二十二卒，夜斫贼营，万众股栗。人各一心，孰为汝守。汝顽不灵，尚窜以走。汝窜以走，谁其纳之。缚献军门，追悔其迟。于恒有言：曰杀宁育。受俘赦之，光我扩度。汉置都护，唐拜将军。费赂劳众，弗服弗臣。既臣斯恩，既服斯义。勒铭格登，永诏亿世。③

---

①《清高宗(乾隆)御制诗文全集》二集卷六十四。
②《清高宗实录》卷四九九。
③《乾隆御制文》初集卷十九。

平定准噶尔勒铭格登山之碑(局部)

碑文铭刻了第一次出师伊犁平定准噶尔所取得的格登山大捷的辉煌战绩,并追溯西域历史,遥忆汉朝曾设置西域都护府、唐朝曾建立安西和北庭两大都护府。进而阐明平定准噶尔的意义,不仅是汉唐统一与治理西域的继续,还是清朝开始统辖天山南北的标志。

《平定准噶尔勒铭伊犁之碑》碑文:

> ……自今伊始,四部我臣,伊犁我宇(叶)。……众建王公,游牧各安,宰桑公臣,属我旗籍。谁汝苦辛,尔恭尔长。尔孳尔幼,徐以教养。尔驼尔牛,尔羊尔马,畜牧优游,分疆各守。毋相侵凌,以干大咎。齐御外域。曰布鲁特,越哈萨克,醉饮饱食,敬兴黄教,福自天锡。伊犁平矣,勒贞珉矣,于万斯年矣。①

碑文的大意是:从今开始,厄鲁特四部都已臣服大清王朝,伊犁也正式归入大清版图。各部首领都分封了可汗,使之各得其所。各部官员也都归属于八旗旗籍,谁辛苦从事,谁就会受到尊重拥护。对繁衍的后代,要慢慢

①《乾隆御制文》初集卷十九。

地教育和培养。各自的牛马驼羊要很好地放养,各自守好自己的地域,不要相互侵凌,以免触犯刑律。要共同抵御外来入侵。在西面的布鲁特与哈萨克生活安定了。大清和厄鲁特都虔诚地信奉格鲁派,这一切都是上天赐给大家的幸福。伊犁之乱现在已经平息了,为了纪念,乾隆帝就把这件事刻在最好的石碑上,让它传至千秋万代。

《平定准噶尔告成太学碑》碑文追溯准噶尔的历史、平定达瓦齐的经过,并希冀以其灭亡之教训为警诫:"且准噶尔一小部落耳,一二有能为之长,而其树也固焉;一二暴失德之长,而其亡也忽焉。朕用是知惧。"①意思是说回想准噶尔部落的兴亡,有为的首领可使之发展壮大,失德的首领却使之迅速败亡,不禁为之感到触目惊心。此碑立在今北京东城区所在的国子监孔庙,不仅昭告了当时天下的读书人,也在昭告今天的我们。

平定阿睦尔撒纳的叛乱之后,乾隆帝在避暑山庄普宁寺立下《平定准噶尔后勒铭伊犁之碑》:

> 伊犁既归版章,久安善后之图,要焉已定者,讵宜复失也。然屯种万里之外,又未可谓计之得也。其潜移默运,惟上苍鉴之,予惟奉时相机。今日之下,亦不敢料以逆也。是平定准噶尔后,勒铭伊犁之碑所由作也。②

申明平叛战争是不得已而为之,伊犁已归于大清的版图,长治久安和善后事宜的大政方针也已确定。

四、平定准噶尔后的善后治理

平定准噶尔之后,对于伊犁的善后与治理,乾隆帝非常关注并有诗作。如乾隆二十六年(1761)作《驻伊犁大臣阿桂等奏报二麦大熟,因用杜甫〈送高三十五书记〉诗韵》,首句恰与"崆峒小麦熟"同体,遂用全章韵纪事,主要

①《钦定皇舆西域图志》卷首一天章一。

②《乾隆御制文》初集卷二十。

是写麦熟的喜悦，同时强调伊犁在自己管辖下的农耕情况。正如序中所言："然彼当季世而黩武不已，宜诗人之刺，今则遇绥丰于耆定之时，亦反其意云尔。"①这句话是说既然平定了西域就不可放弃，这是人所皆知的道理。在伊犁设立将军总统天山南北。挑选朝中的俊杰出任西域官员，军民都乐于听命。原来就习于农作的绿旗兵丁不误时节开始耕种，擅长骑射的索伦兵巡边守卫。征调赴伊犁种地的维吾尔族人，因为携带家眷，免除了离别的悲伤。人世间的事皇帝要尽量做得好一些，上天就会施惠于大清。伊犁连年丰收，军民为之欢庆，功劳归于贤良的大臣。乾隆帝想，即使杜甫复活，也不会再写诗讽刺了。

乾隆二十九年（1764），乾隆帝又作《伊犁大熟，三叠杜甫〈送高三十五书记〉诗韵》②，诗的大意是，今年的粮食收成如何，是皇帝最为牵挂的。眼下时值仲冬，伊犁的奏报到京。将帅管理绿旗兵丁屯田有方。伊犁土地肥沃，又多水源，何愁耕种不丰收。极远的边地伊犁成为人间安乐之地，乾隆帝感谢上天的恩惠，同时也更加慎重。伊犁各地次第建城，驻防官兵、内地民户和南疆维吾尔族人都迁移来此，日渐繁荣，已不是当初的荒芜景象。乾隆帝欣然于杜甫《送高三十五书记》诗韵，写下这首诗。

乾隆三十七年（1772），陕甘总督文绶奉命前往斋尔（今塔城地区）赏赐土尔扈特部，途经哈密、巴里坤和乌鲁木齐等地，归朝后详细奏报了所见的新疆屯垦盛况。③ 乾隆帝阅后欣然写下《陕甘总督文绶奏新疆屯田，诗以志事》："汉代嘉充国，屯田称便始。……额手谢天恩，帡幪锡厚祉。庶几免指摘，讵敢称欣喜。"

诗的大意是，汉代西北及西域大规模的屯田，始自宣帝接受良将赵充国的屯田之策。西域自平定之后，从此没有了战事，挖沟开渠引来高山雪水，屯田兴起，但土地还是有未尽其用的。"甘省地既瘠，新疆利堪指。"文绶就

①《清高宗（乾隆）御制诗文全集》三集卷十六。
②《清高宗（乾隆）御制诗文全集》三集卷四十二。
③贺长龄编《皇朝经世文编》卷八十。

招民屯垦事项上奏了五条，可在新疆兴屯耕种，开辟成安乐之地。回想屯田之事刚开始时，乾隆帝原想未必能行之有效，而且恐怕无识之徒多有议论。现今屯田面积逐年扩大，每年都是丰收，而待垦的肥沃之地还有很多，设法招致贫瘠之地的甘肃民户到西域去安居乐业，实为一举两得的好事。当初乾隆帝不敢期望过高，如今变成现实。“额手谢天恩，帡幪锡厚祉。庶几免指摘，讵敢称欣喜。”①是说皇帝额手称庆，感谢上天的恩惠，庇护赐福，但愿自己不被指责，岂敢说什么欢欣鼓舞。

乾隆三十八年(1773)，就伊犁屯田之事，乾隆帝作《伊犁将军舒赫德奏伊犁客民愿入屯田籍事，诗以志慰》：

开垦久增乌鲁齐，屯耕今复逮伊犁。地肥水足多逢稔，籍注科升愿可稽。羊牧牛孳安月析，马牵帛易息霜鼙。穷荒焉用兹成用，额手天庥敬日跻。②

伊犁将军舒赫德奏报，乌鲁木齐等地的屯垦耕种连年丰收，都已安置了民户种地。伊犁有客居之民，认为西河湾一带地广水足，又不妨碍维吾尔族人屯种，请求拨给，准予开垦后，可以于当年交纳钱粮，并愿意世代定居。户部议准，决定每户拨给土地三十亩，愿意多耕种者，悉听其便。创业之初，官府先预借农具、粮食等，要求农户按年返还，并根据情况确定征收钱粮数额。伊犁土地肥沃，水源充足，一定会连年丰收的。至于登记入籍落户，按则升科，需认真核计。伊犁平定后，锡伯营和察哈尔营，屯垦或放牧。而哈萨克每年用马匹来交易换取布帛者不断，为此官方规定禁止织造粗疏，乾隆帝为此还写诗纪实。在《平定准噶尔后勒铭伊犁之碑》中曾顾虑屯垦于万里之外，恐非长策。而今日屯地日广，民间客户不用招徕接送，自动请求入籍归屯，这是他想不到的。皇帝反杜甫诗意作诗，额手称庆，感谢天恩，告诫自己谨慎从事，保持安定兴盛的局面。

乾隆四十九年(1784)，乾隆帝有诗作《伊犁马牛羊》：

①《清高宗(乾隆)御制诗文全集》四集卷三。

②《清高宗(乾隆)御制诗文全集》四集卷九。

伊犁马牛羊，市之哈萨克。初不费金钱，估值以布帛。布出回部供，帛则织造织。去非藕丝脆，来匪骨立瘠。自古马市患，更仆数难悉。明则杨继盛，唐则白居易，或以直言陈，或以讽歌责。今胥无其弊，而更得其益。加以官牧场，众畜日充斥。将军筹久计，内地驱络绎。内地复无藉，佳事成扞格。然予静思之，一利一弊匿，与其如古失，何似收今得。①

放马天山下

哈萨克多年一直在伊犁从事着用马牛羊换取绸缎布匹的贸易，双方估算价值进行交换，不用金钱。布匹是天山以南回部交纳的赋税，而绸缎则由江宁、苏州、杭州织造监工完成。管理官员严格审核，使得换出的布帛保证了品质，而换来的马匹也不是瘦弱的皮包骨头。自古以来的马市之患难以历数，明朝有杨继盛的罢马市之谏，而唐朝有白居易《阴山道》以诗讽喻。如今这些弊端全无，双方受益。现在伊犁官办牧场牲畜太多，将军筹划长久，大批地发往内地，免税出售。这尽管是好事，但马多反而成了麻烦。皇帝细细思量，这世间之事有一利必有一弊，与其像古人那样有所失，不如汲取历史的经验教训，在今天有所得为好吧。

①《清高宗（乾隆）御制诗文全集》五集卷一。

乾隆五十四年(1789),乾隆帝作《伊犁将军保宁奏伊犁各城户口耕牧情形,诗以志慰》:“伊犁万里岁逢收,商贾流通户口稠。”说万里之外的伊犁连年丰收,商货流通,人口也逐渐稠密。“布鲁特遵田界禁,哈萨克市马求售。”布鲁特严格遵守耕牧地界不敢违约,哈萨克以马换布者络绎不绝。“盖藏有素衣食裕,耕牧无惊作息休。”①耕种放牧,日出而作,日入而息,秋打冬藏,衣食充裕。诗中写了伊犁初归版图之时,大兴耕牧、安居乐业的繁荣景象。

五、对伊犁风物的吟咏

平定达瓦齐之后,侍卫哈青阿从伊犁带回购买的维吾尔族人掘地而得的宋代龙泉盘子,献给皇上。乾隆帝作《咏龙泉盘子》:“饱识膻浆味,宁无故土思。李陵俨人也,相较不如伊。”②说李陵留居匈奴而不返,还不如五百年后返回故土的龙泉盘子。

追剿阿睦尔撒纳和伊犁军民屯垦,各获一个尺寸相同的大玉盘,乾隆帝先作《玉盘谣》:

……尔时所御器今存,作镇西极永好完。未入震旦三千年,问今何来不胫偶。准噶尔亡沦世守,阿睦撒纳兹窃取。王师采入靖孽丑,于将获之联狳走。弃其重器为我有,元英大吕陈座右……③

后作《玉盘谣叠旧作韵》吟咏:

与昔获盘符寸尺,只复成双补阙益。……物固有幸奇联偶。伊犁扼要轮番守,……垦耕忽见此盘有,驿致同旧列左右……④

①《清高宗(乾隆)御制诗文全集》五集卷四十八。

②《清高宗(乾隆)御制诗文全集》二集卷六十六。

③《清高宗(乾隆)御制诗文全集》二集卷七十五。

④《清高宗(乾隆)御制诗文全集》三集卷十七。

大玉盘

伊犁河北岸原有著名的固尔札庙，在阿睦尔撒纳的叛乱中毁于战火。乾隆帝作《固尔札庙火，用唐韩愈〈陆浑山火和皇甫湜〉韵，并效其体》[1]记载此事。乾隆帝用韩愈和诗之韵作诗。诗的大意是，阿睦尔撒纳图谋窃据伊犁发动叛乱，朝廷只有再次出兵进剿。去秋叛乱时，固尔札庙掌教的四名大喇嘛，惑众谋反。固尔札庙本是诵经修行之地，因上天保佑，众生供养，佛庙装饰繁盛，每天朝螺暮鼓，法音远扬，不料却毁于战火。叛乱的喇嘛在逃跑前，为掩盖罪证而放火，风助火势，使固尔札庙瞬间变为废墟，四大天王无言以对，残存的佛头怒目圆睁。想当初阿睦尔撒纳势穷力蹙前来投顺，在皇帝面前涕泪陈述，乾隆帝可怜他，赏赐安抚。谁知他野心太大，负恩背德，哪里有什么道义？他应当受到上天的惩罚。固尔札庙的喇嘛助纣为虐，使固尔札庙毁于一旦。皇帝和韩愈诗韵写下此诗，以解心中烦闷，仰望先贤而俯首扪心自问。

平定伊犁之后，为了长治久安，副都统阿桂等人奉命主持畜牧农耕之事。他们沿伊犁河南岸到海努克，见昔日旧庙中经卷杂陈，翻捡中发现一方虎纽铜印，印文是"管辖厄鲁特后旗札萨克印"，旁边标明是雍正四年(1726)

①《清高宗(乾隆)御制诗文全集》二集卷六十四。

十月铸成，即封好该印由驿站递至京城。这方印是当年颁发给隶属喀尔喀部的厄鲁特旗长毛海的。后毛海叛逃准噶尔，携印献给准噶尔部首领噶尔丹策零。乾隆帝为此作诗《海努铜印诗》：

厄鲁和通以次平，徐筹考牧及屯耕。叶奇已庆春膏溥，海努曾无兵燹惊。收拾金经皈净业，分明铜印返神京。天骄猖獗今何有，躅忿因之益凛盈。①

海努克遗址（马达汉拍摄于1907年）

天朝平定天山以北厄鲁特准噶尔诸部与天山以南大小和卓的叛乱后，畜牧与农耕就提上了议事日程。天山以南叶尔羌等地已普降春雨，而伊犁河南的海努克庙以前未经兵火劫扰，如今还可收拾佛经继续修行。只是这方铜印历经三十多年后又返回了京城，当年强盛的准噶尔部今天又在哪里？皇帝已消除了以往的愤怒，由准噶尔部的兴亡联想到大清江山的未来，心中更加充满畏惧。

乾隆二十八年（1763）夏，驻守伊犁的大臣阿桂回京，献上大黑鸟，赤睛黄眼圈，尾部散落白点。对照鸟谱找不到相似的，乾隆帝命郎世宁绘图，并赋诗《鸳鸳尔》说："鸳鸳尔何出，伊犁沙水浔。"还说："聊将纪殊域，非是宝珍

①《清高宗（乾隆）御制诗文全集》三集卷五。

禽。”①申明写诗是为了记载伊犁，而不是特别看重这只珍禽。

值得指出的是，这首诗后来在伊犁被刻石立碑。嘉庆初年流放伊犁的前台澎兵备道兼学政加按察使衔的杨廷理在《鸟来》诗中写：“当年曾作珍禽贡，此日惟看御墨留。”自注：“阿广廷相国曾携入贡，御制有诗，今刻石伊犁祠堂中。”②

乾隆帝考虑到避暑山庄成为蒙古诸部朝拜之地，下令在山庄东北的小山上，按照固尔札庙的样式，修建了安远庙，并多次作诗吟咏，乾隆三十年（1765），乾隆帝有诗作《安远庙瞻礼书事》：

伊犁兵燹后，梵宇为重为。缩地齐近远，归宗何改移。今朝初庆落，戎索永延釐。笋峙辉山麓，来瞻渡水涯。制仍固尔札，境一毗耶离。唱呗格隆侣，归旗达瓦贻。维新同致敬，忆旧孰含悲。群讶胡宽市，予怀范燮辞。藉无示败彼，讵有睹成斯。置器廛安处，恢纲靖远陲。③

伊犁遭到战火的破坏后，固尔札庙重新在承德修建起来了。真好像有法术似的，将伊犁的固尔札庙重现在避暑山庄，厄鲁特人信奉的宗教也用不着去改变了。今天大家欢庆安远庙落成，天朝对待戎人的办法将永远给他们带来幸福。高大雄伟的安远庙给山庄增添光彩，前往拜佛的人渡过武烈河就到了。这座庙的样式和原来的固尔札一样，都是佛教寺庙。迁居承德的达什达瓦人，既可在此随高僧念经，又可自愿入旗或入寺为僧。大家对新建的安远庙都恭敬有加，谁还再会为固尔札庙的焚毁而悲伤呢？有人对天朝放宽边境地区的互市贸易和民间交往的政策感到惊奇，而乾隆帝欣赏对边疆民族的宽大思想。如果没有阿睦尔撒纳的破坏和失败，怎么会有安远庙的落成呢？只有把佛像和法器安置在合适的地方，威力无边的佛法才能保佑边疆民众得到安宁。

乾隆四十一年（1776），乾隆帝亦有诗作《安远庙》：

①《清高宗（乾隆）御制诗文全集》三集卷三十一。

②刘汉忠：《杨廷理诗文集》，香港：香港新世纪国际金融文化出版社，2000 年，第 35 页。

③《清高宗（乾隆）御制诗文全集》三集卷五十二。

东岭琳宫接，题门各有名。匪尊不二法，缘系众藩情。佛日迎薰朗，慧云收雨征。金川兹武定，安远永销兵。①

乾隆四十六年（1781）和乾隆四十七年（1782），乾隆帝各有诗作《安远庙》。乾隆五十五年（1790）还作诗《安远庙即事》。

乾隆帝关于伊犁的诗文，纪实叙事，抒情言志，既可当文学作品读，又可当史学资料读，反映了乾隆朝平定准噶尔是新疆自汉唐以来就归于祖国版图的延续。胜利来之不易：有乾隆帝的雄才大略，力排众议，运筹帷幄；有满洲八旗、汉军绿营爬冰卧雪的浴血奋战；还有西域各族维吾尔族、哈萨克、布鲁特包括准噶尔部众的支持。捐躯伊犁的将军班第、格登山大捷的二十五勇士之首阿玉锡、反对叛乱壮烈牺牲的玛木特等人，都是蒙古族，而鄂容安、奇彻布、三巴图鲁则为满族。人不分民族，地不分东西，都有一个国家认同，都希望西北边疆安定。各族英雄的涌出，有力地显示了古往今来的中华各民族为我们统一多民族国家的形成和巩固做出的贡献。而分裂叛乱尽管得逞一时，终会因为不得人心而失败。乾隆帝深知创业难，守业更难，为伊犁的长治久安做了精心的谋划，使伊犁社会实现了巨大的历史进步，感召着西迁伏尔加河畔近一个半世纪的土尔扈特蒙古部落在十二年后毅然东归。

乾隆帝关于伊犁的诗文，有着鲜明的时代感和深厚的历史感，是我国多民族国家统一、形成和发展的历史见证，是研究乾隆帝与伊犁乃至清代新疆历史不可或缺的宝贵资料，值得我们珍视。

①《清高宗（乾隆）御制诗文全集》四集卷三十九。

第四章

论乾隆帝在平定准噶尔战争中的用人之误

乾隆帝在位六十年间，两平准噶尔，一定回部①，再扫金川，一靖台湾，降缅甸、安南各一，两次受喀尔喀之降，合称为十全武功。其中最重要的，当数平定天山以北的准噶尔与天山以南的大小和卓之乱，最终统一汉唐以来就归属中华版图的天山南北的广大地区，历史对此早已给予了高度评价。然而，对乾隆帝在平定准噶尔战争中的用人之误，过分倚重归附的阿睦尔撒纳并将其放归伊犁，过分怀疑归附的玛木特以及西征将领班第、鄂容安、永常等人误事等，后人却没有给予应有的重视。作者认为确实有进一步探讨的必要，以认真总结历史的经验教训。

首先应当说明的是，准噶尔为清代我国西北厄鲁特蒙古四部之一，意为左翼。初为和硕特部、准噶尔部、杜尔伯特部、土尔扈特部，以和硕特部为首。后土尔扈特部西迁，由杜尔伯特部中析出辉特部，准噶尔部崛起为四部之首，因首领以绰罗斯为姓，故又称绰罗斯部，强盛时期以天山以北伊犁河流域为中心，兼并诸部并统治天山以南，使准噶尔由一个游牧部落名称演变为一个雄踞西北的政权名称。清代将厄鲁特诸部统称为准噶尔。平定准噶尔后，准噶尔成为地区名，后又演变为盆地名。

一、不应过分倚重阿睦尔撒纳

乾隆帝是在准噶尔因内乱而分崩离析的大背景下用兵的。先是乾隆十五年(1750)，原准噶尔部宰桑萨拉尔因不满最高统治者珲台吉喇嘛达尔札的残暴，愤然率部经青海噶斯口投奔清朝，所部被安插在察哈尔，萨拉尔被封为散秩大臣，成为最先率部归附清廷的准噶尔贵族。

乾隆十八年(1753)冬，杜尔伯特部台吉三车凌(也作“三车凌”)即车凌、车凌乌巴什和车凌蒙克因不满喇嘛达尔札后任珲台吉达瓦齐时期的内乱，率部五千余户由额尔齐斯河向东迁徙，归附清朝。车凌被封为和硕亲

①回部：清代因称伊斯兰教为回教，所以将维吾尔族人聚居的天山以南地区称为回部。平定回部后，改称回疆，今称南疆。

王，车凌乌巴什为多罗郡王，车凌蒙克为多罗贝勒，同来的色布腾为多罗贝勒，根敦、蒙克特木尔为固山贝子，玛什巴图、巴图孟克为辅国公等，所部择地在乌兰固木暂住。

杜尔伯特部汗车凌

贝勒刚多尔济

公达瓦画像

接着，乾隆十九年（1754）六月，辉特部台吉阿睦尔撒纳与杜尔伯特部台吉纳默库、和硕特部台吉班珠尔率四千余户，约二万余人进入喀尔喀卡伦，向清朝投诚。乾隆帝依例派员赈济，使其部众暂时游牧于乌里雅苏台（今蒙古国扎布哈朗特）附近，封阿睦尔撒纳为和硕亲王，纳默库、班珠尔为多罗郡王，还封同来的杜尔伯特、辉特、和硕特诸部台吉为多罗贝勒、固山贝子、辅国公等。继阿睦尔撒纳内徙归附之后，达瓦齐手下的大将、宰桑玛木特见大势所趋，也在当年入冬后毅然脱身归附清朝，被授以内大臣职。

在准噶尔血雨腥风的权力争斗之时，乾隆帝一直密切注视着事态的发展。他认为平定准噶尔的时机已经到来："伊部落数年以来内乱相寻，又与哈萨克为难，此正可乘之机。若失此不图，再阅数年，伊事势稍定，必将故智复萌，然后仓猝备御，其劳费必且更倍于今。况伊之宗族车凌、车凌乌巴什等率众投诚，至万有余人，亦当思所以安插之。朕意机不可失，明岁拟欲两路进兵，直抵伊犁，即将车凌等分驻游牧，众建以分其势，此从前数十年未了之局，朕再四思维，有不得不办之势。"①尽管时机很好，但大臣们鉴于康雍两

①《清高宗实录》卷四六四。

朝的教训和达瓦齐极表恭顺的态度，希望议和，只有大学士傅恒赞同出兵。乾隆帝为完成康熙、雍正两朝未竟之志，指示积极备战，同时争取归附的各部台吉宰桑合作进讨达瓦齐。乾隆帝一开始就看重阿睦尔撒纳，认为其“乃最要之人，伊若来降，明年进兵大有裨益”。[①] 接着阿睦尔撒纳归来，更坚定了乾隆帝的信心。

但是乾隆帝没能认真分析阿睦尔撒纳降清与萨拉尔、三车凌等归附的背景和动机是截然不同的。萨拉尔和三车凌等是不满残暴与内乱，而阿睦尔撒纳是在与达瓦齐争权夺利失败后所做的不得已之举。他作为辉特部台吉，自知家世、身价及实力都不如达瓦齐，因此协助达瓦齐于乾隆十七年(1752)冬趁夜突入伊犁，袭杀了喇嘛达尔札，使达瓦齐成为四部总台吉(即珲台吉)。一直觊觎珲台吉之位的阿睦尔撒纳不久就与达瓦齐反目为仇，兵戈相见。乾隆十九年(1754)六月，达瓦齐率精兵三万人直逼额尔齐斯，又命骁将玛木特带乌梁海八千兵两面夹攻，阿睦尔撒纳势不能敌，向东且战且退，最终归附清朝。他归清的目的是欲借清朝之力，剪除政敌达瓦齐，从而实现自己的政治图谋。乾隆帝由于过多地看重阿睦尔撒纳可以利用的价值，认为平定准噶尔非阿睦尔撒纳不可，而忽视了阿睦尔撒纳潜在的巨大危害。

阿睦尔撒纳提出想在进兵前面聆圣训，乾隆帝大加赞赏：“阿睦尔撒纳诚心归顺，感戴朕恩，急欲瞻仰之意，朕甚嘉之，朕亦急欲见其人。”[②]在避暑山庄接见时，乾隆帝对阿睦尔撒纳行抱见礼，优加赏赉，如欣赏阿睦尔撒纳沿用自己旧旗的请求，以使“彼处人众，易于识认，投降甚便”。[③] 乾隆帝把阿睦尔撒纳作为进军伊犁的引路人，殊不知阿睦尔撒纳正好可以狐假虎威。乾隆帝原定次年秋天出兵，阿睦尔撒纳奏请，趁春天准噶尔马畜疲乏时出其不意。乾隆帝欣然采纳其建议说：“阿睦尔撒纳办事果断，毫无犹豫，朕心甚

①《清高宗实录》卷四六八。
②《清高宗实录》卷四七三。
③《清高宗实录》卷四七一。

为欣悦。着将朕所带荷包一对赏阿睦尔撒纳，并于彼处赏给银一千两。"①乾隆二十年(1755)二月，阿睦尔撒纳、萨拉尔各自领兵先行，大军随后继进，五万大军，师行三月，跋涉千里，兵不血刃地长驱直入。

五月的格登山大捷及生擒达瓦齐，标志着清朝第一次平定准噶尔以胜利告终。乾隆帝按"众建以分其势"的既定方针，分封了厄鲁特四部汗王，封新归降的准噶尔大台吉噶尔藏多尔济为绰罗斯汗，阿睦尔撒纳为辉特汗，车凌为杜尔伯特汗，班珠尔为和硕特汗。阿睦尔撒纳欲为四部总台吉的野心未能如愿，遂发动了大规模的武装叛乱。乾隆帝再次出兵伊犁进剿，叛匪仓皇逃窜。经过一年多的周旋，狡诈多端的阿睦尔撒纳于乾隆二十二年(1757)七月从塞米巴拉金斯克要塞逃入沙俄，两个月后患天花死去。原来认为"奇货可居"的沙俄见其人已死，觉得不如遵守和约，于是把阿睦尔撒纳的尸体运到中俄边界的恰克图，交清朝政府派员验视。

乾隆帝在《俄罗斯驿致叛贼阿睦尔撒纳死尸信至，诗以纪事》中评价阿睦尔撒纳"功如彭宠辽东豕，心是温禺天外狼"，并于诗后注文："执达瓦齐之役，阿睦尔撒纳原不可谓无功。而伊犁既平，虽怀携贰。然使任事者能遵朕旨而中事机，亦不致偾事三年之久也。"②彭宠事见《后汉书·朱浮传》：东汉光武帝时，幽州牧、大将军朱浮致书责问渔阳太守、大将军彭宠，"以为功高天下。往时辽东有豕，生子白头，异而献之。行至河东，见群豕皆白，怀惭而还。若以子之功论于朝廷，则为辽东豕也"。意思是说不可居功自傲，不知其量也，而彭宠"不顾恩义，生心外衅"，以致"生为世笑，死为鬼愚"。温禺是汉代匈奴官名，即匈奴单于子弟左右温禺鞮王。乾隆帝这句诗是说阿睦尔撒纳虽有功劳，但野心太大。乾隆帝始终没有承认他过分倚重归附的阿睦尔撒纳是用人之误。

①《清高宗实录》卷四八〇。

②《钦定皇舆西域图志》卷首二天章二。

二、不应将阿睦尔撒纳放归伊犁

对阿睦尔撒纳降清的诚意，清朝大臣中有人是持怀疑态度的，如办理北路军营的户部尚书舒赫德及定边左副将军策楞就向乾隆帝提出两条处理意见：一是不宜将阿睦尔撒纳的部众留居清朝北路大营乌里雅苏台附近，因为“军营粮饷军器马匹牲畜，俱在周围近处，又系通准噶尔大路，恐将明年进兵之事，向准夷泄露”；二是“将阿睦尔撒纳等大台吉一并留在军营候旨，其老少子女，俱令携带接济口粮，移至所指地方”。①

虽然乾隆帝先前也说过：“朕闻阿睦尔撒纳之为人，诡诈反复，全不可信。若果率伊妻子前来投诚，诡计亦无所施，但防范不可不周。”②但是两将军的见解却被乾隆帝严厉斥责为“甚属错谬”。他认为：“阿睦尔撒纳等系远方新归之人，岂有将伊妻子如此分散之理。此必舒赫德意见，策楞从而俯会耳。……策楞、舒赫德全无勇往办事之心，一味畏葸怯懦，必欲坏国家大事，其居心尚可问耶？”③

阿睦尔撒纳进献的九门火炮，被定边左副将军策楞等收存。乾隆帝认为“阿睦尔撒纳恭进炮位，特欲表其诚悃，使我不疑”，指责“策楞等即为收存，殊属非是”，并“传谕阿睦尔撒纳，明年进兵时，尔等军器如或不足，朕必施恩赏赐。此项炮位，仍留在尔处备用，不必存于军营”。④其口气，是宁可对将臣随意训斥，也不愿使阿睦尔撒纳心里不快。特别是清军抵达伊犁后，乾隆帝还发布谕旨说：“从前锦州副都统那兰图奏，阿睦尔撒纳等系被达瓦齐逼迫来降之人，不可深信，应加意防范等语。那兰图此奏甚属懦怯之至。平定准噶尔一事，朕相机筹办，知阿睦尔撒纳等有勇有谋，且感激朕恩，常思

①《清高宗实录》卷四六九。
②《清高宗实录》卷四六五。
③《清高宗实录》卷四六九。
④《清高宗实录》卷四七一。

报效。朕始将征剿准噶尔之事，付伊办理。那兰图奏此事时，朕即欲将伊治罪，因值进兵之始，恐动摇人心，未经降旨。今准噶尔全部已定，着将那兰图革职解京，交刑部治罪。”①而事实证明以上将军的怀疑态度和防范意见是正确的。

第一次出师平定准噶尔选任将领，乾隆帝再三挑选和搭配，命班第为定北将军，阿睦尔撒纳为定边左副将军，亲王固伦额驸色布腾巴勒珠尔，亲王衔琳沁，郡王纳默库、班珠尔，郡王衔青滚杂卜，尚书达尔党阿、将军阿兰泰、内大臣玛木特等为参赞大臣，由北路大营乌里雅苏台出兵；命永常为定西将军，萨拉尔为定边右副将军，亲王额琳沁多尔济、车凌，郡王车凌乌巴什，贝勒车凌蒙克、色布腾，贝子扎拉丰阿，总督鄂容安等为参赞大臣，由西路大营巴里坤出兵。

在这两路将领中，除班第、鄂容安外，重要人物是定边左副将军阿睦尔撒纳和定边右副将军萨拉尔，他们率前锋部队自固勒扎渡口（今伊犁河大桥一带）翻越推墨尔里克岭（今察布查尔以南的乌孙山）直抵格登山，阿睦尔撒纳与萨拉尔共同指挥格登山战役。乾隆帝在赞颂格登山大捷二十五勇士之首的《阿玉锡歌》中，对“我两将军重谘议”一句的自注指的就是阿睦尔撒纳和萨拉尔。《清史稿》记载，萨拉尔因功封一等超勇伯，赐宝石顶、四团龙服。“六月军还。征阿睦尔撒纳入觐，萨赖尔②同班第、鄂容安驻守伊犁，留兵五百为卫。七月，阿睦尔撒纳谋叛，逗留途中。班第等屡疏入告，萨赖尔亦以为言。上密谕诸臣擒治，弗能决，阿睦尔撒纳遂遁。其徒克什木等为乱，班第、鄂容安死之，萨赖尔更衣降。”年底，他派人见巴里坤办事大臣和起，告知阿睦尔撒纳踪迹，请发兵打击。次年正月脱身至吐鲁番，被逮入京审问，“以萨赖尔降人，贷其死，命锢之狱。班第等丧还，执克什木馘以祭，令萨赖尔观之。寻以叛党渐次就擒，释出狱”。平定西域后，“授散秩大臣、镶白旗蒙古副都统、乾清门行走。又擢内大臣，复封二等超勇伯。”卒后图像悬挂于紫光

①《清高宗实录》卷四八九。

②即萨拉尔。在《清史稿》中有传为“萨赖尔”。

萨拉尔画像

阁,乾隆帝为原定边右副将军二等超勇伯内大臣萨拉尔题写赞辞:“彼中宰桑,识时早归。副帅以往,克赞戎机。拔身战出,不忘本朝。云胡不死,责备则浇。”①《清史稿》为此论曰:“萨赖尔反复,迹甚著,独以降人蒙宽典,幸矣。”

其他人中,除喀尔喀亲王额琳沁多尔济因阿睦尔撒纳逃走被乾隆帝赐死、郡王青滚杂卜乘机反叛外,绝大多数都是可以信任的。萨拉尔的反复并非自愿,而是被迫无奈,乾隆帝对此给予了宽容。还有杜尔伯特部的三车凌和纳默库等人“归诚最先,忠谨自保”,所以在清廷编纂《钦定皇舆西域图志·封爵》时“爰为首叙”。特别是准噶尔宰桑玛木特,更向乾隆帝进言,不可将阿睦尔撒纳放归伊犁,但乾隆帝一是不予相信,二是不以为然。其实平定准噶尔并非缺了阿睦尔撒纳就不行,当时准噶尔土崩瓦解已是大势所趋,对这一形势乾隆帝应是看得很清楚。他后来在《西师底定伊犁捷音至,诗以述事》中欣喜地吟咏:“乘时命将定条枝,天佑人归捷报驰。无战有征安绝

①《钦定皇舆西域图志》卷首四天章四。

域，壶浆箪食迎王师。”①正是由于乾隆帝轻易相信并过分倚重阿睦尔撒纳，以致听不得大臣的防范意见，对阿睦尔撒纳委以重任，放虎归山，最终酿成大乱。

三、不应过分怀疑归附的玛木特

玛木特，原是达瓦齐手下的一员大将，官至宰桑，率领扎哈沁（守边界之人）驻守在阿尔泰乌梁海一带。雍正八年（1730）奉命抢劫清朝牲畜。乾隆十八年（1753），杜尔伯特部三车凌举部内徙，玛木特率兵追击。因其骁勇剽悍，清军抗御不力，乌里雅苏台副都统达青阿被降职为侍卫。次年，达青阿以计擒获玛木特。乾隆帝认为施以计谋，难以服人，下令释放，玛木特深受感动。继而在火并中，他配合达瓦齐东西夹击，使阿睦尔撒纳势穷力蹙，投向清朝。玛木特看到准噶尔事不可为，达瓦齐亦不可辅，在当年入冬后毅然归附，被授为内大臣，在御前行走，又授为北路参赞大臣，就出兵时间，积极向乾隆帝进言献策。乾隆帝在年底说：“阿睦尔撒纳欲于明春趁准噶尔马畜疲乏之际不能抗拒，易于成功，所思甚是。玛木特来时亦如此具奏。朕因伊二人之言，业降旨两路，皆定于明春进兵。”②

出师前，玛木特曾向乾隆帝劝谏说：“阿睦尔撒纳豺狼也，虽降不可往，往必为殃。”③但乾隆帝不相信，反而听信“阿睦尔撒纳曾言玛木特系军威收服，与倾心降服者不同”之语，对玛木特采取了不信任的态度。阿睦尔撒纳奏称“二月十五日内兵即前进，玛木特于正月十七日始自京起程，断难驰赴”，意在不愿玛木特随军。乾隆帝说：“朕思阿睦尔撒纳自到军营，诸事尽心，办理井井。此次进兵，惟伊是赖。玛木特之去否，原属无关紧要。若既

①《钦定皇舆西域图志》卷十二。
②《清高宗实录》卷四七九。
③《清史稿·藩部六》。

到军前，自不便不令其前往。”①他认为西征之事，不能缺了阿睦尔撒纳，而玛木特去否无关紧要。但玛木特最终还是赶上了西征的北路大军。两军抵达伊犁后，论功行赏，阿睦尔撒纳被赏亲王双俸，而玛木特只是被晋封为三等公。乾隆帝在给班第的密旨中指陈：“内大臣玛木特，退后每摘发阿睦尔撒纳之短，而觌面又多迎合，似属年老昏愦，不可深恃。”又说：“玛木特原系一狡猾之人，其行为更可不必深论。”②显然，乾隆帝对玛木特心存芥蒂。但他没有想到的是，历史和他开了一个大玩笑，恰恰是他过分倚重的阿睦尔撒纳不久成了发动大规模武装叛乱的祸首，而他过分怀疑的玛木特才是反对叛乱的不屈烈士。

大军撤回后，玛木特因病留伊犁休养，令部下人马返乡驻边或归牧。不久，叛乱发生，玛木特奋勇突围，杀敌三人，终因久病未愈体力不支，不幸被捕。阿睦尔撒纳假意抚慰，劝诱他参加叛乱，并挑拨离间：“厄鲁特与大清天各一方，你为什么要心向大清，使咱们自己人互相残杀呢？”玛木特大义凛然，诉说清朝对自己的恩遇，并对其唾骂道：“人心向内的何止我一人，你阿睦尔撒纳不是比我更早得到皇上的恩宠吗？死有什么可怕！大军一到，必将你碎尸万段！”阿睦尔撒纳恼羞成怒，下令将玛木特活活勒死。乾隆帝听到玛木特遇害的消息，证实了他以前的过分怀疑是错误的，不禁深为震动，写下《玛木特诗》，此诗虽长，但纪实述事，生动感人，不妨全录：

> 厄鲁玛木特，本其旧宰桑。领众扎哈沁，所职守边疆。昔奉其主命，侵掠我驼羊。西鄙众军士，群知勇异常。前岁三车凌，响化入相望。玛木特亲追，阑进我卡塘。弗及乃退出，未敢肆猖狂。维时予有命，边臣尔何恇。隘界等无人，不擒汝罪当。边臣闻乃惧，诱致奏九阊。予谓不明讨，计诱失斟量。命释玛木特，薄责励戎行。阿睦尔撒纳，彼中久披猖。玛木特与战，屡胜兵威扬。撒纳大穷蹙，始决亲来降。侵寻彼大乱，我师压境强。玛木特亦归，优眷加冠裳。进兵命与议，造膝陈言良：

①《清高宗实录》卷四八一。
②《清高宗实录》卷四八九。

‘撒纳今虽顺，其心乃豺狼。不可命彼往，往必为厉殃。’予云不逆诈，遣彼亦何妨。使其显背叛，正罪往斧吭。亡何定伊犁，亡何逆迹彰。谲贼谋夙定，煽乱为鸱张。玛木特力寡，劲敌归途搪。犹手刃三贼，力尽马亦僵。被擒见撒纳，不屈气更昂。逆贼责之云：‘卫拉天各方。汝何心向内，同类而相戕。’玛木特唾之：‘礼义人之纲。旧主嗣早绝，匪我独契忘。大君惟讨逆，信义昭煌煌。擒我复舍之，既归恩遇滂。于恒尚应报，起死可弗偿。响内非独我，汝先沐宠光。一死我弗惧，骈诛汝立亡。’逆贼惭无言，绞缢厥命伤。伊犁重底定，游魂走踉跄。胁从以次擒，生致明宪章。问以玛木特，毕知颠末详。烈士何处无，未可分域乡。录实櫽栝辞，千载流声芳。①

诗中玛木特说的“撒纳今虽顺，其心乃豺狼。不可命彼往，往必为厉殃”，可谓一针见血，所言极是。乾隆帝确实不应将阿睦尔撒纳放归伊犁。他的“予云不逆诈，遣彼亦何妨。使其显背叛，正罪往斧吭”，说得轻松，做起来谈何容易。阿睦尔撒纳的叛乱，不仅将清朝第一次平定准噶尔的胜利果实葬送殆尽，而且使第二次平定准噶尔所付出的代价更为巨大，以致给数十万准噶尔民众带来了灭顶之灾。

四、西征将领班第、鄂容安、永常误事

班第，博尔济吉特氏，蒙古镶黄旗人。康熙间，自官学生授内阁中书。雍正年间以内阁学士身份偕副都统鄂齐赴西藏宣谕，迁理藩院侍郎。乾隆初年从兵部侍郎任上擢湖广总督，奉命在军机处行走，授兵部尚书。乾隆十三年(1748)师征金川，授内大臣出督军饷。乾隆十四年(1749)以副都统衔赴青海办事。驻藏办事大臣傅清、拉布敦奏报西藏郡王珠尔默特那木扎勒与准噶尔通书谋叛，乾隆帝命班第代替拉布敦，他还未到任，傅清和拉布敦二人已在斩杀了珠尔默特那木扎勒后，壮烈战死。乾隆帝临奠建祠，并作

①《钦定皇舆西域图志》卷十二。

《双忠诗》弘扬其勋。班第奉命与四川总督策楞处理善后，授都统衔。还京仍在军机处行走，授正红旗汉军都统，出为两广总督。乾隆帝为平定准噶尔，复授班第为兵部尚书，又授定北将军。

鄂容安，西林觉罗氏，满洲镶蓝旗人，大学士鄂尔泰长子。雍正末年进士，特命充军机处章京。乾隆初年授编修，在南书房和上书房行走，授国子监祭酒。乾隆十二年（1747）授兵部侍郎，后调任河南巡抚、山东巡抚、江西巡抚。乾隆十八年（1753）授两江总督。乾隆帝用兵准噶尔，召授其为参赞大臣，嘱咐他留心西域史地资料，以便将来编纂方志之用。临行前乾隆帝谕曰："汉时西陲塞地极广，乌鲁木齐及回子①诸部落，皆曾屯戍，有为内属者。唐初都护开府扩地及西北边，今遗址久湮。着传谕鄂容安，此次进兵，凡准噶尔所属之地，回子部落内，伊所知有与汉唐史传相合，可援据者，并汉唐所未至处，一一询之土人，细为记载，遇便奏闻，以资采辑。"②

其实乾隆帝对阿睦尔撒纳的心思是有所揣摩的，出发之前就说："若将来只封阿睦尔撒纳为辉特汗，转不免于失望。班第、萨拉尔可将封阿睦尔撒纳为辉特汗，其余于三姓台吉内封为三汗之处，于闲中言及。俾伊等熟闻，庶几妄念可消。"③进兵之初又密谕："览班第等所奏军营情事，阿睦尔撒纳不无欲独成大功之意。彼为将军，议事时自应向前。但萨拉尔、玛木特亦皆将军、参赞大臣，凡事宜会同商办，则将来大功告成，不得谓伊一人之力。彼虽欲专擅，亦不能矣。着传谕班第，留心办理。"④但乾隆帝的这些指示，既没能使阿睦尔撒纳打消妄念，也没能抑制其专擅。当阿睦尔撒纳叛迹昭著时，他密令设计擒获，就地正法。可是班第兵力单薄，不敢贸然下手。结果未能重演傅清、拉布敦诛杀珠尔默特那木扎勒那一幕，使得阿睦尔撒纳叛逃，掀起

---

①为尊重原文，本书对引文中所出现的"回回""回子""穷回""愚回"等未做改动。这些词语是当时对回族百姓的歧视性称呼，是错误的。后文中出现的这些词语不再逐一说明。

②《清高宗实录》卷四八二。

③《清高宗实录》卷四八一。

④《清高宗实录》卷四八三。

大规模的武装叛乱。班第、鄂容安等陷入重围,战败自杀。

乾隆帝作《双烈诗》详述其事:

班第画像

昔有傅介子,手斩楼兰头。通权建殊绩,芳名播千秋。况乎统三军,既悉彼逆酋,一武夫之力,何事仍夷犹。逡巡大军撤,偏师五百留。彼枭有密约,入觐中逗留。八月廿五日,三处共一谋。阿睦尔撒纳,来阿尔台陬。将合其部众,挈妻孥以逃。是则预有旨,其妻孥尽收。厥阿巴噶斯,断我军书邮。克什木巴桑,伊犁逞劫偷。两路如期发,猖狂肆叫呶。蜂屯更蚁杂,不可爬与梳。二臣知不敌,全军将内投。而彼截归路,加以聚蚍蜉。巴桑谍致词,权假为我逑。徐当备马驼,送之返皇州。二臣怒唾骂,天朝无此媮。效死视如归,背义生肯求。奋旅更前进,气发冲兜鍪。终知事不济,毕命愿属镂。问罪重整师,岂辞雪载途。旋复定伊犁,胁从宽厥尤。一二助恶者,系虏皆虔刘。渠魁窜异域,王师奋遐搜。亦闻哈萨克,缚献深同仇。命求二臣骨,灵舆返首邱。临奠例双忠,惜哉泪涌流。初若听我言,宁有今日不。忠于国有济,列惟已不渝。究匪贪生比,使我悲心悠。朱门歌舞辈,青史文章俦。我岂为彼哉,长歌旌乃休。①

乾隆帝在检讨此事经过时说:“设班第、鄂容安见机明决,早为之所,安得至此。此二臣之殒命,种种皆由自误,无所归咎。而朕用人失当之误,亦

①《钦定皇舆西域图志》卷十二。

无可辞也。”①平定天山以北的准噶尔部与天山以南的大小和卓之乱后，乾隆帝为紫光阁五十功臣画像亲笔赞辞，其中对原定北将军一等诚勇公兵部尚书班第的赞辞为：“元戎帅师，平定伊犁。而何阿逆，叛乱乘危。变出不期，投躯西漠。故里梓归，痛哉酹酌。”对原参赞大臣三等襄勤伯总督鄂容安的赞辞为：“世臣知书，料善论兵。惜弗通语，遂弗烛情。变起仓卒，力战命毕。用违其材，实予之失。”②他在这里也承认了对鄂容安不能知人善任的过失。

《清史稿》将傅清、拉布敦、班第、鄂容安同传论述，乾隆帝称他们“事异心同，皆与国休戚之荩臣也”。然而其成效是截然不同的。如乾隆帝在《双烈诗》序言所说，傅清、拉布敦虽死，“然究能锄元凶而安绝域”；但班第、鄂容安“观望疑虑，以致免脱”。他们“一以勇决建绩，一以徘徊偾事”。“双烈云者，盖不如双忠之尽善矣”。乾隆帝在诗中说“初若听我言，宁有今日不”，是对班第、鄂容安二臣没有遵旨行事的薄谴。但乾隆帝不肯承认，若听玛木特言，“宁有今日不”。

就此事，专家学者往往归咎于班第、鄂容安二人，如台湾著名清史专家庄吉发先生就说：“阿睦尔撒纳背叛潜逃，固因其犬羊反复，久怀叵测。唯班第等未能防患于未然，优柔寡断，实不能辞其咎。”③所说虽然有理，但未能防患于未然，首先应当归咎于乾隆帝。

永常，董鄂氏，满洲正白旗人。自三等侍卫累迁镶红旗满洲都统。乾隆初年授安西提督，驻屯哈密。乾隆十五年（1750）授湖广总督。为平定准噶尔，他被命为钦差大臣，驻安西，不久为陕甘总督，又以内大臣授定西将军。《清史稿》记载：“永常令诸道军兼程并进，上责其误。永常师次巴里坤，命还肃州。永常还督饷，有所计画，上皆不谓然。师定伊犁，俘达瓦齐，诏责：‘永常但知师行粮随，沾沾议接济。今功已成，何虑粮不足？因粮于敌，从来胜算。如永常奏，辗转挽运，动逾数十日，庸有济乎？’因左授吏部侍郎。”

其实永常重视师行粮随没有错。正是因为乾隆帝第一次平定准噶尔缺

①《清高宗实录》卷五〇二。

②《钦定皇舆西域图志》卷首四天章四。

③庄吉发：《清高宗十全武功研究》，北京：中华书局，1987年版，第46页。

乏长远与整体的战略思考，没有师行粮随，所以缺少粮草支撑的清朝西征大军只有撤回，留五百人驻守，致使阿睦尔撒纳的叛乱能够得逞。永常错在拥兵五千驻木垒，闻变非但不去增援，反而急忙退守巴里坤，致使班第等人陷于重围，全军覆没。乾隆帝闻报大怒，九月十日下旨将永常革职解京治罪，其子额勒登额革职留军营效力，在京诸子拿交刑部，家产查抄。永常途中病死于陕西临潼，乾隆帝敕令，虽死亦当明正典刑，并将其子拉林流放。《清史稿》在永常等人传记后论曰："国重有世臣，然承平久，富贵宴安，恒不足任使；出任军旅，兵未接，将已内怯，几何不偾事耶?"臣多不堪用，这是事实，然而乾隆帝的用人之误，在第一次平定准噶尔中表现得尤为明显。

第五章

乾隆帝平定准噶尔碑文述评

据《清高宗实录》记载，乾隆二十年(1755)十月十八日："御制《平定准噶尔告成太学碑文》曰：……勒石大成殿阼阶前。御制《平定准噶尔勒铭伊犁碑文》曰：……勒石伊犁东岗。御制《平定准噶尔勒铭格登山碑文》曰：……勒石格登山。"①就在两个月前，阿睦尔撒纳煽动了大规模叛乱。乾隆帝发布上述谕旨，公布三篇御制碑文，意在表明平定准噶尔的坚定决心。次年清军第二次出师伊犁平叛。平定准噶尔胜利后，乾隆二十三年(1758)七月，乾隆帝又完成了《平定准噶尔后勒铭伊犁之碑》碑文，勒石伊犁东岗，并在承德避暑山庄普宁寺山门之北的碑亭中树立平定伊犁前、后二碑。

一、《平定准噶尔告成太学碑》

1.《平定准噶尔告成太学碑》碑文全文

辽矣山戎，薰粥旃裘。毳幕之人，界以龙沙，畜其騨奚。虽无恒业，厥有分部。盖自元黄剖判，万物芸生，东夷西夷，各依其地。谬举淳维，未为理据，皇古莫纪。其见之书史者，自周宣太原之伐，秦政亘海之筑，莫不畏其侵轶猾(华)夏是虞。自时厥后，一二奋发之君，慨然思挫其锋而纳之宥。然事不中机，材不副用，加以地远无定处，故尝劳众费财，十损一得。搢绅之儒守和亲，介胄之士言征伐。征伐则民力竭，和亲则国威丧。于是有"守四夷羁縻不绝、地不可耕、民不可臣"之言兴矣。然此以论汉唐宋明之中夏，而非谓我皇清之中夏也。皇清荷天之，龙兴东海，抚御华区。

有元之裔，久属版章，岁朝贡从，征狩执役。惟谨准噶尔厄鲁特者，本有元之臣仆，叛出据西海，终明世为边患。至噶尔丹而稍强，吞噬邻蕃，阑入北塞。我皇祖三临朔漠，用(兵)大破其师，元恶伏冥诛，胁从远遁迹，毋俾遗种于我喀尔喀。厥侄策妄阿拉布坦，收其遗孽，仅保伊犁。故尝索俘取地，无敢不共。逮夫部落滋聚，乃以计袭哈密、入西藏，准夷之势，于是而复张。

①《清高宗实录》卷四九九。

两朝命将问罪，虽屡获捷，而庚戌之役，逆子噶尔丹策能，能用其父旧人，乘我师怠，掠畜于巴里坤，捣营于科布多，于是而准夷之势大张。然地既险远，主客异焉。此劳往而无利，彼亦如之。故额尔德尼招之败彼，亦以彼贪利而深入也。皇考谓“我武既扬，不可以既，允其请和，以息我众”。予小子敬奉先志，无越思焉。

既而噶尔丹策能死，子策妄多尔济那木扎尔暴残，喇嘛达尔扎篡夺之。达瓦齐又篡夺喇嘛达尔扎，而酗酒疟虐，下尤甚焉。癸酉冬，都尔伯特台吉车零等率数万人来归。越明年秋，辉特台吉阿睦尔撒纳、和硕特台吉班珠尔，又率数万人来归。朕谓：“来者不可以不抚，而抚之莫若因其地其俗而善循之，且毋令滋方来之患于我喀尔喀也。”于是议进两路之师，问彼罪魁，安我新附。凡运饷、筹驮、长行、利战之事，番(悉)备议之。始熟经于庚戌之艰者，咸惧蹈故辙。惟大学士忠勇公傅恒见与朕同，而新附诸台吉则求之甚力。朕谓，“犁庭扫穴，既不敢必，然喀尔喀之地必不可以久居，若而人毋宁用其锋而观厥成，即不如志，亦非所悔也。”故凡祃旗命将之典，概未举行，亦云“偏师”，尝试为之耳。

塞上用兵必以秋，而阿睦尔撒纳、玛木特请以春月，欲乘彼马未肥则不能遁。朕谓其言良当。遂从之。北路以二月丙辰，西路以二月己巳，各启行。哈蜜(密)瀚海向无雨，今春乃大雨，咸以为“时雨之师”。入贼境，凡所过之鄂拓克，携羊酒粮精迎恐后。五月乙亥至伊犁，亦如之。达瓦齐于格登山麓，结营以待，兵近万。我两将军议：“以兵取则伤彼必众，彼众皆我众，多伤非所以体上慈也。”丁亥，遣阿玉锡等二十五人，夜斫营，觇贼向，贼兵大溃，相蹂躏死者不可胜数，来降者七千余。我二十五人无一人受伤者。达瓦齐以百余骑窜。六月庚戌，回人阿奇木霍集斯伯克，执达瓦齐来献军门，准噶尔平。

是役也，定议不过二人，筹事不过一年，兵行不过五月，无亡矢遗镞之费，大勋以集，遐壤以定，岂人力哉，天也。然，天垂佑而授之事机，设不奉行之，以致坐失者，多矣。可与乐成，不可与谋始，亦谓蚩蚩之众云尔，岂其卿大夫之谓？既克集事，则又曰苟知其易，将劝为之。夫明于事后者，必将昧于几先，朕用是寒心。且准噶尔一小部落耳，一二有能为之长，而其树也固焉；一二暴失德之长，而其亡也忽焉。朕用是知惧武。成而勒碑文庙，例也。礼臣以为请，故据实书之。其辞曰：

茫茫伊犁，大幹之西。匪今伊昔，化外羁縻。条支之东，大宛以南。随畜猎兽，蚁聚狼贪。乃世其恶，乃恃其远。或激我攻，而乘我缓。其计在斯，其长可穷。止戈靖边，化日熏风。不侵不距(拒)，不来其那。款关求市，亦不禁诃。始慕稀珍，终居奇货。吏喜无事，迁就斯惰。渐不可长，我岂惧其。岂如宋明，和市之为。既知其然，饬我边吏。弗纵弗严，示之节制。不仁之守，再世斯斩。篡夺相仍，飘忽荏苒。夙沙革面，煎巩披忱。集泮飞鸮，食葚怀音。锡之爵位，荣以华裾。膝前面请，愿效前驱。兵分两路，雪甲霜锋。先导中坚，如罴错攻。益以后劲，蒙古旧属。八旗子弟，其心允笃。二月卜吉，牙旗飘摇。我骑斯腾，无待析胶。泉涌于碛，芜茁于路。我众欢跃，谓有天助。匪啻我众，新附亦云："黄发未睹，水草富春。"乌鲁木齐，波罗塔拉。台吉宰桑，纷纷款纳。牵其肥羊，及马湩酒。献其屠耆，合掌双手。予有前论：所禁侵陵。以茶交易，大愉众情。众情既愉，来者日继。蠢达瓦齐，拥兵自卫。依山据淖，惟旦夕延。有近万人，其心十千，勇不目逃。论二十五，曰阿玉锡。率往贼所，衔枚夜袭。直入其郛，挥矛拍马，大声疾呼。彼人既离，我志斯合。突将无前，纵横鞬韣。按角鹿埵，陇种东笼。自相狼藉，孰敢撄锋？狐窜鼠逃，将往异域。回部遮之，凶渠斯得。露布既至，告庙受俘。凡此蒇功，荷天之衢。在古周宣，二年乙亥。准夷是平，常武诗载。越我皇祖，征噶尔丹。命将祃旗，亦乙亥年。既符岁德，允协师贞。兵不血刃，漠无王庭。昔时准夷，弗恭弗谌(讳)。今随师行，为师候尉。昔时准夷，日战夜征；今也偃卧，知乐人生。曰匪准夷，曰我臣仆。自今伊始，安尔游牧。尔牧尔耕，尔长孙子。曰无向非，岂有今是。两朝志竟，亿载基成。侧席不惶，保泰持盈。

乾隆二十年岁次乙亥夏五月之吉御笔①

2.《平定准噶尔告成太学碑》碑文大意

古时，北方的匈奴诸族，衣兽皮、居毡帐，在沙漠外放养马匹，虽无不动

①《乾隆御制文》初集卷十九。又《清高宗实录》卷四九九。

产，却划分着领地和部落。大概在天地初开、万物初生之时，人们就各依其地了。可是要说淳维是匈奴的始祖，乾隆帝认为还缺乏依据，上古也没有记载。见之于史书的，就是周宣王攻伐太原，秦始皇从海边绵延筑长城，无不以其侵扰为忧患。从那时到后来，有奋发图强的君主欲挫其锋芒，但或因行事的时机不合，或因缺乏克敌制胜的人才，加之匈奴地处边远又无固定之所，所以劳民伤财，收效甚微。于是文臣们提出和亲，武臣们则坚持讨伐。讨伐则国力穷尽，和亲则国威丧失，有人就提出笼络怀柔之策。这里说的是汉唐宋明的华夏中国，而不是大清朝的华夏中国。大清兴起于东北的海滨之地，安抚整个中国。元朝的后裔，属于大清。或贡献方物，或从征讨伐，恭谨效力。而西北厄鲁特蒙古，本是元朝的臣仆，后向西迁移到漠西，一直是明朝的边境大患。到噶尔丹时准噶尔部势力强大起来，吞并邻部，进攻漠北和漠南。皇祖三次率师亲征，最终噶尔丹大败自杀，其胁从远逃，在漠北喀尔喀没留下祸种。其侄策妄阿拉布坦配合清军协剿，噶尔丹死后，收其余众，在伊犁继位。起初还算恭敬，乃至势力渐强，派兵侵扰哈密，进攻西藏。

康熙、雍正两朝曾命将士出兵讨伐，虽有获胜，但在雍正八年(1730)严重受挫，其子噶尔丹策能用其父旧将大小策凌敦多卜，突袭巴里坤，大掠牲畜，在和通泊获胜，追清军至科布多，于是势力大张。这大抵是因为其处地艰险遥远，敌主我客，所以劳往而无获，敌方也是如此。清军在额尔德尼招大败小策凌敦多卜，就是因为其贪图获利而贸然深入。先帝在获胜之后答应其求和之请，以休养生息我民众。乾隆帝奉行先志，按照双方的划界，没有越过。

噶尔丹策能死后，其子策妄多尔济那木扎尔残暴，其位被同父异母兄喇嘛达尔扎夺取。该部将领大策凌敦多卜之孙达瓦齐在辉特部台吉阿睦尔撒纳的支持配合下，杀喇嘛达尔扎，夺取汗位，但酗酒虐下，更有甚之。乾隆十八年(1753)冬，都尔伯特台吉策凌等率数万人归向大清。次年秋，辉特部台吉阿睦尔撒纳、和硕部台吉班珠尔又率数万人来归。乾隆帝认为对来归者不可不加以抚慰，而抚慰不如按其地其俗妥善安置，这样也不至于给喀尔喀遗留祸患。于是召集群臣商议西北两路出师讨伐，以安定新归附的部众，由此备战之事逐一提到议事日程。可一想到雍正八年(1730)的严重受挫,群臣都担心重蹈覆辙。只有大学士傅恒与皇帝见解相同,而新归附的各部首领也极力请求出兵。乾隆帝认为不敢保证清军可彻底摧毁其势力,然而也不可使其久居喀尔喀之地,不如利用新附之众讨伐以收其成效,即使不能如愿,也不致后悔。所以祭旗命将等出师典礼,一概都没有举行,只是偏师尝试而已。塞外用兵一般在秋天,而阿睦尔撒纳和玛木特请以春天出征,理由是乘其马匹未肥不能远逃。乾隆帝认为良言确当,采纳了他们的建议。乾隆二十年(1755)春,北路于二月十二日、西路于二月二十五日,分别从乌里雅苏台和巴里坤出发西行。向来干旱的哈密竟下起了大雨,大家都认为此次出师如同及时雨。沿途所过各部落都争先恐后地欢迎,献上酒肉食物和干粮。五月二日到伊犁,也是这样。达瓦齐率近万人退至格登山抗拒。前锋两将军阿睦尔撒纳和萨拉尔商议,强攻必然使对方死伤过众,这样不能体现皇上的恩慈。五月十四日夜,他们派遣阿玉锡等二十五勇士突袭,敌营崩溃,降者七千余人。勇士们无一人受伤。达瓦齐率百余骑逃跑后,被乌什城的维吾尔族首领霍集斯擒缚,后者于六月八日将其献给驻伊犁的定北将军班第,平定准噶尔的战役由此结束。

此役定议不过乾隆帝和傅恒二人,筹备不过一年,出兵不过五个月,有征无战即大功告成,天助大清。然而坐失上天给予良机的人居多,可以与之共庆胜利,却不可以与之谋事,乾隆帝为其不明时势而失望痛心。回想准噶尔一个小部落,有为的首领可使之发展壮大,而失德的首领却使之迅速败亡,乾隆帝不禁感到触目惊心,因此,时常警醒告诫自己。按大清朝武功在文庙立碑的惯例,皇帝应礼部官员之请,据实写了以上碑文。

3. 太学立碑,天下一统

太学,即中国古代设于京师的最高学府。西周已有太学之名,汉武帝时在长安建立太学,王莽秉政时在城南兴建辟雍、明堂,魏晋到明清,或设太学,或设国子监,或两者同时设立。汉代太学的最高长官为太常。明清时太学即国子监的俗称。国子监是古代最高学府与教育行政管理机构,设祭酒、司业各一人为正副长官。太学生就是指在太学读书的生员,亦是最高级的生员。大成殿作为文庙(又称孔庙)的主体建筑,是祭祀文圣孔子、弘扬中华文化的中心场所。“大成”二字出自《孟子》:“孔子之谓集大成者,金声而玉振之也。”乾隆帝按大清朝武功在文庙立碑的惯例,下令在大成殿阼阶前勒石立“平定准噶尔告成太学之碑”,看似宣扬武功,其实是有深刻含意和良苦用心的。

清朝自 1644 年到 1911 年共历二百六十八年,康雍乾三朝正好历时一百三十四年。平定准噶尔是历经三朝才完成的伟业,乾隆帝不能不格外重视。时人赵翼在《檐曝杂记》记载军机处所见:“上圣学高深,才思敏赡,为古今所未有。御制诗文如神龙行空,瞬息万里。平伊犁所撰告成太学碑文,属草不过五刻,成数千言,读者想见神动天随光景,真天下奇作也。”可以想见乾隆帝撰写《平定准噶尔告成太学碑》碑文时的满怀豪情,他就是想通过文庙立碑的方式,向天下士子昭告国之统一西域大事。虽说只是立碑太学一家,但拓片分赠各地封疆大吏,大臣们心领神会,也就将拓片原碑摹刻在各地官学的文庙里。不只御制《平定准噶尔告成太学碑》碑文如此,御制《平定回部告成太学碑》碑文也是如此。这不仅使乾隆的统一大业传至久远,更使中国多元一体的观念深入人心。

今北京东城区国子监

二、《平定准噶尔勒铭伊犁之碑》

1.《平定准噶尔勒铭伊犁之碑》碑文全文

惟天尽所覆,俾我皇清,罔不在宥。惟清奉昊天,抚薄海兆庶,悉主悉臣(叶)。太祖、太宗、世祖,肇基宅中,皇耆其武;圣祖、世宗,觐光扬烈,克臻郅隆。逮予渺躬,思日孜孜,期四海同风。咨汝准噶尔(叶),亦蒙古同类。何自外携,数世梗化,篡夺相仍,硕仇其下。厥达瓦齐,甚毒于酲。众心疷疷,如苗斯蟊,如虺斯螫,众口嗷嗷。视尔瞀止,予焦劳止。期救不崇朝止,视尔疷止,予噫嘻止,亟出汝涂泥止。乃命新附,尔为先锋,熟悉其路;乃命劲旅,携数月粮,毋或掠掳。师行时雨,王旅啴啴。亦无潦阻,左旋右抽。王旅浑浑,既暇以休。乌鲁木齐,及五集赛,度之折折,台吉宰桑,迎降恐后,奚事斧吭?波罗塔拉,阏尔奇岭,险如关阖,倒戈反攻,达瓦齐走,旦久涂穷,回部遮获,彼鼠斯喙,地入无隙,露布飞至,受俘午门,爰贷其罪。自今伊始,四部我臣,伊犁我宇(叶)。曰:绰罗斯及都尔伯特、和硕特、辉特,封四可汗。众建王公,游牧各安,宰桑公臣,属我旗籍。谁汝苦辛,尔恭尔长。尔孳尔幼,徐以教养。尔驼尔牛,尔羊尔马,畜牧优游,分疆各守。毋相侵凌,以干大咎。齐御外域。曰布鲁特,越哈萨克,醉饮饱食,敬兴黄教,福自天锡。伊犁平(叶)矣,勒贞珉(叶)矣,于万斯年矣。

乾隆二十年岁次乙亥夏五月之吉御制①

2.《平定准噶尔勒铭伊犁之碑》碑文大意

上天把全部土地交付给大清皇朝,天下没有人不受到皇朝的宽仁对待。乾隆帝朝奉上天之命,统治天下,皇朝是亿万臣民的主人,亿万臣民也都是皇朝的臣下。回想太祖、太宗和世祖在东北以武功创始基业,圣祖、世宗又勤劳执事,发扬了光辉的业绩,使清朝达到最兴盛时期。乾隆自亲政后,每天孜孜不倦,希望天下一统,民众安居乐业。可是准噶尔,虽说是蒙古的一部分,为什么却怀有二心呢?而且是几代都顽固不化,还连续不断地篡权夺

①《乾隆御制文》初集卷十九。又《清高宗实录》卷四九九。碑文中的"叶"即叶(xié)韵。南北朝时,学者因按当时语音读《诗经》韵多不和,便以为作品中某些字需临时改读某音,称为叶韵。后人并以此应用于其他古代韵文。此风至宋代而大盛。明人陈第始建立"时有古今,地有南北,字有更革,音有转移"的历史语言观,认为所谓叶韵的音是古代本音,读古音就能谐韵,不应随意改读。见陈第《毛诗古音考序》。

位，与民众结下深仇大恨。到了达瓦齐时，他经常醉酒神志不清。民众像被害虫咬伤的禾苗一样，整日忧心忡忡；像被毒虫伤害一样，在水深火热中哀怨叹息。每当皇帝看到这些，心里就十分焦虑，总想能在一个早晨就把他们从泥坑中解救出来。因此，乾隆帝任命刚刚归顺并熟悉那里道路的辉特部台吉阿睦尔撒纳为先锋，又命班第等率领强劲的大军，带上几个月的粮草，分为两路西进，并命令他们沿途不许抢劫百姓。大军威武雄壮，像及时雨一样，更像巨大的洪流一样，从容不迫，浩浩荡荡。从乌鲁木齐到伊犁，一路上的各地各部首领都争先恐后地迎接归降，何必还要去用兵呢？可是博尔塔拉和塔勒奇岭就像两扇险关的大门一样，大军一到，他们也都反戈一击。达瓦齐只有逃跑，但很快就被回部霍集斯擒获。正是由于通缉布告飞传各地，所以达瓦齐想如老鼠一样钻入地下也是不可能了。当他被押解到京时，皇帝在皇宫的午门举行献俘礼，赦免了他的死罪。

从今开始，厄鲁特四部都已臣服大清王朝，伊犁也正式归入大清版图。准噶尔、都尔伯特、和硕特、辉特等各部首领都分封了可汗，使之各得其所，相安放牧。各部官员也都归属于八旗旗籍，凡兢兢业业者，就会受到尊重拥护。对繁衍的后代，要慢慢地教育和培养。告诫他们牛马驼羊要很好地放养。各自守好自己的疆土，不要相互侵凌，以免触犯刑律。要共同抵御外来入侵。在西面有布鲁特、哈萨克，他们也有吃有喝。大清和厄鲁特都虔诚地信奉格鲁派，这一切都是上天赐给大家的幸福。伊犁之乱现在已经平息了，为了纪念，朝廷就把这件事刻在最好的石碑上，让它传之千秋万代。

3. 勒铭建碑，以传万世

勒铭，即镌刻铭文，昭示武功。语出《后汉书·窦宪传》，东汉永元元年(89)车骑将军窦宪出师三千余里，大败北匈奴，在燕然山(今蒙古国杭爱山)刻石纪功，令班固作铭文。“勒铭燕然”此后就成为历代边塞诗文中不断吟咏的主题，激励着一代代有为之士到边疆去建功立业。在新疆古代历史上，著名的刻石勒功，有永元五年(93)中郎将任尚驻守伊吾(今哈密)擒斩北匈奴单于於除鞬的《任尚碑》，有永和二年(137)敦煌太守裴岑在蒲类海(今巴里坤湖)斩杀呼衍王的《裴岑碑》，有唐贞观十四年(640)平定高昌的《姜行本纪功碑》等。

乾隆二十年(1755)秋,清朝平定准噶尔部达瓦齐之后,乾隆帝在承德避暑山庄大宴卫拉特四部上层贵族,并分别封以汗王、贝勒、贝子等爵位。因为他们都信奉藏传佛教,所以乾隆帝就仿照康熙三十年(1691)在多伦建汇宗寺之例,在避暑山庄之北,依西藏三摩耶庙的形式,修建普宁寺以作纪念。寺内《普宁寺之碑》就是为记述这件事而建立的。

今承德避暑山庄普宁寺

《平定准噶尔勒铭伊犁之碑》及其三年之后的《平定准噶尔后勒铭伊犁之碑》,除立于伊犁东岗外,也立于普宁寺山门之北的碑亭中。乾隆帝在碑文中讲的“何自外携,数世梗化。篡夺相仍,硕仇其下”,述说准噶尔数世与清朝为敌,最后内讧不已,“众心疷疷,如苗斯蠡,如虺斯螫,众口嗷嗷”,准噶尔各部民众深陷水深火热,期待被解救。清朝两路出兵,“师行时雨,王旅啴啴”,准噶尔各部“台吉宰桑,迎降恐后”。平定之后,“自今伊始,四部我臣,伊犁我宇”,希望各部安居乐业,睦邻友好,“福自天锡”。碑文中对新分封首领的准噶尔、都尔伯特、和硕特、辉特四部,给予了良好的期冀和祝愿。但是期冀和祝愿在立碑之前,已被阿睦尔撒纳的叛乱毁于一旦。乾隆帝平定叛乱、维护社会稳定,也就势在必行。

三、《平定准噶尔勒铭格登山之碑》

1.《平定准噶尔勒铭格登山之碑》碑文全文

格登之崔嵬,贼固其垒。我师堂堂,其固自摧。格登之巇嶙,贼营其穴。我师洸洸,其营若缀。师行如流,度伊犁川。粤有前导,为我具船。度河八日,遂抵格登。面淖背崖,藉一昏冥。曰捣厥虚,曰歼厥旅,岂不易易，将韬我武。将韬我武，讵曰养寇？曰有后谋，大功近就。彼众我臣，已有成辞："火炎昆冈。"惧乖皇慈。三巴图鲁，二十二卒。夜斫贼营，万众股栗。人各一心，孰为汝守？汝顽不灵，尚窜以走。汝窜以走，谁其纳之？缚献军门，追悔其迟。于恒有言：曰杀宁宥。受俘赦之，光我扩度。汉置都护，唐拜将军。费赂劳众，弗服弗臣。既臣斯恩，既服斯义。勒铭格登，永昭亿世。

乾隆二十年岁次乙亥夏五月之吉御笔①

2.《平定准噶尔勒铭格登山之碑》碑文大意

高大的格登山啊，敌人固守在那里筑起了堡垒，西师大军堂堂正正，那堡垒再坚固也不过是一触即溃；险峻的格登山啊，敌人安营扎寨在那里修起了巢穴，西师大军浩浩荡荡，那小小的巢穴不过是一星点缀！伊犁之众做前导引路，并且准备了渡河的船只。西师大军像流水一样，八天就渡过了伊犁河，于是兵抵格登山下。格登山前有沼泽，后靠山岩，想要借此顽抗，真是昏然愚昧！清军要捣毁敌人虚弱的阵营，要消灭敌人一蹶不振的队伍，那岂不是太容易了！富有谋略的将领统率大军，岂能姑息养寇？将领们商议破敌之计，即将大功告成。大家都说开战难免多有杀伤，违背皇上的仁德，就如《尚书·胤征》所说："火炎昆冈，玉石俱焚。"于是大军派二十五勇士夜袭敌营。敌人心慌腿抖，一人一条心，谁还为达瓦齐固守？达瓦齐再顽抗也是无济于事，只有仓皇逃走。可是又被乌什城主霍集斯擒获，缚献清军，他后悔已经晚了。朝廷历来有言，少杀伤，多抚慰，于是皇帝赦免了达瓦齐。此次西师，扩大了大清天朝的国土。追溯西域历史，汉朝曾设置西域都护府，唐朝曾建立安西、北庭两大都护府。这次劳师动众，花费巨资，谁不服从大清，谁就不是大清的臣民。既是大清的大臣，就应知道大清的恩德；既是大清的属民，就应体会大清的仁义。乾隆帝把这件事刻碑立在格登山上，让它永远告诉后世的人们。

3.永昭仁世，勒铭立碑

这篇碑文，按照时间与事件的顺序，应当放在第一。然而，乾隆帝按照

①《乾隆御制文》初集卷十九。又《清高宗实录》卷四九九。

"面—线—点"来排列,发布谕旨时,将它放在《平定准噶尔告成太学碑》《平定准噶尔勒铭伊犁之碑》之后。

格登碑的意义在于它不仅记载了著名的格登山之战,追溯了汉唐中央王朝对西域管辖的历史,更为重要的是,这是清朝开始统辖天山南北的标志。

关于格登碑立碑时间,乾隆二十四年十一月二十三日(1760 年 1 月 10 日)谕曰:"定长奏称,前奉谕旨,来春于伊犁之格登山刻石纪功。又谕兆惠等,酌派官兵一千,来春往伊犁巡查,则刻石之事,自可兼办。今定长处既有工匠,着即发往叶尔羌,先行刻石纪功,俟工竣后,再同发往官兵前往伊犁,于格登山刻石。现在叶尔羌督工,着即舒景阿去。"①可见格登碑的立碑时间,当在乾隆二十五年(1760)春夏之际。

由于乾隆帝下令在格登山上立碑纪功,格登山又被钦定为西域名山之一,秩入祀典,朝廷每年派官致祭,而且此后不断被清人所吟咏。如褚廷璋《吹》:"波浪远翻图库水,风云高护格登山。"曹麟开《塞上竹枝词》:"何似御铭平准绩,风云长护格登峰。"林则徐《乙巳子月六日,伊吾旅次被命回京,以四五品京堂用,纪恩述怀》:"格登山色伊江水,回首依依勒马看。"

格登山立碑至今已二百五十多年。同治三年(1864)清政府签订的《中俄勘分西北界约记》,使四十四万平方公里领土被割占,边境线划到了格登山下。据史棣祖《清朝平定准噶尔部贵族的叛乱及其意义》一文介绍:"这座碑连带碑座、碑额通高 2.95 米,宽 0.83 米,厚 0.27 米。"②作者曾在该碑所在的边防站,进行了数日考察。该碑碑顶盘龙,正面刻着"皇清"二字,背面刻着"万古"二字,碑座是海上日出的浮雕图案。碑身正面的左右分别刻列满汉文字的《平定准噶尔勒铭格登山之碑》碑文,背面的左右分别刻列蒙藏文字的《平定准噶尔勒铭格登山之碑》碑文。经过对照,碑刻与原文略有不同的是将"渡河八日"改为"度河八日",将"永诏亿世"改为"永昭亿世"。碑

①《清高宗实录》卷六〇一。

②史棣祖:《清朝平定准噶尔部贵族的叛乱及其意义》,《文物》1976 年第 12 期,第 59 页。

文没有落款，而碑上刻着“乾隆二十年岁次乙亥夏五月之吉御笔”。碑上落款为“夏五月”，但据《平定准噶尔告成太学碑》碑文记载：“六月庚戌（八日），回人阿奇木霍集斯伯克，执达瓦齐来献军门。”据《清高宗实录》记载，乾隆帝午门受俘达瓦齐是在十月。乾隆帝五月撰写碑文，怎能晓得六月、十月发生的事情呢？可见碑文写于受俘之后，落款“夏五月”，是为了纪念五月间发生的格登山之战。① 值得关注的有李之勤先生的《格登碑杂考》，特别论述格登山未曾割给沙俄，“陷入俄疆”说和“索回格登山”说均属无稽之谈。②

经过二百多年风霜雨雪的侵蚀，碑文，尤其是背面，有些漫漶，但碑身完好无损。碑亭经过多次维修，护卫着这座纪功碑。此碑至今仍然屹立在格登山上，西邻哈萨克斯坦，南望天山汗腾格里雪峰，向世人诉说着沧桑历史，昭示着国家统一。

20 世纪 70 年代、80 年代、90 年代的伊犁格登碑亭

①周轩：《〈平定准噶尔勒铭格登山之碑〉碑文浅释》，《新疆大学学报》1981 年第 4 期，第 77 ~ 78 页。

②李之勤：《格登碑杂考》，《新疆大学学报》1981 年第 4 期，第 70 ~ 72 页。

如今的伊犁格登碑亭及碑身

四、《平定准噶尔后勒铭伊犁之碑》

1.《平定准噶尔后勒铭伊犁之碑》碑文全文

天之所培者，人虽倾之，不可殛也。天之所覆者，人虽栽之，不可殖也。嗟汝准噶尔，何狙诈相延以世而为贼也？强食弱，众凌寡，血人于牙，而蔑知悛易也。云兴黄教，敬佛菩萨，其心乃如夜叉、罗刹之以人为食也。故罪深恶极，自作之孽，难逭活也。

先是分封四部，众建宰桑，四图什墨，廿一昂吉，盖欲继绝举废，以休以息也。而何煽乱不已，焦烂为期，终于沦亡胥尽。伊犁延袤万里，寂如无人之域也。是非我佳兵不戢，以杀为德也，有弗得已耳。西师之什，实纪其详悉也。以其反复无常，迟益久而害益深。则其叛乱之速，未尝非因祸而致福也。是盖天佑我皇清，究非人力也。

伊犁既归版章，久安善后之图，要焉已定者，讵宜复失也。然屯种万里之外，又未可谓计之得也。其潜移默运，惟上苍鉴之。予惟奉时相机，今日之下，亦不敢料以逆也。是平定准噶尔后，勒铭伊犁之碑所由作也。

乾隆二十三年岁次戊寅秋七月之吉御制①

2.《平定准噶尔后勒铭伊犁之碑》碑文大意

上天要培植的，就是有人想推倒他，那也是办不到的；上天要想灭亡的，就是有人再想保留他，那也是存活不下去的。可叹啊准噶尔，为什么几代都狡猾奸诈，不断叛变成为乱臣贼子。他们恃强凌弱，以众欺寡，伤人作恶，而又不知悔改。虽说是信奉格鲁派，敬拜菩萨，可他们的心就像罗刹一样，涂炭生灵。他们罪恶深重，难逃活命，如《尚书·太甲中》所说："天作孽，犹可违；自作孽，不可逭。"

起初在平定达瓦齐之后，朝廷分封厄鲁特四部的首领，设立很多宰桑，四个图什墨，二十一个昂吉，目的就是为了他们的王公贵族能够恢复已灭绝的宗祀，承续已断绝的后代，使部众百姓能够休养生息。可为什么他们还要不断地煽动叛乱，以致最终崩溃，全部灭亡？连绵万里的伊犁，人烟绝迹。并不是我喜欢用兵打仗，以杀戮为德政，而实在是迫不得已才这样做啊！我以前所写的平定准噶尔的诗文，都已经如实详细地记录下来。由于他们反复无常，时间拖得愈久，为害将更加深重。阿睦尔撒纳及早发动叛乱被讨平，也不能不算是因祸得福吧。这全是上天保佑大清，并不是人力所能办到的啊！

现在伊犁既然已经归于大清的版图，那有关长治久安和善后事宜的大政方针也已经确定。已经开拓的疆土，难道还能让它再次失去吗？只是大军驻守屯田于万里之外，又不能说是最好的策略。对待准噶尔应当以怀柔政策，使之在不知不觉中潜移默化。皇帝的用心，上天可以见证。朝廷只有根据形势的发展，相机采取措施，而不敢说今后再也不会发生叛乱之事了。

①《乾隆御制文》初集卷二十。

这就是乾隆帝在第二次平定准噶尔之后，要立这个碑的原因。

3. 前事不忘，后事之师

《平定准噶尔后勒铭伊犁之碑》碑文，写于《平定准噶尔勒铭伊犁之碑》碑文三年之后。在这三年期间，乾隆帝深知两平准噶尔历尽曲折与磨难。两篇碑文分别记载的是清朝平定达瓦齐和阿睦尔撒纳的叛乱。这两块碑，不仅立于伊犁东岗，也立在避暑山庄普宁寺山门之北的碑亭中。伊犁东岗的早已不存，而避暑山庄的至今保存完好，字迹清晰可辨。

乾隆年间官至侍读学士的褚廷璋，曾供奉史局八年，参与编纂《钦定皇舆西域图志》《钦定西域同文志》等，对西域史迹了然心胸，统一之初应当是做过实地考察。他写作《西域诗十二首》，其中《伊犁》诗后四句如下，括号内为作者注：

> 盘雕红寺朝鸣角（有海努克、固尔札两庙），散马青原夜控弦。纪绩穹碑衔落日（固尔札庙东建有前后勒铭伊犁碑），英灵班鄂想回旋（定北将军班第、参赞大臣鄂容安尽节于此）。

关于固尔札庙，乾隆帝在《安远庙瞻礼书事》诗序中写道：

> 伊犁河北旧有庙，曰固尔札都纲。三层缭垣，周一里许。当噶尔丹策零时，以五集赛更番居此诵经，每岁首盛夏，准噶尔之众膜拜顶礼者，远近咸集。其俗素奉黄教，往往捐珍宝，施金银以事装严，庙之闳赡遂甲于漠北。阿逆之叛。贼党肆掠焚劫，庙乃毁废。

与固尔札庙相对的、伊犁河南岸的海努克庙，也在战争中焚毁。乾隆帝考虑到避暑山庄已成为蒙古诸部朝拜之地，下令在山庄东北的小山上，按照固尔札庙的样式，修建了安远庙，并多次作诗吟咏。褚廷璋诗中记载，前后勒铭的伊犁碑，就树立在固尔札庙旧址以东。而班第、鄂容安就是清军第一次平定准噶尔到达伊犁的两位将领，在阿睦尔撒纳的叛乱中身亡。乾隆帝将二人列为平定西域五十功臣之三和十五，命绘图像，并亲作赞辞，列入乾隆平定西域百名功臣，悬挂于紫光阁。

承德避暑山庄安远庙

这四篇碑文，记载了清朝平定准噶尔的来龙去脉和曲折经历，也透露出乾隆帝在平定准噶尔中的抱负作为和他的心路历程。

第六章

论乾隆帝的西域屯垦诗篇

乾隆帝在统一西域之后，以伊犁为统治中心，驻兵建城，移民实边，大兴屯垦。乾隆二十六年(1761)六月作《书箑头赐驻守伊犁内大臣阿桂》(括号内为作者注)：

典属今时班定远，冠军昔日霍票姚(阿桂于平回部时，以历战奏奇捷，今统留驻伊犁兵，循行诸部屯政，抚辑合宜，其勇决沉断，殆兼霍班之美)。雪涂无藉持清暑，欲扇仁风万里遥。①

阿桂在平定回部之役中立有战功，就像西汉的勇将霍去病。如今命内大臣驻守伊犁，大开屯政，抚辑军民，又像东汉的西域都护班超。眼下冰消雪化，大军无法消除暑热。乾隆帝在京城惦记着阿桂，于是在扇头题诗，万里赐送，愿皇帝的恩泽流布伊犁，愿阿桂在伊犁不断建树德政。

阿桂，字广庭，号云岩，姓章佳氏，初为满洲正蓝旗人，因在伊犁创建屯垦功绩卓著，抬升为正白旗。其父阿克敦，曾在内阁学士任上，于雍正末年和乾隆初年两度出使伊犁，与准噶尔谈判议和，官至协办大学士。阿桂从乾隆二十年(1755)起，以参赞大臣的身份参加了平定准噶尔与大小和卓的战争，军功名列平定西域紫光阁五十功臣之十七，乾隆帝为画像亲笔赞辞："参赞大臣工部侍郎副都统阿桂：阿克敦子，性颇捷敏。力请从戎，宜哉惟允。身不胜衣，心可干城。楚材继出，为国之桢。"②

阿桂画像

统一西域后，群臣认为难以驻守。时在阿克苏办事大臣任上的阿桂认为守边以驻兵为先，驻兵以军食为要，提议从天山以南抽调维吾尔族农民到伊犁恢复农业生产，将六千户维吾尔族农民安置在伊犁河两岸定居垦荒，为伊犁军民粮食供应的主要来源。阿桂调任伊犁参赞大臣，认为伊犁耕牧城守事宜应多有规划，是伊犁屯垦的创始人。后升授第二任伊犁将军，官至武英殿大学士，首席军

①《清高宗(乾隆)御制诗文全集》三集卷十四。
②《钦定皇舆西域图志》卷首四天章四。

机大臣。乾隆帝诗题称“内大臣”，是因为此时已任命阿桂为工部尚书，系朝内大臣，仍驻守伊犁办事。

乾隆二十五年(1760)八月，乾隆帝接到辟展(今新疆鄯善)驻防屯田大臣定长上奏进献颗粒饱满的麦穗，赋诗《驻防辟展屯田大臣定长等奏进所获麦万穗，诗以纪事》：

> 载戢西瀛已定功，戍耕伊始庆绥丰。夏收万穟先来进，秋熟千屯预报芃。实栗惟堪尝以彘，既安那更役如熊。开疆愈远心随远，总为祈年宵旰中。①

平定西域大功告成，停止战事后，驻扎兵丁积极屯田耕种，开局就是丰收年。这预示着秋收之后将是粮食满囤。这么好的粮食可是野猪的美味，为了护秋，屯田士兵们就要辛苦看守了。大清的疆域开拓得越远，皇帝的心思也随之更远，为了祈求丰年，安抚西域，他总是在宵衣旰食中。

乾隆二十六年(1761)八月，乾隆帝接到驻伊犁大臣阿桂和驻乌鲁木齐大臣安泰奏报屯田丰收，命廷臣动员绿旗屯兵和招募陕甘无业游民携带家眷前往新疆。想到唐人杜甫曾赋诗对当时唐朝廷的穷兵黩武进行讽刺，他于是写下《驻伊犁大臣阿桂等奏报二麦大熟，因用杜甫〈送高三十五书记〉诗韵，首句恰与“崆峒小麦熟”同体，遂用全章韵纪事，序云：然彼当季世而黩武不已，宜诗人之刺，今则遇绥丰于耆定之时，亦反其意云尔》：

> 伊犁二麦熟，久矣旋王师。少留更番戍，屯田俾勤为。厄鲁固尔札，庙火焰早飞。霍集占馘献，大安反侧儿。虽有幸灾者，即今奚游辞。默克逮西溟，无不詟国威。功成弗可弃，此语人尽知。归化回亦知，递觐瞻朝仪。卫拉乃无人，都护建阃麾。朝彦抡英才，百凡抒忠思。绿旗本习农，垦艺令乘时。索伦善骑射，侦候戈壁涯。耕回挈眷迁，使无离别悲(准噶尔曾迁四城回人至伊犁，令种田。霍集占反，回回城时，伐木拆庐，尽携回人以去，今仍命迁回伊犁种田。又董理乌鲁木齐屯田大臣安泰奏报，收获倍稔，赡给廪糈外，尚多充羡。因命廷臣等议，绿旗屯丁及沿边无地民，愿携孥垦耕就食者听，日久能似热河口外之生聚，则盛事也，心焉企之)。人事庶云尽，天恩至亦随。屡丰既兆庆，功惟贤臣

①《清高宗(乾隆)御制诗文全集》三集卷七。

归。甫也即重生,何以为刺诗。①

乾隆帝反杜甫诗意,歌颂清朝统一西域后的社会安定,屯田丰收。诗的大意是,平定准噶尔后,大军撤回,留下少部分人马在伊犁轮换戍守并辛勤屯种,又迎来一个丰收年。固尔札庙早已在阿睦尔撒纳的叛乱中毁于战火,灰飞烟灭。小和卓霍集占的首级被献入宫中,从此天山南北恢复了太平。当年对平定西域说三道四的那些臣子,如今还有什么话可说?西域以西诸国,无不为天朝的国威所慑服。既然平定了西域就不可放弃,这是人所皆知的道理。归顺的维吾尔族人每年依次进京朝见。朝廷在空旷无人的伊犁设立将军总统天山南北,挑选朝中的俊杰出任西域官员,西域军民都乐于听命。原来就习于农作的绿旗兵丁不误时节开始耕种,擅长骑射的索伦兵巡边守卫。当年小和卓霍集占带领伊犁维吾尔族人返回南疆,如今大清仍然征调维吾尔族人赴伊犁种地,但因为他们携带家眷,所以得以免除了离别的悲伤。人世间的事尽量做得好一些,上天就会恩惠于大清。伊犁、乌鲁木齐连年丰收,军民为之欢庆,功劳应归于贤良的大臣。乾隆帝想即使杜甫复活,也不会再写诗讽刺了。

乾隆二十八年(1763)七月,乾隆帝效唐元稹的《古筑城曲五解》诗体而反其意,用原诗韵作《古筑城曲》五首:

其一:

伊犁无绰罗,驻我镇抚兵。耕牧有余闲,命之坚筑城。

其二:

守望不可阙,其实非防贼。何曾捉民丁,事半功倍得。

其三:

游辞惯腾口,问汝复能否。哈萨及布鲁,岁岁请安走。

其四:

贡马敢称和,往来城下过。将军坐令拜,虎帐高峨峨。

其五:

抱杵事颇烦,加赐颂德言。室家有恒产,东望玉门关。②

①《清高宗(乾隆)御制诗文全集》三集卷十六。

②《清高宗(乾隆)御制诗文全集》三集卷三十三。

伊犁准噶尔已被彻底平定，现在由朝廷驻兵镇守。军民们在耕种放牧空闲之际，在此修筑坚固的大城。筑城是为了看守瞭望，并非为了防备盗贼。朝廷未曾强迫徭役，却取得事半功倍的效果。乾隆帝听惯了虚夸不实的言辞，不知朝臣对此筑城还有什么议论。边地的哈萨克、布鲁特等部族年年申请从城下走过。哈萨克、布鲁特进贡马匹、绢马贸易，往来都经过城下。伊犁将军在惠远城高高的大堂坐定，接受他们的参拜。筑城之事颇为劳累麻烦，朝廷为此大加赏赐，颁布仁德的政令。移民们在此虽然不免思乡时东望玉门关，但他们在边地已置办了家产，安身立命。

乾隆二十九年(1764)六月初，又作《阅伊犁将军明瑞奏章，因成口号》：

> 伊犁奏章传驿至，无他惟筹耕牧事。更喜葱海每霑膏，虽不言祥此真瑞。①

首任伊犁将军明瑞的奏报通过驿站传递，从万里之外的伊犁送到皇帝的手中。所呈报的主要就是耕种与畜牧之事。更令人高兴的是天山以南普遍受到雨泽滋润，虽不说什么祥瑞之语，但乾隆帝总认为确实是吉兆。

乾隆二十九年(1764)十一月八日谕曰：“明瑞奏，本年绿旗兵丁屯田，较去年多收粮四百余石等语。官员著加恩交部议叙，兵丁等分别赏给盐菜银两。”②在此前的五月底，乾隆帝在《麦熟再叠杜甫〈送高三十五书记〉诗韵》中关注山东、河南庄稼长势时，吟咏道：“即令伊犁疆，垦畬畬锸随。携眷如居家，书记应忘归。触绪识文视，信笔赓杜诗。”接到伊犁将军明瑞奏报屯田丰收，他写下《伊犁大熟，三叠杜甫〈送高三十五书记〉诗韵》：

> 昨闻二麦熟，额庆惠我师。谷黍其如何，尤殷牵念为。即今逮仲冬，始接邮递飞。董率既有方，屯田况健儿。地厚富水泉，丰收其奚辞。厄鲁怀我泽，哈萨畏我威。极边成乐土，天恩人尽知。感恩犹切知，怵惕慎威仪。回忆举事时，督责扬军麾。穷荒竟成用，获匪所敢思。城成户渐徙，已非草创时(伊犁自固尔扎、乌哈尔里克等处次第筑城竣事，屯政日开，官兵回人暨腹地迁居户口，聚落殷盛，岁获迭增，至本年倍稔，自二十分至二十二分已上，计常给廪糈外，赢羡陈陈相因，闻报弥深感庆)。秋猎山之

①《清高宗(乾隆)御制诗文全集》三集卷四十。
②《清高宗实录》卷七二二。

原，春耕水之涯。家室俾团聚，谁知离析悲。一二窜逐者，自取罚应随。然岂终投荒，稍迟当令归。纪实并志怀，斐然用成诗。①

乾隆帝昨天获悉伊犁绿旗兵丁屯田丰收的喜讯时额手称庆。今年的粮食收成如何，是他最为牵挂的。眼下时值仲冬，伊犁的奏报到京。将帅管理绿旗兵丁屯田有方，伊犁土地肥沃，又多水源，何愁耕种不丰收。厄鲁特感怀大清恩泽，哈萨克畏惧大清国威，极远的边地伊犁成为人间安乐之地。皇帝感谢上天的恩惠，同时也更加慎重。屯田举办之初，就由伊犁将军督察负责。如今边荒之地连年大丰收，是原来大家所不敢想象的。伊犁各地次第建起城池，驻防官兵、内地民户和南疆维吾尔族人都迁移来此，日渐繁荣，已不是当初的景象。在伊犁，民众春天耕种于水边，秋天狩猎于山林，举家团聚，没有离散的悲苦。偶有个别逃跑者，亦是咎由自取了。乾隆帝考虑到毕竟是投放他们到荒远之地，最终还是要发回屯营的。为了记录伊犁屯田，表达他的喜悦，他效法杜甫《送高三十五书记》诗韵，写下这首诗。

乾隆三十七年（1772），乾隆帝作《陕甘总督文绶奏新疆屯田，诗以志事》：

汉代嘉充国，屯田称便始。尔时实防边，多有戒心矣。今日亦屯田，事乃异乎彼。西域平定后，疆辟二万里。地既无争战，土复甚丰美。雪山引沟渠，水旱均足恃。耕作虽已兴，地尚有遗利。督臣欲招垦，条奏其事体（陕甘总督文绶奏，新疆沃野，绵延二万余里，屯田虽已广辟，而余地尚多，必须广为招徕，使地无弃壤，民无遗利，因条具五事：一、招新疆商贾佣工之人，就近认垦，以省资送。二、指明新疆地名道里情形，晓谕户民，以期乐从。三、嘉峪关请每日辰开酉闭，以便商民。四、乌鲁木齐大路数丈，请修治宽阔，以利行旅。五、安西沟渠，应疏浚畅流，以益灌溉。皆有经久要务，下大学士九卿集议施行）。甘省地既瘠，新疆利堪指。去歉就乐土，可广兴耕耔。因忆定伊犁，树碑言大旨。初谓计未得（戊寅秋，为后勒铭伊犁之碑，有'屯种万里之外，又未可谓计之得也'云云。彼时屯政甫兴，尚未能必其行之有效，且恐无识者或因以滋议。今耕屯日广，岁获丰盈，而待垦之壤沃衍有余，设法招徕，使甘省地瘠贫民趋利向往，乐业安居，尤为一举两得，是皆上天鉴佑，贻美利而释

①《清高宗（乾隆）御制诗文全集》三集卷四十二。

群疑，实始念所未敢期必者也），何期忽有此。额手谢天恩，怲幪锡厚祉。庶几免指摘，讵敢称欣喜。①

汉代西北及西域大规模的屯田，始自宣帝接受良将赵充国的屯田之策，诏令罢兵屯田，当时主要是出于戒备匈奴而实行的防边实边。今天的屯田，与那时相比大不相同了。自西域平定之后，大清的疆域拓展了两万里。在这片丰美的土地上从此没有了战事，挖沟开渠引来高山雪水，是足可抵御干旱的。虽然屯田兴起，但土地还是有未尽其用的。陕甘总督文绶就招民屯垦事项上奏了五条。甘肃土地贫瘠，新疆的土地堪可指望，可以兴屯耕种，将之开辟成安乐之地。回想起伊犁平定后，乾隆帝在《平定准噶尔后勒铭伊犁之碑》中曾说过“大军屯田于万里之外，也不能说是很好的策略”。当时屯田之事刚刚开始，他看未必能行之有效，而且恐怕无识之徒多有议论。现今屯田面积逐年扩大，每年都获丰收，而待垦的肥沃之地还有不少。设法招致贫瘠之地的甘肃民户到西域去安居乐业，实为一举两得的好事。这些成就苍天可鉴，很好地回答了人们的疑点，其成效超出了人们的预期，谁能想到其结果如此之好。有幸遇到上天庇护，得到如此恩赐。希望无人指责，怎敢称欢喜。

乾隆三十八年（1773）二月四日：“谕曰，（陕甘总督）勒尔谨奏，巴里坤地方，近来生息增繁，兵民子弟敦书讲射，渐已蔚然可观。请照乌鲁木齐迪化、宁边二厅封题代试之例，专设学额一折，已批交该部议奏矣。”②乾隆帝作《陕甘总督勒尔谨请于巴里坤设学额，因命建置府州，诗以志事》：

宁边迪化久开畇，巴里坤增学额新（勒尔谨以巴里坤生息增繁，兵民子弟敦书讲射，渐已蔚然可观，请照乌鲁木齐迪化、宁边二厅例，专设学额，事属应行。并念其地为边陲一大都会，向仅驻一同知，尚于体制未合，自应于巴里坤设府，乌鲁木齐设州，使边郡规模闳远，命大学士九卿集议以闻）。底藉关中移富户，即看徼外得恒民。因教建置二千石，永利读耕万亿人。无用都成有用地，足知盐铁论非臻。③

①《清高宗（乾隆）御制诗文全集》四集卷三。

②《清高宗实录》卷九二六。

③《清高宗（乾隆）御制诗文全集》四集卷十一。

除了开垦较早的宁边（今昌吉）、迪化之外，陕甘总督勒尔谨奏请在生息日繁的巴里坤增加府县学生科考录取的名额。乾隆帝认为此事可行，还应于巴里坤、乌鲁木齐设置府州，即命朝中大臣议奏。依托关中之地，将富裕人户迁移到西域，使其成为边疆之地的常住之民。为了西域的长治久安，设置地方政府机构，以有利于百姓安居乐业，造福后代子孙。古人所说无用之地的西域如今已成富庶之邦，可见汉代桓宽在《盐铁论》中所言并非完善。

清代巴里坤城

《清高宗实录》乾隆三十八年（1773）三月十一日记载："户部议准，伊犁将军舒赫德奏称，民人庄世福等四十八户呈请拨地开垦，当经勘验指垦处所，地广水足，与屯田回户无碍，请照例办理。查伊犁除屯种外，既有余地可耕，应每户给地三十亩，官借牛力、籽种、口粮，俾资耕作。所请当年升科，系户民踊跃输将，应即照办。其借给籽种等项，于开垦之次年起，分作三年带征，仍令该将军广谕户民，如有情愿多垦者，悉听其便，照例升科。从之。"①乾隆帝写下《伊犁将军舒赫德奏伊犁客民愿入屯田户籍事，诗以志慰》：

开垦久增乌鲁齐（即乌鲁木齐，疾呼则为乌鲁齐），屯耕今复逮伊犁（舒赫德奏，乌鲁木齐等处俱已安设民户种地，今伊犁有客民庄世福等

①《清高宗实录》卷九二八。

四十八户，以西河湾地广水足，无碍回户屯工，呈请拨令开垦，即于本年升科，永为土著居民等语。因议每户给地三十亩，愿多者听。初垦，官借牛种口粮，分年还项，以次酌定科则）。地肥水足多逢稔，籍注科升愿可稽。羊牧牛孳安月柝（平定伊犁后，自哈萨克来归之厄鲁特皆入旗籍，并自盛京移贫乏西僰、察哈尔诸旗，移贫乏察哈尔于伊犁，皆给以牛羊，俾安游牧，今户口日增滋生益盛，而西安、凉州之旗兵则移驻新筑，赐名之惠远、迪化诸城，以资镇守，并令回人开垦用赡兵饷，此新疆经理之大概也），马牵帛易息霜鞶（每岁哈萨克以马来易帛匹者，不绝于路，而禁织造粗疏者，向亦有诗纪其事）。穷荒焉用兹成用（反杜甫诗意），额手天庥敬日跻（前平定准噶尔勒铭伊犁，尝深维屯种万里之外，恐非长策，今屯地日广，至民间客户自吁入籍归屯，不待招徕资送，此岂逆料所及，然穹贶弥加，即冰兢弥切，敢徒为持盈保泰之空言哉）。①

伊犁将军舒赫德奏报，乌鲁木齐等地的屯垦耕种连年丰收，都已安置了民户种地。伊犁有客居之民庄世福等四十八户，认为西河湾一带地广水足，又不妨碍维吾尔族人屯种，请求朝廷拨给，准予开垦后，他们可以当年交纳钱粮，并愿意世代定居。经户部议准，决定每户拨给土地三十亩，愿意多耕种者，悉听其便。创业之初，官府先预借农具、粮食等，民众按年返还，朝廷根据情况确定征收钱粮数额。伊犁土地肥沃，水源充足，一定会连年丰收的。至于登记入籍落户，按则升科，则需认真核计。伊犁平定后，原来逃散躲藏在哈萨克部落中的厄鲁特人被归入厄鲁特营，由盛京（今沈阳）、张家口调防伊犁的西僰（即锡伯）、蒙古官兵，分别组成锡伯营和察哈尔营，屯垦或放牧。从西安、凉州（今武威）调入满洲族兵移驻伊犁惠远城、迪化城，并由伊犁维吾尔族屯田供给军粮。而哈萨克每年用马匹来互市换取布帛者不断，为此官方规定禁止织造粗疏，皇帝为此还写诗纪实。乾隆帝在《平定准噶尔后勒铭伊犁之碑》中曾顾虑屯垦于万里之外，恐非长策。而今屯地日广，民间客户不用招徕，自动请求入籍归屯，这是他想不到的。乾隆帝反杜甫诗意作诗，额手称庆，感谢天恩，告诫自己谨慎从事，保持安定兴盛的局面。

据《清高宗实录》乾隆五十年（1785）七月二十八日记载："据（伊犁参赞

①《清高宗（乾隆）御制诗文全集》四集卷九。

大臣)永铎奏,伊勒图于本月初十日病故等语。伊勒图久任伊犁将军,办理蒙古、厄鲁特各处事宜,极为镇静,众部落亦甚输服。朕前闻伊患病,即命侍卫丰绅济伦持朕御用荷包等物,前往赏给,并令其弟萨哈苏带领御医驰往诊视。乃丰绅济伦未到之先,遽已溘逝,朕心轸恻,着由彼处库内,赏银一千两,料理丧事,即着丰绅济伦驰往奠醊。伊勒图本袭有云骑尉,着加恩晋一等伯世爵,令伊子哲臣泰承袭,所有应得恤典,照公爵例给与,以示朕轸念勋臣至意。"①乾隆帝作《伊犁将军伊勒图病故,诗以惜之》:

伊犁廿载宴边陲,不动色声静镇之。充国屯田诚制胜(昔汉赵充国为后将军,议罢骑兵万人,留屯田,条便宜十二事。宣帝从其计,羌人降者三万余。盖伊犁自平定准噶尔、回部后,屯政大开,乌鲁木齐等各城命大臣分驻经理屯田,民户日增,兵饷不费,行之二十余年,天时顺成,地利垦辟,各处屯田频年大熟,皆伊勒图总理得宜之效也),子仪召饮感无欺(唐郭子仪镇河中时,仆固怀恩叛,诱回纥、吐蕃等三十万众犯边。子仪随数十骑免胄见之,责以大义,回纥等咸舍兵下马拜曰:果吾父也。即召与饮,遗之锦彩,结誓如初。兹伊犁自准噶尔、回部平定以后,伊勒图为将军,驭以诚信,额鲁特、回部等皆安居乐业,宁静守法,与内地编氓无异,如哈萨克之阿布赉、阿布尔比斯及其子斡里苏统军和卓等皆敬礼伊勒图,或呼为父,此固国家德威远播,亦由该将军威名素著也)。长城万里外万里,柱石念兹允在兹。分我忧心西顾久,优恩施那减心悲。(伊勒图坐镇伊犁垂二十年,抚绥额鲁特及回城,诸部宁谧,免朕西顾之忧。昨闻其患病,特遣御前侍卫公丰伸济伦带领御医前往诊视,冀其痊可,兹遽闻溘逝,深轸于怀,因降旨晋赠一等伯,即令其子世袭,仍赐银一千两,经理其丧,令丰伸济伦前往致奠,并照公爵给予恤典,以示优眷。)②

伊勒图先后五次出任伊犁将军,长达二十年,镇守西部边陲,像汉将赵充国大兴屯田,成效显著。如唐将郭子仪真诚无欺,深受诸部爱戴。伊勒图是万里长城之外皇帝深资倚重之人,为国担当重任。皇帝关注西域,有伊勒图为大清分忧。尽管为伊勒图厚恩送葬,却不能稍减皇帝内心的悲伤。

①《清高宗实录》卷一二三五。
②《清高宗(乾隆)御制诗文全集》五集卷十八。

乾隆五十四年(1789)四月,乾隆帝作《伊犁将军保宁奏伊犁各城户口耕牧情形,诗以志慰》,序言说:“保宁奏,自抵伊犁以来,察看该处耕种百谷,屡岁丰收,牲畜滋生繁息,其谷价较之内地颇减,所有人口,除伊犁驻防满洲、绿营、锡伯、索伦、察哈尔、厄鲁特、回子万余户外,贸易之民亦渐增至数万。在此置产者既多,而于城市开铺、乡村耕种者,亦复不少,较之从前,富饶数倍,实与内地无异。庆非初料所及,因成七律志怀。”诗如下:

> 伊犁万里岁逢收,商贾流通户口稠。布鲁特遵田界禁(向禁布鲁特于附近卡伦地方私种地亩,防其偷窃,近年悉遵禁约,无敢违者),哈萨克市马求售(每岁哈萨克以马来易帛匹者,不绝于路)。盖藏有素衣食裕,耕牧无惊作息休。耆定初心敢期此(伊犁延袤万里,初归版章,善后事宜颇难布置,故予《平定准噶尔后勒铭伊犁之碑》云:“屯种万里之外,又未可谓计之得也。其潜移默运,惟上苍鉴之。予惟奉时相机,今日之下,亦不敢料以逆也。”云云。兹据保宁所奏,耕种日广,牲畜滋生,实属仰邀天佑,非初心所敢必者),深蒙天佑愧何修。①

万里之外的伊犁连年丰收,商货流通,人口也逐渐稠密。布鲁特严格遵守耕牧地界不敢违约,哈萨克以马换布者络绎不绝。耕种放牧,日出而作,日入而息,秋打冬藏,衣食充裕。伊犁初归版图时,善后事宜颇难布置。所以乾隆帝在《平定准噶尔后勒铭伊犁之碑》碑文中说遵循天时,见机行事,听其自然。如今上天佑助,是当时所不敢想象的。皇帝为此惭愧,自己如何修得如此福报。

综上所述,以上乾隆帝分别写给驻守伊犁内大臣阿桂,辟展驻防屯田大臣定长,驻乌鲁木齐大臣安泰,伊犁将军明瑞、舒赫德、伊勒图和保宁(平定大小和卓之役中在叶尔羌壮烈惨死的蒙古族将军纳木札尔之子),陕甘总督文绶和勒尔谨等人的纪实诗篇,反映乾隆时期统一新疆之后,朝廷动员南疆维吾尔族人在伊犁河谷大兴屯田,调动满蒙、绿旗、锡伯和察哈尔营屯垦戍边,迁移内地民户使之成为边疆常住之民以及在各地筑城镇守、耕种畜牧、发展教育、繁荣贸易,给新疆社会带来了历史性的进步,使得各民族和睦相处,安居乐业。

---

①《清高宗(乾隆)御制诗文全集》五集卷四十八。

第七章

乾隆帝与《塞宴四事》

《塞宴四事》作于乾隆二十五年(1760)九月,是乾隆帝为大如一面墙壁的工笔重彩巨幅《塞宴四事图》(今藏北京故宫博物院)所题的四首诗并序①,由时任军机大臣、后任大学士的于敏中书写。反映的是乾隆帝在承德避暑山庄开筵设宴时举行的四项活动——诈马(少年赛马)、什榜(蒙古器乐合奏)、相扑(摔跤比赛)和教駣(套马驯马)。

一、《塞宴四事》诗解

诈　　马

诈马为蒙古旧俗,今汉语俗所谓跑等者也。然元人所云诈马,实咱马之误。蒙古语谓掌食之人为咱马。盖呈马戏之后,则治筵以赐食耳。所云只孙,乃马之毛色,即今蒙古语所谓积苏者是,亦属鱼鲁。兹扎萨克于进宴时择名马数百,列二十里外,结束鬃尾,去羁韂,驰用幼童,皆取其轻捷致远。以枪声为节,递施传响,则众骑齐骋,蟲駥山谷,腾跃争先,不逾晷刻而达,抡其先至者三十六骑,优赉有差,所以柔远人讲武事也。

名王诈马存遗风,献筵备陈表敬恭。廿里以外列骏骢,置邮传命听发踪。宣教施铳星火红,连声递令顷刻通。砰磕万雷忽落空,翩若惊鸿逸若龙。云屯飙欻倒吕洪,旁唐闪霍复春容。振林骇谷蹦阜嵏,平沙草软净壒埲。駃騠束尾绾其鬃,轻方致速骑以童。捷足独出杰且雄,选三十六惟良駥,按第行赏务从丰。只孙古俗想象中,和乐还因寓诘戎。

《诈马》诗序的意思是,诈马为清代帝王巡幸塞外举宴时,按蒙古旧俗表

①《清高宗(乾隆)御制诗文全集》三集卷八。

演的一种赛马游戏，即汉语中的赛马。蒙古语称掌管养马之人为“咱马”，元人误称“诈马”。其实是赛马之后的开筵赏赐酒食。所说的只孙，指马的毛色，即蒙古语所说的积苏，属文字错讹。今诈马是各部落首领于进宴时选择好马数百匹，排列于二十里外，把马的鬃尾扎束起来，不用络头和鞍垫。为便于轻快，选择儿童乘驰。随着枪声乍起，众马奔腾，声震山谷，你追我赶，奋力争先，在终点取其先到者三十六骑，分别给予奖赏。这是以讲求习武之事来安抚边地部落。

诗的大意是，蒙古部落首领中还保存着古代诈马遗风，开筵陈设齐备以表恭敬。骏马排列在二十里外，枪声就是出发的命令。一声令下，枪冒火星，好像空中响雷。众马奔腾，如惊飞的鸿雁，似游动的长龙。马蹄敲击大地，鬃毛光亮闪闪，声震山谷中。来到平坦的沙地，蹄下尘埃轻起。赛马扎束鬃尾，为便于快捷，以儿童为骑手。选取捷足先到的前三十六骑，按名次等级给予丰厚的赏赐。古俗是在想象中，现在大家是寓习武之事于和睦欢乐的比赛之中。

什　榜

什榜，蒙古乐名，用以侑食，今俗所谓十番或因此，杨万里诗有“金番长笛横腰鼓，一曲春风出塞声”之句，盖乐曲名番，本塞外语，而传讹耳。其器则笳、管、筝、琶、弦、阮、火不思之类。将进酒，辄于筵前鞠跽奏之，鼓喉而歌，和罗赴节，有太古之遗音焉。

平原择向圆幕张，酪酥乳酒湘黄羊。名王捧觞起上寿，较汉公卿礼数详。浑拨四，火不思，曲长朔管如鞭吹。鸣羽发徵气内运，叩角动商响外披。初奏《君马黄》：“大海之水不可量(曲首句)。”继作《善哉行》：“无贰无虞，式谷友朋。”谁云朔漠无古乐，绝胜郑卫为新声。我惟中外一家用联上下情，亦不侈谈有虞氏，四裔之乐舞于庭。

《什榜》诗序的意思是，什榜作为蒙古乐名，是宴乐的一种，今俗称“十番”或许源于此，宋人杨万里诗中称“金番”，其实是塞外语称乐曲为番的讹传。什榜的乐器有笳、管、筝、琶、弦、阮、火不思等。进酒之前，在筵前跪坐着专注地演奏，和着乐曲的节奏，放喉歌唱那些自古流传下来的美好动听的音乐。

诗的大意是，平地上搭建起了圆顶蒙古包，摆上了奶酪、酥油、马奶酒，还有烹煮的野山羊。蒙古部落首领们捧着满杯的酒，向皇帝祝颂长寿，他们比汉族大臣更讲究礼节。什榜有又称浑拨四的火不思，还有胡笳如吹鞭，吹奏管乐靠其运气，弹拨弦乐使其震动。初奏《君马黄》，又奏《善哉行》，谁说北方大漠无古乐，皇帝认为是绝对超过了春秋战国时郑、卫两国的音乐。皇帝这样做是为了加强中央与边疆臣民的感情，而不是不切实际地谈论什么古代有虞氏部落时，四裔之乐舞于庭。

相　　扑

相扑之戏，蒙古所最重，筵宴时必陈之。国朝亦以是练习健士，谓之布库，蒙古语谓之布克。脱帽短褠，两两相角，以搏踤仆地决胜负，胜者劳以卮酒。厄鲁特则袒裼而扑，虽蹶不释，必控首屈肩至地乃为胜。彼嘉其壮，赐之羊臑，则拱臂探掬，顾眄呿吞，声若饮歠。其旧俗如此，因以示惠云。

健儿揎袖短后衣，席前相扑呈雄嬉。捭拖拗拉矜拎拱，踁踱踞踽踉且踜。乘间伺怠出以奇，忽然踬蹶力不支，胜者赐酒跽饮之。别有厄鲁均新附，其扑法乃异旧部。露身赤脚惟著袴，撇捩扰踔空拳赴。失计忽仆伏地据，腾跳翻作康王跨。两肩著地头倒竖，方得谓之决胜负。胜者扬扬意实欢，负者反求微覞颜。宣传典属呼来前，上方肥羊出厨盘。长胾硕臑如举山，匕箸不设俾恣餐。谁识不足君所言，快哉大嚼真壮观，岂对屠门空望恳。跪振双臂攫且搏，左哆右噏直下咽。倏似长鲸吸百川，意气自若殊昂轩。均令染指果腹便，小哉食肥张齐贤。是盖卫拉旧俗传，示恩奖勇一试旃。食罢命前面询焉，弗兹食者阅十年(据云准噶尔自喇嘛达尔扎构衅以来，日就凋敝，不得如此饱啖者，十年于兹矣)。

《相扑》诗序的意思是，相扑是蒙古最重要的游戏，开筵设宴的必备项目。大清朝以相扑练习健士，称之布库，蒙古语称布克。摔跤手们脱帽着短臂衣，两两相搏，为了将对方摔倒在地决一胜负，胜者获得赐酒的奖赏。厄鲁特的摔跤规则是脱去上衣而搏，虽倒在地也不能放弃停止，一定要以对方的头和肩部着地来决定胜负。胜者获得羊肉和羹汤，双手捧起，得意四看，大口吞食。其俗意在表示恩惠。

诗的大意是，摔跤手身穿短衣，捋起袖子，在筵席前表演勇武者的搏击游戏。双手横向而击，拖拉扭转在一起，步子忽进忽退，寻找可乘之机，被摔倒者面带惭愧，获胜者则小跪着将赐酒一饮而尽。如今有新归附的厄鲁特人，摔跤之法不同于其他。他们露着上身赤着脚，空拳跳跃上场来，被摔倒者面朝地坚持着，对方要将被摔倒者两肩及头着地，才算获胜。胜者扬扬得意，负者则有些羞愧。皇帝命令理藩院官员赏赐大盘新煮好的羊肉。摔跤手们不用筷子，手抓着羊肉尽情地吃起来，大口地喝着肉汤，镇定自若，气度不凡。他们吃得很高兴，也吃得很好，朝廷是按照厄鲁特的风俗给予示恩奖励。吃完了询问他们，他们说已经十年没有这样畅快淋漓过了。

教　駣

教駣攻驹，《周礼》虽载，然后世仅知攻驹，而不能教駣。蒙古则熟习其法，谓之骑额尔敏达。騬马三岁以上，曰达騬额尔敏，则未施鞍勒者也。每岁扎萨克于所部驱生马多群至宴所，散逸原野。诸王公子弟雄杰者，执长竿驰絷之，加以羁鞲。始则怒骋駥趯，或豨突人立，嘶啮雷殷，驭者腾踔而上，控掣自如。须臾调良，率得名马。

二岁为驹不胜鞍，三岁为駣始堪教，夏官廋人早失传。未若朔漠存古调，扎萨献宴必备观。分群别色陈平原，毡庐赐食较扑罢，按辔一览同名藩。名藩子弟皆吉服，上马执竿好结束（驭生马者，必驰骑逐之，襭衣绾带，持寻丈竿，系革絙其上，以为控絷，俗名套马竿）。驱来万锦焱披前，光彩陆离纷夺目。薄言駉者有驈皇，骍骐骝骆骃騢黄。絷之维之取桀骜，绁绊未及先跳梁。龁草饮水本天性，靰鞚乍拘自觉病。惊轶狂掷讵能无，处之以暇堪力胜。牵来蹀躞人争骑，蓦跨那待羁靮施。擢足轩立忽落地，翻身腾踊捷于飞。尽态极变不可状，犟突雄驱若翻浪。毛龙逸虎旋就驯，人有余闲据马上。驰骤宁供耳目娱，駃騠騄耳中抡诸。凭阅考牧悟至理，不教而成事所无。

《教駣》诗序的意思是，古时《周礼》虽记载"教駣攻驹"，但没有说明怎样调教小马。蒙古人则熟悉调教小马，称之骑额尔敏达。小马三岁以上还没戴过鞍辔的，就叫达騍额尔敏。每年各蒙古部落首领都将生马驱赶而来，让其在原野上奔腾。王公子弟中的勇敢杰出者，手执套马竿追逐生马，设法套笼头，加鞍具。生马开始都是狂奔跳跃，或像人一样站立起来，咬牙嘶叫，而骑在上面的驯马手任凭生马奔驰腾跳，都能自如地控制牵拉，生马无可奈何，也就不得不驯服了。用不了多长时间，就可驯出一匹好马。

诗的大意是，马到三岁就可以驯了，《周礼》中关于夏官庾人驯马之法早已失传，但在蒙古部落中还保存着，成为首领们聚会设宴时的必备项目。生马按毛色分群散放，在相扑后再观赏教駣。驯马手身穿礼服，执竿上马，把衣角别在腰带上，赶着马群。它们的鬃毛像锦缎一样，光彩绚丽夺目。其中，有身黑股白的，有毛色黄白相杂的，有红身黑鬃尾的，有白身黑鬃尾的，有浅黑带白色的，有赤白相间的……烈马桀骜不驯，跳跃着不接受笼头和缰绳。它们本是野外长大的，充满了天性，乍一戴上笼头当然不舒服，像受惊一样奔跑，想把人摔下来。优秀的驯马手稳坐马背上，与马进行时间与力量的较量，看谁最终获胜。还有的马，人一骑上去，它就举起前蹄，像人一样站立，忽地又落地奔腾如飞，极尽各种姿态，虽是如龙似虎，可以雄驱翻浪，但最终还是被骑在上面的驯马手驯服就范。驯马不仅使人耳目得到享受，还可从生马中挑选出好马来。观察教駣,使皇帝明白了一个精深的道理,那就是世界上不教而成的事情是没有的。

二、《塞宴四事》研究

关于《塞宴四事》的研究文章,就笔者所见,有王世襄先生的《清代的相扑》,研究的是“相扑”。图中,乾隆帝盘坐在主位上,后一柱擎盖,臣子分列左右(乐队就在左侧)。中铺地毯,四人穿白衣,分两队在上面摔跤。下方又有白衣四人,跪地举杯,接受官员注酒。稍远平地上,有赤膊两人角力,一人已倒地,对方还扭住不放。穿袍戴帽者八人,跪成一行,面前各放一大盘,他们从中抓取食物,纳口大嚼,仿佛嗞咂有声。从诗与序中可知图中画的是两种相扑:一种叫布库,光头穿白色短上衣和深色靴子,只要摔倒在地,就算输了,胜者赏给酒喝。另一种叫厄鲁特,赤膊光脚进行比赛,即使把对方摔倒,也不能算赢,必须按住对方的头,使其双肩着地,才算得胜,比赛后赏给大盘煮羊肉,不用刀筷,用手抓着吃,不论胜负都有份,以示奖励。王世襄先生的《清代的相扑》重点是列举乾嘉时期著名诗人赵翼的长诗《相扑》来进行诠注和论证。

同时有王荃猷先生的《一幅难得的清代蒙古族作乐图》,研究的是什榜。作者分析其乐队共十人,戴宽沿红缨皮帽,穿深蓝色浅花的蒙古长袍,席地跪坐,正在演奏。吹笳的乐工手握长管,凝视弹筝人的双手,等待曲段的到来。在他的右侧,乐工双手持拍板。正中是弹奏火不思的乐工,左端是吹口弦的乐工。拉四胡的乐工在后排,他右边的四位乐工,所用乐器为琵琶、阮、长柄月琴和二弦。每个人姿态各异,各尽其态,绘影绘声。画家认真观察,一一捕捉到转瞬即逝的动作,留下准确而完整的记录。文中指出,根据《清史稿·乐志六》记载,乾隆七年(1742)所定的大宴笳吹乐歌词六十七章,其中就有乾隆帝诗中提到的乐曲《君马黄》和《善哉行》。前者的歌词首句是“大海之水不可量”,与乾隆帝的诗正合;后者的歌词末句是“无贰无虞,朋友式谷”,乾隆帝为了押韵上口,改为“式谷友朋”。

另外,还有潘深亮先生的《塞宴四事图》介绍此图绢本设色,纵约300厘米，横约400厘米，宽幅巨帧，画上端有于敏中书《御制塞宴四事》，说明所绘“四事”是乾隆帝在承德避暑山庄筵宴时举行的四项活动——诈马、什榜、相扑和教駣。画面上青山环抱，古木苍松，乾隆帝在官员簇拥下，坐于正中，在什榜的乐曲声中观看相扑表演。画面主要人物的面部立体感较强，具有西画的某些特点，点景仍用中国传统的线勾填色法。全画笔法严谨，构图繁复，是一幅难得的写实画。

《塞宴四事图》

画中描绘的四项活动，除什榜是描绘蒙古族的音乐演奏外，其他三项是体育活动的场面。图的上方是诈马，少年身着长袍，脚蹬蒙古靴，骑在马上，一手抓缰，一手挥鞭，策马飞奔。人与马，姿态各异，形象生动逼真，场面紧张热烈。右上方是教駣场景，一人身着长袍，手执套杆，策马冲入马群，套住一匹烈性马，烈马突起嘶鸣，企图挣脱羁绊。而摔跤手穿着紧身半袖衣，半裸手臂，腰系围巾，下穿摔跤裤，脚蹬蒙古靴，头上留着小辫。一对摔跤手扭在一起相搏，另一对摔跤手叉开两腿、张开两手对峙着，伺机向对方进攻，气氛紧张。

从画面来对照乾隆帝的诗，我们不能不惊叹身为满族人的乾隆帝汉化程度之高。崛起于白山黑水间的满族贵族统治者，其征伐明朝、建立清朝进而统一全国的过程，也是一个逐渐接受汉文化的过程。仅就宗室皇子的取名举例来说,清初从清太祖努尔哈赤、清太宗皇太极到顺治帝福临,都是依照着满族的传统习惯来进行的。到康熙帝玄烨时,皇室吸收汉文化趋于全面成熟并卓有成效。他为自己的儿子取名,全以"胤"字起头。见《尚书·尧典》中,"胤子朱启明",是说尧之子丹朱开明。《胤雅》又为乐章名,南朝梁《三朝雅乐》之一。太子出入,奏《胤雅》。又如《诗经·大雅·既醉》:"君子万年,永锡祚胤。"可见玄烨为儿子取名是有深刻寓意的。皇四子胤禛继位雍正帝,为避讳,兄弟们都改"胤"为"允"。等到胤禛给儿子取名,则用"弘、福"二字起头。弘历继位乾隆帝后,于乾隆四十一年(1776)下谕:子、孙班辈永、绵二字,将来承绪者,一人以避众,以永作颙,以绵作旻。结果第十五子永琰继位为嘉庆帝,改为颙琰;颙琰次子绵宁继位为道光帝,改为旻宁。

乾隆帝的这四首诗,充分展示了他驾驭汉文化的娴熟程度。如《诈马》中的"砰磕万雷忽落空,翩若惊鸿逸若龙",用典出自汉扬雄《羽猎赋》:"凫鹥振鹭,上下砰磕,声若雷霆。"砰磕指疾雷声或水流激荡声。还有三国魏曹植《洛神赋》:"翩若惊鸿,婉若游龙。"惊鸿为惊飞的鸿雁,游龙为游动的龙,指轻捷的样子。

又如摔跤需要手脚并用,《相扑》诗中的"捭拖拗拉矜拎掑,踁踱踞蹋踝且踛"两句,分别写了手的动作和脚的配合。捭为两手横向对外而击。拗为扭转。拎掑为抓提。踁踱为步子忽进忽退。《史记·司马相如列传》:"踁踱輵辖容以委丽兮。"踞蹋犹蹲踞,踝犹踏步,踛为开足行貌。

还如《教駣》诗中对马曲尽描写:"薄言駉者有驈皇,骍骐骝骆骃騢黄。"駉指骏马。《诗经·鲁颂·駉》:"薄言駉者,有驈有皇,有骊有黄,以车彭彭。"驈指身黑股白的马。皇指毛色黄白相杂的马。骊指深黑色的马。骍骐见《诗经·鲁颂·駉》:"薄言駉者,有骓有駓,有骍有骐,以车伾伾。"骍指赤色马,骐指青黑色的马。骝骆见《诗经·鲁颂·駉》:"有驒有骆,有駵(义同骝)有雒。"骝指红身黑鬃尾的马,骆指白身黑鬃尾的马。骃騢见《诗经·鲁颂·駉》:"薄言駉者,有骃有騢。"骃指浅黑带白色的杂毛马,騢指赤白相间的杂毛马。

由此可见,乾隆帝学识渊博,对典故烂熟于心,能信手拈来。他不但细心观察，更融入了真情实感，如《什榜》诗中所说的“我惟中外一家用联上下情”，展现了他作为中华共主的宽阔胸怀以及举办塞宴四事的深远用意。《相扑》诗结句所说：“食罢命前面询焉，弗兹食者阅十年。”表达了他对由于社会动乱致使经济凋敝、人们生活困苦的准噶尔部众的同情之心。而《教駣》诗结句“凭阅考牧悟至理，不教而成事所无”，是他由观看教駣引发出对人生的感悟。

我们现在还不清楚，《塞宴四事》是先有诗还是先有画。不过从乾隆帝关于平定西域的《战图补咏》和《乌什战图补咏》等来看，应当是先有诗，尔后才有画。在没有具象画面的情况下，乾隆帝能将《塞宴四事》描写得如此生动，实属不易；在已有形象诗句的情况下，画家能将《塞宴四事》构图描绘得如此逼真，亦属难得。真正是诗中有画，画中有诗，诗情画意，珠联璧合，是一件难得的艺术珍品，当然也是研究少数民族文化的宝贵资料。

这件艺术珍品有着深刻的历史内涵。《塞宴四事》作诗和绘图所指地点都是避暑山庄。避暑山庄建自康熙四十三年(1704)，到康熙四十七年(1708)初步建成，并在以北建立木兰围场，通过召见、行猎、比武、野餐、宴会、赏赐等方式，与蒙古王公共同观看赛马、摔跤、听蒙古乐曲等活动，来结好蒙古各部上层人物，从而达到“备边防，合内外之心，成巩固之业”①的政治目的。乾隆帝统治时期对山庄又进行了大规模的改造和扩建，直到乾隆五十五年(1790)才完成最后的主要工程。山庄在康熙、乾隆时代，有着相当重要的政治意义。初步建成之初，康熙帝几乎每年有半年的时间住在山庄。其中只有两年没有来过，一次是康熙二十一年(1682)出巡东北，部署黑龙江前线抗击沙俄的军事行动，另一次是康熙三十五年(1696)出征喀尔喀蒙古的图拉河，追歼噶尔丹叛军。此外一直坚持塞外行围习武的军事与政治意义。雍正帝即位后，忙于巩固皇权，停止了塞外行围，没有来过避暑山庄，但是他定下了规矩：“后世子孙，当遵皇考所行，习武木兰，毋忘家法。”②乾隆帝即位以后，改扩建山庄，又把木兰行围发展到更大的规模，意在安不忘危，狩

①[清]乾隆：《避暑山庄百韵诗有序》。

②[清]乾隆：《避暑山庄后序》。

猎练武，强兵富国。他在《杂咏》诗的小注中说：“从猎蒙古王公，内扎萨克四十九旗，又喀尔喀四部，及四卫拉特，并青海等部各扎萨克，不下百余旗。我朝中（内地）外（边疆）一家之盛，实史册所未见。”①

特别是自乾隆二十年（1755）到二十四年（1759），乾隆帝先后平定天山以北准噶尔部与天山以南大小和卓的叛乱，设立总统天山南北的伊犁将军，奠定了近代中国的版图，达到几千年历史上从未有过的辉煌。《塞宴四事》诗与画，都完成在乾隆帝统一西域的次年。当时的避暑山庄，不仅蒙古各部上层人物齐聚一堂，而且天山以南的维吾尔族、巴尔喀什湖畔的哈萨克族、天山以西的布鲁特等上层人物都曾在这里集合，进贡朝拜，接受赐封，《塞宴四事》也就顺理成章。可见只有国家统一、社会安定，人们才能安居乐业，共享太平。

乾隆二十九年（1764），乾隆帝作《八月廿六日，蒙古王公等献宴，即席得句》云：

> 千山锦绣高低叠，一水笙簧宛转流。绰尔齐终（蒙古弹火不思，吹笳奏曲，谓之绰尔齐）观洒马（即诈马，俗谓之骑达騂），古风偏爱以使修。②

乾隆帝在国家统一与社会安定的山水间作《塞宴四事》，不是为了行乐，而是为了行政：执掌国家政权，做好民族事务。

①［清］乾隆：《杂咏》，见《热河志》卷四十七。

②《清高宗（乾隆）御制诗文全集》二集卷四十二。

第八章

乾隆帝西域诗文中的阿克苏史实

在这一章里，笔者将围绕着乾隆帝西域诗文中的阿克苏史实，从平定大小和卓之初的托和鼐之战与库车战事、平定大小和卓的功臣霍集斯与鄂对及论证阿克苏是清军平定大小和卓的大本营和后方基地三个方面，结合《清高宗实录》的记载，来进行研究，诗文互证，诗史互证。

一、托和鼐之战与库车战事

乾隆年间，清朝平定大小和卓叛乱，统一南疆的战争，是从今阿克苏地区的库车县开始的。库车是由吐鲁番进入南疆的要隘，乃兵家必争之地。乾隆二十三年（1758）五月，清军围攻库车。六月首战，即在库车以东六十里的托和鼐取得歼敌二千四百人的胜利，乾隆帝七月初接到捷报，作诗《托和鼐行》：

清军攻围贼库车，临冲茀茀四面罗。旧降伯克（回部中宰桑谓之伯克）为我用，其名鄂对显秩加（授职散秩大臣）。备知彼中之形势，悉告将臣防周遮：托和鼐通赛里木（地名），贼来援者所必过。爰遣达克他那（蓝翎侍卫名）瞭，遂见踪迹详寡多。以计诱贼贼遂至（达克他那缓行诱贼，贼住亦住，贼进则退，遂引至近军营处），请为前导剿贼窠。发师顺德讷（副都统领队大臣）率往，堂堂之阵谁逆眂。贼不自量犯两翼，两翼飞驰张鹳鹅。长箭大炮如雨下，狂回奔乱气消磨。填沟受杀敢回顾，血流漂杵时无何。剿贼二千四百余，伤我十数忠堪嘉。是为征回第一战，遂叨天佑威荒遐。军书日驰六百里，奏函夜至披衣视。赐官锡禄酬庸勋，克城更待颁恩旨。讨

大小和卓在伊犁归顺时向清军进献的玉碗，刻有乾隆帝题诗

逆伐罪非得已，鲸鲵京观岂所喜。①

清军讨伐叛逆大小和卓，攻打敌人盘踞的库车城，像张网捕鸟一样，配备战车进行包围。为朝廷所用的原库车伯克鄂对，被授为散秩大臣，随军从征。他对库车的地理状况非常熟悉，向统帅靖逆将军雅尔哈善详尽告之，说托和鼐西南通往赛里木（今拜城县赛里木乡），是敌军增援的必经之地。于是将军派遣侍卫达克他那前往侦察，引诱敌人来追，由副都统领队大臣顺德讷率领出击。敌人自不量力来犯，清军张开两翼迎敌，开炮射箭，似雷如雨，一下子就压住了敌人的气焰。午时两个时辰，共杀敌二千四百多人，而清军只伤亡十多人。这是平定大小和卓的第一场战斗，承受上天佑助，使清军威震西域。六百里军书前来报捷，皇帝在夜里披衣而阅。对有功人员要给予晋升官职和赏加俸禄，攻下库车城后皇帝再下旨施恩。讨伐叛逆大小和卓，皇帝是不得已之举，炫耀武力也不是他所喜欢的。

而接下来的库车战事，却是颇多曲折。七月底，乾隆帝接到库车捷报，说斩获敌人众多，并缴获小和卓霍集占的旗帜，赋诗《回纛行》：

小和卓木（其号）霍集占（其名），领兵来援围城严。先是其兵来赴救，托和鼐已二千歼。逃生回者匍匐告，昧死尚敢潜窥觇。城中知有贼

清军大炮

接应，借一出突施戈铤。绿旗围城腹背敌，屹立不动战方酣。是时实赖爱隆阿（副都统领队大臣），率千骑至皆奇男（吉林满兵及索伦兵）。横

①《清高宗（乾隆）御制诗文全集》二集卷八十。

冲截入乱回阵，斩将获丑如囊探。狂回难当复大败，东笼案角相藉搀。驱至鄂根河之侧，溺水毙者如眠蚕。贼约五千三千死，千余战士威风添。霍集占乃抱头窜，搴其大纛铜旗尖。咳首五色书旗幅，不解其义言詀詀。驿致既喜复致惜，设执逆首除凶憸。徂惟求定靖遐壤，止戈和众吾方忺。①

小和卓霍集占为救库车之围，亲自领兵来驰援。先前他派出的援兵，在托和鼐之战中被大清消灭了二千余人，侥幸逃命回去的人向他汇报了战况，可他还是冒险前来。城中敌人知道有援兵接应，也借机突围。绿营官兵腹背受敌，激烈地与敌作战，顽强地坚持着。副都统爱隆阿率吉林满兵及索伦兵千骑赶到，奋勇冲入敌阵杀敌，敌人顿时溃不成军，被驱赶到城外鄂根河，又有许多敌人溺水而死。敌人大约五千人，此战被歼灭三千余人，清军千余官兵更添声势和气派。霍集占抱头鼠窜，他的铜尖大旗被清军缴获了，旗上有五种颜色的文字，大家不知写的什么，七嘴八舌地议论着。皇帝接到捷报既高兴又惋惜，想着要是能抓到叛乱首恶霍集占就更好了。大小和卓的叛乱给回疆带来了灾难，但愿能早日平定，百姓和顺，皇帝将非常高兴。

其实际情况是，小和卓霍集占在托和鼐之战惨败后，只率领八百人进入库车城。坐困围城，外无援兵，擒获霍集占，南疆可不战而定，这对清军是极好的战机。但是，清军统帅雅尔哈善颟顸无能，措置失当。他见库车城坚固，用炮轰击无效果，改用地道攻城。敌人掘一横沟，水淹火攻，使挖地道的数百名清军被淹毙烧死。雅尔哈善不自引咎，却把责任全部推到主持挖地道的绿营提督马得胜身上。鄂对进言，霍集占困守孤城，粮尽援绝，必将突围，请在城西鄂根河水浅处，及通向戈壁的北山口，各埋一千伏兵，则可擒获霍集占，但雅尔哈善不予理会。霍集占果然乘夜率四百骑兵向西突围，防守西门的副都统领队大臣顺德讷不敢发兵，竟然放纵霍集占涉过鄂根河逃去。

乾隆帝在随后的奏报中，了解到库车战事实情，写下《军书》一诗：

军书羽速至，谓喜顾生恨。言志兼纪事，颠末必传信。先是搴回纛，

①《清高宗（乾隆）御制诗文全集》二集卷八十。

将谓贼渠遁。兹因沙雅降(雅尔哈善等先以迎剿霍集占,歼众搴旗,回酋免脱奏报。至是沙雅尔城回长阿三和卓木乞降,录其供词,始将霍集占败入库车,溃围不得出,后乘黉夜遁去,诸将并未追擒情节,历历叙明),伯克亲详讯。始知霍集占,来救库车困。为我兵所截,入城欲伺衅。合力旋突出,被遮复挫衂。乃率四百骑,夜出身免憗。咄哉堪扼腕,选将吾未慎。失机有如此,是岂疏防仅。譬鸮自投罗,解放翻成吝。夷考自军兴,误事率臣荩。徒怜诸士卒,奋勇冒白刃。赖天虽有成,决策屡多闷。自责不知人,遑敢弛国宪。①

西域的军情文书像飞一样地来到朝中,乾隆帝在欣喜之际又心生愤懑,写下这首言志纪事诗,把库车战事的真实情况传告于世人。靖逆将军雅尔哈善等先前奏报,说迎战小和卓霍集占,歼敌并缴获旗帜,霍集占等逃脱。随后,沙雅城主阿三和卓木归降,军书中录其供词,这才知霍集占前来是为了解救库车城之围,在托和鼐被清军痛击后,败入城内,伺机突围,被清军拦截。雅尔哈善不听随行的原库车城主鄂对伯克关于要隘设防的建议,致使霍集占乘夜率四百骑逃遁。乾隆帝为此不禁扼腕痛惜,自责选将有错,贻误军机,使霍集占自投罗网又轻易脱逃。考察自西征以来,那些忠诚之臣多有误事者,可怜士兵们拼死相搏。虽是天助大清,但绝不能废弛国法。

八月间,乾隆帝在避暑山庄惦念库车战事,作诗《即事》:

厄鲁荡平回部连,止戈毕竟是何年。固缘弦上矢必发,终愧阶前羽舞旋。勃律正闻踵来接,坚昆伫待首诛驸。山庄行庆暇奚念,念到库车阿那边。②

平定了准噶尔之乱后,接下来就是平定回部之乱。平息战乱,停止兵戈,不知要到哪一年。此役固然是箭在弦上,不得不发,但皇帝终归还是心系前线,内心惭愧。听到西域诸部接连归附的喜讯,特别是布鲁特部还积极表示协助杀敌平叛。要问皇帝在避暑山庄闲暇时挂念什么?那就是库车的战事啊!

①《清高宗(乾隆)御制诗文全集》二集卷八十。
②《清高宗(乾隆)御制诗文全集》二集卷八十一。

到八月底，清军以八千人围城数月，仅得一座空城，乾隆帝愤懑赋诗《得库车城志事》：

库车之围，将军雅尔哈善坐失事机。方小和卓木率众来援，屡经被歼，而任其潜入潜出若罔闻，知前后奏报矛盾具见。前诗知其株守淹时，必致逆党兔脱，坐得空城以自解。今报至，悉如所料，诗以识恨。

我师久围贼库车，歼其援者纷如麻。惟是将军无纪律，卒致窜走彼幺麽。《军书》之什已志恨，后闻地穴为贼遮（雅尔哈善用绿营穴地火攻计，转为贼觉，横截一沟，焚烧兵丁，乃不自引咎，惟诿罪将佐塞责）。预料将得空城耳，彼贼腹心仍逃他。驿章忽至共披阅，一一如言曾不差。言则不差事则偾，用匪其人愧若何。①

诗序的大意是，库车之围，原本是可以擒获小和卓霍集占的。但是雅尔哈善身任将军，只知株守耽延时间，坐失良机，任其脱逃，只得一空城。前后奏报自相矛盾，乾隆帝接军报之前就料到了，写下此诗记载愤懑。

清军久围库车城，大量地歼灭了敌人的援兵。可是将军雅尔哈善无能，致使霍集占脱逃。乾隆帝在《军书》诗中就表示了愤懑，后来所说挖穴攻城失利，就料想将得到的是座空城。军报到了，他与大臣们传阅，和他预料的一点不差。雅尔哈善败事被皇帝说中了。用错了人，他是多么惭愧啊！

乾隆帝降旨命定边将军兆惠前往库车接任，以劳师糜饷、安坐纵敌罪名，将雅尔哈善革职解京治罪，将其子发往黑龙江充当苦差。副都统领队大臣顺德讷虽然在托和鼐之战中杀敌有功，但纵敌罪重，与提督马得胜一起被就地正法，其子发往广东充当苦差。参赞大臣哈宁阿被责令自尽。乾隆二十四年（1759）正月，乾隆帝发布谕旨，指出雅尔哈善进兵库车以来，玩误乖张，失机偾事。例如不能约束兵丁，任意逃窜；轻挖地道，伤损士兵；身任统帅，并不亲自督战；围城数月，亦不亲身巡视；库车头目潜逃，余众出降，又不入城亲理。实为罪不可逭，以失职罪即行正法。

后来乾隆帝在《副将军富德奏报小和卓木霍集占亦望风先逃，叶尔奇木

①《清高宗（乾隆）御制诗文全集》二集卷八十一。

回众投诚，拟平定回部凯歌十首》之三中亦吟道：

> 库车去岁事逡巡，不战不追兔脱身（初雅尔哈善方领重兵围库车城，而小和卓木旋入旋出，竟付诸不问，自以坐得空城，即可报命，老师纵贼，至今实贻养痈之害）。设使就擒早偃武，至今犹恨偾辕人。①

去年兵围库车城，前靖逆将军雅尔哈善优柔寡断，犹豫不决，致使小和卓霍集占像兔子一样逃脱。如果当年擒获，早就停止战事了。至今想来，还痛恨败事的雅尔哈善。在战后的《平定回部告成太学碑文》中，乾隆帝还说："始攻库车，偾辕败事。用人弗当，至今为愧。"

库车战事，用将不当，无疑是乾隆帝平定回部之役中的败笔。好在乾隆帝能以反省自身、严明律法迅速整顿了军纪。如他在《开惑论》中所说："至库车之稽绩，实偾辕于逍遥。更将申律，旗鼓一新，遂长驱直入，而功垂成于崇朝。"

二、功臣霍集斯与鄂对

乾隆帝在统一西域的大业中，得到维吾尔族地方首领和各地民众的支持。战后被列入平定西域紫光阁前后五十功臣的维吾尔族地方首领依次有吐鲁番的额敏和卓、乌什的霍集斯、库车的鄂对、哈密的玉素甫、和阗的阿什默特以及喀什噶尔的噶尔默特。其中属于阿克苏地区的是霍集斯与鄂对。

霍集斯，乌什维吾尔族首领。原居吐鲁番。其父阿济斯和卓系该地头目，清康熙五十九年（1720）投附准噶尔，率吐鲁番数千户徙喀喇沙尔（今焉耆），后又转迁乌什。父死，他继任乌什阿奇木伯克，号图尔满阿奇木伯克。

乾隆二十年（1755）五月，清军在格登山之战后，向各地发布捉拿准噶尔总台吉达瓦齐的檄文。达瓦齐由伊犁翻越天山奎鲁克岭（贡古鲁克山），欲南逃喀什噶尔。他想到乌什伯克霍集斯是自己所立且待之不薄，自当接纳他。但是，看清形势的霍集斯愿意配合清军。六月，达瓦齐等七十余人到达乌什，霍集斯派其弟携带酒肉和马匹迎接，进餐后，乘其酒足饭饱酣睡之时，

①《清高宗（乾隆）御制诗文全集》二集卷八十八。

将其全部擒获，派二百兵监押送至伊犁清军大营。乾隆帝在《平定准噶尔勒铭格登山之碑》中说达瓦齐“汝窜以走，谁其纳之？缚献军门”，指的就是霍集斯擒献达瓦齐。乾隆帝在统一天山南北之后，命宫廷画家郎世宁等绘出《乾隆西域战图》十六幅并亲笔题诗，第二幅为《格登鄂拉斫营图》，歌颂的是阿玉锡等二十五勇士，并为之勒铭立碑。但霍集斯擒献达瓦齐，也是功绩卓著的，它使清军不再为追索达瓦齐而劳师糜饷，为第一次平定准噶尔画上圆满的句号。

霍集斯作为南疆实力派人物之一，曾经擒献达瓦齐，受到乾隆帝的嘉奖，在平定大小和卓中，被寄予厚望。小和卓霍集占由库车败逃乌什，霍集斯定计请其进城，“城中头目欲设席，诱伊入城擒献”。[①] 霍集占发觉遁去。霍集斯随即降清，但小和卓霍集占对霍集斯的投清进行了报复，“伯克霍集斯之兄弟诸子多为霍集占戕害。”[②]乾隆二十三年（1758）九月二十七日谕曰：“据兆惠奏称，伯克霍集斯迎降；面陈追擒霍集占之策，即领兵径取叶尔羌等城，所为甚合机宜。看来回部诸城，自必闻风归顺，逆贼不日就擒，朕伫望伊等捷奏。兆惠、额敏和卓，俱赏给荷包、鼻烟壶，俟成功后，再沛殊恩。霍集斯有擒献达瓦齐之功，今又归诚划策，深为嘉悦，着加恩赐封公爵，赏戴双眼孔雀翎、宝石顶帽、天马褂、荷包、鼻烟壶，用示优眷，若能擒获霍集占，当晋加爵赏，兆惠即传旨抚慰。”[③]乾隆帝写下《乌什城酋长霍集斯伯克携回众献城降，诗以纪事》：

> 执渠早是被恩荣（先是达瓦齐自格登穷窜，霍集斯伯克奉军檄设计缚献，录功褒赏），畏逼迁随尚近情（霍集斯伯克与小和卓木均系回目，特为所强慑，因附和观衅，罪在可宥）。识顺料伊将倒戟（尝与军机大臣筹划军情，曾谕及霍集斯伯克有擒献达瓦齐一节，清军至其地，彼或降顺。比大兵既近，伊果筵款小和卓木，计图擒缚。因为潜觉遁去，遂率众投款军门），剪凶匪我愿佳兵。申明昧雉霜严令（库车之围，逆酋唾手就获，而失律者贻误，因命将军兆惠往代，就途次执失律之臣，明示显

①《平定准噶尔方略正编》卷六十二。
②《清高宗实录》卷五九五。
③《清高宗实录》卷五七一。

戮，军威大振)，叠见牵羊肉袒迎。天佑人归逮底绩，越因兢业凛亏盈。①

霍集斯在格登山之战后曾因协助清军擒获达瓦齐而被录功褒赏，尔后在大小和卓的威胁逼迫下附和观望，应当情有可原。进兵南疆之初，乾隆帝就预料到霍集斯会归顺天朝反戈一击的。他果然是率众投诚，愿意协助平叛。出兵是为了消灭顽凶，而不是皇帝喜好用兵。朝廷申明军令如冰霜般严厉，对昏愦失律的前任将军雅尔哈善给予处死，清军西进途中不断有维吾尔族人迎于道旁表示归服。上天佑助，人心归向，最终大清会完全取胜的，但乾隆帝还是关心着每仗的输赢，为此兢兢业业，不敢懈怠。

乾隆帝对霍集斯的归顺非常重视，《乾隆西域战图》第六幅即为《乌什酋长献城降》，所题即《乌什城酋长霍集斯伯克携回众献城降，诗以纪事》。可见在乾隆帝看来，霍集斯归顺清朝，是有利于平定大小和卓的重要事件。

霍集斯归附清朝后，凭借上表进兵路线获封公品级，又晋固山贝子品级。霍集斯之子漠咱帕尔也被授予于阗头领，年底进京入觐。因漠咱帕尔既是乌什伯克霍集斯之子，又是于阗伯克，所以乾隆帝很是重视。他先在乾清宫受到接见，与大臣随班行礼。乾隆二十四年(1759)正月初一，乾隆帝又在自己登基之前所居住的重华宫宴请漠咱帕尔，并写下《重华宫曲宴于阗回长漠咱帕尔》：

> 朝天兼值预朝正，曲宴宜教沐宠荣。尔父诚为识时务(漠咱帕尔之父霍集斯伯克，先以缚献达瓦齐得邀奖赉，比大兵讨回部，复自乌什赴阿克苏，投将军兆惠军营随征自效，而遣其子入觐)，王臣讵有限禅瀛(是日御前行走蒙古、青海诸王公皆在座)。旧宫小会轻齐史，新域来宾愿武成。入律东风方凑达，春台乐与物咸亨。②

于阗维吾尔伯克漠咱帕尔前来入觐，正好赶上正月初一的朝见。之后皇帝设私宴款待以使漠咱帕尔感受恩惠和尊荣。其父乌什维吾尔伯克霍集斯先前曾因擒献达瓦齐有功，又自乌什赴阿克苏投效兆惠将军，派遣其子漠咱帕尔进京朝觐，父子俩识时务可谓俊杰。皇帝在重华宫里光明正大地宴

①《清高宗(乾隆)御制诗文全集》二集卷八十一。

②《清高宗(乾隆)御制诗文全集》二集卷八十三。

请王公没有地域区分，而漠咱帕尔也愿天朝早日平定回疆大功告成。眼下正值春风和畅，皇帝与众臣登台览胜，一派万物祥和的景象。

《乾隆西域战图》之六《乌什酋长献城降》（铜版画）

初四，乾隆帝在瀛台宴请御前藩王大臣和漠咱帕尔观看千百人的溜冰和靶场射箭表演。十四日又在圆明园山高水长武帐（大帐篷）宴请漠咱帕尔。

年初，清军被围黑水期间，霍集斯随军奋战，多次退敌，功绩显赫，由此晋爵贝子，加贝勒品级，并赏宝石顶戴，四团龙补服。妻与子为策应军营，也捐马四十匹，以示诚意。二月，鄂对等被围困于和阗，霍集斯奉命随将军富德进援。和阗围解，乾隆帝授霍集斯为和阗六城阿奇木伯克。富德由和阗进兵叶尔羌，霍集斯绘图呈览，并统领和阗六百五十名维吾尔族官兵从军追击。在伊西洱库尔淖尔之战中，霍集斯与鄂对等执旗大呼招降，来投者纷纷。战后，他被乾隆帝晋封为多罗贝勒，加郡王品级。

霍集斯后被列入清朝平定西域紫光阁五十功臣之三十，乾隆帝为画像亲笔赞辞："郡王霍集斯：奉元戎檄，擒达瓦齐。后稍观望，旋迎我师。同大军进，被围黑水。回部望族，居之京邸。"①因有总管回部之意，又遭乌什众伯

①《钦定皇舆西域图志》卷首四天章四。

克控告,霍集斯遂留居北京。其晚年的京城生活,乾隆帝在诗文中多有描述,如乾隆二十五年(1760)七月初的《同近支宗藩及御前大臣侍卫并回部郡王霍集斯等赏荷,即事得句》云:“笑我秋来才一赏,孤他湖里冠群芳。霍集斯兼令陪宴,直称此信是天堂。”①说湖中荷花虽然孤单,可是美貌与气质超过众多花草,这次赏荷维吾尔郡王霍集斯随同并赐宴,他称赞美景好似天堂。十月十三日的《万树园赐宴,即席得句》云:“屈膝捧觞逮盐泽,缠头式礼厕花门(回部郡王霍集斯伯克等及哈萨克陪臣咸预宴)。敢云一已承先烈,或可千秋示后昆。”②诗的大意是,皇帝在吉日于万树园开筵款待扈从的王公大臣及蒙古、西域各地首领,群臣中举杯祝贺的有来自西域的霍集斯伯克及哈萨克陪臣,他们效法清朝礼节侧班而坐,乾隆帝敢说自己是继承了祖先的功业,统一西域或可作为千秋伟业告示后人。

霍集斯于乾隆四十六年(1781)去世,终年七十二岁。自乾隆到光绪年间,清朝对霍集斯家族一直恩宠有加,体现了对霍集斯功劳的肯定。

鄂对,原系库车维吾尔族首领。因库车“幅员广阔,地扼冲衢,为西入回疆之要路”③,所以在准噶尔部统治时期,鄂对被当成人质置于伊犁固尔札,以达到控制库车的目的。乾隆二十年(1755)五月,清朝大军平定伊犁,鄂对得以摆脱准噶尔的控制,投归清军,次年从征阿睦尔撒纳。因库车鄂对不肯附和大小和卓叛乱,霍集占将其家属全部杀害。乾隆二十三年(1758),他从征大小和卓,授散秩大臣,官秩从二品。托和鼐战前他为之出谋划策,清军取得杀敌二千四百多人的胜利。库车战事中,雅尔哈善不听取鄂对建议,致使小和卓霍集占逃逸。

阿克苏城归降后,鄂对被授为该城阿奇木伯克,赏公品级。是年冬奉定边将军兆惠之命,与侍卫噶布舒等率百余清军前往招服和阗。鄂对传檄云:“大兵已至,我等同天朝侍卫前来招抚。”④和阗头目“奉到传檄,倾心投诚,

①《清高宗(乾隆)御制诗文全集》三集卷六。

②《清高宗(乾隆)御制诗文全集》三集卷八。

③[清]椿园:《异域琐谈》卷三《新疆列传·库车》。

④《平定准噶尔方略正编》卷六十五。

即将逆贼霍集占遣往之数十人攻击奔窜，随出迎三日，将伯克鄂对等接入城内。其所属之哈拉哈什、玉陇哈什、塔克、齐喇、克里雅等五城伯克，一闻此信，亦俱前来投诚”①。

乾隆二十四年（1759）初，将军兆惠在黑水被围，霍集占派人马前来攻打，三月得以解围。四月间，乾隆帝作《和阗贼遁，诗以志事》：

> 和阗为回部扼要重地，所属六城，曰伊立齐、哈拉哈什、玉陇哈什、齐喇、塔克、克里雅，而统名之曰和阗。先是将军兆惠遣侍卫齐凌札布、噶布舒及回长鄂对伯克等往招归顺，继大军被围，小和卓木遣贼党往攻和阗。齐凌札布、噶布舒等分守伊立齐、哈拉哈什、玉陇哈什三城，百计抵御，以待援师。其余三城力不能支，复叛降贼。兆惠等解围之后，即遣副都统巴图济尔噶尔、瑚尔起等分兵驰救。望见贼营，时值大雾弥漫。清军乘势奋勇直前冲击，歼其渠魁阿布都海里克及和集雅斯二人，鄂斯满被创窜去，余贼悉遁，和阗得以解围。其三城仍即抚定。
>
> 传檄曾闻定六城，狂且怒臂致加兵。力单三堡重反复（伊立齐、哈拉哈什、玉陇哈什被围时，齐喇、塔克、克里雅城内降回度守御单弱，不能自存，随复叛从贼），计守十旬实勇诚。产玉河边遁敌骑，采花沙上识王旌。古称羊侃斯为盛，何吝嘉勤爵赏行。②

诗序的大意是，和阗为西域重地，所属有六城，在定边将军兆惠派遣侍卫齐凌札布、噶布舒及维吾尔伯克鄂对的招抚下归顺。接着兆惠在黑水被围，小和卓霍集占派人马攻打和阗。齐凌札布、噶布舒等分守伊立齐、哈拉哈什、玉陇哈什三城，千方百计守城抵御，等待援兵。其余三城齐喇、塔克、克里雅力不能支撑，归降小和卓。黑水解围后，兆惠即派遣副都统巴图济尔噶尔、瑚尔起分兵救援。他们趁大雾弥漫时奋勇冲杀，击毙敌人头目阿布都海里克、和集雅斯二人，鄂斯满及残敌逃跑，和阗得以解围，三城仍然得到安抚。

---

①《清高宗实录》卷五七六。

②《清高宗（乾隆）御制诗文全集》二集卷八十六。

定边将军兆惠传布檄文，曾经招抚了和阗六城。小和卓霍集占增加兵力来进攻。由于势单力薄，有三城被占领，其他三城坚守三个月，足见勇敢忠诚。敌人沿着和阗河逃遁而去，和阗民众又看到清军的大旗飘扬而来。古称“羊侃之地”的和阗从此会兴盛起来，朝廷的嘉奖和赏赐是毫不吝惜的。

鄂对以奋力固守和阗有功，被封辅国公。后随兆惠等追歼大小和卓至伊西洱库尔淖尔，与霍集斯等执旗大呼招降。事平，携降众归喀什噶尔，晋封贝勒衔固山贝子，被列入清朝平定西域紫光阁五十功臣之三十一，乾隆帝为画像亲笔赞辞：“贝子鄂对：平伊犁时，归顺勤王。回部杰出，其心允良。往谕和阗，被围三月。共噶布舒，全守卓越。”①乾隆二十五年（1760）入觐，加贝勒品级，调任叶尔羌阿奇木伯克。乾隆四十三年（1778）病卒。自乾隆到光绪年间，鄂对及后人分别被清朝任用为南疆各城伯克，在反对大小和卓后裔煽乱、维护新疆稳定的斗争中，发挥了重要作用。

鄂对画像

如今的库车王府

三、清军大本营和后方基地

在平定大小和卓的战争中，阿克苏不仅有霍集斯与鄂对这两位功臣，而且它也成为清军平定大小和卓的大本营和后方基地。

---

①《钦定皇舆西域图志》卷首四天章四。

首先应当指出，大小和卓的叛乱是不得人心的。大小和卓自称是伊斯兰教创始人穆罕默德的三十世孙，这其实是为抬高身份的自我标榜。大小和卓自幼与父亲被准噶尔拘禁于伊犁，在乾隆二十年（1755）五月清军抵达伊犁时得到解救。清朝决定利用大小和卓在南疆的影响，实现对南疆的和平统一，遂将大和卓布拉尼敦放归南疆，帮助朝廷招抚民众，而留小和卓霍集占于伊犁，管理塔兰奇。霍集占在清军全力平定阿睦尔撒纳叛乱之际，潜回南疆，鼓动其兄布拉尼敦，利用宗教煽动分裂叛乱。清朝派副都统阿敏道率百余人前去劝谕招抚，却被霍集占软禁于库车并全部杀害。乾隆二十三年（1758）初，清朝宣示霍集占罪状，指责和卓兄弟忘恩负义，申明讨伐矛头只对准霍集占一人，不株连民众，连大和卓布拉尼敦也可以从宽处理。

雅尔哈善失机后，乾隆帝命定边将军兆惠、副将军富德进军南疆。虽然小和卓霍集占逃出了库车，但清朝的军事实力和平叛的决心，使越来越多的维吾尔族人不愿追随大小和卓作乱。九月，库车被清军占领之后，阿克苏随即投诚。乾隆帝写下《阿克苏城回众投降，诗以纪事》：

> 回众筑城居，取之原属易。库车其东户，防守所特备。徒以将无能，久困致自弃。先是已两胜（方逆回赴援库车，官兵一歼之于托和鼐，再歼之于鄂根河，逆党毙者五六千人，贼势大蹙，唾手可就擒获），兵威亦云炽。杂种况夙怯，失城更恇悸。是宜鼓众前，先声图成事。而何待益兵，稍进复停辔（逆回已失库车，雅尔哈善不即乘机进剿，借口需兆惠兵至，将前忽却，屡失事会）。割谷资兵粮，前途谷满地。不过借口食，遂其迁延计。夷考回所据，大城原有四：曰叶尔奇木、哈什哈尔暨阿克苏、乌什，其余率小类。阿克苏今归，实断其左臂。故缘彼城中，伯克乃新置。霍集占心腹（霍集占既归旧部，各城皆置其心腹，以为胁制，比闻大兵将至，阿克苏回众即协力与逆酋拒战，逐其所置伯克，献城请降），强从非众意。今闻被创败，倒戈更相拒。戕害其用人，献城降遣使。此又宜速赴，河上逍遥寘（阿克苏既以城降，正可督兵前进，诸城可传檄而定，雅尔哈善乃以禾稼在地，欲为坐食株守之计，岂前途献地相踵，转虑赀粮不给耶）。是谓弃天佑，作孽乃由自。易帅明宪章（时命将军兆惠

星驰往代其军，将雅尔哈善解京治罪），靖远布恩惠。歼渠赦胁从，敷化逮暗昧。勖哉勉运筹，颙若冀明赐。①

南疆维吾尔族人筑土城而居，攻取原是很容易的。库车作为其东部的门户，敌人在防守上特别有所准备。将领雅尔哈善无能，将敌人久困之后又放弃。先前敌军增援库车，清军在托和鼐、鄂根河两战重创敌军，士气旺盛。混杂而成的敌军本没有什么战斗力，面临城被攻破，更是恐慌不安。在这种形势下，雅尔哈善本应激励士气，先声夺人，挫敌取胜。但雅尔哈善却要等待援兵，停止了攻击。他借口收割储备军粮，其实是在拖延时间。维吾尔族人所居的大城有四个，即叶尔羌、喀什噶尔、阿克苏和乌什，其他的都是小城。今天阿克苏归降，就等于切断了大小和卓的左臂。该城伯克是霍集占新任命的心腹，违背民意。维吾尔族民众团结起来抗拒霍集占，驱逐了他任命的伯克，开城门迎接清军。此时雅尔哈善正可督兵前进，诸城可相继平定，他却还是以收割储粮为守株待兔之计。岂不知诸城平定后，还用担心粮食供应吗？雅尔哈善是放弃上天佑助而自作孽。乾隆帝命兆惠夜奔前往取代，将雅尔哈善解京治罪。要以严明的法度平定西域并给予恩惠，消灭首恶而宽赦胁从，布行教化以启发民智，尽力筹划决策，希望上苍给予大清明确的指点。

在阿克苏投诚之后，乌什霍集斯也随后投诚。乾隆帝在《我军》诗中起句就是“我军取乌什，酋长款复献（阿奇木霍集斯伯克。阿奇木伯克者，回语大头目，霍集斯其名也）”。

随着库车被攻克，阿克苏与乌什相继投诚，阿克苏成为西征清军的云集之地。

一是阿克苏为黑水营被困官兵的求援之地。定边将军兆惠在乾隆帝的催促下，匆忙赶到阿克苏，未等后续到来，就带领四千士兵，兼程向叶尔羌突进，进抵城下。当时小和卓霍集占已在此坚壁清野、敛民众入城，与坐镇喀什噶尔的大和卓相掎角。兆惠所部十月六日在城中陷入小和卓霍集占的重围之中，浴血杀出，在城东隔河有水草处结营固守三个月。兆惠派遣七人各携告急文书，分两批突围赴阿克苏求援。《我军》诗记载：“壮士遴七人，星驰两致信（将

①《清高宗（乾隆）御制诗文全集》二集卷八十一。

军遣索伦侍卫五十保等两次贾勇突出，遇贼众遮道者戮之，赍奏达阿克苏城，时参赞大臣舒赫德驻守，因令五十保驰驿迎趣援师，且直抵京城，面奏军营情事，俟师齐即率以赴援）。舒赫德留守，诸回静以镇。羽檄催后师，继进期飙迅。毕齐阿克苏，赴援雪深恨。”①

《乾隆西域战图》之八《呼尔璊大捷》（铜版画）

二是阿克苏为呼尔璊大捷和救援黑水营的出发之地。乾隆二十四年（1759）初，清军增援部队由阿克苏星夜奔驰，六日在呼尔璊激战五天四夜，杀敌千余人。前来助战的大和卓布拉尼敦肋间受伤，与小和卓霍集占各自逃回城中。乾隆帝在《我师》诗中记载阿克苏救援黑水营情况：“再三督援师，速进以接济。亦不待督责，敌忾人同励（参赞尚书舒赫德于阿克苏先简驻城锐卒并督诸路兵先至者，星驰往营，而将军伯富德等所统满洲、索伦、察哈尔及绿旗营兵取道云集，参赞公阿里衮以次解马济师，一时军声士气，为之益振）。”②使黑水营得以解围。

三是阿克苏为清军休整及攻打追剿大小和卓的备战基地。黑水营解围之后，清军撤回阿克苏休整数月。是年夏，三万兵马两路出击。定边将军兆惠由乌什进攻喀什噶尔，副将军富德则先去支援和阗，再攻打叶尔羌。兆惠率军到达前，大和卓布拉尼敦已于六月二十七日逃离喀什噶尔。乾隆帝在

①《清高宗（乾隆）御制诗文全集》二集卷八十二。
②《清高宗（乾隆）御制诗文全集》二集卷八十四。

《哈什哈尔回众投诚,诗以纪事》记载阿克苏备战情形:

今春围解黑水营(黑水即喀喇乌苏,地近叶尔奇木,去冬将军兆惠等筑垒固守处也),全师回阿克苏城。贼不敢遮亦不缀,彼力创竭足堪征。北塞调马往二万,益以索伦之劲兵。以布易回粟供饷(回人以布为珍,用兵驻阿克苏时,命转饷者运以易粟膳军,省费三十余万,复敕内部就产布各省采解,不以烦甘凉,以被灾故也),数月休息胥饱腾。整师两路一时进,歼渠务使回众宁(回酋兄弟分处两城,枝梧策应,命将军兆惠等由乌什往哈什哈尔,富德等由和阗往叶尔奇木,帅兵同时并进,令其首尾不救,以期俘获)。①

《乾隆西域战图》之九《黑水围解》(铜版画)

随后,小和卓霍集占于闰六月二日逃离叶尔羌,两路会合后,由今阿克陶向帕米尔高原西窜。清军紧追不舍,在霍斯库鲁克、阿尔楚尔和伊西洱库尔淖尔,三战三捷,最后竖旗招降,敌阵中人纷纷来投。乾隆帝御制《平定回部勒铭伊西洱库尔淖尔碑文》以纪念胜利。此碑现藏塔什干博物馆。

清朝两征准噶尔,一定回部,统一天山南北的战争历时五年,至此大功告成,而阿克苏在平定大小和卓的战争中发挥的重要作用,永载史册。

还应当提及的是,乾隆帝诗赞阿克苏的桑葚。乾隆二十九年(1764)五月他作《阿克苏桑葚熟,因成八韵咏事》:

---

①《清高宗(乾隆)御制诗文全集》二集卷八十八。

嫩条阿克苏初移，结实仍当夏五时。食黮殊方还献椹，曰桅《尔雅》讵为栀。只传乌白原恒有，讶见丹红实出奇。诡异宁同尺以计，硕魁真比寸犹欺。迎眸磊落诚轩意，可口甘芳孰朵颐。鲜进凤闱欣远奠，熟颁鹭序沐恩滋。衔残漫拟樱桃诮，解热奚劳甘蔗随。分赐莫将容易看，洸洸曾用济王师（清军平回部时，所过桑葚丰燧甘美，远逾腹地。营中恒佐军食，士卒采摘风戾，兼足资粮糒之储，至今传为盛事）。①

看着阿克苏进贡来的桑葚，乾隆帝不由得想起每年五月是阿克苏桑葚成熟的时季，给人恩惠的桑葚来自遥远的西域。《诗经·鲁颂·泮水》："翩彼飞鸮，集于泮林，食我桑黮，怀我好音。"《尔雅》一书对桑葚也有记载。原来传说桑葚只有乌和白两种，当你看到阿克苏的丹红桑葚一定会惊讶称奇。《神异经》说，"东方有桑葚长三尺五寸"。阿克苏的桑葚个大肥硕，果实累累，笑对世人，甘甜可口，供人鼓腮嚼食。山高路远，阿克苏桑葚进宫是很不容易的。乾隆帝分发给上朝的百官品尝，大家含在嘴里，称赞其味如樱桃，似甘蔗。乾隆帝要告诉百官，可别小看这小小的桑葚，当年可是平叛大军的干粮啊！

此时距平定大小和卓之乱已经过去了五年，可乾隆帝还是没有忘记。他写诗赞美阿克苏的桑葚，述说它在统一西域的战争中解决了部分军粮供应的严峻问题。又过了五年，乾隆三十四年（1769）五月，乾隆帝又赋诗《桑葚》："回果种不成，回瓜成即进。惟有移回桑，成葚实繁盛。赤似结珊累，白若穿珠莹。个中具妙理，应是怀音证。"②

①《清高宗（乾隆）御制诗文全集》三集卷三十九。
②《清高宗（乾隆）御制诗文全集》三集卷八十二。

第九章

乾隆帝与《开惑论》

北京紫禁城宁寿宫内的乐寿堂，是乾隆帝归政退闲后的书斋。这里院落宽敞，回廊四合。在乐寿堂北门内，置有宫中最大的玉雕——玉山大禹治水。玉料从新疆运到北京，又运到扬州，雕刻成型后再运回北京，先后花费了十年时间。这座玉山设计精巧，雕技高超，是国之瑰宝。乐寿堂后面，黄色琉璃瓦歇山式屋顶，工字形宫殿建制，为颐和轩。轩内正中三间和进深二间形成宽敞大厅，陈列着玉山丹台春晓和青玉云龙瓮，其东西两壁刻有乾隆帝御笔亲书的《开惑论》和《西师诗》全文。可见晚年的乾隆帝对这几座玉山和一诗一文是何等看重，促使我们探究《开惑论》到底写了什么。

宁寿宫外景

乾隆二十四年十月二十四日（1759 年 12 月 13 日），沉浸在胜利喜悦之中的乾隆帝想到，五年来他顶着朝中对于西征的种种疑惑和非难的压力坚持下来，认为有必要在此开疑解惑。

1.《开惑论》全文

夫人情有所弗概于怀者，则不能无惑。况西师之役，决机于午夜之密勿，驰檄于绝域之阻阂，语言判不相同，风俗夐然各别，是安能人人而告之，以祛其疑。故事以问明，理以答晰。因仿四子讲德之遗意，作《开惑论》。

其辞曰：有春秋硕儒者，是古卑今，循规蹈矩。喜宽衣博带，如鲁诸生；厌突梯脂韦，若楚公子。闻信天主人，欲有所缔构挞伐，虽不敢面折其非，而每退有后语也。既而定伊犁，俘名王，成旧志，辟新疆，兵不血刃，而归马于华山之阳（西陲一役，自乙亥春两路大兵进发，所过迎降恐后，遂擒达瓦齐，定伊犁隶属诸部，及秋已告成事，无顿弦遗镞之费）。乃造于臻成大夫之席曰："唉，有是哉，有是哉，走怀杞人之忧有日矣。夫守在四夷，其德莫恢；佳兵不祥，其理莫赅。今所见者迥异乎所闻，则是秦皇不必筑长城，而汉武不必悔轮台也。曷以启予蒙乎？"

大夫曰："子不闻长卿之言乎，非常者固常人之所疑也。"无何，阿逆叛，群凶应，如蜩如螗，曰枭曰獍，断驿掳牧，奋臂以逞。一二只行野宿者，或致戕其身命（阿睦尔撒纳潜蓄异志，乘清军既平准夷，觊为四部大台吉未遂，中途叛逃，而一时逆党如伊犁之巴桑克什木，西路之阿巴噶斯、哈丹，北路之包沁等，先后煽附，断台肆掠，道路为梗）。于是硕儒复过大夫之闾曰："如何如何，果不出吾所讶，宜亟罢是役，祸庶少辑。"大夫曰："子姑俟之。"于是师重进，渠远跳，顺者抚，逆者剿（丙子春，清军整旅讨逆，阿睦尔撒纳窜去，其党并就剿抚，伊犁复定）。先是喀尔喀有青滚杂卜者，獯狁佥回之駻獍也。以收都尔伯特四部时，曾贾其牛羊，用赐新抚，乃借以煽惑众喀尔喀，且欲私通阿逆之丑虏（青衮杂卜本喀尔喀台吉，恩封郡王从征，密旨令将军等计擒阿逆时，青衮杂卜实漏其信，复自军营逃回游牧，蛊众撤卡，甘心从贼，为我参赞大臣纳木扎尔执送京师，得正显戮）。阿逆既窜，罪人斯得，喀尔喀众，以休以息。然彼时将帅之臣，追阿逆于哈萨克，为其所卖。同时准噶尔宰桑之在役者，皆习为盗而惯军诈者也，见而轻之（时阿逆窜迹哈萨克，方以谲计缓师，而将军达尔党阿不审先机，竟尔按兵待献，坐失事会）。既罢役，则相率为乱，欲复其旧制，而耻为我臣。是和起被欺于辟展，兆惠战出于济尔哈朗之所因也（厄鲁特宰桑等从征哈萨克者，既心轻将帅所为，思逞乱阶，将军和起方往追巴雅尔至辟展，为逆回莽噶里克、厄鲁特呢吗等设计遣散驼马，仓卒被害，而将军兆惠自济尔哈朗力战得出，贼势复戢）。

硕儒曰："吁，是盖祸结兵连，吾不知何日之息肩矣。"尔其重整四甄，夹攻两路，阿逆复自哈萨克窜归，适遇清军，又仓皇而遁去。盖自是哈萨克亦面内归化，欲助我以擒阿逆，而阿逆乃只身入沙俄境，穷极伏冥诛之故也(哈萨克以素稔阿逆反复,且畏怀中朝威德,奉表来归,请以擒贼自效,逆势益蹙,仅以残喙投俄罗斯,毙焉,遣侍郎三泰验实以闻)。豺狼不可以犬豕畜,鸱鸮不可以鸡鸭育,是反复喜乱之徒,再存之,再不知感,且残贼为奸焉,是惟剪刈灰灭之而已,更不可以仁义化迁。乃欲姑息了事者,又以为不杀降人。夫不杀降人,可留降人之马,而与之足力,以受其愚,则大不可。满福之遇难,以及助二回酋与我抗衡,皆此沙拉斯、玛呢斯二鄂拓之所构祸也(丁丑春,复命将军成衮扎布、参赞舒赫德等由朱勒都斯路进伊犁,将军兆惠、参赞富德等由额林哈必尔罕路进塔本集赛,而成衮扎布等遇克勒特、乌鲁特、沙拉斯、玛呢斯等鄂拓克,皆抚降其众,不取其马驼,大军过而贼皆反去。乃遣都统满福领偏师追剿,沙拉斯、玛呢斯二鄂拓贼人诡持军门札,自称已就降抚,并云前驱除道以待,满福行次哈拉和卓,竟以堕计捐躯)。

至库车之稽绩,实偾辕于逍遥。更将申律,旗鼓一新,遂长驱直入,而功垂成于崇朝(先是大和卓木既还故部,乃阿逆之叛,小和卓木孤恩助恶,及兴师问罪,围库车城,而小和卓木来援,身窜入城,自投罗网,雅尔哈善纵贼失机,遂致养痈贻患)。黑水之守,主客众寡之势,虽愚者亦知其飘摇,以三千余人敌数万众,而搜穴得米,掘井得泉,贼铳著木,取铅丸数无万,反以击贼,无不中贼之酋豪。于是两军相合,贼乃遁逃。及穷追异域,驻旅驰檄,献馘称臣,遂成耆定之功高(戊寅冬,将军兆惠直薄叶尔羌,道远马疲被遮,固守时经三月,深沟高垒,贼不敢侵,且屡获神应,而夏前调兵在道,副将军富德得以檄促赴援。又参赞大臣阿里衮解马适至,内外夹击,军威大振。至己卯夏,酋惧六师继进,弃城远遁,入拔达山界。寻以追兵压境,其汗素尔坦沙闻风归化,杀贼函首以献,回部悉平,西陲永定)。

臻成大夫乃进春秋硕儒而诏之曰:"两大部落不为不强,周二万余里不为不广,五年成功不为不速,前歌后舞不为不祥,子徒见始事之秋,选懦畏葸者之腾口,是所谓人然亦然,人否亦否者也。且师旅征伐之于国,犹雷霆霜雪之于天,非霜雪则万汇烦嚣之气不荡涤,非雷霆则四时湮郁之气不鬯宣。非师旅征伐,则梗我王化者,无以詟伏惩创,不敢抗干。是以诘戎扬烈，益当廑于重熙累洽之年也。子独不见达瓦齐之懵懵乎（达瓦齐献俘后，赦不诛，且优赐王爵，以善终）。设云事慎首祸，礼不纳叛，是俨然以外夷弑君者为敌国，岂不粤我君哉。”

硕儒曰：“岂谓是哉。阳舒阴惨，生民大情，离忧合欢，品物同性，绝者不可复属，死者不可复生，损兵折将，无补功成。”

大夫曰：“吁，子所谓执迷而不悟者矣。成大事者，不顾小谋，图大全者，宁辞小害。示应于近者，远有可察；托验于显者，微或可概，且子亦知损兵折将之由乎。彼或内怯于心，外受人诒，决机不审，迟疑擿埴，而自贻伊悔，岂主人之罪哉。若夫虎臣罴士，折冲宣力。马超囊足，姚期摄帻，渴赏捐躯，实不乏人。而一闻如是者，午夜为之酸心，举案为之忘食。虽刻木结蒲，无以加兹，而且赏延后昆，太常纪绩。如子所云，则汉祖唐宗拨乱草创之初，宁无一人结缨死绥者哉。《礼记》听磬声则思，又何以云乎。故非沉几不足以图功，非果断不足以定业。彼其狼狈相顾，潜包祸谋者，以螳螂之斧，御隆车之辙，不自竿量，何异苇苕之鹪鸠。是以王师屡入，霆奋席卷，如举炎火而焫飞蓬，覆汤泉而沃白雪。子何不度以全局，待以岁月，而为是无稽之说哉。”

硕儒曰：“若仆者，乃隙中观斗，井里窥天，以今日应机底绩论之，何妨再迟数年。愧矣服矣，豁然悚然。”

大夫曰：“未也。子姑听之：夫食椹怀音，非纳叛臣，奖夔优遇，欲集其勋（阿逆初降时，备陈贼中情形，请兵甚力，即推诚奖任，令副北路将军以行，时或有以厚遇新附窃议者）。密敕周防，先示戚亲（时命固伦额驸色布腾巴尔珠尔与阿睦尔撒纳偕行，密谕察其动定，虽非预存逆亿而逆贼狡狯，故智未尝不在意计中也）。操刀必割，所戒逡巡（阿逆既以未厌所望，在伊犁时居常不衣赐服，及用私印行军檄，踪迹颇露不逞。屡敕将军班第、参赞鄂容安，相机擒剿，而因循寡断，阿逆得以入觐为词，乘隙生变）。”

子云：“应机亦非至论。三隙可乘，未兴大军（或又以为乘人之衅，不知策妄多尔济那木扎尔年幼昏暴此一隙也，喇嘛达尔扎篡夺又一隙也，达瓦齐复篡夺之又一隙也，彼时皆未兴兵，详见《西师》诗）。加征增算，何曾于民。凡有水旱，无不恤赈。运输给价，防其蚀侵。甘肃岁赋，预免庚辰。两部永靖，并及其邻，哈萨布露，枭瞷文身，无不内属，慕义归仁。鸿庸爰建，千古未闻。若子者所谓菽麦未辨，安足以知我信天主人哉。”

信天主人乃召大夫、硕儒而告之曰：若二子者，所谓楚既失之，齐亦未为得也。夫顺天者昌，逆天者亡，故粤宛犹不逆时气，而奉若者，岂可恃力而夸张，且屡危而屡夷，愈变而愈康。钲鼓一动，遂定二方，凿空二万余里，蒇事五载已央。使畏难而中辍，未必不致祸而受殃。浮议者方且谓老成之言臧也，在《易·师》之上六曰：大君有命。复之上六曰：迷复有眚。今得以利用御寇，由颐有庆，是不亦大幸乎。夫获此幸者，宜思何以获此幸于昊苍，方将矜矜惴惴，凛凛皇皇，陨越是惧，奚暇计夫二子之短长也哉。①

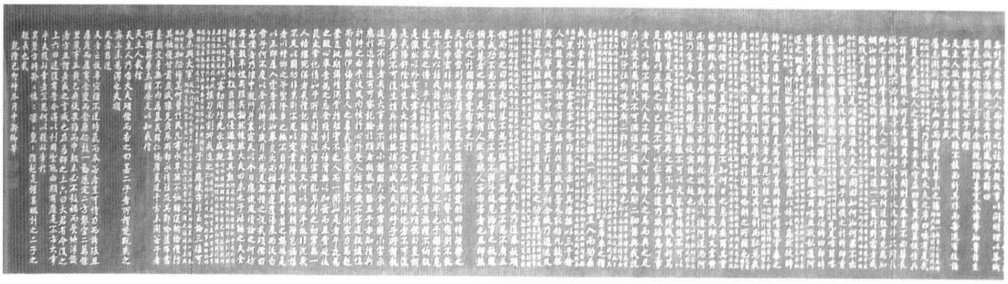

紫禁城颐和轩内的《开惑论》

2.《开惑论》开篇大意

人世之情如果不能了然于心怀，则不能没有疑惑。何况用兵西域平定准噶尔与大小和卓之役，都是常在半夜确定的机密决策，加上公文的传递又是在西域的战乱与阻隔中，语言迥异，风俗迥然有别，怎么可能对所有的人一一告知，以解除其疑惑。所以为了把事情说清楚，把道理辨明白，乾隆帝仿照汉代王褒虚构四个寓言人物讲德的意趣，写下这篇《开惑论》。

话说有一春秋硕儒，厚古薄今，循规蹈矩。又喜宽衣博带，如鲁国诸生；

①《清高宗实录》卷五九九。《清高宗（乾隆）御制诗文全集》初集卷三。《钦定皇舆西域图志》卷首一天章一。

讨厌如楚国公子那样的圆滑逢迎之人。他听说信天主人欲经营开创，出师西域讨伐，虽然不敢当面非议，但在背后颇有微词。不久他见到平定伊犁，俘获达瓦齐，完成先祖遗志，开辟新的疆域，而又兵不血刃，归马放牛，休养生息的一派景象，就对臻成大夫说："真是的，真是的，我真是杞人忧天啊。总认为守卫为德，用兵不祥，今天这情况与以往完全不同，以此看来，秦始皇不必修筑长城，而汉武帝也不必为悔征伐而下诏罢轮台屯戍。这对我真是大有启发啊！"

臻成大夫说："您没听司马相如说过吗？不寻常的人都有寻常人的疑惑呀。"不久，阿睦尔撒纳叛变，群凶响应，杀人抢掠，猖獗一时。于是春秋硕儒又过臻成大夫之门说："你看，你看，果然不出我之所料，为了减少祸端，还是赶快罢兵吧。"臻成大夫回答："您还是暂且等等看吧！"于是清军重入伊犁，叛首远逃，清军对降顺者安抚，对叛逆者剿除。出身于喀尔喀蒙古的将领青滚杂卜，以及当初收抚归顺的厄鲁特蒙古都尔伯特等部，曾购买其牛羊给予赈济，青滚杂卜因为扰累其众煽惑叛乱，还向阿睦尔撒纳泄密，被押至京城明正典刑。喀尔喀部众并未受牵连，得以休养生息。然而清军将帅在追剿逃入哈萨克境内的阿睦尔撒纳时，被其愚弄欺骗，遭到准噶尔宰桑轻视。在清军离开后，敌众又相继叛乱，所以出现了将军和起在辟展被骗杀害、兆惠在济尔哈朗陷于重围之事。

春秋硕儒说："哎呀，哎呀，战事灾难不断，真不知什么时候才能休养生息啊！"大清重整师旅，两路夹攻，阿睦尔撒纳自哈萨克窜回，正遇清军，又仓皇逃出。这时哈萨克已归附大清，欲协助擒拿。阿睦尔撒纳见状只身逃入沙俄境内，不久病死，在阴间受到了惩罚。看来豺狼不可当狗猪养，猫头鹰不可为鸡鸭育，反复作乱之徒，虽留存也感化不了，亦不知感恩，只有消灭而已。原想无原则地宽容，不杀降人，留作后用，但若沙拉斯、玛呢斯等，杀害副都统满福，助虐大小和卓叛乱，都是先前归降，而后制造祸端。至于考核库车之战绩，实在是靖逆将军雅尔哈善失机误事。乾隆帝将其依法处死，更换将帅，重申军令。将士为之振奋，长驱直入。可惜小和卓在库车逃脱，功败垂成于一个早晨。黑水营之战，敌众我寡，看上去岌岌可危，清军却能以三千余人抵挡数万敌众，掘窖得米，挖井得泉，取来敌人射击到树上的铅丸还击敌人，坚守三个月。呼尔璊大捷后，援军赶到乃解围。大小和卓弃城西逃，清军穷追不舍，拔达克山献首称臣，遂完成西域统一大业。

臻成大夫于是教诲春秋硕儒，对他说："两大部落不能说不强，地域二万余里不能说不广，五年成功不能说不快，歌舞凯旋不能说不祥，可您一看到叛乱，就随着那些怯懦之人吹毛求疵，人云亦云。而清军西师讨伐，犹如天上的雷霆霜雪。没有霜雪则不能荡涤喧嘈，没有雷霆则阴郁之气不能驱散。没有讨伐，则抗拒天子教化者不能受到惩罚。以武力弘扬先祖之大业，是为了累世升平。您没看见达瓦齐那糊涂样吗？我对他赦免不杀，赐封王爵，得以善终。假若对达瓦齐严惩，岂不有损于我人君形象？"

春秋硕儒反驳道："哪里如您所说的那样轻松啊，西师之役损兵折将，伤亡惨重，死了那么多人，不能以功成而掩过。"

臻成大夫说："嗨，您真是执迷不悟。古来成就大事者，不搞小计谋；做事力求完美，但也不可能没有小的损失。考察事物应由近及远，由显入微。再说您了解损兵折将的缘由吗？有的将领或内心怯懦，或被人欺骗，或决策不周，或迟疑误事，自取悔恨，哪能归咎于皇上呢？清军大多数将士都是勇猛作战，为国尽力。像三国时的马超，受伤策马而冲杀，如东汉时的姚期，裹伤整装又陷阵，为求封赏而捐躯者，不乏其人。而一听到这些，我在半夜为之心酸，难过得吃不下饭。朝廷不仅给予他们厚葬，而且惠及后代。如其所说，那汉高祖、唐太宗在乱世打天下的时候，就没有一个人为之献身吗？《礼记》说君子听磬声，则思死难之臣。没有深谋不能建功，处事迟疑不足以立业。叛乱者是螳臂挡车，不自量力，如同草丛里的鸟雀。而清军如雷震般迅猛，如席卷般扫除，就像大火烧尽蓬草、热汤泼于雪地。为何不以全局观照，而发无稽之谈呢？"

春秋硕儒说："像我这样的人，是墙缝中看星斗，井底里观天空，以今日之顺应时机和所取战绩来看，何妨再推迟数年。惭愧，佩服！"

臻成大夫说："您说的不可行。对归附者给予恩惠是为了感化，为了成就大业。同时预先有所防备。行事应及时果断，不可犹豫迟疑。您所说的顺应时机亦不正确。此前曾有三次机会，但皇上都未发兵。平定达瓦齐是大势所趋，平定阿睦尔撒纳与大小和卓是势在必行。这次西师之役所用经费并未劳民。各地水旱灾害，朝廷无不给予赈济。租车运输，按价付酬。对甘肃的赋税，宽免到乾隆二十五年（庚辰，1760）。准部回部，永远平定，邻近部落也得到安宁，哈萨克与布鲁特等部落都倾慕仁义，归附大清。如此大功，千古未有。像您这样菽麦都分辨不清的人，怎能知道我信天主人的胸怀和抱负！”

信天主人召见了臻成大夫和春秋硕儒，对他们说：“顺天者昌，逆天者亡。所以我顺天而行，不逆时气，屡次化险为夷，愈战而愈勇。随钲鼓之声而征伐，平定了准噶尔部与回部，五年间完成了开拓疆域二万里的伟大事业。假如因畏难半途而废，未必不导致更大的祸殃。空言议论之人，自称是老成之言可取。《易经》说大君有命，又说迷复有眚。今天我得以取胜，岂不是一大幸事！应当感谢上苍。我在这美盛庄肃之际，谨慎而戒惧，惟恐有所颠坠闪失，哪有空闲计较两位夫子议论短长！”

3.《开惑论》中的信天主人，为乾隆帝自称

乾隆皇帝一生有多个名号，如“长春居士”“古稀天子”“十全老人”等，都是大家所熟知的。当然也有人们不太熟悉的，“信天主人”就是其中的一个。这个名号与乾隆平定准噶尔与大小和卓叛乱、统一西域的重大历史事件有密切关系。

乾隆二十四年（1759）十月，天山以南叛乱首领大小和卓失败外逃被诛杀，标志着清朝历时五年的平定准噶尔与大小和卓叛乱，最终取得全面胜利。乾隆帝发布谕旨说：“今统计用兵，不越五载。内地初不知有征发之劳，而关门以西万里有余，悉入版图：如左右哈萨克、东西布鲁特及回部各城，以次抚定。现在拔达克山诸部落，皆知献俘自效，捧檄前驱。以亘古不通中国之地，悉为大清臣仆，稽之往牒，实为未有之盛事。”①

乾隆帝于欣喜之中，回顾五年历经曲折的战事，更有颇多感慨，积郁在胸的不平之气不吐不快，为释疑解惑，更为总结得失，写下著名的《开惑论》，颁发群臣，宣示中外。

《开惑论》是乾隆帝十分重要的一篇论说文章。文章仿照西汉文学家王褒的四子讲德之意，假设有春秋硕儒和臻成大夫二人，就清朝对西部边陲用兵平定准噶尔与大小和卓的过程，进行观察和评判，发表各自的看法。其中春秋硕儒厚古薄今，循规蹈矩，战事一有挫折就大呼小叫，指责清朝穷兵黩

①《清高宗实录》卷五九九。

武，劳民伤财，损兵折将，而臻成大夫对此一一进行了反驳和劝导。

文章最后是乾隆皇帝以“信天主人”的身份对春秋硕儒和臻成大夫二人的言论进行评判，指出顺天者昌，逆天者亡，只要顺天而行，不逆时气，就能屡次化险为夷，愈战而愈强。

“信天主人”从此便成为乾隆皇帝的名号之一。很明显，乾隆皇帝之所以自称“信天主人”，正是取“顺天者昌，逆天者亡”之意，同时也是乾隆帝对先祖敬天爱民思想的躬行实践，对天恩助顺成就丰功伟业深怀感激的具体表达。

“信天主人”是乾隆皇帝很喜欢的名号，制作相应的宝玺也成了很自然的事。在乾隆二十四年（1759）作《开惑论》不久，他即命内廷工匠用玉石等制作了多方大小不等的“信天主人”宝玺。初步统计大约有五六方，钤盖于御笔书画之上，现在故宫所保存的文物上还可以见到。

乾隆五十年（1785）盛夏，已经七十四岁的乾隆帝作《信天主人自箴》诗以自勉，亦表达了乾隆帝以“信天主人”为号的意旨。

开惑昔年著论曾，信天爰以主人称。谓危反用成安屡，逮失还资为得仍。事定不堪回首忆，途长惟益励心兢。信天天眷古稀有，顾我何修遇此能？①

以后，晚年的乾隆帝为阐扬其文治武功，又命制作“信天主人”宝玺。《内务府造办处活计档》中有两份材料记录了制作情况。一为乾隆五十一年（1786）“五月二十二日员外郎五德、大达色、库掌金江、催长舒兴、笔帖式福海来说，大监鄂鲁里交：青白玉宝一方，上贴信天主人本文，传旨：发往苏州送到刻字玉宝一方呈进，交懋勤殿讫。”另一为：“九月二十七日员外郎五德、大达色、库掌金江、笔帖式福海来说，大监鄂鲁里交：青白玉信天主人玉宝一方、青白玉乾隆玉宝二方，懋勤殿现用，传旨：配匣二件盛装，钦此。于十月初九日将信天主人玉宝一方配得匣呈进，交懋勤殿讫。”从中可知此方青白玉“信天主人”宝玺整个制作过程历时近五个月。

此后的十年中，几乎年年都可以见到有关“信天主人”或“信天主人”宝玺的信息。如乾隆五十年（1785）正月的《千叟宴君臣联句》诗注中有：“西师蒇功，御

①《清高宗（乾隆）御制诗文全集》五集卷九。

制《开惑论》昭揭信天主人以折群蒙，申明顺天者昌由颐有庆之理。”“上时以始勤终怠为戒，今年犹作《信天主人自箴》诗。”①在乾隆五十五年(1790)正月庆贺其八十大寿的《八征耄念之宝联句》中也有：“庚辰西师蒇事，准回两部尽入版图，皇上追维用兵之始，众议不无疑阻，而睿谟独断，不五年而大功告成，作《开惑论》以示中外，设为春秋硕儒、臻成大夫往复之词，而折中于信天主人。因镌信天主人宝，即采论中语也。”②直到乾隆六十年(1795)正月的《洪范九五福之五日考终命联句》中仍有：“西师之役，达瓦齐即擒，伊犁底定，阿睦尔撒纳潜蓄异志，旋复叛去。上断以必讨，廷臣恇怯或有异议，上乃设为信天主人著论，以阐其惑。西陲大定，因命镌玉为信天主人之宝，皆由皇上默契天心，故捷于影响，昊苍助顺也。”③可见乾隆帝在平定准噶尔与大小和卓叛乱过程中的决定性作用，以及此役与乾隆帝信天主人名号、信天主人宝玺制作之间的密切关系。

乾隆帝“信天主人”宝玺

①《清高宗(乾隆)御制诗文全集》五集卷十一。
②《清高宗(乾隆)御制诗文全集》五集卷五十一。
③《清高宗(乾隆)御制诗文全集》五集卷九十三。

第十章

乾隆帝平定大小和卓碑文述评

据《清高宗实录》记载，乾隆帝在宣示《开惑论》十天之后，于乾隆二十四年（1759）十一月五日再发谕旨："御制《平定回部告成太学碑》文曰：……勒石大成殿阼阶前。御制《平定回部勒铭叶尔羌碑》文曰：……勒石叶尔羌城。御制《平定回部勒铭叶什勒库勒诺尔碑》文曰：……勒石诺尔上。"①

这三篇碑文，都出自平定回部最高决策与指挥者乾隆帝的手笔，这无疑是我们研究西域史、清代史的重要史料，值得我们珍视并深入研究。

一、《平定回部告成太学碑》

1.《平定回部告成太学碑》碑文全文

建非常之功者，以举非常之事。举非常之事者，以藉非常之人。然亦有不藉非常之人，而举非常之事，终建非常之功者，则赖昊苍笃贶，神运斡旋，事若祸而移福，机似逆而转顺。顺天者昌，逆天者亡。故犁准夷之庭，扫回部之穴，五年之间，两勋并集。始迟疑犹未敢信，终劼劬以底有成。荷天之龙在兹，畏天之鉴益在兹。爰叙其事如左：

达瓦齐之就俘也，伊犁已大定矣。无何而阿睦尔撒纳叛，彼其志本欲藉我力以成己事。时也人心未定，佐饔者尝，一蜮肆狂，万狚应响，蜂屯蚁杂，不可爬梳。畏难者群谓不出所料，准夷终不可取，并有欲弃巴里坤为退守谋。然予计其众志不齐，将有归正倒戈者，于是督策将帅之臣，整师亟进。既而伊犁诸台吉、宰桑果悔过勤王，思讨逆贼以自赎，此天恩助顺者一也。

二酋大小和卓木者，以回部望族，久为准噶尔所拘于阿巴噶斯鄂拓克者也。清军既定伊犁，乃释其囚，以兵送大和卓木波罗泥都归叶尔羌，俾统其旧属。而令小和卓木霍集占居于伊犁，抚其在伊犁回众，乃小和卓木助阿逆攻勤王之台吉宰桑等，阿逆赖以苟延。及清军再入，阿逆遂逃入哈萨克。而霍集占亦即收其余众，窜归旧穴，此天恩助顺者二也。

准夷之事，前纪略见梗概，兹不复纪。纪兴师讨回之由，则以我将军兆惠在伊犁时，曾遣副都统阿敏道往回议事，小和卓木乃以计诱阿敏

①《清高宗实录》卷六〇〇。

道而拘之。及清军抵库车问罪,彼携阿敏道以来援,至中途害之,及从行者百人。彼犹逞其狂悖,抗清军颜,且敢冒死入库车城。乃雅尔哈善略无纪律,致彼出入自由。然我满洲索伦众兵士,无不念国家之恩,效疆场之力,故能以少胜众。逆渠惧而兔脱,此天恩助顺者三也。

知偾辕之无济,抡干材之可任。时将军兆惠以搜剿准夷余党,至布鲁特部落,已款服其众,因命旋师定回部。于是克库车,存沙雅尔,定阿克苏,略乌什,收和阗。师之所至,降者望风。直至叶尔羌城下,而清军人马周行万有余里,亦犹强弩之末矣。二酋以其逸待之力,统数万人与我三千余人战。清军之过河者,才四百余,犹能斩将搴旗,退而筑堡黑水,固守以待,此天恩助顺者四也。

万里之外,抱水救火,其曷能济。乃予以去年六月,即降旨派兵拨马,欲以更易久在行间者耳。故兵马率早在途,一趱进而各争前恐后,人人有敌忾之愤,此天恩助顺者五也。

副将军富德及参赞舒赫德辈,率师进援,以速行戈壁中,马力复疲,值狂回据险坐俟,颇有难进之势。夫援军不能进,则固守以待者危矣。而参赞阿里衮驱后队之马适至,夜捣贼营,清军内外夹攻。彼不知清军凡有几万,握炭流汤之徒,自相蹂躏,顾命不暇,于是解黑水之围,鹿骇獐惊,遁而保窟。我之两军合队,全旅以回阿克苏,此天恩助顺者六也。

既而彼料我必再入,泰山之压难当。乃于清军未进之先,携其部落,载其重器,跳而远去。而叶尔羌、喀什噶尔二城之旧伯克等,遂献城以降。参赞明瑞一邀之于霍斯库鲁克,副将军富德再陷之于阿尔楚尔。于是离心者面内,前途者反旆。二酋惟挈其妻孥及旧仆仅三百人入拔达克山境,此天恩助顺者七也。

人迹不通之地,语言不通之国,既已雀殴,宁不狼顾。其授我与否,固未可定也。然一闻将军之檄,莫不援旗请奋,整旅前遮,遂得凶渠函首,露布遥传,此天恩助顺者八也。

夷考西师之役,非予夙愿之图。何则,实以国家幅员不为不广,属国不为不多,惟廑守成之志,无希开创之名。兼以承平日久,人习于逸,既无非常之人,安能举非常之事,而建非常之功哉。然而辗转辐辏,每以艰而获易,视若失而反得,故自缔始以逮定功。虽予自问,亦将有所不解其故,而不敢期其必然者。故曰非人力也,天也。夫天如是显佑国家者,以祖宗之敬天爱民,蒙眷顾者深也。则我后世子孙,其何以心上苍之心,志列祖之志,勉继绳于有永,保丕基于无穷乎。系以铭曰:

今北京东城区国子监大成殿前的平定碑亭

二酋背德,始乱为贼。是兴王师,报怨以直。伊犁既平,蕞尔奚屑。徐议耕辟,徐议成设。以噢以咻,伊予本怀。岂其弗戢,图彼藐回。彼回不量,怒臂当车。戕我王臣,助彼狂狙。始攻库车,偾辕败事。用人弗当,至今为愧。悖逆罪重,我武宜扬。易将整师,直压彼疆。阿克乌什,玉陇和阗,传檄以定,肉袒羊牵。二酋孽深,知不可活,狼狈相顾,固守其穴。桓桓清军,周行万里。马不进焉,强弩末矣。以四百人,战万余虏,退犹能守,黑水筑堡。间信达都,为之伤悼。所幸后军,早行在道。督敕速援,人同怒心。曾不两月,贼境逼临。贼境逼临,被复徼隙。马继以进,贼营夜斫。出其不意,贼乃大惊。谓自天降,孰敢锋撄。大鞣大膊,如虎搏兔。案角陇种,谁敢回顾。黑水围解,合军暂旋。整旅三路,期并进焉。贼偾军威,信不可支。挈其妻孥,遁投所依。所依亦回,岂不自谋。岂伊庇猿,而受林忧。利厥辎重,无遗尽掠。遣其都丸,遂来献馘。讵惟献馘,并以称臣。捧赍表章,将诣都门。奏凯班师,前歌后舞。尸逐染锷,温禺衅鼓。露布至都,正逮初阳。慈宁称庆,亚岁迎祥。郊庙告成,诸典并举。皇皇太学,丰碑再树。丰碑再树,敢予喜功。用不得已,天眷屡蒙。始之以武,终之以文。戡乱惟义,抚众惟仁。布惠施恩,寰宇共喜。古不羁縻,今为臣子。疆辟二万，兵出五年。据实书事，永矢乾乾。①

2. 碑文大意

如《史记·司马相如列传》所言："盖世必有非常之人，然后有非常之事；有非常之事，然后有非常之功。非常者，固常之所异也。"建立不同寻常的功绩，做的就是不同寻常的事业，依靠的就是不同寻常的人。若要不完全靠人而成，那就有赖于上天的佑助，因处置得宜，将祸转变为福，人与事的境遇由不顺倒转为顺利。就如古语所说：顺天者昌，逆天者亡。说的就是顺从天道的就生存，违背天道的则灭亡。所以，大清得以将准噶尔与大小和卓彻底摧毁，犁其庭，扫其穴，五年之内，平定天山以北的准噶尔与天山以南的大小和卓之乱，两功告成。起初尚迟疑不自信，而勤慎劳苦最终取得成功。《易经·师》："在师中吉，承天宠也。"上天的恩宠和鉴察都在于此，乾隆帝于是陈述如下：

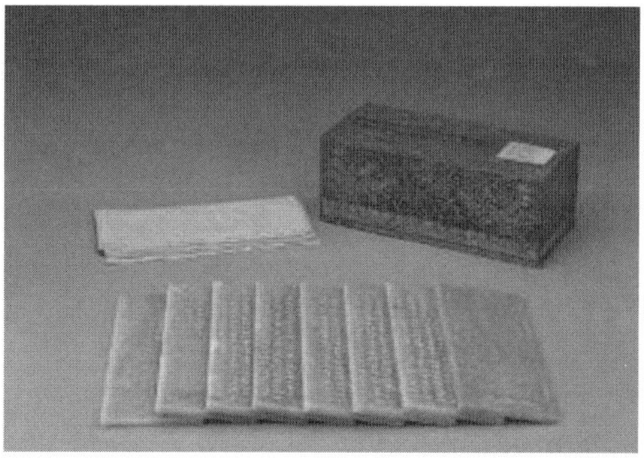

《平定回部告成太学碑》拓片玉册

达瓦齐的被俘，昭示伊犁已平定。无奈阿睦尔撒纳发动了叛乱，当时人心未定，附和者多。朝中畏难者中有人提出放弃巴里坤退守。然而皇帝认为叛众心必不齐，会有归正反戈者。于是朝廷派遣将帅率军征伐。不久伊犁许多台吉宰桑果然后悔，群起协助清军平叛。这是上天助大清其一。

清军平定伊犁后，解救了被拘禁的回部贵族大小和卓，并护送大和卓布拉尼敦返回叶尔羌，管理回部，而令小和卓霍集占留在伊犁管理旧属。谁知霍集占竟协助阿睦尔撒纳叛乱。清军再入伊犁，阿睦尔撒纳逃往哈萨克，霍集占也窜回南疆。这是上天助大清其二。

霍集占设计拘押并杀害朝廷前往安抚的副都统阿敏道及随行百余人，可谓猖狂，他还冒死进入库车城。虽然清军将帅雅尔哈善失机纵敌，使霍集占脱逃，但最终清军以少胜众。这是上天助大清其三。

①《清高宗实录》卷六〇〇。又《钦定皇舆西域图志》卷首一天章一。

皇帝严惩了雅尔哈善，选派兆惠领军西征，一路上众部望风归降。但兵抵叶尔羌城下，已是强弩之末。大小和卓以逸待劳，率数万众对阵清军三千人。清军过河才四百多人，还能奋勇杀敌，退至黑水筑营固守三个月之久。这是上天助大清其四。

兆惠画像

富德画像

舒赫德画像

阿里衮画像

朝廷去年六月就派兵拨马，前往西域替换出征已久的官兵。他们在途中接到救援黑水营的谕令，快速前进，同仇敌忾。这是上天助大清其五。

副将军富德与参赞大臣舒赫德率师进援受阻，进退两难。所幸参赞大臣阿里衮率援军赶到，内外夜袭夹攻，使得大小和卓分别逃回喀什噶尔、叶尔羌，黑水之围解除，军队全部返回阿克苏休整。这是上天助大清其六。

大小和卓料定必败，先期带领部众、携带辎重西逃。两城旧日伯克献城归降。参赞大臣明瑞追击至霍斯库鲁克取胜，副将军富德在阿尔楚尔再战获胜。所部自动归降者甚多，大小和卓只得率家眷及随从三百人逃入拔达克山境内。这是上天助大清其七。

拔达克山人迹罕至，既要防备大小和卓疯狂反扑，还得担心拔达克山部是否配合。然而该部接到清军檄文，就处死了大小和卓，并献上小和卓霍集占的首级，告捷文书飞驰来京。这是上天助大清其八。

平心考察西征之役，并非是皇帝夙愿谋取。为什么呢？实是因为国家幅员辽阔，属国已多，皇帝只想守成，并未想开拓。加上天下太平已久，人皆习于安逸。既没有不寻常的人，怎能完成不寻常的事业，建立不寻常的功绩？然而清军却能在艰难中取胜，虽起初失去，但最终得到。这是上天的佑助，因祖宗敬天爱民而受到眷顾。后世子孙要敬天法祖，使大清的江山延续无穷。为此乾隆帝写下这篇碑文。

乾隆帝在这篇碑文中，述说了清军平定大小和卓之役中天恩助顺有八：一是阿睦尔撒纳发动叛乱后，伊犁许多台吉宰桑悔过，群起协助清军平叛；二是清军再入伊犁，阿睦尔撒纳与霍集占分别逃窜；三是库车之战中，满洲及索伦兵士为国效力疆场；四是黑水营之战中，筑营固守三月之久；五是救援黑水营，官兵快速前进，同仇敌忾；六是内外夜袭夹攻，黑水之围解除；七是追击大小和卓连战获胜，自动归降者甚多；八是拔达克山部献上小和卓霍集占的首级，最终平定回部。

根据这篇碑文刻成的《平定回部告成太学之碑》，同《平定准噶尔告成太学之碑》一起，勒石于京师的最高学府太学文庙（又称孔庙）的主体建筑大成殿阼阶前。乾隆帝就是想通过文庙立碑的方式，向天下士子昭告国之统一西域大事。由于拓片分赠各地封疆大吏，大臣们也就将原碑拓片摹刻在各地官学的文庙里。不仅《平定准噶尔告成太学之碑》如此，《平定回部告成太学之碑》也是如此。告于太学，再流布于各地官学的文庙，使天下敬仰先师孔子的官员士子等文化精英都知晓，作为中华旧疆的汉唐西域，如今又归于大清的版图。

这不仅是弘扬乾隆帝的统一大业，更是宣传中国是统一的多民族国家的共同体的历史实证。

二、《平定回部勒铭叶尔羌碑》

1.《平定回部勒铭叶尔羌碑》碑文全文

粤稽回始，肇自天方。又名默克，一曰天堂。大食见元，回鹘见唐。是皆仿佛，所传弗详。惟我皇清，抚有华夏。血气之伦，均归陶冶。准夷昔强，冥顽弗下。恃厥险远，实梗化者。猰貐其众，豺狼其群。以回为羊，役以耕耘。利其善贾，三倍市欣。拘二酋长，处伊犁滨。四大回城，输租献赋。腾格是供，卫拉是惧。茧丝奚堪，沟壑已遽。有面内心，其何能诉。准夷即平，群回见天。谓自今始，饱食晏眠。遣厥酋归，抚尔土田。生死肉骨，讵疑变迁。讵疑变迁，德竟怨报。助我叛疆，戕我星轺（叶）。是用兴师，声罪致讨（叶）。乃敢抗颜，蜩螗讙噪。既侮厥外，宜安厥内。而何狂狙，心焉昏愦。杀人为戏，夺妻为秽。大失众心，无不怨背。三道并发，四阵齐攻。酋知弗支，自掳一空。廿日之前，駾走知踪。尔虽知踪，我追应穷。滔滔洸洸，连战皆克。且夕苟延，遂入异域。异域畏怀，举旗助力，腐鼠莫逋，遂来献馘。二酋既歼，诸回永靖（叶）。设官定赋，去其苛政。昔之诸回，晓战夜侦。今恬以嬉，各保性命。昔之诸回，为准夷臣。今语邻封，曰天王民。曰天王民，谁汝苦辛。艺尔黍稷，孳尔子孙。在昔己巳，爰平金川。兹定回部，亦己卯年。岁符理纪，瑞叠祥骈。持盈保泰，惟懋慎旃。①

2. 碑文大意

考查回教的起始，源自天方（麦加的别称）。大食见于元代记载，回鹘则见之于唐，所记都是大概，并不详细。大清安抚华夏以伦理道德教化培养之。昔日准噶尔强盛，冥顽不化，凭借其险阻遥远与大清对抗，还欺压回部，将其首领拘禁在伊犁，强迫回部耕种纳粮，上缴布匹和货币腾格。回部愈加贫穷，有心归向大清。准噶尔被平定，回部民众感到重见天日，说从今以后可以安心度日了。大和卓被护送回南疆管理旧部，大清使他们兄弟二人起

①《清高宗实录》卷六〇〇。又《钦定皇舆西域图志》卷十八。

死复生，怎会怀疑他们变心？但大小和卓以怨报德，协助阿睦尔撒纳叛乱，杀害前往安抚的副都统阿敏道。大清兴师讨伐，他们还敢顽抗，可谓心志昏乱。由于残暴，大小和卓很快就失去了民心。清军三路并进，大小和卓自知无法支撑，遂在二十天前率属西逃。清军穷追猛打，在霍斯库鲁克、阿尔楚尔接连获胜。大小和卓命在旦夕，苟延残喘，逃入拔达克山境内。拔达克山部在大清的声威下也举旗相助，诛杀二酋，并献上小和卓霍集占的首级。平定大小和卓，回部得到了安宁。大清在此设官定赋，废除苛政。昔日准噶尔的臣民，今天归属大清。作为天子的臣民，皇帝了解你们的辛苦，你们就安心种植、休养生息吧。乾隆十四年（1749），大清平定了大小金川。而平定大小和卓，是在乾隆二十四年（1759）。如此符合天理正道，所以祥瑞并列。皇帝要努力保持这安定兴盛的局面，只有谨慎和勤勉。

叶尔羌作为西域最古老的莎车国，最早见于《汉书·西域传》。莎车自古以来就是丝绸之路上的重镇。《汉书·西域传》记载：“自玉门、阳关出西域有两道。从楼兰沿昆仑山北麓，经和田西行至莎车，为南道。自吐鲁番沿天山南麓西行至疏勒（今喀什），为北道。再由两地西越帕米尔。”

明清以来，这里建有叶尔羌汗国。叶尔羌汗国是由成吉思汗的后裔（严格说来是秃黑鲁帖木儿的后裔）萨亦德于 1514 年建立的，定都于叶尔羌，史称叶尔羌汗国。共有十二位汗王，于 1680 年被准噶尔汗国的噶尔丹汗所灭亡，历经一百六十六年。

大小和卓叛乱期间，小和卓霍集占据守叶尔羌，与据守喀什噶尔的大和卓布拉尼敦互为犄角。清军定边将军兆惠在叶尔羌城外的通古思鲁克陷入重围，竭力突围，回到黑水营拼死固守。当天，新任靖逆将军纳木札尔与参赞大臣三泰，率领二百名士兵赶往前线，奉旨往代兆惠，将到叶尔羌遭到叛军三千人围攻，寡不敌众，全部被害。特别是身负重伤的纳木札尔被押至叶尔羌，其手足被钉于该城南门，惨遭杀害。穷凶极恶的大小和卓在围攻黑水营受挫，在呼尔璊大败之后，不敢迎战。

清代叶尔羌城

乾隆二十四年(1759)夏,清军三万大军分两路出征。大小和卓劫持民众和牲畜,于清军到达二十天前,分别逃离叶尔羌与喀什噶尔向西流窜。清军兵不血刃地进入两城,所至望风归附。南疆的社会秩序很快安定下来。乾隆帝在御制《平定回部勒铭叶尔羌之碑》碑文中,阐述了平定大小和卓的缘由经过,讲述了在天山以南设官定赋、废除苛政、尊其宗教、抚慰民众的政策,以及对休养生息、努力保持安定兴盛局面的祝愿和自勉。

三、《平定回部勒铭伊西洱库尔淖尔之碑》

1.《平定回部勒铭伊西洱库尔淖尔之碑》碑文全文

机有视若失而反得,智者之所勤而愚者之所惑也。事有初若劳而终逸,壮者之所劭而懦者之所怯也。若夫定全回,歼二酋,战无不克,攻无不取,皆二将军及诸参赞以及行间众将士之力也。然予亦有所深慰于其间者,则以五年劼劬宵旰运筹狎至,实未敢偷安于顷刻也。幸我武保定,庶因答乾贶慰先志,且以免浮议之指斥也。伊西洱库尔淖尔者,我副将军富德等穷追二酋至拔达克山之界,获其降者万人,二酋仅以身免。而遣使索俘,遂得献馘振旅,以成茂勣也。其地倚山临水,单骑可容,而我突将无前,四甄并发,如入无人之域也。贼众首尾不能相顾。竖我回纛以招之,降者铺崖以来。霍集占持刃止之,或且反戈倒戟也。是以二酋见事不成,拔身远跳,駾突而喙息也。先是麼之于霍斯库鲁克,袭之于阿尔楚尔,无不以少胜众。批亢捣坚,桓桓之士,真如驱虎豹而逐狸兔。缠头硕鼻者流,皆惃惃踉踉,见即辟易也。是以先声异域,骇其跳荡,遮逆助顺,用攫重辎而献凶级也。我兵未深入拔达克山境者,则以讨逆之师,不蹂无罪之地。姑遣使焉,彼或晓逆顺,亦将擒献。是以将帅之臣,审机度时,我武少辑也。卒葳事而靠成功,则亦未为计之失也。回部始末,已见于勒铭叶尔羌之碑辞,不复缀也。特纪耆定之在兹,是以志岁月而刻石也。①

①《清高宗实录》卷六〇〇。又《钦定皇舆西域图志》卷二十八。

2. 碑文大意

机会有时似失而复得，是因为智者尽心竭力，而愚者则迷惑不清。事情有时好像辛劳却无结果，是因为有为者积极努力，而懦夫则胆小软弱。这次平定回部，歼灭大小和卓，清军攻无不克，战无不胜，全靠兆惠、富德等将士之力。使皇帝感到欣慰的是，在这五年间，他宵衣旰食，运筹帷幄，实在未敢片刻偷懒。庆幸西师平定回部，以报答上天之恩赐，告慰祖先之遗志，还可免去那些浅薄的指责。伊西洱库尔淖尔，位于副将军富德等穷追大小和卓至拔达克山之交界处，清军于此地俘获万人。大小和卓逃入拔达克山，朝廷遣使追索，拔达克山汗献上小和卓霍集占首级。清军整队班师，建立丰功伟绩。该地形势险要，清军勇往直前，如入无人之境，而敌众首尾不能相顾。清军树旗招降，敌众纷纷投降，即使霍集占持刀杀之也无法制止，况且有反戈一击者。大小和卓见状脱逃。清军在霍斯库鲁克、阿尔楚尔两次克敌，无不以少胜多。勇猛威武，直击要害，如同虎豹追逐狸兔。敌众踉跄跌撞，望风逃窜。清军声威震慑，拔达克山部协助平叛，截获其辎重，又献上逆天犯顺的小和卓首级。由此清军再未深入拔达克山，以讨逆之师蹂躏无罪之地。将帅审察时机而行动，终于大功告成。平定回部始末，已见于《平定回部勒铭叶尔羌之碑》碑文，不再重复了。为最终平定回部，在伊西洱库尔淖尔刻石立碑以纪念。

伊西洱库尔淖尔，湖名，清代又称叶什勒库勒诺尔或叶什勒池，今中国新疆塔什库尔干塔吉克自治县以西塔吉克斯坦与吉尔吉斯斯坦边境交界之雅什库里湖。拔达克山，又写作巴达克山，部落名。有城郭，依山扼险，户十余万。乾隆二十四年(1759)，大小和卓败逃至此，其酋长素尔坦沙缚其二人而杀之，将小和卓首级献于清军，并遣使进贡八骏马，清廷将其列为藩属，自此朝贡不绝。同治四年(1865)并入阿富汗，今阿富汗东部巴达克山地区。

霍斯库鲁克，山名，又作和什库珠克。《钦定皇舆西域图志》疆域十喀什噶尔属记载："和什库珠克，旧对音为霍斯库鲁克，在喀什噶尔城西五百里，喀喇库勒西北。"山地宽广，峰岭险峻。光绪四年(1878)于其地设置卡伦，隶喀什噶尔参赞大臣管辖。光绪十年(1884)《中俄续勘喀什噶尔界约》签订后，为沙俄割占。今塔吉克斯坦东北部喀拉湖北之哈尔古什，与新疆阿克陶县邻近。阿尔楚尔，山名，在帕米尔境内，位于和什库珠克西南(今塔吉克斯坦东北部)，与新疆阿克陶县为邻,北有阿尔楚尔河,南有帕米尔河。《钦定皇舆西域图志》疆域十喀什噶尔属记载:"阿喇楚勒,旧对音为阿尔楚尔,在和什库珠克达巴西三百里。"

关于清军追剿大小和卓在帕米尔的三战三捷,乾隆帝作《霍斯库鲁克之战》,序曰:

> 逆酋因叶尔羌、喀什噶尔既破,失其巢窟,悉众逃窜。参赞大臣公明瑞于闰六月十五日选兵邀截,侦知两酋暂息塞尔古勒,是地为去拔达克山、安集延两处之要路。时二酋欲赴拔达克山,而贼之众伯克等欲赴安集延,商议未定,我兵悉力穷追。至霍斯库鲁克,贼避其辎重妇子,以六千登山成列。清军先至者九百骑,即奋勇仰攻,转战三时,斩馘数百,俘其男妇驼马。贼遂转向拔达克山一路而逃,明瑞仍督兵追蹑。后会副将军富德等军,有阿尔楚尔、叶什勒库勒诺尔等处之战。

诗曰:

> 回城既定进追凶,双耳山前窜迹逢(回语霍斯库鲁克者,华言双耳也)。贼已六千横据岭,兵才九百仰攻峰。遮回安集延逃路,直蹑拔达山去踪。将卒同心奋敌忾,千秋国史勒勋庸。①

诗序的大意是,大小和卓因叶尔羌、喀什噶尔被攻破,丢失巢穴,只得率部逃窜。清军参赞大臣明瑞于闰六月十五日挑选精兵追击堵截,侦察得知大小和卓暂在塞尔古勒歇息。此地为去拔达克山、安集延的交通要道。大小和卓欲逃往拔达克山。在霍斯库鲁克山,他们隐藏起辎重和妇女儿童,以六千人登山成列,据险顽抗。清军九百骑先期赶到,奋勇仰攻,转战三个时辰,斩敌数百,俘获甚多。大小和卓向拔达克山一路逃去。明瑞仍然率兵追击,随后会合副将军富德率领的大部队,在阿尔楚尔、伊西洱库尔淖尔又取得胜利。

诗的大意是,西域被大小和卓盘踞的叶尔羌、喀什噶尔两大城平定之后,清军开始进击追剿。参赞大臣明瑞挑选的九百名骑兵在霍斯库鲁克山与敌相遇激战。敌众六千人排列在山上抗拒,清军从山下往上进攻,堵截住大小和卓逃往安集延的道路,径直向拔达克山方向跟踪追击。将士一心,同仇敌忾,为国家建立的功勋,将永载史册。

---

①《清高宗(乾隆)御制诗文全集》三集卷五十三。

《阿尔楚尔之战》序曰：

二酋于霍斯库鲁克为明瑞所创，惧清军勇锐难当，设伏于阿尔楚尔两山峰顶，以待清军。时富德、明瑞等军皆合诸大臣集议，众寡相殊，彼又先据险要，非整旅结阵，难出万全。因以健锐营火器当其中坚，更张两翼设奇兵，统计以三千人之众克敌致果，所伤者一卒，杀贼至千余人，阵斩其大伯克数十，贼始披靡逃窜，急追蹑之，遂及之于伊西洱库尔淖尔。

诗曰：

霍斯库鲁遁余魂，合旅穷追玉水源。蕃部勤王随契苾（时布鲁特皆随军为向道），旗军励志定坚昆。蚩尤所恃依重险，风后宛同握八门。健锐营兵精火器，雪山倏作陆浑原。①

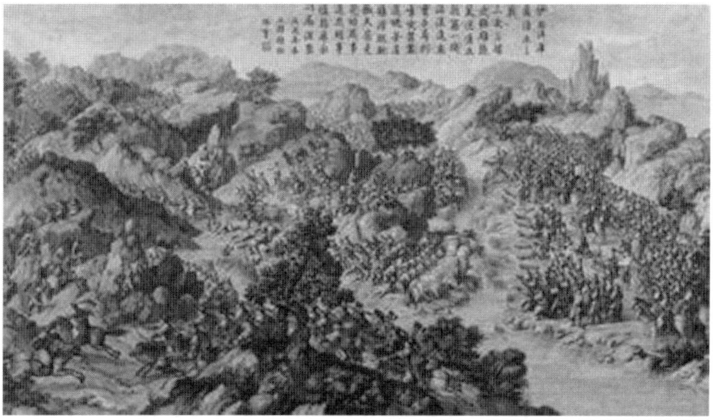

《乾隆西域战图》之十二《伊西洱库尔淖尔之战》（铜版画）

诗序的大意是，大小和卓在霍斯库鲁克山受到打击后，畏惧清军勇锐，害怕难以抵挡，于是在阿尔楚尔两山峰顶设伏以待。副将军富德与参赞大臣明瑞等商议，敌众我寡，又占据险要，不结成阵势，难以取胜。因此他们以健锐营火器居中攻坚，左右两翼以奇兵侧攻支援，最终以三千之人克敌制胜。清军只伤一人，杀敌千余人，还斩杀大伯克数十人。大小和卓溃逃，清军追之于伊西洱库尔淖尔。

诗的大意是，惊魂未定的大小和卓从霍斯库鲁克败逃，清军追击到古称

①《清高宗（乾隆）御制诗文全集》三集卷五十三。

河源的阿尔楚尔。支援天朝平叛的布鲁特人随军为向导引路，八旗将士为平定西域斗志昂扬。大小和卓依赖险要顽抗，而清军富德、明瑞等将士们掌握着他们的命运，健锐营兵力精锐、火力威猛，视雪山如平地，所向无敌。

《伊西洱库尔淖尔之战》序曰：

清军乘胜追贼，七月十一日抵伊西洱库尔淖尔，贼复据山阻水。此地山高石危，淖尔缘边仅容单骑。大和卓木布拉尼敦先据山岭，为往拔达克山之计，小和卓木霍集占以众贼阻绝淖尔隘口，与我对敌。我兵分布攻击，竖纛招降。众贼跳崖丐命，阻水者蹂躏淤泥中。霍集占止之不能，遂夺马绕山，会其兄遁往拔达克山。清军直压其境，索取贼魁。自是之后，兵不血刃矣。

诗曰：

三交三胜武貔雄（霍斯库鲁克、阿尔楚尔及此，凡三战皆以少胜众），黠鼠徒嗟五技穷。一线沿溪进鱼贯，千寻列嶂突蚕丛。游魂釜底虽潜脱，驰檄天边竟定功。蒇事追思临事慎，持盈永以励深衷。①

诗序的大意是，清军乘胜追击，于乾隆二十四年（1759）七月十一日抵达伊西洱库尔淖尔。大小和卓还是据山面水进行顽抗。此地山高石危，湖畔仅容单骑行走。大和卓布拉尼敦占据山岭，小和卓霍集占在湖畔隘口与清军对阵。清军分头攻击，竖旗招降，敌阵兵士纷纷跳崖投降以求生，甚至有落水在泥淖中挣扎者。霍集占制止不住，夺马绕山，与布拉尼敦逃往拔达克山。清军大兵压境，追拿大小和卓，从此不再有战事。

诗的大意是，清军在霍斯库鲁克、阿尔楚尔及伊西洱库尔淖尔，三战三胜，勇猛如虎，而大小和卓虽像狡猾之鼠，可再耍伎俩也无济于事了。清军将士沿着只见一线天光的崖底依序前行，险绝的山路就似李白笔下的《蜀道难》。眼下脱逃的大小和卓如釜底游鱼不能久活，清军讨伐大小和卓的檄文发布在西域各地，定能成功。在大功告成之际皇帝追思往昔，告诫自己谨慎从事，努力保持已成的盛业。

关于《平定回部勒铭伊西洱库尔淖尔之碑》的下落，英国军官扬哈斯本在

①《清高宗（乾隆）御制诗文全集》三集卷五十三。

其著作《大陆的心脏》中记载,他于 1890 年 9 月底到塔什库尔干,10 月初到阿克塔什。“在阿克塔什有三四个帐篷和一个被中国选派的伯克或首领。他很和气,关于我们要周游帕米尔的事,他没有刁难,帕米尔这时是中国的领土。”在阿尔楚尔河流入叶什库尔湖的地方,他造访了《平定回部勒铭伊西洱库尔淖尔之碑》。“这是一个竖立在石础上残破的大石碑,位于约一百尺高的河岸上。河的右岸,距离入湖口有几百码。碑上的文字有三种,是汉文、满文、维吾尔族文,内容是 1759 年平定大小和卓的事,中国人追击他们直至拔达克山边境。在河的左岸高地上,比这里还高,有一个荒废的中国哨所,这是多少年以前的建筑物。我们把石碑上的文字拓印了一张拓片,便骑马返回。这个石碑后来被俄国人搬到塔什干,放到塔什干博物馆。”①

这三篇碑文,记载了清朝平定大小和卓的曲折经历。大小和卓被清军从准噶尔的拘禁中解救出来,大和卓被护送回南疆管理旧部,但他们以怨报德,发动叛乱,由于残暴,很快就失去了民心,所以失败也是必然的。《平定回部告成太学之碑》立于太学,再流布于各地官学的文庙,使全国的官员士子等文化精英都知晓,乾隆帝在平定准噶尔叛乱之后,又平定了大小和卓叛乱,天山南北都归于大清的版图,强化关注边疆的国家意识;《平定回部勒铭叶尔羌之碑》立于小和卓的巢穴叶尔羌,表明对平定叛乱的坚定不移,对天山以南广大维吾尔族民众的美好祝愿;而立于帕米尔的《平定回部勒铭伊西洱库尔淖尔之碑》,是该地归属清朝的历史见证。后来石碑流入异域,碑刻也难得一见,不能不使人扼腕痛惜,感慨不已。

①西仁·库尔班等《中国塔吉克史料汇编》,乌鲁木齐:新疆大学出版社,2003 年版,第 234 页。

第十一章

乾隆帝关于布鲁特的诗篇

柯尔克孜族主要分布在中国新疆等地，其历史悠久，文化灿烂，我国汉文史籍对其多有记载，坚昆、结骨、黠戛斯、吉利吉斯、布鲁特等，均是不同时期对柯尔克孜的不同译音。柯尔克孜族历史活动的大舞台，先是叶尼塞河上游地区，后是中亚西部天山地区。厄鲁特蒙古人称其为布鲁特，意为高原人、高山居民，清代沿袭此称。以天山为界，称天山以北的为“东布鲁特”（曾称右翼布鲁特），称天山以南的为“西布鲁特”（曾称左翼布鲁特）。乾隆帝在清朝统一新疆的过程中，就布鲁特在哈萨克之后自愿归附之事，赋诗以纪实述事。

一、布鲁特部分归附清朝

乾隆二十年（1755）二月，清朝出师伊犁平定准噶尔。五月十四日夜取得格登山大捷，准噶尔总台吉达瓦齐落荒而逃，翻越天山达坂向南逃窜，被乌什城主霍集斯伯克擒获，缚献清军，第一次平定准噶尔之役胜利结束。但先前降清被封为副将军、双亲王的辉特部台吉阿睦尔撒纳，因想当准噶尔总台吉的私欲未能满足，于是秋八月掀起叛乱，清朝于次年再次出师伊犁平叛。乾隆二十三年（1758）秋，又出师天山以南平定回部大小和卓叛乱。可见平定回部是平定准噶尔战争的继续，而这两次战争都与布鲁特部落的前途命运息息相关。据清代文献记载，东布鲁特在准噶尔西南、回部西北，东北距伊犁七百千米。其部有五，最著者是萨雅克鄂拓克，以图鲁起拜为首；另一部萨拉巴哈什鄂拓克，以车里克齐为首。诸头目不相统属，以头目之长玛木特呼里兼辖诸部。而西布鲁特在喀什噶尔西北一百五十千米，东扼帕米尔，北接东布鲁特，西至布哈尔，与外藩安集延、浩罕接壤，有十五部落，最著者是额德格纳鄂拓克、蒙科尔多尔鄂拓克，由阿济比兼辖之；齐里克鄂拓克，头目由玛特；巴斯子鄂拓克，头目噶尔住。由于地域比邻的关系，布鲁特被准噶尔侵占了大片牧地，更与同信伊斯兰教的回部有着千丝万缕的联系。

定边将军兆惠等追捕准噶尔残部，首先到达东布鲁特地区，即以伊塞克湖、楚河、塔拉斯河一带，派人向他们的头人宣布清朝的政策。东布鲁特以玛木特呼里为首的诸部头人纷纷表示愿意归属清朝。《钦定皇舆西域图志·藩属二》记其言："我部久思投诚大皇帝，为准噶尔间阻，不能自通。今得为天朝臣仆，实望外之幸。"《清高宗实录》记载：乾隆二十三年七月八日（1758 年 8 月 11 日），"定边将军兆惠等疏报，布鲁特部落萨拉巴哈什头目车里克齐，图鲁起拜、尼沙等归诚"。[①]

布鲁特既已臣属，自当按例进贡朝觐。首领玛木特呼里年已九十高龄，身体肥胖，行动不便，于是派遣其弟舍尔伯克与头目车里克齐、图鲁起拜、尼沙等人入觐。七月十九日（8 月 22 日），"定边将军兆惠疏报，右翼布鲁特玛木特呼里归诚，遣其弟舍尔伯克等入觐"。[②] 并奉旨派侍卫乌勒登一路护送，优加款待。三天后，即七月二十二日（8 月 25 日），"定边将军兆惠疏报，左翼布鲁特霍索楚鄂拓克头目迈塔克、启台鄂拓克头目喀喇博托，遣其弟侄等归诚"。[③] 需要指出的是，以上兆惠的两条奏报，明确区分出了左右翼布鲁特，以玛木特呼里为首的为右翼，迈塔克等为左翼。但在《钦定皇舆西域图志·藩属二》记载东布鲁特时说："又一部旧居塔拉斯，头目不一，而迈塔克为首。"在记载东西布鲁特时都没有提到启台鄂拓克头目喀喇博托。而《清史稿·属国四》在记载东布鲁特玛木特呼里内附大清后写道："于时兼抚定霍索楚、启台两鄂拓克。"本文依《清高宗实录》的记载，将霍索楚、启台列入西布鲁特。有学者指出：有人用布鲁特的"东西"两部替代了"左右"两翼，此人不是别人，正是乾隆皇帝自己。于是，摄于"钦定"的威力，布鲁特左右翼一词从此便在汉文文献中销声匿迹了。[④]

乾隆帝闻报东西布鲁特先后归诚，欣喜之余作《布鲁特称臣内属，遣使

①《清高宗实录》卷五六六。

②《清高宗实录》卷五六七。

③《清高宗实录》卷五六七。

④马文华：《18—19 世纪布鲁特人的社会经济概况》，《新疆大学学报》1990 年第3 期，第54 页。

诣阙,诗以纪事》:

挞伐原因讨逆回,仰流讵意远人徕。旧传勃律两王据(《唐书·西域传》有大小勃律王,其地直吐蕃西,去长安八千里,以方域考之,即今布鲁特部落),即见坚昆一面摧(回部叶尔羌、喀什噶尔之地西,即与布鲁特连界,今布鲁特内附,则已断其一臂矣)。厚往薄来风早树,东鹣西鲽道方开。不招不拒敷吾惠,王会何妨达九垓。①

清朝出师的原因是讨伐大小和卓叛乱,出乎意料的是东西布鲁特继哈萨克之后竟然也归附而来。仰流,即仰承流风,归顺有德者。意在表明出师平叛是正义之举。依《唐书》记载,今克什米尔一带有大小勃律两个部落,比之东西布鲁特。坚昆为布鲁特祖先在叶尼塞河上游地区时的汉代称呼。“一面摧”即布鲁特内附,等于将大小和卓折其一臂。厚往薄来,即在交往中施予丰厚而纳受微薄。语出《礼记·中庸》:“厚往而薄来,所以怀诸侯也。”孔颖达疏:“厚往,谓诸侯还国,王者以其财贿厚重往报之;薄来,谓诸侯贡献使轻薄而来。如此,则诸侯归服。”这也成为历代中原王朝处理民族关系的一个准则。鹣鲽,比翼鸟和比目鱼,古代指海外或东西方进贡的珍异。不招不拒,即虽不是有意招徕,但来者不拒。敷吾惠,即大清要施予恩惠。王会,古时指诸侯四夷或藩属朝贡天子的朝会。唐朝对黠戛斯之重新来朝这件事也很重视,特命大臣撰绘一部《黠戛斯朝贡图》(又名《王会图》)。② 九垓,也作九陔、九畡,指中央至八极之地,晋代葛洪《抱朴子》曰:“今普天一统,九垓同风。”乾隆帝想象着统一西域、天山南北各部朝会的盛况,心中充满喜悦。

二、木兰围场赐宴布鲁特使臣

木兰围场在今河北围场县境内,是清朝的御用狩猎场,“秋狝习武,

①《清高宗(乾隆)御制诗文全集》二集卷八十。

②《柯尔克孜族简史》编写组,《柯尔克孜族简史》修订本编写组:《柯尔克孜族简史》(修订本),北京:民族出版社,2008 年版,第 33 页。

绥服远藩”为国家重要盛典。在此期间，清帝例行赐宴、赏赉，奖励狩猎有功的贵族和将士，并通过会盟、封爵、赏赐、联欢等各种活动，密切与各民族的关系，加强中央政权统治。布鲁特使臣一行先赶到木兰围场，受到乾隆帝的隆重招待。乾隆二十三年（1758）九月初三，“上行围，赐布鲁特使臣车里克齐等宴。”①就在这一天，乾隆帝作《布鲁特使臣至，宴赐即席得句》：

七戎舜教远难稽，布露通唐付狄鞮（布鲁特自古未通中国，考《唐书·西域传》始载布露，或云勃律，有大小两王，其时虽称内属，不过羁縻勿绝而已）。部昔两王称大小，人今一派别东西（布鲁特有东西之号，在东者分鄂拓克为五）。新恩恰值伊绵峪（布祜图昂阿，乙亥岁平准噶尔，噶尔藏多尔济等来朝于此；丁丑岁哈萨克归化，使臣根札噶喇等亦来朝于此；今岁布鲁特归化，其使臣亦适朝觐于此。地灵佳兆，有如此神奇者，因名其峪曰伊绵。伊绵者，国语会极归极之意也），旧识兼逢达瓦齐（时达瓦齐扈驾预宴，询诸使臣，知其旧为台吉时曾识之，笑语甚欢）。勤远拓边凛古戒，捧盈恭己奉天禔。②

七戎，古代泛指我国西部的少数民族。《尔雅·释地》：“九夷、八狄、七戎、六蛮，谓之四海。”郭璞注：“七戎在西。”舜教，即舜的教化。《墨子·节葬下》曰：“舜西教乎七戎。”舜为传说中我国父系氏族社会后期部落联盟的贤明首领。稽，即查考。乾隆帝自注中考证了《唐书·西域传》的记载，但说“布鲁特自古未通中国”是不准确的。狄鞮，古代翻译西方民族语言的人。《礼记·王制》：“五方之民，言语不通，嗜欲不同。达其志，通其欲，东方曰寄，南方曰象，西方曰狄鞮，北方曰译。”《毛诗正义》：“鞮，知也。谓通传夷狄之语，与中国相知。”后泛指通译官、翻译人员。两王称大小，指大小勃律王。自注中的鄂拓克，蒙古音译，意为部属，亦为部落长之名。乾隆帝在布祜图昂阿三次接见西域首领：乙亥岁（乾隆二十年，1755）准噶尔的噶尔藏多尔济

①《清高宗实录》卷五七〇。
②《清高宗（乾隆）御制诗文全集》二集卷八十一。

等来朝于此;丁丑岁(乾隆二十三年,1758)哈萨克归化,使臣根札噶喇等亦来朝于此;今岁布鲁特归化,其使臣亦适朝觐于此。“地灵佳兆,特著神奇,赐名曰伊绵峪。”①作为清廷敌手的准噶尔总台吉达瓦齐被押解进京后,乾隆帝宽大为怀,将其赦免,封为亲王,配以宗室之女,留居京城。这次他不但奉命参加行围,而且以上宾身份来参加欢迎布鲁特使臣的宴会。对比叛乱后被清军追剿窜逃的阿睦尔撒纳的遭遇,我们可以看出乾隆帝管理西域政策中灵活的一面。而作为老相识的原准噶尔总台吉达瓦齐与布鲁特使臣在万里之外乾隆帝的木兰围场宴会上戏剧性地会面,正说明我国多民族国家的形成,已是当时的历史大趋势。勤远拓边,即勤远略,致力于开拓边疆。凛古戒,即敬畏先王的告诫。捧盈恭已,即手捧满杯的酒,恭谨以律己。奉天禔,即奉行天命,安定边疆。

乾隆帝随之在行围后又赐宴布鲁特使臣。九月初六(10 月 7 日),“上行围,赐布鲁特使臣舍尔伯克宴。”②命供奉清廷的意大利画家郎世宁等人绘《丛薄行诗意图》,乾隆帝骑在马上,由侍卫簇拥着,在山林空场上正接受索伦勇士献上的小老虎和布鲁特使臣的朝觐。觐见者八人,均头戴宽沿尖顶高帽,身着花纹长袍,腰系彩色长巾,有别于清廷官员的服饰。这八个人中,应当有东布鲁特的舍尔伯克、车里克齐、图鲁起拜、尼沙以及西布鲁特的迈塔克、喀喇博托两人的弟侄等人。画面左上端有大学士于敏中书写的御制诗,最后两句:“喜亦讵为万目睹,适有新归化布鲁。”所谓“布鲁”,是乾隆帝为凑诗句七字而对布鲁特的简约称呼。随后,乾隆帝又在九月初八(10 月 9 日)“赐布鲁特使臣舒库尔宴”。③ 这位舒库尔,应是西布鲁特的迈塔克、喀喇博托两人的弟侄。乾隆帝在九月初三、初六、初八三次赐宴布鲁特使臣,显示了他对布鲁特归附的高度重视。

①《清高宗实录》卷五七〇。
②《清高宗实录》卷五七〇。
③《清高宗实录》卷五七〇。

《丛薄行诗意图》

三、从避暑山庄到随驾进京

围场赐宴及观看献虎，只是布鲁特使臣受到的初步接待。乾隆二十三年九月十三日(1758 年 10 月 14 日)，他们随乾隆帝从木兰围场到了热河避暑山庄。次日，“御澹泊敬诚殿，受布鲁特使臣车里克齐等朝。赐扈从王公大臣、蒙古王公台吉并布鲁特使臣等宴。”①乾隆帝作《万树园宴布鲁特，即席得句》：

鳞集仰流鹿食苹，筵开万树洽舆情。旧藩每看联新部，夜雨刚欣凑午晴。声教远通娑夷水，恩膏直逮孽多城。敢云扬烈幸无忝，惟益临深励守成。②

鳞集仰流，即鱼群迎向上流，喻人心归向。鹿食苹，语出《诗经 · 小

①《清高宗实录》卷五七〇。

②《清高宗(乾隆)御制诗文全集》二集卷八十一。

雅·鹿鸣》:“呦呦鹿鸣,食野之苹。”鹿鸣又为古代宴请群臣嘉宾所用的乐歌。洽舆情,即群情和谐融洽。声教,即声威教化。《尚书·禹贡》:“东渐于海西,被于流沙,朔南暨声教,讫于四海。”娑夷水即今克什米尔境内吉尔吉特河。恩膏,犹恩泽。逮,及至。孽多城即今克什米尔境内吉尔吉特河畔的吉尔吉特城,在唐代曾为大勃律之国都,唐朝安西大将封常清曾率军讨伐大勃律到此,诗中借指布鲁特。扬烈,继承功业。语本《尚书·立政》:“以觐文王之耿光,以扬武王之大烈。”无忝,即无愧于祖先。临深,语出《诗经·小雅·小旻》:“战战兢兢,如临深渊,如履薄冰。”后以此比喻谨慎戒惧。守成,即保持先人的成就和业绩。乾隆帝对于布鲁特新归深感欣慰,在筵席融洽的气氛中,自励守住先祖开创的事业。

随着清军平定天山以南大小和卓叛乱战事的推进,各地维吾尔族人的归降及哈萨克臣服喜讯的传来,给乾隆帝带来好心情,因此他多次赐宴布鲁特使臣并赏赐其观灯火,作《万树园赐布鲁特人观灯火》:

> 锤峰正挂玉轮盈(时九月望日夕),合灿烟花惬远情。卉服毳裳朝丽正(山庄正门名),逖疏昒爽耀光明。从来不识灯王法(布鲁特本回部,不似蒙古敬黄教),幻里疑游迦布城(彼处地名)。岁岁山庄行盛典,心盈保泰益屏营。①

在避暑山庄山冈上有一方亭,悬挂康熙帝所题“锤峰落照”四字匾额,在此可俯瞰湖区亭台楼榭,远眺山庄外东北诸峰。“玉轮盈”后乾隆帝自注:“时九月望日夕。”可知是农历九月十五的月圆之夜。燃放烟花是为了供远道而来的布鲁特使臣欣赏。卉服毳裳,意为色彩鲜艳或毛制衣裳,即少数民族的服装。丽正,即避暑山庄正门。大门上方有乾隆帝题额“丽正门”三字,取《易经》中“日月丽于天”之意,用汉、满、蒙、藏、维五种文字刻成。门内上方乾隆帝题联“两字新题标丽正,车书恒此会遐方”,象征着国内各民族团结和睦与国家的强盛统一。“逖疏昒爽耀光明”,见于《汉书·司马相如传》中“使疏逖不闭,昒爽暗昧得耀乎光明。以偃甲兵于此,而息讨伐于彼。遐迩一体,中外禔福,不亦康乎?”意为使疏远者不被闭绝,使昏暗不明者得到光明的照耀,从此停息战争,免除讨伐之事的发生,远近都合为一体,内外都平安幸福,这不是很令人高兴的事吗?这也正是乾隆帝的心愿。“灯王法”后

①《清高宗(乾隆)御制诗文全集》二集卷八十一。

乾隆帝自注："布鲁特本回部，不似蒙古敬黄教。"乾隆帝所说布鲁特是回部的提法不确切，应是与回部一样都信仰回教（即伊斯兰教）。灯王法即灯法，古代一种幻术，点燃灯火，使烟雾现出楼台殿阁等幻象。"迦布城"后自注："彼处地名。"乾隆帝想象着迦布城也应是灯火灿烂。最后两句说的是，避暑山庄年年举行这样的盛典活动，目的就是保持国家安定兴盛的局面，以此提醒自己更加谨慎地从事。

九月二十二日（10 月 23 日），布鲁特使臣随乾隆帝返回北京。按清朝的外藩朝觐制度，不曾出痘者，只能在热河觐见。若非乾隆帝格外重视，不曾出痘的布鲁特使臣根本不可能首次朝觐就进入京城。两天以后，即九月二十五日（10 月 26 日）"谕，朕于初二日前往圆明园，初三日于山高水长大幄次筵宴布鲁特来使，初四日回宫，初五日升殿，令布鲁特使臣服其本色衣服行礼"。① 按清廷的朝会制度，皇帝御太和殿接受百官朝贺，一般是重大事件和重大节庆，在太和殿接受布鲁特使臣朝贺，其意义颇不寻常。

十月四日（11 月 4 日），"布鲁特入觐使臣等奏，特穆尔图诺尔系伊等旧游牧地，肯请赏给。朕谕云，虽尔等旧游牧，久被准噶尔所侵，岂可仍视为尔土。但尔等既为臣仆，此地颇属宽闲，或附近游牧之处，酌量赏给，以裨生计，尚属可行。俟交将军大臣等查奏后，再降谕旨。"②

四、布鲁特全部归附清朝

乾隆帝如此隆重地对待布鲁特使臣的朝觐，与平定大小和卓的战争密切相关。东布鲁特玛木特呼里与西布鲁特迈塔克等归诚入觐之际，正是清军在叶尔羌附近的黑水营与大小和卓鏖战之时。而布鲁特与回部不仅地域比邻，而且宗教相同，是不可忽视的力量。再者，清朝平定的准噶尔是布鲁特的宿敌，而布鲁特与清朝则无根本的利益冲突。乾隆帝的目的，就是想以其优抚政策，吸引布鲁特更多的部落归附清朝并协助平叛。

历史证明，乾隆帝的这一优抚政策是正确有效的。乾隆二十四年（1759）秋，小和卓霍集占与清军在叶尔羌对峙，大和卓布拉尼敦率军从喀什噶尔援

①《清高宗实录》卷五七一。
②《清高宗实录》卷五七二。

助,即遭到布鲁特人配合清军而进行的有力的阻击。清军追剿大小和卓,布鲁特人充当向导。额德格纳部落头人阿济比代表西布鲁特部十五个部落上书臣服,由此切断了大小和卓的逃路,可以说在平定大小和卓的战争中发挥了特殊作用。《钦定皇舆西域图志·藩属二》记其言:"今将军自喀什噶尔传谕我部,颁给印文,谨已奉到。不胜踊跃,适为心想。当率诸部,自布哈尔迤东二十万人众,皆作臣仆。"于是从伊犁西南伊塞克湖周围到喀什噶尔西北、浩罕汗国以东帕米尔一带广大布鲁特地区,全部归属清朝管辖。

随后,西布鲁特部使臣呼达里等朝觐。乾隆帝在其行宫盘山静寄山庄(今天津蓟州西北)接见并赐宴,又在南苑行宫与哈萨克使臣一起大阅、观灯火。乾隆帝作《赐哈萨克、布鲁特等宴,即席得句》:

> 乌孙扫净玉门开,受号争先肯后哉。献马不须金马去,右宛今效左宛来。踵前布露相伯仲(布鲁特东西二部,均于今秋觐谒而回,兹西部最远者,与哈萨克同至),罢战康居总厕陪(塔什罕城回人先与哈萨克相争,今修好同来入觐)。谁道葡萄经岁久,三巡早各醉芳醅。①

乌孙,为古族和古国名,分布在今伊犁河到天山一带,王治赤谷城(新疆特克斯流域或伊塞克湖东南)。原游牧于敦煌、祁连山间,西汉初为大月氏所破,归服匈奴。后乌孙借匈奴之力迫使大月氏从伊犁河南迁,据占其地,自立为国。元狩四年(前119),张骞第二次出使西域,乌孙与汉结盟,汉朝先后以宗室女细君、解忧两公主妻之。属西域都护,汉在赤谷城驻兵屯田。其后渐与邻族融合,明清以来哈萨克族中就有乌孙部落。诗中借指准噶尔割据势力。玉门即玉门关,西汉武帝置,因西域输入玉石取道于此得名,故址即今甘肃敦煌市西北小方盘城(一说在玉门市西北赤金堡),与西南的阳关同为通往西域的门户。宋以后,关遂废弃,诗中指清朝通往西域的大门。受号即接受封号。肯后哉即争先恐后。金马,《汉书·西域传》记载,"大宛有善马在贰师城,汉武帝派壮士车令等持千金及金马出使贰师城请善马,宛王爱其马不肯与,汉使妄言,椎金马而去。宛追杀汉使并夺财物。汉武帝遣贰师将军李广利率兵十余万人攻伐大宛,前后四年,宛人献马三千匹,汉军乃还"。"右宛今效左宛来",乾隆帝借大宛臣服事指哈萨克左部、右部相继归附清朝。踵前,踵为脚后跟或鞋后跟,踵接为接连不断,踵前谓争先恐后。伯仲指兄弟的次第,比喻人或事物不

①《清高宗(乾隆)御制诗文全集》二集卷八十二。

相上下，诗中指哈萨克、布鲁特争先归附，表示诚意，不相上下。康居为西域古国名，约在今巴尔喀什湖与咸海之间，借指塔什罕。塔什罕即今乌兹别克斯坦首都塔什干。厕陪即参与陪同。葡萄即指葡萄酒。

乾隆二十六年（1761），东布鲁特别部酋长额木尔贝率部归附，次年进贡匕首，由驻喀什噶尔的官员侍郎海明进呈，乾隆帝作《布鲁特额木尔贝所献匕首歌》：

回部大定兴农耕，分驻宣抚留朝卿。其中喀什噶尔城，近外部落严候侦。有布鲁特驰使伻，厥长额木尔贝名。献玉匕首来输诚，佉卢回书仍左行。译出一一伸葵倾，向因路阻凶丑兵。戡逆靖乱今太平，地为王土人王氓。贡物表敬惭菲轻，驿致金阙由海明（时侍郎海明驻喀什噶尔）。开匣尺八居然呈，龙鳞其室楠以赪，玉柄金镂象鼻形。抽看光如波溢青，月牙直芒披电星。封还销铸胥矫情，咸宾用识王道贞。①

宣抚，即朝廷派遣大臣赴某一地区传达皇帝命令并安抚军民、处理事务。朝卿，即朝中大臣。驰使伻，即速派使者。《尚书·洛诰》："伻来，以图及献卜。"孔传："遣使以所卜地图及献所卜吉兆来告成王。"输诚，即献纳诚心。佉卢，即佉卢文字，古代印度的一种文字，公元前三世纪到公元四五世纪盛行于印度半岛西北部，我国古代天山南部塔里木盆地周边诸国曾使用。回书，清朝称伊斯兰教为"回教"，故将信奉伊斯兰教的民族所使用的阿拉伯文、维吾尔文等通称"回书"。佉卢与回书都是横书左行。葵倾，指葵花向日而倾，后用以比喻向往思慕之情。戡逆靖乱，即平定叛乱。王土，天子的土地。《诗经·小雅·北山》："溥天之下，莫非王土。"王氓，天子之民。《诗经·卫风·氓》："氓之蚩蚩，抱布贸丝。"《毛诗正义》："氓，民也。"菲轻，礼轻微薄。驿致，犹驿送，即由台站传送。金阙，古时指天子所居的宫阙。金镂，金属制成的穗状物。封还，即缄封退还。销铸，即销熔铁甲兵器，借指战争结束，安宁和平。矫情，指掩饰真情或故违常情。王道，儒家提出的一种以仁义治天下的政治主张，与霸道相对，也比喻仁政。乾隆帝为此赏赐额木尔贝三品顶戴。

是年，浩罕汗国侵占了西布鲁特阿济比所属的鄂斯等处。乾隆帝即命驻新疆的尚书永贵派人劝导浩罕首领额尔德尼退还侵地。彼时浩罕已归附清朝，所以还是遵命办理了。

①《清高宗（乾隆）御制诗文全集》三集卷十七。

至于归属的布鲁特,清朝首先确定隶属关系,使其大小头目原职不变,但要由清廷任命,赐以二品至七品顶戴。布鲁特每年要向清廷进献一定数量的马匹,清廷回赠绸缎等物。靠近伊犁的东布鲁特,由伊犁将军每年派领队大臣前往巡查一次。对整个布鲁特的常年巡查,则由喀什噶尔参赞大臣专管。清朝允许布鲁特回到被准噶尔侵占的原牧地自由放牧,不征收土地税,不强迫其改变原有的风俗习惯。布鲁特在疆进行贸易,税率比内地商人减少三分之一,以示优待。清朝驻军及官员所需马匹和牛羊,主要由布鲁特、哈萨克供应。嘉庆初年流放伊犁的著名诗人洪亮吉在《伊犁纪事诗》中吟咏布鲁特在伊犁惠远城进行贸易的盛况:“谁跨明驼天半回?传呼布鲁特人来。牛羊十万鞭驱至,三日城西路不开。”①可见西域统一于清朝之后,布鲁特的社会经济得到了很大发展。值得一提的是布鲁特的著名史诗《玛纳斯》在此时正处于发展形成阶段。历史证明,布鲁特诸部首领顺应潮流、归向统一的行动,给部族和民众都带来了福音,是值得肯定和赞赏的。有学者关注到乾隆时期布鲁特首领车里克齐的事迹②,对此我们应当进行更加深入而广泛的研究。

①《柯尔克孜族简史》编写组,《柯尔克孜族简史》修订本编写组:《柯尔克孜族简史》(修订本),北京:民族出版社,2008 年版,第 88 页。

②万雪玉、阿斯卡尔·居努斯:《柯尔克孜族:历史与现状》,乌鲁木齐:新疆大学出版社,2005 年版。谷苞:《新疆历史人物》,乌鲁木齐:新疆人民出版社,2006 年版。

第十二章

从乾隆帝西域诗看新疆与中亚之关系

清乾隆帝在统一与治理新疆的过程中，写下大量诗作，其中不少涉及新疆与中亚之关系。列入《钦定皇舆西域图志》藩属一的有左右部哈萨克；藩属二有东西布鲁特、霍罕、安集延、玛尔噶朗、那木杆、塔什罕；藩属三有拔达克山、博洛尔、布哈尔、爱乌罕、痕都斯坦等。史臣按语说："乾隆二十年，准噶尔平。二十一年左部哈萨克内附。二十二年右部哈萨克、塔什罕、东布鲁特继之。二十四年回部平。是时西布鲁特、安集延、那木杆、玛尔噶朗、霍罕诸城、拔达克山、博洛尔部，亦相率来归。二十七年，复有爱乌罕等鞠跽奉表而至。于是和通诸部，次第偕来。"对此，乾隆帝大都作诗吟咏。

这些诗作的意义，远远超出了单纯的文学层面，需要我们结合清朝史料，在当时的历史背景下进行多层面的考察。诗作内容大体包括相邻部落对清朝平定准噶尔与大小和卓的支持、相邻部落使臣朝觐时受到清朝的热情接待、相邻部落向清朝进献贡品、新疆与相邻部落的通市交往情况等。

一、相邻部落对清朝平定准噶尔与大小和卓的支持

1. 左部哈萨克

乾隆二十二年(1757)，清朝将军兆惠追剿准噶尔叛首阿睦尔撒纳，再次进入哈萨克境内。六月间，左部哈萨克首领阿布赉表请归附："哈萨克小汗臣阿布赉，谨奏中国大皇帝御前，自臣祖额什木汗、扬吉尔汗以来，从未得通中国声教。今祗奉大皇帝谕旨，加恩边末部落。臣暨臣属，靡不欢忭，感慕皇仁。臣阿布赉愿率哈萨克全部归于鸿化，永为中国臣仆。伏惟中国大皇帝睿鉴，谨遣头目七人，乃随役共十一人，赍捧表文，恭请万安，并敬备马匹进献，谨奏。"①

次月，乾隆帝下旨封赏，作《哈萨克称臣内属，遣使进贡，诗以纪事》：

采入伊犁靖陆梁，鲸鲵惩逆武维扬。已看颉利成生虏，又报洛那归职方。致马本非如武帝，闭关未得学萧王。更欣原缚渠魁献，戢戢干戈日月光。②

---

①《清高宗实录》卷五四三。

②《清高宗(乾隆)御制诗文全集》二集卷七十三。

清军深入伊犁及哈萨克草原，追剿阿睦尔撒纳等叛首。眼看阿睦尔撒纳就要被生擒俘虏，又传来哈萨克左部阿布赉称臣归附天朝的喜讯。乾隆帝不像汉武帝为了获得良马而出师攻伐，也不学那光武帝（称帝前曾封萧王）无力解决边患而闭关。他高兴的是阿布赉约定擒献阿睦尔撒纳，伊犁又将停止战事，日月重光。

2. 右部哈萨克

乾隆二十三年（1758）八月间，清军参赞大臣富德追索准噶尔余孽，平息了哈萨克右部与塔什罕人的争斗。右部首领吐里拜等进表文曰："伏念臣者久思内附，远处边末，与左部阿布赉各长一方，为准噶尔阻绝，未由自通。近闻左部输服，被恩优渥。恭惟天使惠来，祇领宸训，得均隶臣仆，诚欢诚忭。谨遣臣子弟入觐，瞻仰天颜，如天覆育之。圣人在上，臣愿竭衰驽，奋勉自效，永无二心，倍于左部。"①乾隆帝又作《右部哈萨克归化，遣使朝贡，诗以纪事》：

偏师西海剿逋逃，取便恩宣杂种曹。岂谓解纷更释难，匪征苜蓿与葡萄。情欣左部荣同被，德惭两阶会偶遭。厚往薄来九经式，持盈保泰一心操。②

清军在追剿时，顺便向当地诸部族宣扬天朝恩惠，本来没想过会给他们排解纠纷争斗，也不是为了征取苜蓿和葡萄。可喜的是右部哈萨克在左部之后也归附天朝，这使皇帝在庆幸之中又感到惭愧。他认为自己要认真遵循厚往薄来等治国平天下的九项准则，尽心保持这安定兴盛的局面。

3. 东布鲁特

乾隆二十三年（1758）六月，清朝将军兆惠追剿准噶尔残部，到达东布鲁特地区，即伊塞克湖、楚河、塔拉斯河一带，派人向此地部落的头人宣布清朝的政策。东布鲁特以玛木特呼里为首的五部头人纷纷表示愿意归属清朝："我部久思投诚大皇帝，为准噶尔间阻，不能自通。今得为天朝臣仆，实望外之幸。"③

①《钦定皇舆西域图志》卷四十四。

②《清高宗（乾隆）御制诗文全集》二集卷八十一。

③《钦定皇舆西域图志》卷四十五。

乾隆帝作《布鲁特称臣内属，遣使诣阙，诗以纪事》："挞伐原因讨逆回，仰流讵意远人徕。旧传勃律两王据，即见坚昆一面摧。"诗的大意是，清朝出师的原因是讨伐大小和卓叛乱，出乎意料的是东布鲁特继哈萨克之后竟然也归附而来。唐时西域有大小勃律两个部落，就像今天的东西布鲁特（坚昆为布鲁特祖先在叶尼塞河上游地区时的汉代称呼）。东布鲁特与回部毗连，现今归附天朝，等于将大小和卓断其一臂。"厚往薄来风早树，东鹣西鲽道方开。不招不拒敷吾惠，王会何妨达九垓。"①该部首领派使臣正在前来朝觐，他们也会进贡珍奇异物的。乾隆帝虽不是有意招徕，但朝廷来者不拒并施以恩惠。他想象着统一西域之后天山南北各部朝会的盛况，心中充满喜悦。

4. 西布鲁特

乾隆二十四年（1759）秋，清军追剿大小和卓。额德格纳部落头人阿济比代表西布鲁特部十五个部落上书臣服："额德格纳布鲁特小臣阿济比，恭祝大皇帝万万寿，恭呈如天普覆、广大无外、富有四海。乾隆大皇帝钦命将军之前，今将军自喀什噶尔传谕我部，颁给印文，谨已奉到，不胜踊跃，适慰心想。当率诸部，自布哈尔迤东二十万人众，皆作臣仆。"②自此从伊犁西南伊塞克湖到喀什噶尔西北、浩罕以东帕米尔一带广大布鲁特地区，全部归属清朝管辖。

5. 霍罕

后多写为"浩罕"。时辖安集延、玛尔噶朗、那木干。乾隆二十四年（1759）夏，清军追捕大小和卓，遣侍卫达克塔纳至其地进行外交斡旋，要求对方协助擒获大小和卓。额尔德尼向乾隆帝进表文曰："额尔德尼伯克等请大皇帝钦差统兵、至威至勇将军等安。仰赖上天之德、大皇帝洪福，我等群生亦获安业。闻将军至叶尔羌、喀什噶尔后，布鲁特、哈萨克等众部落俱传檄安定，而我部檄书未至，日夜以冀。幸侍卫赍将军书来，我等得为大皇帝臣仆，永受康宁，不胜感悦。"③于是四城全部归附。

①《清高宗（乾隆）御制诗文全集》二集卷八十。
②《钦定皇舆西域图志》卷四十五。
③《钦定皇舆西域图志》卷四十五。

6. 拔达克山

后多写为“巴达克山”。乾隆二十四年(1759)八月,拔达克山汗素尔坦沙下令擒杀逃入境内的大小和卓,并率其部落十万户与邻近的博洛尔三万户归附清朝。乾隆帝作《副将军富德奏报,拔达山汗素尔坦沙献逆贼霍集占首级,并以全部纳款称臣信至,诗以志事》:

> 采入歼渠逃望风,情知三窟已途穷。嘉兹识早献馘顺,笑彼悔迟跋扈雄。和众永看两部定,成功速在五年中。天恩如此昭优贶,保泰弥殷慎敕躬。①

副将军富德率部深入西域追歼望风逃窜的大小和卓及残匪,俗话说狡兔三窟,得免一死,而他们是日暮途穷。拔达克山汗素尔坦沙识时务者为俊杰,献上小和卓霍集占首级,并率部归顺天朝。皇帝笑看大小和卓骄横跋扈,猖獗一时,如今被彻底扫荡。西域准噶尔部、回部永远得到了平定,天朝在五年中就完成了统一西域的大业。上天对大清如此恩惠眷顾,皇帝要时时警饬己身,保持这安定兴盛的局面。

以上诸部,是清朝在平定准噶尔与大小和卓叛乱中,与之发生联系的主要部族。

虽然历史上哈萨克与准噶尔之间关系紧张,多有战事,但左部哈萨克首领阿布赉与准噶尔叛首阿睦尔撒纳曾经交好,这使阿睦尔撒纳几次在伊犁兵败后都得以逃往哈萨克境内躲藏。乾隆帝指示大兵压境,晓以利害。阿布赉为了部落利益,毅然率部归附,派人捉拿阿睦尔撒纳。但消息走漏,阿睦尔撒纳连夜只身逃入沙俄塞米巴拉金斯克要塞,后被转送到托博尔斯克,一个月后病死。

布鲁特与回部不仅地域比邻,而且宗教相同,乾隆帝认为其是不可忽视的力量。清朝平定的准噶尔是布鲁特的宿敌,而布鲁特与清朝则无根本的利益冲突。乾隆帝就是想以其优抚政策,吸引布鲁特更多的部落归附清朝并协助平叛。小和卓霍集占在黑水营进攻清军时与大和卓布

①《清高宗(乾隆)御制诗文全集》二集卷九十。

拉尼敦从喀什噶尔出兵时，都遭到布鲁特人配合清军而进行的有力的阻击。当清军追剿大小和卓时，布鲁特人或充当向导，或切断大小和卓的逃路，在平定大小和卓的战争中发挥了特殊作用。历史证明，乾隆帝的优抚政策是正确有效的。

霍罕及所属的安集延，在接到清军要求协擒大小和卓的檄文后，一面上表归附清朝，一面设计准备诱擒，后来还为大小和卓未能取道该地以致他们未能立功而遗憾惭愧。

大小和卓败逃进拔达克山，清军遣使往谕，宣告其罪状，要求拔达克山汗素尔坦沙协擒。大小和卓抢掠村落，准备继续南逃。拔达克山汗素尔坦沙下令擒拿，并派人报告清军。此时邻近部落准备发兵劫持大小和卓，素尔坦沙因与大小和卓宗教信仰相同，又担心邻近部落不同意，颇感为难。在清军将领晓以顺逆利害的情况下，他即感悟曰："我属为大皇帝臣，当同所恶，且岂忍以两凶故，贻数万生灵患耶！"①于是下令杀死大小和卓。

至此，清朝在西域诸部的支持下，平定准噶尔与大小和卓叛乱，完成统一西域的大业。

二、相邻部落使臣朝觐受到清朝的热情接待

西域各部既已臣属，自当按例进贡朝觐。清朝对其首领及使臣的朝贡都给予热情接待，不仅记载于官方典籍，而且乾隆帝还多有诗作吟咏。按清朝的外藩朝觐制度，不曾出痘者，只能在热河木兰围场、避暑山庄、静寄山庄觐见。若非乾隆帝格外重视，不曾出痘的外藩使臣根本不可能进入京城。而乾隆帝却让哈萨克、布鲁特、安集延、拔达克山等使臣进入北京，在御园（圆明园）、南苑、瀛台、太和殿接见赏赐，其意义颇不寻常。

1. 左部哈萨克

乾隆二十二年（1757）九月，哈萨克阿布赉使臣赍表入觐行礼，乾隆帝

①《钦定皇舆西域图志》卷四十六。

赐宴,命哈萨克使臣等随从参加围猎,并作《哈萨克使臣至,令随围猎,并成是什》:

伊古从来化外蠲,间关驰使远朝天。不知中土岁月日,乃隔长安万二千。塞野便教预猎喜,山庄旋与锡恩骈。即今行国多天马,附会谁穷太史编。①

哈萨克之地是自古以来政令教化所达不到的地方,如今哈萨克使臣崎岖辗转来朝觐,他们不晓得天朝历法的年月日,距京城有万里之遥。使臣高兴地参加了塞外原野的秋季围猎,皇帝在避暑山庄给予赏赐以示恩惠。哈萨克草原自古出产好马,可谁人能将司马迁《史记》中的有关记载考证清楚呢?

其间还作《万树园宴哈萨克使臣,诗以纪事》:"耀武未烦贰师李,穷源底籍凿空张。"说皇帝并未像贰师将军李广利那样炫耀武力,哈萨克与大清中央王朝的关系,还应追溯到汉代的张骞通西域。《九月十五日赐哈萨克使臣观灯火》:"可识仙庄原月宇,只疑盐泽接星桥。"②说这样美如仙境的园林原来只在想象中的月宫里,疑似遥远的西域盐泽连接着天上的银河。

后来,乾隆二十四年(1759),阿布赉汗派遣其侄苏尔统从沙俄入觐,乾隆帝作《填仓日命哈萨克人观灯火》:"委羽来经五月程,上元盛典入都城。得教饼节观灯火,为示怀柔洽众情。"③说哈萨克使臣历经五个月的行程,于元宵节十天后来到大清天朝的首都北京城。皇帝让他们参加盛大典礼,赏月、品尝月饼、观灯火,为的是怀柔远方的哈萨克,建立和谐融洽的感情。

乾隆二十五年(1760)九月,《宴哈萨克陪臣作》:"哈萨陪臣候起居,优恩锡宴示荣诸。"④又《哈萨克使至,俾观围》:"兼程而进堪嘉彼,厚惠以加宁靳

①《清高宗(乾隆)御制诗文全集》二集卷七十四。
②《清高宗(乾隆)御制诗文全集》二集卷七十四。
③《清高宗(乾隆)御制诗文全集》二集卷八十四。
④《清高宗(乾隆)御制诗文全集》三集卷五。

予。”①说使臣急于拜见皇帝，日夜兼程，以表至诚之意。乾隆帝认为值得嘉奖，于是给予他丰厚的赏赐来昭示荣宠。

乾隆二十七年(1762)二月，作《哈萨克陪臣到，因携观广陵风景》：

哈萨朝正贡马频，路遥迟到值南巡。因教驰驿来江国，便挈行春阅绮阛。昔岁观光称使者，今番优赉实陪臣。广陵鄂畚(哈萨克地名)何南北，总我心怀保赤人。②

诗大意为，哈萨克部使臣在每年正月都来京朝见，频繁地进贡骏马。今年因为路途遥远到京迟了，我已南巡出发，因此命令驿站接送其到江南，携带他们领略绮丽的江南风景。记得辛未年(即乾隆十六年，1751)，准噶尔使臣曾赶到苏州朝见并观光。今年我在广陵(今江苏扬州)优加赏赐的是来自哈萨克的陪臣。虽然哈萨克与此相隔遥远，可说是天南地北，但不必如此区分，在皇帝的心中总是要加以保护的。

乾隆三十四年(1769)又作《哈萨克汗阿布赉遣其子斡里苏尔统来请安，于御园赐宴，因成是什》：

未征侍子入朝参，却以输诚叠遣男。不督因之深感慕，无私应与遍包含。笙镛并奏春光畅，金帛优颁恺泽覃。③

说朝廷并未强征哈萨克部遣子来天朝，可左右哈萨克部为献纳诚心，不断地派遣男儿。右部哈萨克阿布勒比斯部遣王子卓尔齐，于今年正月入觐，乾隆帝令其随来朝的外藩共同接受赐宴赏赉。今天左部哈萨克阿布赉之子斡里苏尔统也来到北京，按例赐宴，以示均以怀柔恩惠之礼相待。他们感念仰慕皇恩是因并未受到监督，朝廷要以无私之光尽量包涵。在春光明媚的圆明园赐宴，东西方的乐器共同演奏美妙的乐曲，皇帝下令赏赐黄金和丝绸，充满欢乐与恩惠。

乾隆四十一年(1776)正月，《幸西苑接见朝正外藩年班回部哈萨克来使及四川土司土舍头人等之初次觐谒者，即事得句》曰：“夹衢左右纷迎接，露

①《清高宗(乾隆)御制诗文全集》三集卷八。
②《清高宗(乾隆)御制诗文全集》三集卷十九。
③《清高宗(乾隆)御制诗文全集》三集卷八十。

冕笑言普拊循。回部更番久依例，内旗札萨旧称宾。土尔扈入朝如雁，哈萨克流仰集鳞。”①说各方使臣列队夹道欢迎皇帝，他头戴便帽笑言抚慰。使臣中有西域回部伯克、蒙古王公、土尔扈特台吉，还有左部哈萨克阿布赉的使臣。

2. 右部哈萨克

右部哈萨克在乾隆二十三年(1758)归附后即遣使朝觐。哈萨克使臣随帝出行，借以了解天朝礼制；南苑阅兵，更可目睹军威雄壮、士气英豪。乾隆帝作《将之盘山，驻跸汤泉行宫作》：“扈行俾识朝家制，大阅兼陈士气豪。”②

同时作《右部哈萨克及塔什罕城回人、布鲁特首领胥来觐谒，恰至山庄，曲宴示恩，点笔成什》：

罢争归化信堪嘉，举踵延颈岂计遐。向日心殷身忘倦，敷天无外总为家。讵期葱岭殊言侣，也厕田盘曲宴加。南苑纡临俾扈驾，视前来者肯教差。③

右部哈萨克与塔什罕结束争斗归附天朝，值得称道。他们如葵花向日，翘首东望，不远万里派遣使臣，历时两个月赶来朝觐，使皇帝深感普天之下皆为一家。皇帝哪里想到葱岭之下会有语言各异的同伴，来到盘山(静寄山庄)朝廷应当宴赐有加，再随皇帝去南苑。朝廷对他们的优待不会比以前差。

十一月五日，乾隆帝在南苑阅兵，请哈萨克、布鲁特、塔什罕使臣参观，作《仲冬南苑大阅纪事》云：

便设军容示西域，伫看露布靖坚昆。好齐以暇千旓飐，既正还奇万炮喧。风日晴和士挟纩，非予恩也总天恩。④

天朝在西域诸部使臣面前展现出威武的军容，皇帝盼望报捷文书传来平定叛乱的好消息。旌旗飘扬，受阅部队严整有序，从容不迫，出人意料的是还有轰鸣的礼炮声。仲冬时节却风和日丽，士兵并未感到寒冷，乾隆帝认

①《清高宗(乾隆)御制诗文全集》四集卷四十。
②《清高宗(乾隆)御制诗文全集》二集卷八十二。
③《清高宗(乾隆)御制诗文全集》二集卷八十二。
④《清高宗(乾隆)御制诗文全集》二集卷八十二。

为这不是因自己的恩惠而是上天在眷顾。

此时正是清军在叶尔羌与大小和卓战事吃紧之际，乾隆帝在南苑阅兵，命郎世宁等人在紫禁城西御苑内，绘出《乾隆帝戎装骑马大阅图》（又称《清高宗大阅图》），张挂于南苑行宫，图上乾隆帝英姿勃发，气宇轩昂，身着华贵甲胄，骑在一匹雄健剽悍的骏马上，眉宇中透出一股英雄气概。阅兵展示了清王朝的实力和军威，给西域诸部使臣留下深刻印象。

《乾隆帝戎装骑马大阅图》

乾隆三十四年（1769），乾隆帝依据右部哈萨克阿布勒比斯子卓尔齐等来京请安之事作《上元前二日锡宴外藩，即席得句》："仰流鳞集贺元正，锡宴欣逢雪后晴。"①说西域各部人心归向大清，使臣就像鱼群一样来到北京祝贺新年。皇帝在元宵节前两天设宴款待，时值雪后放晴。

乾隆三十八年（1773）初作《上元前一日，宴哈萨克波罗特汗陪臣阿克台里克及卓尔齐，即席成什》：

波罗特兹驰使伻，继汗请命觐都京。底须更置示威重，便可允行奖恪诚。卓尔齐尤习国礼，理藩院引贺新正。厚恩丰宴颁嘉节，柔远旁通万里情。②

哈萨克波罗特继承父亲的汗位后，就派遣陪臣阿克台里克朝拜，去年十一月底从伊犁出发，急驰一个半月，于今年元宵节前抵达京城。皇帝何必表示出威严气势呢？应当表彰他们的恭敬和忠诚。阿布勒比斯部王子卓尔齐也要由理藩院官员引导参加明天的元宵活动。皇帝在正大光明殿设宴款待、厚加赏赐，为的是安抚万里之外的哈萨克部众。

①《清高宗（乾隆）御制诗文全集》三集卷七十八。
②《清高宗（乾隆）御制诗文全集》四集卷十。

乾隆五十二年(1787)八月,乾隆帝还作《左部哈萨克瓦里苏尔坦遣其弟哈斯木入觐,于山庄万树园锡宴,因成是什》说:“贵山右部使方回,左部今随遣弟来。”①反映了哈萨克左右部争先恐后朝觐的场面。

3. 东布鲁特

东布鲁特归附后,首领玛木特呼里因年事已高,派遣其弟舍尔伯克与头目车里克齐、图鲁起拜、尼沙等人,于当年九月,先赶到避暑山庄以北木兰围场的布呼图口,受到清政府的隆重招待。乾隆帝为纪念准噶尔、哈萨克及今日布鲁特使臣先后到此,取满语“会归”之意,改其地名为伊绵峪。作诗《布鲁特使臣至,宴赐即席得句》:“新恩恰值伊绵峪,旧识兼逢达瓦齐。”②说为欢迎布鲁特使臣而在此设宴款待,前任准噶尔总台吉达瓦齐如今封为亲王,也来作陪。

在围猎期间,乾隆帝命郎世宁等人绘出《丛薄行诗意图》。画面上,他身骑骏马,接受索伦勇士献上的小老虎和布鲁特使臣的朝觐。赋诗《丛薄行》,最后两句:“喜亦讵为万目睹,适有新归化布鲁。”③说难道仅仅是为了观看献虎吗?是为了欢迎新归附大清的布鲁特使臣啊!

在避暑山庄,乾隆帝作《万树园宴布鲁特,即席得句》:“鳞集仰流鹿食苹,筵开万树洽舆情。”说如鱼群溯流,人心归向,皇帝在此宴请布鲁特使臣,群情和谐融洽。还作《万树园赐布鲁特人观灯火》:“锤峰正挂玉轮盈,合灿烟花惬远情。”④说明月高挂在山庄的锤峰之上,朝廷赏赐布鲁特使臣观灯火烟花,来使他们高兴。

4. 西布鲁特

乾隆二十三年(1758)冬,乾隆帝作《赐哈萨克布鲁特等宴,即席得句》:“乌孙扫净玉门开,受号争先肯后哉。献马不须金马去,右宛今效左宛来。”诗的大意是,平定准噶尔后,从西域通往天朝的道路畅通,哈萨克、布鲁特等部落争先恐后地前来归附,接受封号。皇帝不像汉武帝那样派遣贰师将军

①《清高宗(乾隆)御制诗文全集》五集卷三十四。
②《清高宗(乾隆)御制诗文全集》二集卷八十一。
③《清高宗(乾隆)御制诗文全集》二集卷八十一。
④《清高宗(乾隆)御制诗文全集》二集卷八十一。

攻伐大宛，左右哈萨克就接踵而来。“踵前布露相伯仲，罢战康居总厕陪。谁道蒲萄经岁久，三巡早各醉芳醅”①。大意是东西布鲁特也于今秋朝觐返回，塔什罕人曾与哈萨克相互争斗，如今和好同来入觐，皇帝赐宴举杯与使臣们共饮葡萄酒，三巡之后，大家都高兴得有些醉了。

5. 霍罕

霍罕在归附的次年正月，即遣安集延伯克托克塔玛特率队进京朝觐。乾隆帝作《瀛台赐宴安集延来使，即席得句》：

> 奉檄犹惭力未宣，右旋书捧使来专。闭关难学汉光武，谒陛何期安集延。西苑都称到天上，南兰群喜沐恩先。仰流嘉彼明于顺，三接应申锡赉骈。②

安集延伯克接到大清兆惠将军的檄文，准备协助擒获大小和卓。因大小和卓未取道安集延，他感到遗憾，随即遣使入贡而来。虽然皇帝不愿学那闭关自守的汉光武帝刘秀，但也没想到安集延前来入觐。使臣来到京城西苑，说好像到了天上一样。那时拔达克山的使臣尚未到京，他们欣喜先得到了大清的礼遇恩惠。西域各部明理顺势，像鱼群迎向上游一样争相遣使通好，皇帝频频接见以示恩宠并给予丰厚的赏赐。

6. 拔达克山

《瀛台赐宴拔达克山来使，即席得句》：

> 归俘献馘识忠诚，贡使随来万里行。第一西方足嘉国，无双天下此都京。俾观礼乐三千盛，待赏烟花午夜明。重译又须宣象寄，�冲语异逮濛瀛。③

拔达克山交还俘虏，献上小和卓首级，足以显示出一片忠诚，他们还派遣使臣不远万里前来朝贡。大清是西方称道的美好国度，他们来到举世无双的北京城，参加盛大的礼乐活动，欣赏夜半灿烂的烟火。皇帝虽然近来大略学习了维吾尔族语，但它与拔达克山语言有别，皇帝还得依靠维吾尔族人

①《清高宗（乾隆）御制诗文全集》二集卷八十二。
②《清高宗（乾隆）御制诗文全集》三集卷一。
③《清高宗（乾隆）御制诗文全集》三集卷一。

转译来交谈。虽说语言有异，可大清的声威还是传到了遥远的拔达克山。

以上周边诸部落，都已归附并与清朝建立藩属关系。清朝极其重视哈萨克、布鲁特。如魏源在《圣武记》所说："新疆南北二路，外夷环峙，然其毗邻错壤作我屏卫者，惟哈萨克、布鲁特两部而已。"对哈萨克、布鲁特，尊其宗教，赐封爵号，减轻赋税。其大小头目原职不变，但要由清廷任命，赐以二品至七品顶戴。哈萨克、布鲁特每年要向清廷进献一定数量的马匹，清廷回赠绸缎、布匹、茶叶等物资。靠近伊犁的哈萨克与东布鲁特，由伊犁将军每年派领队大臣前往巡查一次。对整个布鲁特的常年巡查，则由喀什噶尔参赞大臣专管。清朝允许哈萨克、布鲁特回到被准噶尔侵占的原牧地自由放牧，不征收土地税，不强迫其改变原有的风俗习惯。哈萨克与布鲁特在新疆进行贸易，税率比内地商人减少三分之一，以示优待。清朝驻军及官员所需马匹和牛羊，主要由哈萨克、布鲁特供应。这使得哈萨克与布鲁特的社会经济，在西域统一于清朝之后得到了很大发展。后来由于历史原因，哈萨克与布鲁特分别成为跨国民族。乾隆帝关于哈萨克与布鲁特的诗篇，纪实述事，有着鲜明的时代感和深厚的历史感，无疑是我国多民族国家统一和形成的历史见证。

对于周边其他部落，清朝采取了羁縻政策，仅确立朝贡关系，但对一些纠纷还是应其请求进行调停和解。如乾隆二十八年(1763)，霍罕汗国侵占了西布鲁特阿济比所属的鄂斯等处，乾隆帝即命驻新疆尚书永贵派人劝导霍罕首领额尔德尼退还侵地，此时霍罕已归附清朝，所以还是遵命办理了。又如博洛尔部与拔达克山接壤，后者屡行构衅，围城劫掠。乾隆二十九年(1764)，其部酋长沙瑚沙默特乞援于驻扎叶尔羌都统新柱，乾隆帝遣使诫谕拔达克山恪遵约束、还俘罢兵。之后沙瑚沙默特向清廷进贡该部最为珍贵的匕首以表示谢恩。

三、相邻部落向清朝进献贡品的情况

相邻部落向清朝进献的贡品，以其各自的名优特产为主。

1. 左右部哈萨克

乾隆二十四年(1759)正月，乾隆帝作《哈萨克汗阿布赉之侄俄罗斯苏尔统及其陪臣来朝，诗以纪事》："命彼近亲亦台吉，献其方物乃蒲捎。"①说这次哈萨克汗阿布赉派遣其侄俄罗斯苏尔统，向天朝进献的是该地的特产骏马。

乾隆二十九年（1764）三月又作《赐赉哈萨克陪臣并携游御园，诗以纪事》："献马无过聊表悰，同舟真是大联情。"②说哈萨克进献骏马是表达真情，而今我们建立起同舟共济的情意。

乾隆二十四年（1759），乾隆帝还就右部哈萨克进献骏马之事，作《大宛马歌》："今之哈萨昔大宛，峤山神种古所传。乌孙中阂阻声教，攘为己有曾贡闲。"说今日的哈萨克是昔日的大宛，在葱岭以西出产良马自古流传。近世因被准噶尔阻隔，与天朝未能联系。其马被准噶尔当作贡品来进献。"不仁之守再世斩，伊犁万里拓幅员。"天朝平定准噶尔，版图开拓两万里。"哈萨布鲁胥向化，无他为贶致敬虔。騕褭汗血实方物，左右部长及可汗。遣其首领远来献，却之失望厚赉还。"哈萨克、布鲁特先后归附，都以进献良马表示敬意和虔诚。皇帝感到若不接受，他们会失望，所以就用丰厚的赏赐来回报。"駩騢骝骓类实夥，匍匐牵跪陈墀前。"各种良马实在多，献马使臣阶下一一向皇帝展现。"往者贰师求善种，徒劳数万恶少年。致一二耳犹艳诩，奚称归德开远门。"回想汉武帝以李广利为贰师将军，征发数万人伐大宛，为的却是获取良马，还作诗夸耀。"辟疆勤远非本意，人归天与宁可捐。人归天与宁可捐，作歌自警示后昆。"③拓疆辟地并非皇帝的本意，实为天命所属，人心所向，如果不是这样，皇帝宁肯不要，写下这首诗自我警醒，并告诉后代。

乾隆帝后来还作《哈萨克马》："哈萨克马多无万，古称大宛实讹传。"④对哈萨克是昔日大宛的说法做了更正。乾隆帝对哈萨克献马大加赞赏，命清宫画家郎世宁绘出名画《哈萨克贡马图》。

2. 东西布鲁特

乾隆二十六年（1761），东布鲁特别部酋长额木尔贝率部归附。次年进

①《清高宗（乾隆）御制诗文全集》二集卷八十四。
②《清高宗（乾隆）御制诗文全集》三集卷三十八。
③《清高宗（乾隆）御制诗文全集》二集卷八十三。
④《清高宗（乾隆）御制诗文全集》四集卷九十一。

贡匕首，由驻喀什噶尔的官员侍郎海明进呈，乾隆帝作《布鲁特额木尔贝所献匕首歌》：

回部大定兴农耕，分驻宣抚留朝卿。其中喀什噶尔城，近外部落严候侦。有布鲁特驰使伻，厥长额木尔贝名。献玉匕首来输诚，佉卢回书仍左行。译出一一伸葵倾，向因路阻凶丑兵。戡逆靖乱今太平，地为王土人王氓。贡物表敬惭菲轻，驿致金阙由海明。开匣尺八居然呈，龙鳞其室楠以赪，玉柄金镂象鼻形。抽看光如波溢青，月牙直芒披电星。封还销铸胥矫情，咸宾用识王道贞。①

天朝平定大小和卓叛乱后，在天山以南各地派驻大臣宣谕安抚，大兴耕种。其中喀什噶尔大臣还有密切观察境外近边部落的职责。东布鲁特部首领额木尔贝派遣使者献上玉把匕首表示归顺，译出文书内容说早有向往思慕之心，因被阻隔而不能遂愿，现在叛乱平定，他们也愿做大清的臣民。匕首由驻喀什噶尔侍郎海明通过驿站传送呈来，贡物虽轻，情意恳切。皇帝若缄封退还或下令销熔就太违背人之常情了，只有施以仁政，使天下归心。为此皇帝赏赐额木尔贝三品顶戴。

3. 霍罕

霍罕在归附清朝的次年九月遣使贡马，乾隆二十七年（1762）贡白鹰，乾隆二十九年（1764）贡白海青。乾隆三十五年（1770），额尔德尼卒，其侄纳禄博图袭位伯克，遣使进贡龙泉盘子。乾隆帝皆有诗作。

其中《白鹰歌——霍罕额尔德尼伯克所进，歌以纪事》：“受将军檄遮贼魁，设网未入惭雉媒。”说霍罕伯克虽然遵檄张网，但为未能擒获大小和卓而遗憾。“捧首以降心无乖，方物屡献表宾徕。每教厚往而薄来，九经正义诚昭哉。”②拔达克山献上小和卓首级，而霍罕也多次进献方物，都是表示归顺诚意，乾隆帝每次都是薄来厚往，实行怀柔安抚。

清朝的发祥之地东北历来以出产海东青而闻名，而乾隆帝看到西域以

①《清高宗（乾隆）御制诗文全集》三集卷十七。

②《清高宗（乾隆）御制诗文全集》三集卷十七。

西的霍罕进贡来的白海青，不禁称奇，作《白海青歌》云："霍罕部在天山右，其汗名额尔德尼。摅诚通贡致方物，韝来鸷鸟随译鞮。"①

乾隆帝对存世稀少的宋代龙泉瓷器喜爱有加，十多年前臣子从吐鲁番带回一个龙泉盘子，已使他很惊讶，他没想到在自己五十九岁生日之际，霍罕又进贡一个龙泉盘子作为祝寿的献礼。乾隆帝在《咏龙泉盘子》诗中云："古宋龙泉世颇稀，云何外域尚或有。吐鲁番器昔讶看，霍罕包贡今复走。不宝厚往致频来，所嘉彼亦知献寿。"②

4. 安集延

乾隆二十八年(1763)二月，乾隆帝作《安集延匕首》：

> 持短入长不逾尺，应速用近两刃窄。水晶为把月牙直，�插腰豫戒迫。感我厚泽贡弗惜，徒观美理霜雪色。缠绵经冗金错饰，漆龙文鞘偃蹇奕。自来非拟邓遵得，锦袂襀更檀匣袭，用昭绝域兵戈释。③

这把不过一尺的短匕首到了皇帝的手中，两刃很窄，应当是近身应急之用。匕首之把如水晶，而刀刃笔直明晃似新月，插在腰间以防不测。安集延人感激大清的恩泽，向天朝进贡在所不惜。这把匕首看上去就非常美观，刀刃纹理像霜雪般寒光凛凛，刀把上缠着彩线，而刀刃上用黄金镶嵌花纹，从刻着龙纹的刀鞘里抽出就亮光闪动。乾隆帝不能像邓遵得那样夸耀，而是将匕首装入剑套、放进檀木匣中收藏，用以昭示西域兵戈止息，各部安宁。

5. 拔达克山

乾隆二十五年(1760)夏，乾隆帝作《拔达山八骏马歌》："大宛骏马斯已奇，拔达山骏奇倍之，方隅贵山南以西。"说大宛的骏马自古以来就以奇著名，而位于大宛以南拔达克山的骏马更是加倍胜之。素尔坦沙献上逆贼霍集占首级，向天朝纳款称臣，可谓识时务。"献馘称臣诚识时，良骥服皂纳熙随""游阊阖兮观玉台，初非求马兴戎麾，销兵从此含生熙。"④皇帝不是为了

①《清高宗(乾隆)御制诗文全集》三集卷三十九。
②《清高宗(乾隆)御制诗文全集》三集卷九十二。
③《清高宗(乾隆)御制诗文全集》三集卷二十八。
④《清高宗(乾隆)御制诗文全集》三集卷五。

获得良马而兴兵的，平定了大小和卓的叛乱，天下从此太平，呈现和悦与吉祥。进贡来的主要是八匹骏马，个个英姿，皇帝命令大臣们为之作诗文与绘画。在上驷院调教驯服，等待木兰秋狝时试骑。

次年，乾隆帝还作《拔达山汗素尔坦沙贡刀歌》和《咏拔达山汗素尔坦沙所进斧》。

6. 博洛尔

乾隆二十八年（1763）正月，博洛尔进献武器入宫，乾隆帝作《博洛尔部沙瑚沙默特伯克所进武器，制匣藏之，并纪是什》二首：

> 其一："文列星行光溢涛，切昆瑺似断秋毫。于阗西去千余里，那数寻常玉把刀。"

诗其一说剑。剑上纹理像群星排列，又似波涛光芒闪耀，其锋刃切昆仑美玉如同秋毫。博洛尔部在于阗以西千里远，《宋史》记载开宝二年（969），于阗使臣曾进贡了玉把刀。

> 其二："齐斧言旋早洗兵，更无拓远衹持盈。集鳞流仰宁当拒，厚往惟嘉底贡诚。"①

诗其二说斧。皇帝早就高举黄钺下令凯旋，西域从此停止了战争。皇帝本无开拓边疆之意，只是想守好祖先的成业。如今西域各地纷纷归服奉贡，皇帝怎能拒绝？只有厚往薄来以嘉奖他们的真诚。博洛尔是一小部落，临近拔达克山，时常被威逼或强取。该部为此求助清朝驻叶尔羌办事尚书新柱为之和解，平息争端。乾隆帝派遣使者晓示，告诫拔达克山守约管束，归还俘虏，停止争斗。博洛尔部沙瑚沙默特伯克为感念德泽进贡谢恩。乾隆二十九年（1764）六月，乾隆帝作《博洛尔部沙瑚沙默特所献匕首歌》说："博洛小部自守域，近拔达山时被逼。诉之守臣为和息，感恩献此表食德。出匣月牙光奕奕，断蛟龙复劀犀革。"②匕首是该部最珍贵之物。匕首出匣，形状如新月，光亮闪耀。其锋利到可杀死蛟龙、刺穿犀牛皮。乾隆帝认为此

①《清高宗（乾隆）御制诗文全集》三集卷二十七。
②《清高宗（乾隆）御制诗文全集》三集卷四十。

事可作为排解纠纷、安抚边远之人的一个准则或模式。

乾隆三十四年(1769)正月,乾隆帝还作《博洛尔部沙瑚沙默特伯克进玉把双匕首,诗以志事》:“戢干西极各安居,表进佉庐弗改初。双器先之宜酌纳,五年贡亦不为疏。”诗的大意是,战后西域及以西各部安居乐业,博洛尔部上表仍然不改古老的文字,进贡双匕首皇帝应酌情收下。以前该部进献武器,皇帝曾有诗。五年之后再来进贡也不算少。“球琳把内铁衔定,毾㲪室端银镂诸。以短乘长休论彼,薄来厚往益怀予。”①双匕首由美玉镶嵌着刀把,里面还有铁件衔接相连。刀鞘是羊毛织品,还有用银箔刻成的装饰品包裹着。乾隆帝不论其长短,只想以薄来厚往热情款待。

7. 爱乌罕

即今阿富汗北部,地处拔达克山之西。清乾隆二十七年(1762)遣使贡刀及骏马,次年正月抵京,与清朝建立联系。乾隆帝作《爱乌罕刀》:“西蒙奉表驰使伻,献名驹二抒远诚。陪臣乘传达帝京,敬同诸部朝元正。”是说爱乌罕向大清天朝送上表文,派遣使臣密尔汉急驰上路,献上骏马,表示来自远方的真诚。使臣乘坐驿站的马车兼程赶路,正月新年赶到京城,与各地诸部代表来朝拜皇帝。“丰飨曲宴皆预令,承筐币帛厚赐行。繄密尔汉感悦并,贡刀可否咨公卿。笑而许之联彼情,长跪百炼双手擎。”朝廷用丰美的酒食款待,也让他们参加宫中之宴。热情欢迎,厚赐送行。使臣感动喜悦,向大臣咨询可否献上刀具。皇帝笑着答应,为的是联络彼此的感情。于是密尔汉朝上长跪,双手高举着献上爱乌罕刀。“弯如碧水弓在檠,虽弗适用器则精。”刀光闪亮如水波,还弯如半弓,虽不适用,却制作精良。“匣庋武库志偃兵,玉关开后通昆瀛。”②乾隆帝下令接受,之后将它放入武库收藏,以示兵戈止息,天下太平,大清的声威远达昆仑山和西海。

乾隆二十八年(1763)正月,乾隆帝作《爱乌罕四骏歌》:“天山左右多回部,声教古艰通译鞮。”是说天山南北有许多信奉回教(即伊斯兰教)的部族,

①《清高宗(乾隆)御制诗文全集》三集卷七十七。
②《清高宗(乾隆)御制诗文全集》三集卷二十七。

声威教化难以到达且主要依靠翻译人员来进行联系。“爱乌罕实土著国,遥在拔达山更西。遣使进表非招致,浡泥蜡纸金字题。”爱乌罕人世代定居于拔达克山以西。他们派遣使臣来进表并非大清召唤的,那表文用的是浡泥国出产的蜡纸,用金字书写。“使者邮至早赐遣,按程马到怜穿蹄。”使臣随之进贡马匹并来信说贡马早早就上路了,山高路遥万里程,乾隆怜惜贡马到京时马蹄子都流血了。“高逾七尺长八尺,为龙一一皆駃騠。”爱乌罕四骏都是高过七尺,身长八尺,匹匹都是良马。“别毛按品予嘉号,永志底贡无乖睽。”①乾隆帝将爱乌罕四骏以毛色、品相加以区分,并给以美好的称号,命画家绘图,他自己亲笔题诗,记录爱乌罕倾心朝贡不背离之意。

四、新疆与相邻部族的通市交往

乾隆帝统一新疆之后,随着社会的稳定,新疆与周边相邻部落的通市交往也呈现出繁荣盛况。农牧经济发展,人口的增多,城镇经济兴起和发展。伊犁共建九城,将军驻节惠远城。那里既是新成立的军政中心,也是商业贸易中心。乾嘉时期,每年三至九月,布鲁特人、哈萨克人都赶着大批马匹牲畜到伊犁各城交换布匹、绸缎、茶叶等生活物资。嘉庆初年流放伊犁的著名学者洪亮吉在《伊犁纪事诗》中描写惠远城贸易盛况说:“谁跨明驼天半回,传呼布鲁特人来。牛羊十万鞭驱至,三日城西路不开。”乾隆年间的道员椿园也在《西域闻见录》中记载了南疆与周边相邻部落的通市交往情况。阿克苏北通伊犁、南通喀什噶尔与叶尔羌,东至吐鲁番,所以“内地商民,外藩贸易,鳞集星萃,街市纷纭,每逢巴扎会期,摩肩雨汗,货如雾拥”。叶尔羌“规模宏敞,甲于回部。中国商贾,山陕江浙之人,不辞险远,货贩其地。而外藩之人如安集延、退摆特(拉达克,今列城)、郭酣(霍罕)、克什米尔等处,皆来贸易。巴扎尔街长十里,每当会期,货若云屯,人如蜂聚,奇珍异宝,往往有之。牲畜果品,尤不可枚举”。

值得提及的还有痕都斯坦玉器。痕都斯坦位于古印度西北部,包括今

①《清高宗(乾隆)御制诗文全集》三集卷三十。

天的巴基斯坦和印巴交界地区。痕都斯坦玉器通过朝贡和通市交往进入清宫，主要分为盛食物用的器皿和杂器两大类。盛食物用的器皿有碗、盘、杯、壶、盒、罐等。杂器有灯盘、香炉、剑把等，常用自然花卉果实和动物形象设计器型，器物多雕耳和足，耳或柄一般呈枝叶花果形。痕都斯坦玉器多追求纯净美，部分玉器镶嵌金银或宝石，呈现典型的阿拉伯装饰风格。痕都斯坦玉器设计精美，磨琢圆润，很受乾隆帝的喜爱。进入清宫后，它们中的不少在造办处被加刻了年款和乾隆帝的御制诗，诗作收录在《清高宗（乾隆）御制诗文全集》中的近六十首。痕都斯坦玉器及乾隆帝的诗作，反映了清朝与周边相邻部族通市经济文化的友好交往。

清朝平定准噶尔及大小和卓的叛乱，战事历时五年，战场主要在天山南北，但与周边诸部落的前途命运也息息相关。周边诸部落一度对清朝产生疑虑和戒心，是可以理解的。乾隆帝清楚地知道，妥善处理与周边诸部落的关系，不仅对清朝而且对周边诸部落都非常重要。清朝显示了强大的武力，但没有滥用武力。它以强大的军事实力为后盾，加以积极的外交斡旋，使哈萨克左部愿意协助擒献准噶尔叛首阿睦尔撒纳；使东布鲁特协助平定大小和卓的叛乱；使争斗的右部哈萨克与塔什罕罢兵言和并共同归附；使霍罕与安集延等奉檄准备协助擒献大小和卓；使拔达克山擒杀大小和卓并献上小和卓首级，使周边诸部落望风归附。同时，周边部落首领的归附，给部落和民众都带来了福音，也是值得肯定和赞赏的。

以上所述诗作，反映了乾隆帝在处理涉外事务时，坚持灵活务实的外交策略，秉持与邻为善、和平共处的态度，谋求睦邻友好、边境安宁，由此产生了良好效果，展现出了一幅友好交往的图景。

同时应当指出，乾隆帝在平定准噶尔及阿睦尔撒纳的叛乱中，注重了追拿首恶。而在平定大小和卓的叛乱中，乾隆帝则未能做到除恶务尽，致使隐匿于中亚的大小和卓后裔，于此后百年间，在霍罕的支持下，不断窜回南疆作乱，成为新疆最不稳定的因素。

第十三章

乾隆帝与痕都斯坦玉器

乾隆统一新疆之后,和阗玉料作为贡品得以源源不断地进入清宫,这使有着漫长历史的中国玉器制造出现了前所未有的繁荣景象。值得关注的还有进入清宫的痕都斯坦玉器。

痕都斯坦玉器具有浓厚的伊斯兰艺术风格,以其晶莹轻薄、花纹细腻,而深得乾隆帝的喜爱。乾隆帝认为其远超当时清朝最好的工匠作品,故推崇有加,多有诗作吟咏,其中不少诗作还被刻在玉器上。这些玉器,至今主要收藏在台北故宫博物院,北京故宫博物院及世界各大博物馆也有收藏。关于痕都斯坦玉器,已见的诸多位专家学者的撰著论述,从地望概念、名称由来到入宫的情况,从艺术特色、制作技法到玉器的流传等方面,都进行了卓有成就的研究。① 本章主要从乾隆帝的诗作来论述痕都斯坦玉器。

一、乾隆帝咏痕都斯坦玉器及定名

乾隆帝咏痕都斯坦玉器诗作,最早的见于乾隆三十三年(1768)的《题痕都斯坦双玉盘得十韵》和《咏痕都斯坦玉墨瓶笔室》。到乾隆五十九年(1794)的《咏痕都斯坦玉双环碗》,在这二十七年间,乾隆帝吟咏痕都斯坦的玉器共有五十八首。②

其中咏玉碗(包括白玉碗、菊花碗、古玉碗、绿玉碗、花瓣碗、盈尺碗、大

①杨伯达:《清代宫廷玉器》,《故宫博物院院刊》1982 年第 1 期,第 49 ~ 61 页;邓淑苹:《故宫所藏痕都斯坦玉器特展图录》,台北:台北故宫博物院,1983 年;李久芳:《清玉琐谈》,《故宫博物院院刊》1991 年第 2 期,第 31 ~ 43 页;周南泉:《痕都斯坦与其地所造玉器考》,《故宫博物院院刊》1988 年第 1 期,第 60 ~ 66 页;邓淑苹:《清宫旧藏伊斯兰风格玉器的初步研究》,载上海博物馆编《中国隋唐至清代玉器学术研讨会论文集》,上海:上海古籍出版社,2002 年,第 378 ~ 398 页;邓淑苹:《乾隆嘉庆时期伊斯兰风格玉器东传的研究》,《故宫学术季刊》2003 年第 2 期,第 149 ~ 233 页;邓淑苹:《国色天香:伊斯兰玉器》,台北:台北故宫博物院,2007 年;许晓东:《痕都斯坦及其玉器考》,《故宫学刊》2011 年第 1 期,第 169 ~ 179 页。

②邓淑苹《故宫所藏痕都斯坦玉器特展图录》一文中收录乾隆帝御制诗共 73 首。张广文主编的《玉器》(下)第 25 页说“乾隆留下约 64 首咏‘痕玉’的诗句”。许晓东在《痕都斯坦及其玉器考》第 174 页说“乾隆皇帝吟咏痕都斯坦玉器的诗歌几近 60 首”。经过严格筛选,乾隆帝在诗题冠名“痕都斯坦”玉器的诗,只有 56 首。另外,《绿玉盘》和《咏和阗白玉碗》这两首诗从内容来看,所咏之物也属痕都斯坦玉器,如此,共有 58 首。

玉碗、双环碗）十九首；咏玉盘（包括双玉盘、满尺玉盘、白玉盘、绿玉盘）七首；咏玉盂（包括桃耳盂、水盂、花簇盂）六首；咏玉杯（包括荷叶杯、白玉杯、海棠式玉杯）四首；咏玉瓢（包括瓜瓣瓢、古玉瓢、羊头瓜瓣瓢）四首；咏玉舀（包括玉茄水舀、玉蛤蜊水舀、绿玉瓜瓣水舀）三首；咏玉洗（包括四照花玉洗、荷叶洗）二首；咏玉罐（包括祥花罐）二首；咏玉饮器（包括瓜瓣饮器）二首，咏玉壶（包括白玉益寿壶）二首。另外咏玉墨瓶笔室、玉杓、玉瓿、玉灯檠、玉合、玉匜、玉鱼各一首。这些诗作，均收入《清高宗（乾隆）御制诗文全集》中。

在第一首《题痕都斯坦双玉盘得十韵》中，乾隆帝起句就是："葱岭接昆仑，痕都天竺藩。"并自注："向称温都斯坦，乃痕都斯坦之误，今考梵文改正。以新疆道里方向证之，其地当由回部过葱岭至拔达克山西南，即其地盖北印度交界说，详考讹篇中。"是说帕米尔高原和昆仑山相接，痕都斯坦曾是古天竺（印度）的藩属。注中的考讹篇，即乾隆帝于同年所写的千字文《天竺五印度考讹》，论述古天竺国分为东西南北中五印度，北印度临近新疆叶尔羌。"叶尔羌之西，过葱岭，即拔达克山。由拔达克山转而南，为克什米尔。又转而西为温都斯坦。"乾隆帝根据藏语和维吾尔族语读音，将"温都斯坦"定名为"痕都斯坦"。

乾隆帝出于对痕都斯坦玉器的喜爱，而对痕都斯坦的历史有所关注。在较晚的诗作中，乾隆四十五年（1780）写成的《咏痕都斯坦花瓣碗》有诗句："罽宾巧雕琢，其地近痕都。"乾隆四十六年（1781）《咏痕都斯坦盈尺碗十二韵》称道："美质出龙首，良工造罽宾。"

痕都斯坦地望即为古罽宾国一带，与中国的关系可以追溯到两千年前的汉代。《汉书》卷九十六上《西域传》记载："罽宾国，王治循鲜城，去长安万二千二百里，不属都护。户口胜兵多，大国也。东北至都护治所六千八百四十里，东至乌秅国二千二百五十里，东北至难兜国九日行，西北与大月氏、西南与乌弋山离接。罽宾地平，温和，有目宿，杂草奇木，檀、櫰、梓、竹、漆。种五谷，蒲陶诸果，粪治园田。地下湿，生稻，冬食生菜。其民巧，雕文刻镂，治宫室，织罽，刺文绣，好治食，有金银铜锡，以为器，市列，以金银为钱，文为骑马，幕为人面。"史书记载了罽宾"其民巧，雕文刻镂"，虽然没提雕玉，但"有金银铜锡，以为器"，可见痕都斯坦自古就有雕镂的传统。

关于痕都斯坦的地理位置,成书于乾隆二十七年(1762)的《钦定皇舆西域图志》卷四十六藩属三《痕都斯坦》记载:"痕都斯坦,在拔达克山西南,爱乌罕东。国工治玉,以水磨成器最精,为内地所弗逮。旧于叶尔羌贸易,乾隆二十五年,颁敕书赐物,令通市如故。其地盖北印度交界。北极高二十九度十五分,距京师偏西四十五度五分。当为古罽宾国地。"

《钦定皇舆西域图志》卷二图考二《爱乌罕、痕都斯坦、巴勒提诸部图说》又记载:"由拔达克山西南行,有部曰爱乌罕,东南为痕都斯坦部,俱葱岭外大国。又东为巴勒提。汉时南道西逾葱岭,出大月氏。大月氏南与罽宾接,与今爱乌罕、痕都斯坦诸部方位适合。境内崇山四围,长河襟带,滨河城堡,棋布星列。自拔达克山内附后,饱闻圣天子威德,先后倾心内面,无藉尺书寸刃之劳,而琛玉偕来,顿颡受命,惟恐后时,非向化之诚而能然欤。痕都斯坦东境,直西藏之西。"

由此可知,痕都斯坦的位置,在今以克什米尔地区为中心的印度北部、巴基斯坦西部以及阿富汗东北部。

二、痕都斯坦玉器进入清宫的主要途径

乾隆年间成书的《皇清职贡图》前有御识:"乾隆二十八年(1763)癸未,爱乌罕遣使奉表入贡。"图说:"爱乌罕,极西回部也……其汗爱哈莫特沙居恺达哈尔城……在回部中故称强盛,近复兼并邻部温都斯坦,部落益大。乾隆二十七年十二月(1763年初),爱哈莫特沙钦仰威德,遣使和卓密尔汉贡马,恭进金纸表文,重四译方至。……地产良马,其所贡马四匹,皆高七尺、长八尺。"①爱乌罕其地望,即今阿富汗一带。就其贡马,乾隆帝命供奉清廷的意大利传教士画家郎世宁绘出名画《爱乌罕四骏图》,并御题诗《爱乌罕四骏歌》。爱乌罕进贡了名贵宝马,当然也会进贡被其兼并的痕都斯坦玉器。乾隆帝欣然接受,尽管如最早的《题痕都斯坦双玉盘得十韵》所说的"匪求来不拒",但毕竟数量有限。乾隆帝诗作中更多地记载了痕都斯坦玉器进入清

①庄吉发:《谢遂〈职贡图〉满文图说校注》,台北:台北故宫博物院,1989年版,第153页。

宫的另外三种途径。

1. 派驻官员进献

如《咏痕都斯坦满尺玉盘》,"万里从风贡自驰"句自注:"守伊犁将军伊勒图所进。"又如《咏痕都斯坦玉碗》序中说"包匭来随,都护归轺"。都护为官名。汉置西域都护,统辖西域诸国。唐设安西、北庭大都护,分辖天山南北广大区域。诗中指清朝在西域所设的最高军事行政长官伊犁将军及喀什噶尔参赞大臣(曾因移驻改称乌什参赞大臣、叶尔羌参赞大臣)、乌鲁木齐都统等派驻新疆的大员,他们将得到的玉器包裹着置于匣中,回京时随车携带。其中尤以喀什噶尔参赞大臣及属下官员,特别是产玉区和阗及贸易区叶尔羌办事大臣的进献居多,如《咏痕都斯坦玉茄水舀》诗中自注:"回疆办事大臣间有以廉俸所余,购得痕都斯坦玉器呈进者。"

2. 当地伯克朝贡

如《题痕都斯坦玉碗》诗云:"年班伯克入朝觐,包贡呈由典属官。"年班为清代蒙古王公、维吾尔伯克及各部族首领等分班于每年到京或避暑山庄参加朝贺活动。清统一南疆后,沿袭伯克统治制度,定伯克品级三至七品,五品以上例由大臣奏报、皇帝任命,其下则由参赞大臣补放。该制度实施时须回避本地,授予数量不等之养廉地和农奴,政教分离,不准世袭。伯克制于光绪十三年(1887)废除。典属即典属国,官名,掌管民族交往事务,秦始置,汉成帝时并入大鸿胪,借指清乾隆朝时掌管民族交往事务的机构理藩院。可知这只痕都斯坦玉碗是南疆维吾尔伯克年班进京朝觐时,作为贡品被包裹着呈送理藩院的。乾隆帝按照中国古来交往纳受微薄而施予丰厚的原则给予奖赏。在"食芹负曝通诚远,厚往薄来折赏宽"句自注:"回部贡物,所司例应折赏,命倍其直予之,以示柔远也。"说贡品虽然微薄,却是表达远道献纳的诚意,皇帝当然要薄来厚往,对贡物照价折算,加倍赏赐,以示怀柔远人。

3. 通商进入新疆

乾隆帝在《题痕都斯坦菊花碗》中说:"通商恒是走渠胥。"自注:"痕都斯坦犹在拔达克山西南,彼处商人时持玉器来鬻叶尔羌。"又如《咏痕都斯坦玉灯檠》中"善市由他致"句自注:"回人皆善贾,痕都斯坦虽地当印度绝远,而懋迁每至叶尔羌,故今恒得其玉器。"说痕都斯坦虽然地处极远的印度一带,但与叶尔羌贸易频繁,所以痕都斯坦玉器可以经常运达。又如《痕都斯坦玉瓜瓣瓢》

中说:“弗征弗索听贸易,近利市至三倍奢。”诗中反映痕都斯坦玉器不是清廷征求索取,而是通过贸易不断进入新疆叶尔羌,其价格也在不断上涨。

可见乾隆帝诗中的痕都斯坦玉器进入清宫的主要途径,无论是派驻官员的进献,还是当地伯克的朝贡,基本上都是通过商贸所得。痕都斯坦玉器进入清宫的路线,大抵是:痕都斯坦→叶尔羌→北京。

痕都斯坦玉器一进入清宫廷,便立即得到乾隆帝的赞赏。每得佳品,他多有诗作吟咏,或铭于器上。在乾隆帝八百首题咏鉴赏玉器的诗文中,有五十八首是吟咏痕都斯坦玉器的。他诏令养心殿造办处仿制“痕器”的玉作(亦称“西番作”),反映了乾隆帝兼收并蓄在艺术上的体现。上有所好,下必甚焉。“痕器”一时蔚为时尚,苏州、扬州等地的玉作坊,大肆仿制,以供市求,这对中国传统的制玉风格产生冲击。但是由于痕都斯坦风格玉器既耗玉料,且使用上容易毁损,因此乾隆晚期下旨停止制作,这股痕玉的风潮才渐渐淡去。

清宫收藏的痕都斯坦玉器中最为精美者,均集中收藏于紫禁城乾清宫暖阁和圆明园殿座之中。乾清宫于乾隆归政前被一场大火烧得精光,乾隆用近六十年的时间收藏下来的古玩和当时的艺术精品很大一部分被焚毁。之后清宫廷又从各殿集中了一批精品,仍存放于重建后的乾清宫暖阁内。而圆明园被英法联军劫掠后又遭放火烧毁,其中的痕都斯坦玉器自然也难幸免。1949 年,故宫博物院原藏的大部分痕都斯坦玉器同其他一些古典艺术品被运往台湾,现主要收藏于台北故宫博物院。

三、痕都斯坦玉器的工匠和工艺

乾隆帝吟咏痕都斯坦玉器的诗,记载了痕都斯坦玉器工匠的水磨琢玉。他高度称赞其工艺特色,大体是说其器型别致,纹饰独特,精致细微,器物轻薄。

1. 玉器工匠

诗中多次称玉器工匠为“喀吗”。

《咏痕都斯坦满尺玉盘》:“巧匠由来琢喀吗,金神曾是守熏池。”说雕玉巧匠在西域被称为“喀吗”,而产玉之山是由神灵守护的。

《痕都斯坦玉瓜瓣瓢》:“昆仑之冈产美质,喀吗水磨攻错加。”说昆仑之山出产优质美玉,还要由痕都斯坦的玉匠用水磨精琢成器。

《咏痕都斯坦玉碗》:“巧制水磨贻喀吗,羞称吴匠富专诸。”说痕都斯坦巧匠流传着制作玉器的水磨之法,苏州专诸巷里靠琢玉为富的工匠应感到羞愧。

《咏痕都斯坦古玉瓢》:“喀吗琢为眉哩(汗名)用,战猎佩之随步武。”说痕都斯坦玉匠琢出玉瓢是为汗王使用,作为打仗与狩猎时的随身之物。

《题痕都斯坦绿玉盘》:“喀吗匠能逞彼巧,专诸人或逊其精。”说痕都斯坦玉匠的精巧,确实是苏州专诸巷的玉匠比不上的。

《痕都斯坦桃耳盂歌》:“方言印度音各殊,厥有玉人喀吗呼。”印度与痕都,因方言不同而转音有所不同,痕都斯坦的玉工巧匠被称为“喀吗”。

2. 琢玉之法

诗中多次提到其琢玉之法是“水磨法”。

《题痕都斯坦双玉盘得十韵》:“琼枝产宝夥,水磨省工烦。”说传说琼枝玉树的昆仑山盛产美玉,痕都斯坦以水磨治玉节省工力。

《咏痕都斯坦玉碗》:“省力资水磨,精镌本鬼工。”说依靠水磨可以省工力,精雕细琢如同鬼斧神工。

《咏痕都斯坦白玉杯》:“痕都捞玉出河滨,水磨磨成制绝伦。”说美玉捞自昆仑山下的河流中,在痕都斯坦用水磨制成精美绝伦的玉器。

《题痕都斯坦菊花碗》:“径一围三尺有余,水磨工异考工书。”说这只菊花碗周长三尺多,水磨工艺不同于《周礼·考工记》所记载的那样。

《咏痕都斯坦玉碗》:“楮刻异三载,水磨成百瑜。”说楮树之皮制成纸张印刷刻本,时日一久就有变化,而雕刻出各种各样美好的玉器,则可永久保存。

《咏痕都斯坦玉灯檠》:“省工有水磨,巧匠作灯檠。”说能工巧匠用水磨之法省工省力雕琢出了这座灯台。

《痕都斯坦白玉碗》:“印度良工多,水磨佳法存。”说汉语中的印度,又译为痕都,其地玉匠众多,有水磨佳法保留至今。

《咏痕都斯坦祥花罐》:“天方出水磨,昆玉入金镑。”说痕都斯坦玉匠用水磨之法雕琢昆仑美玉并嵌入金丝。

《咏痕都斯坦海棠式玉杯》:“痕都水磨工,精巧信难穷。”说痕都斯坦人擅长以水磨制玉,皇帝相信其精妙奇巧难以穷尽。

《咏痕都斯坦玉碗》:“水磨痕都制异常,原从规以得圆匡。”说痕都斯坦玉工用水磨制玉,既省工力,又制作精巧,这只玉碗就是以规制成的圆形容器。

《题痕都斯坦大玉碗》:“痕都精制玉,水磨鬼工胜。”说这只痕都斯坦精制的大玉碗,是用水磨雕成,可谓鬼斧神工。

3. 器型别致

主要有食器与杂器两大类,以实用为主。食器类有碗、杯、盘、壶等。杂器类有瓶、罐、盒、文房用具、香炉等。中国传统玉器中常见的礼玉、佩玉、摆设玉却很少。痕都斯坦玉器的形制也比较特殊,常由动物和花形构成,有的器物完全就是一朵盛开的花或一片叶,器柄处多圆雕成花苞或缠枝的茎叶,如葵瓣盘、莲花式碗极为常见。还有的则采用不同的兽耳或兽角作器物的造型,逼真细腻,新颖奇特。器物的耳足、耳柄也多呈对称布局。器物底部和足多外撇,其形或作花,或作花瓣,或呈叶形。

《咏痕都斯坦玉茄水舀》:“一握垂垂似白茄,根犹带叶背依花。”说这只痕都斯坦玉制水舀握在手中很有分量,形似白茄,有根有叶还有花。

《咏痕都斯坦玉蛤蜊水舀》:“形如蚌壳乃圆其,作器宛资挹注兹。”说这只玉蛤蜊水舀形状如同圆蚌壳,可以用作舀水之具。

《痕都斯坦玉羊头瓜瓣瓢歌》:“瓜分数瓣花叶浮,曲柄回顾为羊头。”说像瓜一样呈现数瓣,还有花叶浮出,最为称奇的是瓜瓣瓢的把柄向后弯曲,宛然一只羊头。

《咏痕都斯坦绿玉瓜瓣水舀》:“瓜皮色已奇,瓜瓣制犹宜。”说这只绿玉瓜瓣水舀,色如瓜皮已令人称奇,制成瓜瓣形更是适宜。

《咏痕都斯坦水盂》:“连蒂瓜为盛水盂,柄如曲项肖鹅颃。”说这只痕都斯坦盛水盂形状如同并蒂瓜,弯曲的柄好像是鹅的脖颈。

4. 纹饰独特

痕都斯坦玉器花纹有着明显的伊斯兰艺术风格。花叶纹是痕都斯坦玉器的主流纹饰,花草以莨、苕、莲为主。“莨”即野葛,俗称“老虎脚爪草”;“苕”即“苇花”,也叫作“凌霄”“紫葳”;这里的“莲”不是我们常见的池塘里的莲花,它是陆生的西番莲与铁线莲。组合花中常见的是菊花,另外还有葵花、折枝花等,其次还有蕉叶、凤尾草、狗尾草等,这些都是当地特有的植物品种。传统行话将这些花草统称为祥花和香草。图案用花苞、花朵、卷叶相组合,有的构成层花叠叶，讲究对称布局，显示出枝繁叶茂、繁花似锦的景象。

《咏痕都斯坦盈尺碗十二韵》："带蒂芳葩簇，通身翠叶翻。"说玉盘有蒂有花，簇集相围，如绿叶向上翻卷，围绕着玉盘。

《咏痕都斯坦荷叶杯》："四叠团荷叶，双牵长艾枝。"说玉杯椭圆如荷叶形，两旁长着艾枝。

《咏痕都斯坦玉碗》："叶翻含蕾耳，瓣发抱花趺。"说枝叶翻卷如含苞待放，花瓣下垂伸向底部。

《咏痕都斯坦玉瓯》："荷柄曲擎一朵花，旁生两蕾致堪拿。"说这只玉瓯两侧犹如荷枝上各长一朵花，形成两个把柄以便端拿。

《题痕都斯坦菊花碗》："耳垂翻出双苞缀，足砥纷承碎瓣舒。"说两边如双耳下垂，又像是两个花苞在点缀，而底部满是细小的花瓣在舒展。

《咏痕都斯坦玉盂》："四出形如秋海棠，叶翻双耳执承浆。"说玉盂四面敞开，形状好像秋天的海棠。两侧叶子翻出成双耳，正好双手把执当作饮器。

《咏痕都斯坦玉瓜瓣瓢》："玉瓢一握如瓜瓣，有蒂有叶还有花。"说这只玉瓢握在手中好像瓜瓣，端详纹饰有蒂有叶还有花。

《咏痕都斯坦白玉杯六韵》："耳叶翻而拱，身花匀且停。"说杯侧枝叶翻拱形成把手，杯身花纹均匀分布妥当。

《咏痕都斯坦古玉碗》："数出瓣擎花各种，两分耳吐蕾双垂。"说举起玉碗看到有各种花瓣，两边把耳如花蕾下垂。

《咏痕都斯坦绿玉碗》："叶翻双耳执，朵缀两胎卷。翠韭为色润，攒花承足鲜。"说枝叶向上翻卷，形成双耳可供握持，还点缀着两朵花。玉碗如韭菜般翠绿而温润，花朵簇聚在碗下鲜艳如生。

《咏痕都斯坦花瓣碗》："开花自分瓣，缀叶更承趺。"说雕出的花一瓣瓣，碗边点缀的枝叶垂向碗底。

《咏痕都斯坦碗八韵》："上葩下叶拥，左珥右珰垂。"说玉碗花叶上下簇拥，两侧装饰着耳垂。

《再咏痕都斯坦玉罐》："瑞朵翻为耳，祥花团簇趺。"说祥瑞的花朵作为罐耳，吉祥的花草簇拥到底座。

《咏痕都斯坦祥花罐》："叶疑风动袅，花想露承鲜。"说玉罐上的叶子好像在飘动，花朵好像沾染了新鲜的露珠。

《咏痕都斯坦绿玉碗》:“双垂作蒂如含果,六出为花不离琼。”说玉碗上双垂的两蒂如包含着果实,像雪花一样共有六瓣,只是质地为美玉。

《咏痕都斯坦玉碗》:“百瓣分披向外香,两耳擎来花叶具。”说玉碗外花瓣披散,好像飘着香气,两只耳朵用花叶来装饰。

《咏痕都斯坦玉花簇盂》:“一朵琼花千瓣披,围承细叶却无枝。”说玉花簇盂上面雕刻着一朵玉花,千瓣披散,四周包围缠绕着细叶,却没有枝干。

《咏痕都斯坦所制玉盂》:“足承花四发,耳缀朵双垂。”说玉盂下部四周簇拥花叶,上部双环点缀下垂如耳缀。

5. 精致细微

痕都斯坦玉器多选材白玉或青白玉,崇尚纯色,一器一色。多采用浮雕、圆雕、镂空雕等多种工艺组合。其表面不像中国玉器那样光洁平滑,或仅用阴线浮雕做装饰,而是善用纤细的金丝或银丝将花纹的轮廓勾出,镶嵌各种玻璃、宝石、金银片或玉片,表现出器物的华丽。花叶纹装饰多为植物花叶,以莨、苕、西番莲和铁线莲为主。用异色宝石嵌镶作动物眼睛等。以剔地阳纹技法在器表起花纹,即雕刻时先琢平底子,再浅浮雕纹饰,形成凹凸的视觉反差,增强其艺术表现效果。

《咏痕都斯坦玉壶》:“细入毛发理,浑无斧凿痕。”说精致细微到了极点,还完全看不出雕琢留下的痕迹。

《咏痕都斯坦荷叶杯》:“抚处不留手,琢时那构思。”说抚摸之处不留手迹,不知精琢细磨时是如何构思的。

《题痕都斯坦玉饮器》:“抚不知痕视知痕,何以措思何运指。”说看上去有痕迹,用于抚摸又不觉得,不知是如何构思、如何用双手雕琢的。

《咏痕都斯坦白玉杯六韵》:“在手疑无物,定睛知有形。”说把握在手,轻若无物;定睛一看,确是有形。

《题痕都斯坦绿玉盘》:“相金钉宝抚无迹,簇叶攒花视有情。”说盘上镶嵌着金丝宝石,可用手抚摸却平滑无痕迹,雕刻的花团锦簇,看上去又是那样充满生机,富于情感。

《咏痕都斯坦花瓣碗》:“制碗圆而椭,抚形有若无。”说这只碗呈椭圆形,雕出的花瓣,看上去有,可是抚摸时又似有若无。

《咏痕都斯坦白玉益寿壶》:“擎如无物思难措,抚实有华手不留。”说皇帝举若无物，心想这玉壶的制作该有多么艰难，抚摸着玉壶确在手中，可是手指痕迹却不残留。

《咏痕都斯坦祥花罐》："刻楮半分薄，中规一握圆。具当还具盖，工鬼更工仙。抚不留手迹，精惟用意专。"说玉罐比古人刻的楮叶还要薄，把握在手中与圆规画出的圆形相符。既适当，还有盖子，精巧如同鬼斧神工。抚摩不留手迹，可见是用心完成的。

《咏痕都斯坦玉鱼》："分无形迹露，合任泳游嘘。"说看上去毫无雕琢的痕迹，就像真的鱼儿一样在水中吐水游弋。

《咏痕都斯坦玉花簇盂》："抚不手留融内外，问那意想发葳蕤。"说抚摸之后不留手指痕迹且内外通透融合，皇帝要问是怎样想到雕刻出草木葳蕤的。

《题痕都斯坦大玉碗》："刀斧浑无迹，抚摩穆有征。"说不见雕琢痕迹，抚摩确实是珍奇之物。

6. 器物轻薄

痕都斯坦玉器采用水磨技术，大量玉碗、盘、杯等雕琢既细且薄，通体玲珑薄透，有的器物厚度只有一两毫米。人由外透过器壁能看清器内盛装的物质颜色，由内透过器壁能看到外壁上浮雕的各种花纹图案。由于胎体薄，人拿在手上又轻又巧，放在水上能漂动但不会沉入水中，故被人称为"水上漂"。这种追求玉器薄胎、透明工艺是痕都斯坦玉器的一大特色。因为薄胎的坯体薄、强度低，制作过程中极易破裂，制作者在制作时，需具备高超熟练的操作技艺且执行严格的工艺规程，可见这种薄胎雕刻工艺难度极大，技术性要求极强。

《题痕都斯坦白玉盘》："团似月轮满，薄于楮叶单。"说玉碗圆似满月，薄如树叶。

《题痕都斯坦玉饮器》："西昆玉工巧无比，水磨磨玉薄如纸。"说昆仑山以西痕都斯坦玉工的精巧技艺无人可比，水磨制成的玉器轻薄如纸。

《题痕都斯坦玉荷叶洗》："色如截肪薄如纸，西昆玉人巧无比。"说其色如脂，其薄如纸，痕都斯坦玉匠精巧无比。

《痕都斯坦桃耳盂歌》："薄于纸更轻于铢，抚不留手琼华敷。"说桃耳盂比铜钱轻，如同薄纸，抚摸后也不留手迹在上面。

《咏痕都斯坦碗八韵》："薄讶蝉无翼，腴真瓶有脂。"说玉碗薄如蝉翅令人惊讶，温润犹如羊脂。

《咏痕都斯坦海棠式玉杯》："薄过刻片楮，轻喻举毛鸿。"说这只海棠式玉杯薄过楮叶，轻如鸿毛。

《咏痕都斯坦花玉匜》："抚外影瞻内，花擎叶反披。"说抚摸外观，透过薄壁似乎可以看到里面，样式是既有花朵盛开，又有枝叶披散。

《题痕都斯坦玉盂》："叠叶薄如纸，簇花圆中规。"说上面花叶层叠，其薄如纸，簇拥着如圆规划出来的玉盂。

四、乾隆帝咏痕都斯坦玉器诗中的中国文化

乾隆帝对作为外来艺术品的痕都斯坦玉器，不仅欣然接受，赞赏有加，而且在吟咏诗作时注入大量中国文化的内涵。

《题痕都斯坦双玉盘得十韵》："孙卿有佳喻，恭己慎临轩。"说荀子对玉有过美好的比喻，皇帝在窗前自诫要恭谨律己。

《咏痕都斯坦玉壶》："典雅司空品，买春且漫论。"说唐代司空图的《诗品》是典雅之作，皇帝看还是"先有玉壶再买春"吧！

《题痕都斯坦玉杓》："试问宜谁赠，应调傅说羹。"说试问想把玉杓赠给谁吗？应赠予如傅说那样的贤相。

《痕都斯坦白玉碗》："车渠定何物，八斗费言艰。"说不知西域进献以车渠玉石制成的酒碗是什么模样？想必三国时才高八斗的曹植写《车渠碗赋》还是很艰难的吧！

《题痕都斯坦菊花碗》："菊花依旧重阳节，合赠渊明五柳居。"说想到今天又是重阳节，应当把这只菊花碗送给东晋时"采菊东篱下，悠然见南山"的五柳先生陶渊明。

《咏痕都斯坦玉瓜瓣饮器》："贮水郑门市，擎浆裴驿亭。"说看这只玉瓜瓣饮器可为汉代郑庄好客时贮水之用，也可供唐代裴航在驿亭饮浆之需。

《咏痕都斯坦古玉瓢》："瓢饮由来古所称，而彼那知颜与许。"说瓢饮是古来尽人皆知的器物，但痕都斯坦人又哪里知道，我国古代圣贤颜回与许行关于瓢饮的嘉言美德。

《咏痕都斯坦古玉瓢》："宣和刻印非所云，建初脱粟俭堪祖。"说宋朝宣

和年间所刻的玉瓢御宝与之无关,汉朝章帝脱粟瓢饮的节俭之言确实值得皇帝效法。

《咏痕都斯坦古玉瓢》:“文房真称伴清吟,偶用辄因怀杜甫。”说在书房里吟诵,偶尔想起来使用这只古玉瓢,是因为心中总是想着唐代大诗人杜甫“瓢饮惟三径”的诗句。

《题痕都斯坦瓜瓣瓢》:“庭坚脸如削,颜子巷曾拿。”说不由联想到宋代黄庭坚面如刀削的脸形,还猜测春秋时颜回安贫乐道居陋巷时是否用过。

《痕都斯坦玉羊头瓜瓣瓢歌》:“其脂非远其性柔,东陵关内伊谁侯。”说这只玉羊头瓜瓣瓢,其色接近羊脂,而又显得特别温润。由此想到了东陵侯邵平所种的东陵瓜,不知谁人还能像他那样封侯。

《咏痕都斯坦花瓣碗》:“宜赠青莲李,兰陵琥珀沽。”说看这只碗还是送给唐代大诗人青莲居士李白去喝兰陵美酒最适宜了。

《咏痕都斯坦绿玉瓜瓣水舀》:“灵川应未画,若水却成诗。”说元初著名画家钱选(号灵川翁)有画瓜图,还题写了诗句,可他应当没画过这只瓜。

《咏痕都斯坦水盂》:“于思岂读右军传,解助墨池笔阵图。”说难道是多须白头的痕都斯坦玉匠了解东晋右军将军、大书法王羲之的事迹,才着意雕刻出这只水盂为洗笔砚,以助书法家如行阵般运笔吗?

以上从乾隆帝吟咏痕都斯坦玉器的诗作切入,从乾隆帝对痕都斯坦玉器的定名、痕都斯坦玉器进入清宫的途径、痕都斯坦玉器的工匠和工艺、乾隆帝咏痕都斯坦玉器诗中的中国文化等方面来论述痕都斯坦玉器,意在反映乾隆朝统一新疆之后,中国与中亚经济文化交流的一个侧面,对我们今天不无启迪意义。

痕都斯坦青玉双耳嵌宝盖碗

痕都斯坦双耳花蕾碗

痕都斯坦碧玉金丝盘

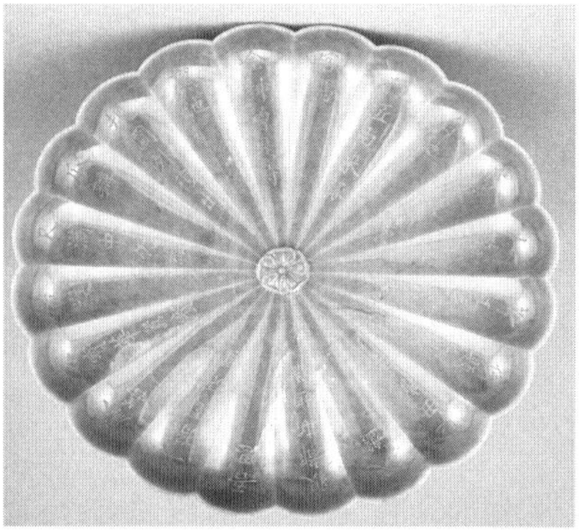

痕都斯坦莲瓣大玉盘

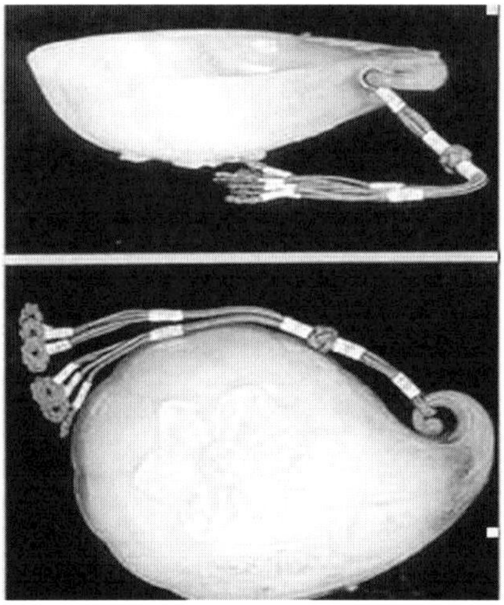

痕都斯坦碧玉双耳碗

痕都斯坦瓜瓣杯

痕都斯坦碧玉双耳洗

痕都斯坦碧玉杓及盒

痕都斯坦玉器（玉瓶、玉盒、玉刀柄）

第十四章

《皇清职贡图》中的西域史实

职贡即指古代藩属向中央王朝的尽职纳贡，作为国之大事，自周代已有记载，历代沿袭并绘图纪之。流传至今的梁萧绎绘《职贡图》残卷，大多为西域诸地。乾隆时期的《皇清职贡图》涉及西域伊犁、哈萨克头目、布鲁特头人、乌什库车阿克苏等处回目、拔达克山回目、安集延回目、安西厅哈密回民、肃州金塔寺鲁古庆等族回民、爱乌罕回人、霍罕回人、哈萨克别部、土尔扈特台吉等部族。在此笔者列出庄吉发先生《谢遂〈职贡图〉满文图说校注》中关于西域的部分(厘次为十二条)，根据《清实录》《钦定皇舆西域图志》等记载及乾隆帝关于西域的诗文进行史实补充。可知自清朝康熙时，哈密、吐鲁番就率先归附，乾隆平定准噶尔和大小和卓之乱，不仅得到哈萨克、布鲁特的支持，得到乌什、库车等地首领和维吾尔族民众的支持，还得到周边各部的支持。统一西域之后，西域各族和周边各部职贡不绝，也感召着土尔扈特东归，展现出国泰民安、睦邻友好的图景。

《皇清职贡图》局部(西域部分)

一、伊犁

职贡分为以下四类：(1)伊犁等处台吉。图说："伊犁即古屈里地也，旧为厄鲁特部落，所属有二十一处，乾隆二十年(1755)，清军平定，遂隶版图。"①(2)伊犁等处宰桑。图说："伊犁等处台吉之下，各置宰桑，以辖民人部落，职有大小，以所辖之远近为差。"②(3)伊犁等处民人。图说："伊犁民人以游牧为事，不事耕凿，咸仰食于回人。"③(4)伊犁塔尔奇、查汗乌苏等处

①庄吉发：《谢遂〈职贡图〉满文图说校注》，台北：台北故宫博物院，1989年版，第129页。
②同上书，第131页。
③同上书，第133页。

回人。图说："伊犁贸易回人，族姓不一，住伊犁之塔尔奇、查汗乌苏等处，与诸厄鲁特贸易。又有阿克苏、库车、叶尔奇木、哈什哈尔、呼腾等五种回人，各据城堡，以耕牧为生。乾隆二十年，平定伊犁，其回人阿迪斯伯克、乌苏卜等输诚向化，赴热河朝觐，赐赉遣归。"①

伊犁一名，汉称"伊列"，唐称"伊丽"，元称"亦列"，清称"伊犁"，清初为我国西北厄鲁特蒙古准噶尔部落的游牧地，也为厄鲁特蒙古四部的中心。据乾隆帝所撰《准噶尔全部纪略》，四部有总台吉，下有官员台吉、宰桑。伊犁等处民人指准噶尔人，"咸仰食于回人"，指的是为准噶尔人种地的维吾尔族人。塔尔奇在今霍城县萨尔布拉克乡东北，查汗乌苏在今昭苏县察汗乌苏蒙古族乡。叶尔奇木即叶尔羌，哈什哈尔即今喀什噶尔，呼腾即今和田。所说的"回人"都是指维吾尔族人。至于"回人阿迪斯伯克、乌苏卜等输诚向化"，《清高宗实录》记载乾隆二十年十月四日（1755 年 11 月 7 日）谕曰："命授管理伯得尔格鄂拓克回人伯克阿底斯为三品总管，乌苏卜、阿卜都喇伊木为二等侍卫。"②

二、哈萨克头目

《皇清职贡图》之哈萨克人

①庄吉发：《谢遂〈职贡图〉满文图说校注》，台北：台北故宫博物院，1989 年版，第 135 页。
②《清高宗实录》卷四九八。

图说："哈萨克在准噶尔西北，即汉大宛也，有东西二部，自古未通中国。乾隆二十二年，东哈萨克之阿布赖、阿布尔班必特，西哈萨克之阿必里斯等先后率众归诚，各遣其子侄赴京瞻仰，并进献马匹，遂隶版图。"①

1. 左部（即东部）哈萨克

乾隆二十二年（1757），清朝将军兆惠追剿准噶尔叛首阿睦尔撒纳，进入哈萨克境内。六月间，左部哈萨克首领阿布赉表请归附："哈萨克小汗臣阿布赉，谨奏中国大皇帝御前，自臣祖额什木汗、扬吉尔汗以来，从未得通中国声教。今祗奉大皇帝谕旨，加恩边末部落。臣暨臣属，靡不欢忭，感慕皇仁。臣阿布赉愿率哈萨克全部归于鸿化，永为中国臣仆。伏惟中国大皇帝睿鉴，谨遣头目七人，乃随役共十一人，赍捧表文，恭请万安，并敬备马匹进献，谨奏。"②

乾隆二十二年（1757）九月，哈萨克阿布赉使臣赶到避暑山庄朝觐，乾隆帝赐宴，命哈萨克使臣等随从参加围猎，作《哈萨克使臣至，令随围猎，并成是什》，还作《万树园宴哈萨克使臣，诗以纪事》："耀武未烦贰师李，穷源底籍凿空张。"③说皇帝并未像贰师将军李广利那样炫耀武力，哈萨克与大清国中央王朝的关系，还应追溯到汉代的张骞通西域。

乾隆二十四年（1759）正月，乾隆帝作《哈萨克汗阿布赉之侄沙俄苏尔统及其陪臣来朝，诗以纪事》："命彼近亲亦台吉，献其方物乃蒲捎（古代骏马名）。"④说这次左部哈萨克汗阿布赉派遣其侄沙俄苏尔统，向天朝进献的是该地的特产骏马。乾隆二十五年（1760）九月作《宴哈萨克陪臣作》："哈萨陪臣候起居，优恩锡宴示荣诸。"⑤又作《哈萨克使至，俾观围》："兼程而进堪嘉彼，厚惠以加宁靳予。"⑥说使臣急于拜见，日夜兼程，以表至诚之意，乾隆帝认为值得嘉奖，遂给予丰厚赏赐，表示荣宠，在所不惜。

---

①庄吉发：《谢遂〈职贡图〉满文图说校注》，台北：台北故宫博物院，1989 年版，第137 页。

②《清高宗实录》卷五四三。

③《清高宗（乾隆）御制诗文全集》二集卷七十四。

④《清高宗（乾隆）御制诗文全集》二集卷八十四。

⑤《清高宗（乾隆）御制诗文全集》三集卷五。

⑥《清高宗（乾隆）御制诗文全集》三集卷八。

乾隆二十七年(1762)二月,乾隆帝作《哈萨克陪臣到,因携观广陵风景》。乾隆二十九年(1764)三月他作《赐赉哈萨克陪臣并携游御园,诗以纪事》:"献马无过聊表悰,同舟真是大联情。"①说哈萨克进献骏马是为了表达真情,而今我们建立起同舟共济的情意。

乾隆三十四年(1769)正月,右部哈萨克阿布勒比斯遣子卓尔齐入觐,乾隆帝令其随来朝的外藩共同接受赐宴赏赉。左部哈萨克阿布赉之子斡里苏尔统也来到北京,特命按例办理,以示均以怀柔恩惠之礼相待。乾隆帝赋诗《哈萨克汗阿布赉遣其子斡里苏尔统来请安,于御园赐宴,因成是什》:"未征侍子入朝参,却以输诚叠遣男。不督因之深感慕,无私应与遍包含。笙镛并奏春光畅,金帛优颁恺泽覃。"②说自己并未强征哈萨克部遣子来天朝,可左右哈萨克部为献纳诚心,不断地派遣男儿。他们感念仰慕皇恩是因并未监督,朝廷要以无私之光尽量包涵。于是在春光明媚的圆明园赐宴,演奏美妙的乐曲,赏赐黄金和丝绸,充满欢乐与恩惠。

乾隆四十一年(1776)正月,来自西域的维吾尔、哈萨克及土尔扈特蒙古的头领和使臣与四川土司土舍头人共同朝觐,乾隆帝作诗道:"夹衢左右纷迎接,露冕笑言普拊循。回部更番久依例,内旗札萨旧称宾。土尔扈入朝如雁,哈萨克流仰集鳞。"③说各方使臣列队夹道欢迎皇帝,他头戴便帽笑言抚慰。他们中有西域回部伯克、蒙古王公、土尔扈特台吉,还有左部哈萨克阿布赉的使臣。

2. 右部(即西部)哈萨克

乾隆二十三年(1758)八月间,清军参赞大臣富德追索准噶尔余孽时,平息了右部哈萨克与塔什罕人的争斗。右部哈萨克首领吐里拜等进表文曰:"伏念臣者久思内附,远处边末,与左部阿布赉各长一方,为准噶尔阻绝,未由自通。近闻左部输服,被恩优渥。恭惟天使惠来,祗领宸训,得均隶臣仆,诚欢诚忭。谨遣臣子弟入觐,瞻仰天颜,如天覆育之。圣人在上,臣愿竭衰

①《清高宗(乾隆)御制诗文全集》三集卷三十八。

②《清高宗(乾隆)御制诗文全集》三集卷八十。

③《清高宗(乾隆)御制诗文全集》四集卷四十,《幸西苑接见朝正外藩年班回部哈萨克来使及四川土司土舍头人等之初次觐谒者,即事得句》。

驽，奋勉自效，永无二心，倍于左部。”①

乾隆帝作《右部哈萨克归化，遣使朝贡，诗以纪事》：

偏师西海剿逋逃，取便恩宣杂种曹。岂谓解纷更释难，匪征苜蓿与葡萄。情欣左部荣同被，德惭两阶会偶遭。厚往薄来九经式，持盈保泰一心操。②

清军在追剿中，向当地诸部族宣扬天朝恩惠，他们没想到会给部族排解纠纷争斗，也不是为了征取苜蓿和葡萄。高兴的是右部哈萨克继左部之后也归附天朝，皇帝庆幸之余又感到惭愧，他决心要认真遵循厚往薄来等治国平天下的九项准则，尽心保持这安定兴盛的局面。

当年十月，乾隆帝作《将之盘山，驻跸汤泉行宫作》：“扈行俾识朝家制，大阅兼陈士气豪。”③说右部哈萨克使臣随从皇帝出行，可以了解天朝礼制，到南苑阅兵，更可展示军威雄壮、士气英豪。同时作《右部哈萨克及塔什罕城回人、布鲁特首领胥来觐谒，恰至山庄，曲宴示恩，点笔成什》。十一月五日，乾隆帝在南苑阅兵，请哈萨克、布鲁特、塔什罕使臣参观，此时正是清军在叶尔羌与大小和卓战事吃紧之际，郎世宁等人绘出《乾隆帝戎装骑马大阅图》，乾隆帝身着华贵甲胄，骑在雄健剽悍的骏马上，眉宇中透出英雄气概。展示了清王朝的实力和军威。皇帝作《仲冬南苑大阅纪事》：“便设军容示西域，伫看露布靖坚昆。”④说天朝在西域诸部使臣面前展现出威武的军容，乾隆帝盼望报捷文书传来平定叛乱的好消息。

乾隆二十四年（1759），乾隆帝还就右部哈萨克进献骏马，作《大宛马歌》⑤，说今日的哈萨克是昔日的大宛，在葱岭以西，出产良马自古流传。近世因被准噶尔阻隔，与天朝未能联系。“不仁之守再世斩，伊犁万里拓幅员。”天朝版图开拓两万里。“哈萨布鲁胥向化，无他为赆致敬虔。騕褭汗血实方物，左右部长及可汗。”哈萨克、布鲁特先后归附，都以进献良马表示敬

①《钦定皇舆西域图志》卷四十四。
②《清高宗（乾隆）御制诗文全集》二集卷八十一。
③《清高宗（乾隆）御制诗文全集》二集卷八十二。
④《清高宗（乾隆）御制诗文全集》二集卷八十二。
⑤《清高宗（乾隆）御制诗文全集》二集卷八十三。

意和虔诚。“遣其首领远来献，却之失望厚赉还。”皇帝感到若不接受，他们会失望，所以就用丰厚的赏赐来回报。“駩騢骝骓类实夥，匍匐牵跪陈墀前。”各种良马实在多，献马使臣在阶下一一向大家展现。

乾隆帝出于对哈萨克马的喜爱，对哈萨克诸部献马大加赞赏，命清宫画家郎世宁绘出名画《哈萨克贡马图》。

乾隆三十四年(1769)，乾隆帝就右部哈萨克阿布勒比斯子卓尔齐等来京请安作《上元前二日锡宴外藩，即席得句》:“仰流鳞集贺元正，锡宴欣逢雪后晴。”①说西域各部人心归向大清，使臣就像鱼群一样来到北京祝贺新年。皇帝在元宵节前两天设宴款待，正值雪后放晴。

乾隆三十八年(1773)初，乾隆帝作《上元前一日，宴哈萨克波罗特汗陪臣阿克台里克及卓尔齐，即席成什》:

波罗特兹驰使伻，继汗请命觐都京。底须更置示威重，便可允行奖恪诚。卓尔齐尤习国礼，理藩院引贺新正。厚恩丰宴颁嘉节，柔远旁通万里情。②

哈萨克波罗特继承父亲的汗位后，就派遣陪臣阿克台里克朝拜。他们于去年十一月底从伊犁出发，急驰一个半月，于今年元宵节前抵达京城。皇帝何必表示出威严庄重呢？应当表彰他们的恭敬和忠诚。阿布勒比斯部王子卓尔齐由理藩院官员引导参加明天的元宵活动。皇帝在正大光明殿设宴款待、厚加赏赐，为的是安抚万里之外的哈萨克部众。

乾隆五十二年(1787)八月，乾隆帝还作《左部哈萨克瓦里苏尔坦遣其弟哈斯木入觐，于山庄万树园锡宴，因成是什》:“贵山右部使方回，左部今随遣弟来。”③反映了哈萨克左右部争先恐后朝觐的场面。

①《清高宗(乾隆)御制诗文全集》三集卷七十八。
②《清高宗(乾隆)御制诗文全集》四集卷十。
③《清高宗(乾隆)御制诗文全集》五集卷三十四。

三、布鲁特头人

《皇清职贡图》之布鲁特人

图说:“布鲁特在准噶尔西南,亦回种也,有左右二部。乾隆二十三年(1758),左布鲁特之玛母特库里,右布鲁特之哈拉博托等率其部落先后归诚,各遣使进京瞻仰,遂隶版图。”①

1. 左部(即东部)布鲁特

乾隆二十三年(1758)六月,清朝将军兆惠追剿准噶尔残部,到达东布鲁特地区,即伊塞克湖、楚河、塔拉斯河一带,派人宣布清朝的政策。东布鲁特以玛木特呼里为首的五部头人纷纷表示愿意归属清朝,上奏表说:“我部久思投诚大皇帝,为准噶尔间阻,不能自通。今得为天朝臣仆,实望外之幸。”②

乾隆帝作《布鲁特称臣内属,遣使诣阙,诗以纪事》:“挞伐原因讨逆回,仰流讵意远人徕。”说清朝出师的原因是讨伐大小和卓叛乱,出乎意料的是东布鲁特继哈萨克之后竟然也归附而来。“旧传勃律两王据,即见坚昆一面

①庄吉发:《谢遂〈职贡图〉满文图说校注》,台北:台北故宫博物院,1989年版,第139页。

②《钦定皇舆西域图志》卷四十五。

摧。”唐时西域有大小勃律两个部落，就像今天的东西布鲁特。东布鲁特与回部毗连，内附天朝，等于将大小和卓断其一臂。“不招不拒敷吾惠，王会何妨达九垓。”①朝廷虽不是有意招徕，但不拒来者并施以恩惠。皇帝想象着统一西域之后天山南北各部朝会的盛况，心中充满喜悦。

东布鲁特归附后，首领玛木特呼里年已九十高龄，身体肥胖，行动不便，于是派遣其弟舍尔伯克与头目车里克齐、图鲁起拜、尼沙等人入觐。当年九月，一行人在避暑山庄以北木兰围场的布呼图口受到隆重招待。乾隆帝为纪念此事，取满语会归之意，改其地名为伊绵峪。宴会上还有前任准噶尔总台吉达瓦齐作陪。乾隆帝作《布鲁特使臣至，宴赐即席得句》说“新恩恰值伊绵峪，旧识兼逢达瓦齐”。②

围猎期间，乾隆帝命供奉清廷的意大利画家郎世宁等人绘《丛薄行诗意图》，反映他在山林空场上，骑在马上，由侍卫簇拥着，正在接受索伦勇士献上的小老虎和布鲁特使臣的朝觐。画面左上端有大学士于敏中书写的御制诗《丛薄行》，最后两句：“喜亦讵为万目睹，适有新归化布鲁。”③

到避暑山庄，乾隆帝作《万树园宴布鲁特，即席得句》：“鳞集仰流鹿食萍，筵开万树洽舆情。”又作《万树园赐布鲁特人观灯火》：“锤峰正挂玉轮盈，合灿烟花惬远情。”④

乾隆二十六年（1761），东布鲁特别部酋长额木尔贝率部归附，次年进贡匕首，由驻喀什噶尔的官员侍郎海明进呈。乾隆帝赏赐额木尔贝三品顶戴，作《布鲁特额木尔贝所献匕首歌》：“戡逆靖乱今太平，地为王土人王氓。”说天朝平定大小和卓叛乱，布鲁特人愿做大清的臣民。匕首由驻喀什噶尔侍郎海明通过驿站传送呈来。贡物虽轻，情意恳切。“封还销铸胥矫情，咸宾用识王道贞。”⑤说皇帝若缄封退还或下令销熔就太违背人之常情了，只有施

①《清高宗（乾隆）御制诗文全集》二集卷八十。
②《清高宗（乾隆）御制诗文全集》二集卷八十一。
③《清高宗（乾隆）御制诗文全集》二集卷八十一。
④《清高宗（乾隆）御制诗文全集》二集卷八十一。
⑤《清高宗（乾隆）御制诗文全集》三集卷十七。

以仁政,使天下归心。

2. 右部(即西部)布鲁特

乾隆二十四年(1759)秋,清军追剿大小和卓。额德格纳部落头人阿济比代表西布鲁特部十五个部落上书臣服:"额德格纳布鲁特小臣阿济比,恭祝大皇帝万万寿,恭呈如天普覆、广大无外、富有四海。乾隆大皇帝钦命将军之前,今将军自喀什噶尔传谕我部,颁给印文,谨已奉到,不胜踊跃,适慰心想。当率诸部,自布哈尔迤东二十万人众,皆作臣仆。"①自此从伊犁西南伊塞克湖到喀什噶尔西北、霍罕以东帕米尔一带广大布鲁特地区,全部归属清朝管辖。

乾隆二十三年(1758)冬,乾隆帝作《赐哈萨克布鲁特等宴,即席得句》:"乌孙扫净玉门开,受号争先肯后哉。"说平定准噶尔后,从西域通往天朝的道路畅通,哈萨克、布鲁特等部落争先恐后地前来归附,接受封号。"献马不须金马去,右宛今效左宛来。"皇帝不像汉武帝那样派遣贰师将军攻伐大宛,因而不仅东西哈萨克接踵而来,而且左右布鲁特也于今秋朝觐。"谁道葡萄经岁久,三巡早各醉芳醅。"②皇帝赐宴举杯与使臣们共饮葡萄酒,三巡之后,大家都高兴得有些醉了。

四、乌什库车阿克苏等处回目

图说:"乌什、库车、阿克苏等城回人,西域回部也。又有互阗五城,即古于阗国。其回目谓之和卓木,各城有伯克以辖之。乾隆二十三年(1758),乌什城霍集斯伯克遣子莫杂帕尔来京瞻仰。"③

以上各城中,互阗与前述"伊犁"中的呼腾,都即今和田。

首先要提及乌什维吾尔伯克霍集斯。因其曾经擒献达瓦齐,所以清朝

①《钦定皇舆西域图志》卷四十五。

②《清高宗(乾隆)御制诗文全集》二集卷八十二。

③庄吉发:《谢遂〈职贡图〉满文图说校注》,台北:台北故宫博物院,1989 年版,第 141 页。

在平定大小和卓中对他寄予厚望。小和卓霍集占由库车败走乌什，霍集斯定计请其进城，欲待其赴宴时乘机擒拿，但未实现。霍集斯随即降清，其兄弟诸子多为霍集占杀害。乾隆帝认为霍集斯有擒献达瓦齐之功，真心归诚又出谋划策，深感嘉悦，遂赐封公爵，传旨优加抚慰，并且写下《乌什城酋长霍集斯伯克携回众献城降，诗以纪事》："执渠早是被恩荣，畏逼迁随尚近情。识顺料伊将倒戟，剪凶匪我愿佳兵。"说霍集斯在格登山之战后曾因擒获达瓦齐被论功褒赏，继而却在大小和卓的威胁逼迫下附和观望，但应当情有可原。进兵南疆之初，皇帝就预料到霍集斯会归顺天朝反戈一击的。他果然是率众投诚，愿意协助平叛。出兵是为了消灭顽凶，而不是皇帝喜好用兵。"申明昧雉霜严令，叠见牵羊肉袒迎。天佑人归逮底绩，越因兢业凛亏盈。"①申明军令如冰霜般严厉，清军西进途中不断有维吾尔族人迎于道旁表示归服。上天佑助，人心归向，为人君者只有兢兢业业，而丝毫不敢懈怠。

乾隆帝对霍集斯的归顺非常重视。霍集斯以陈表进兵路线获封公品级，又晋固山贝子品级。霍集斯之子漠咱帕尔也被授予于阗头领，年底进京入觐，先在乾清宫受到接见，与大臣随班行礼。乾隆二十四年（1759）正月初一，乾隆帝又在自己登基之前所居住的重华宫宴请漠咱帕尔并写下《重华宫曲宴于阗回长漠咱帕尔》。初四在瀛台宴请御前藩王大臣和漠咱帕尔，观看千百人的溜冰和靶场箭射。十四日又在圆明园山高水长幄次宴请漠咱帕尔。

年初，霍集斯因在黑水营随清军奋战，多次退敌，由此获晋爵贝子，加贝勒品级，并赏宝石顶戴，四团龙补服。妻与子为策应军营，也捐马四十匹，以抒真心实意。二月，鄂对等被围困于和阗，霍集斯奉命随将军富德进援。和阗围解，乾隆帝授霍集斯为和阗六城阿奇木伯克。富德由和阗进兵叶尔羌，霍集斯绘图呈览，并统领和阗六百五十名维吾尔族官兵从军追击。在伊西洱库尔淖尔之战中，霍集斯与鄂对等执旗大呼招降，来投者纷纷。战后，乾隆帝晋封其为多罗贝勒，加郡王品级。

霍集斯后被列入清朝平定西域紫光阁五十功臣之三十，乾隆帝为画像

①《清高宗（乾隆）御制诗文全集》二集卷八十一。

亲笔赞辞:“奉元戎檄,擒达瓦齐。后稍观望,旋迎我师。同大军进,被围黑水。回部望族,居之京邸。”因他总管回部之意,又遭乌什众伯克控告,遂留居北京。其晚年的京城生活,乾隆帝在诗文中多有描述。霍集斯于乾隆四十六年(1781)去世,终年七十二岁。自乾隆到光绪年间,清朝对霍集斯家族一直恩宠有加,体现了对霍集斯功劳的肯定。

还有库车维吾尔伯克鄂对,因不肯附和大小和卓叛乱,霍集占将其家属全部杀害。乾隆二十三年(1758)他从征大小和卓,授散秩大臣。托和鼐战前他即出谋划策,清军取得杀敌二千四百多人的胜利。库车战事中,雅尔哈善不听取鄂对建议,致使小和卓霍集占逃逸。

阿克苏城归降后,鄂对奉定边将军兆惠之命,与侍卫噶布舒等率百余清军前往和阗招服,以奋力固守和阗有功,获封辅国公。后随兆惠等追歼大小和卓至伊西洱库尔淖尔,与霍集斯等执旗大呼招降,晋封贝勒衔固山贝子,被列入清朝平定西域紫光阁五十功臣之三十一。乾隆二十五年(1760)入觐,加贝勒品级,调任叶尔羌阿奇木伯克。乾隆四十三年(1778)病卒。此后百年间,自乾隆到光绪年间,鄂对及其后人分别被清朝任用为南疆各城伯克,在反对大小和卓后裔煽乱、维护新疆社会稳定中,发挥了重要作用。

五、拔达克山回目

《皇清职贡图》之拔达克山人

图说:“拔达克山在哈什哈尔之西二千余里,盖西域回部之稍大者。乾隆二十四年(1759)秋,大兵追擒逆回两和卓木至其地,其酋素尔坦沙协力堵截,执杀两和卓木,献馘军门,输诚内属,遣使赴京瞻仰,贡献狗马、枪械等物。其附近之坡罗尔等城回人,亦俱闻风向化。"①

拔达克山,后多写为"巴达克山"。其部落首领素尔坦沙下令擒杀逃入境内的大小和卓,率其部落十万户与邻近的坡罗尔(后多写为"博洛尔")三万户归附清朝。乾隆帝作《副将军富德奏报,拔达山汗素尔坦沙献逆贼霍集占首级,并以全部纳款称臣信至,诗以志事》:"釆入歼渠逃望风,情知三窟已途穷。嘉兹识早献馘顺,笑彼悔迟跋扈雄。和众永看两部定,成功速在五年中。天恩如此昭优贶,保泰弥殷慎敕躬。"②是说曾经掀起叛乱、猖獗一时的大小和卓及残匪,如今已是日暮途穷。识时务的拔达克山汗素尔坦沙献上小和卓霍集占首级,并率部归顺天朝。大清在五年中先后平定天山以北准噶尔部和天山以南大小和卓的叛乱,完成了统一西域的大业,一定要保持这安定兴盛的局面。《乾隆西域战图》第十三幅即为《拔达山汗纳款》。

乾隆二十五年(1760)正月,乾隆帝作《瀛台赐宴拔达克山来使,即席得句》:"归俘献馘识忠诚,贡使随来万里行。第一西方足嘉国,无双天下此都京。俾观礼乐三千盛,待赏烟花午夜明。"③是说拔达克山献上小和卓首级表示归顺,还派遣使臣不远万里前来朝贡。大清是西方称道的美好国度,他们来到举世无双的北京城,被安排参加盛大的欢迎活动,还可欣赏夜半灿烂的烟火。

乾隆二十五年(1760)夏,乾隆帝作《拔达山八骏马歌》:"大宛骏马斯已奇,拔达山骏奇倍之,方隅贵山南以西。献馘称臣诚识时,良骥服皂纳赆随。"④诗的大意是,大宛的骏马古来著名,而拔达克山的骏马更是胜之。素尔坦沙献上逆贼霍集占首级,进贡来八匹骏马。皇帝命令文臣们为之作诗与绘画。平定了大小和卓的叛乱,天下从此太平,呈现和悦与吉祥。

---

①庄吉发:《谢遂〈职贡图〉满文图说校注》,台北:台北故宫博物院,1989 年版,第 143 页。

②《清高宗(乾隆)御制诗文全集》二集卷九十。

③《清高宗(乾隆)御制诗文全集》三集卷一。

④《清高宗(乾隆)御制诗文全集》三集卷五。

次年乾隆帝还作《拔达山汗素尔坦沙贡刀歌》和《咏拔达山汗素尔坦沙所进斧》。

六、安集延回目

图说:“安集延城在哈什哈尔西北千余里,其地与布鲁特相接,各部回人多有往彼贸易者。乾隆二十四年(1759)秋,大兵平定哈什哈尔,其目厄尔德尼伯克遂纳款归诚。”①安集延时属霍罕。

《皇清职贡图》之安集延人

乾隆二十八年(1763)二月,乾隆帝作诗《安集延匕首》:“感我厚泽贡弗惜,徒观美理霜雪色。”“锦袟襓更檀匣袭,用昭绝域兵戈释。”②是说安集延人感激大清国的恩泽,向天朝进贡在所不惜。这把匕首看上去就非常美观,刀刃纹理像霜雪般寒光闪烁,乾隆帝将匕首装入剑套,放进檀木匣中收藏,用以昭示西域兵戈止息,各部安宁。

七、安西厅哈密回民

图说:“哈密回民,即唐时回纥苗裔,明置哈密卫,嗣服属于准噶尔。本朝定鼎,回长奉贡袭封,至康熙年间西路用兵,为设驻防武臣,屹为重镇。……岁贡哈密瓜等物,其瓜州五堡回民,则系雍正年间投诚安插者。”③

①庄吉发:《谢遂〈职贡图〉满文图说校注》,台北:台北故宫博物院,1989 年版,第 145 页。

②《清高宗(乾隆)御制诗文全集》三集卷二十八。

③庄吉发:《谢遂〈职贡图〉满文图说校注》,台北:台北故宫博物院,1989 年版,第 147 页。

安西即今甘肃瓜州县。该地的维吾尔族人,可追溯到清初。康熙三十五年(1696),清军大败准噶尔部首领噶尔丹,哈密维吾尔族地方首领额贝都拉遣使向清朝奉表进贡,以示归附,受到康熙帝的嘉奖和赏赐。次年正月,额贝都拉遣子郭帕伯克率兵三百名,在天山以北的巴里坤擒获前来征粮的噶尔丹之子色布腾巴尔珠尔,缚其献于清朝,大受赞赏,被授为一等札萨克达尔罕,成为清廷对新疆维吾尔族地方领主最早的册封。康熙四十八年(1709),其子郭帕袭职。康熙五十年(1711),郭帕子额敏伯克袭职,在雍正年间晋封为镇国公、固山贝子。为每年向清廷进贡哈密瓜,雍正年间清政府将哈密五堡部分维吾尔族人迁移至此。乾隆五年(1740),额敏子玉素甫袭封镇国公,后加封为固山贝子。在清朝出兵伊犁和天山以南平定准噶尔与大小和卓的叛乱时,玉素甫随大军效力,被晋封为和硕贝勒,又获赏多罗郡王的品级,正式得到"王"的封号。他被列入清朝平定西域紫光阁次五十功臣之八,大臣奉命为画像赞辞:"�中望族,作藩伊昔。以通回情,军咨是择。六城既纳,二竖焉逃。其镇乌什,犬不夜嗥。"①

八、肃州金塔寺鲁古庆等族回民

图说:"鲁古庆、皮禅二族回民,俱土鲁番部落,亦唐时回纥苗裔也。本朝雍正四年(1726)投诚内附,安插于肃州之金塔寺、威鲁堡,给田耕种,以资生计。"②

肃州金塔寺,即今甘肃酒泉金塔县。鲁古庆又称为"鲁克察克",即今吐鲁番地区鄯善县鲁克沁镇。皮禅即清代对鄯善的称谓,后多写作"辟展",光绪二十八年(1902)建县改称鄯善。

康熙五十九年(1720),吐鲁番额敏和卓率部归附清朝。雍正四年(1726),六百名维吾尔族人被安排在肃州金塔寺、威鲁堡屯田。雍正九年(1731)与清军共同击退准噶尔激烈的进攻。雍正帝为安全考虑,次年决定将额敏和卓所

①《钦定皇舆西域图志》卷首四天章四。

②庄吉发:《谢遂〈职贡图〉满文图说校注》,台北:台北故宫博物院,1989 年版,第 149 页。

属万余维吾尔族人迁徙瓜州，直到乾隆二十年（1755）迁回鲁克沁。在清朝出兵伊犁和天山以南平定准噶尔与大小和卓的叛乱时，额敏和卓随大军效力，晋封为郡王。他被列入清朝平定西域紫光阁五十功臣之十二，乾隆帝为画像亲笔赞辞："土鲁番族，早年归正。命赞军务，以识回性。知无不言，言无不宜。其心匪石，不可转移。"①

九、爱乌罕回人

"乾隆二十八年（1763）癸未，爱乌罕汗遣使奉表入贡，其霍罕及西哈萨克启齐玉苏、乌尔根齐诸部，皆怦来牵驹以献"。图说："爱乌罕极西回部也……其汗爱哈莫特沙居恺达哈尔城……在回部中故称强盛，近复兼并邻部温（痕）都斯坦，部落益大。乾隆二十七年十二月（1763 年初），爱哈莫特沙钦仰威德，遣使和卓密尔汉贡马，恭进金纸表文，重四译方至……地产良马，其所贡马四匹，皆高七尺、长八尺。"②

爱乌罕即今阿富汗北部，地处拔达克山之西。清乾隆二十七年（1762）遣使贡刀及骏马，于次年正月抵京，与清朝建立联系。乾隆帝作《爱乌罕刀》："繄密尔汉感悦并，贡刀可否咨公卿。笑而许之联彼情，长跪百炼双手擎。"③是说爱乌罕向大清天朝送上表文，派遣使臣密尔汉与各地诸部代表朝拜皇帝，受到热情欢迎和厚赐送行。使臣在献马之际，向大臣咨询可否献上刀具。皇帝笑着答应，为的是联络彼此的感情，于是密尔汉朝上长跪，双手高举着献上爱乌罕刀。

乾隆二十八年（1763）正月，乾隆帝作《爱乌罕四骏歌》："爱乌罕实土著国，遥在拔达山更西。遣使进表非招致，浡泥蜡纸金字题。"诗的大意是，爱乌罕人定居在拔达克山以西，派遣使臣前来表示归附，表文用的是浡泥国出产的蜡纸，用金字书写。"高逾七尺长八尺，为龙一一皆駃騠。别毛按品予

①《钦定皇舆西域图志》卷首四天章四。

②庄吉发：《谢遂〈职贡图〉满文图说校注》，台北：台北故宫博物院，1989 年版，第 153 页。

③《清高宗（乾隆）御制诗文全集》三集卷二十七。

嘉号,永志底贡无乖睽。"①爱乌罕四骏都是高过七尺,身长八尺,匹匹都是良马。皇帝将爱乌罕四骏按毛色、品相加以区别,分别给以美好的称号,记录爱乌罕倾心朝贡不背离之意。

十、霍罕回人

图说:"霍罕在拔达克山东北三千里,常至叶尔羌、喀什噶尔,以羊马贸易。乾隆二十四年(1759),大兵抵拔达克山,其头目额尔得尼伯克遣使赴军营,恭请圣安。二十七年(1762),遣使入贡。"②

霍罕,后多写为"浩罕"。时辖安集延、玛尔噶朗、那木干。乾隆二十四年(1759)夏,清军追捕大小和卓,侍卫达克塔纳至其地进行外交斡旋,要求其协助擒获大小和卓。额尔德尼向乾隆帝进表文曰:"额尔德尼伯克等请大皇帝钦差统兵、至威至勇将军等安。仰赖上天之德、大皇帝洪福,我等群生亦获安业。闻将军至叶尔羌、喀什噶尔后,布鲁特、哈萨克等众部落俱传檄安定,而我部檄书未至,日夜以冀。幸侍卫赍将军书来,我等得为大皇帝臣仆,永受康宁,不胜感悦。"③于是四城全部归附。

霍罕在归附的次年正月,即遣安集延伯克托克塔玛特率队进京朝觐。乾隆帝作《瀛台赐宴安集延来使,即席得句》:"奉檄犹惭力未宣,右旋书捧使来专。闭关难学汉光武,谒陛何期安集延。西苑都称到天上,南兰群喜沐恩先。仰流嘉彼明于顺,三接应申锡赉骈。"④诗的大意是,安集延因大小和卓未取道该地,自己未能协助擒献而感到遗憾,随即遣使入贡。乾隆帝不愿学那闭关自守的汉光武帝刘秀,但也没想到安集延前来入觐,遂频频接见,以示恩宠,并给予丰厚赏赐。

是年九月,霍罕又遣使贡马。乾隆二十七年(1762)贡白鹰。乾隆二十九年(1764)贡白海青。乾隆三十五年(1770),额尔德尼卒,其侄纳禄博图袭为伯克,遣使进贡龙泉盘子。乾隆帝都有诗作。

---

①《清高宗(乾隆)御制诗文全集》三集卷三十。

②庄吉发:《谢遂〈职贡图〉满文图说校注》,台北:台北故宫博物院,1989年版,第155页。

③《钦定皇舆西域图志》卷四十五。

④《清高宗(乾隆)御制诗文全集》三集卷一。

《白鹰歌——霍罕额尔德尼伯克所进，歌以纪事》："受将军檄遮贼魁，设网未入惭雉媒。捧首以降心无乖，方物屡献表宾徕。"乾隆帝说霍罕额尔德尼伯克为未能协助擒获叛乱头目大小和卓而感到遗憾，遣使进贡表示诚意。"白鹰今复致鸷材，雪毛金脚刷羽皑。下韝目不留狼豺，鹘师赤养皆旗回。"①贡马之后，霍罕又进贡了豺狼的天敌白鹰，我看就交给京师八旗中被称为"鹘师赤"的养鹰鹞的维吾尔族人驯养。

《白海青歌》："霍罕部在天山右，其汗名额尔德尼。摅诚通贡致方物，韝来鸷鸟随译鞮。"②是说远在天山以西的霍罕汗额尔德尼真诚通好，贡献方物。这只海东青随同翻译和养鹰人进贡而来。

《咏龙泉盘子》："古宋龙泉世颇稀，云何外域尚或有。吐鲁番器昔讶看，霍罕包贡今复走。不宝厚往致频来，所嘉彼亦知献寿。"③是说十多年前，臣子从吐鲁番带回存世稀少的宋代龙泉盘子，已经使皇帝很惊讶。如今高兴的是境外的霍罕又进贡了一个龙泉盘子，为圣上五十九岁生日的祝寿献礼。

十一、哈萨克别部

该部分为以下三类：(1)启齐玉苏部努喇丽所属回人。图说："启齐玉苏部努喇丽为西哈萨克别部，在伊犁之西北二千余里……乾隆二十七年，其头目努喇丽遣使入贡。"④(2)启齐玉苏部巴图尔所属回人。图说："启齐玉苏部巴图尔亦西哈萨克别部……头目巴图尔于乾隆二十七年遣使入贡。"⑤(3)乌尔根齐部哈雅布所属回人。图说："乌尔根齐部哈雅布亦西哈萨克别部……乾隆二十七年，其头目哈雅布遣使入贡。"⑥

哈萨克别类，见于乾隆二十八年(1763)正月所颁《赐右部哈萨克奇齐玉斯努尔里(努喇丽)等敕书》《赐右部哈萨克奇齐玉斯巴图尔等敕书》《赐右

①《清高宗(乾隆)御制诗文全集》三集卷十七。

②《清高宗(乾隆)御制诗文全集》三集卷三十九。

③《清高宗(乾隆)御制诗文全集》三集卷九十二。

④庄吉发：《谢遂〈职贡图〉满文图说校注》，台北：台北故宫博物院，1989 年版，第 157 页。

⑤同上书，第 159 页。

⑥同上书，第 161 页。

部哈萨克乌尔根齐哈扎布(哈雅布)敕书》①中。乾隆帝对输诚表贡、遣使入觐的各部赏赐缎匹、绸绫、翎顶、银两等物,慰勉有加。

十二、土尔扈特台吉

《皇清职贡图》之土尔扈特人

前有御识:“土尔扈特台吉渥巴锡与策伯克多尔济、舍楞等聚谋弃其旧居沙俄之额济勒游牧,率属归顺,既允所请,名抡其长朝谒,至伊绵峪入觐,各赐冠服鞍马,俾随围,仍携之山庄,宴赉封爵有差,自此四卫拉特无不隶我臣仆,而其旧俗缯罽衣冠与准噶尔他部不类,并敕增绘,以广前图所未及,乾隆辛卯季秋月御识。”②图说:“土尔扈特旧为准噶尔厄鲁特四部之一,其先世和鄂尔勒克汗,与绰罗斯巴图鲁浑台吉不睦,遂徙入沙俄额济勒地,五传而至敦鲁布喇什汗,乾隆二十一年(1756)曾遣使入贡。乾隆三十六年(1771),其子渥巴锡与合族台吉谋挈全部十万余众归顺。既入觐,封赏有差,于伊犁附近择地分居。”③

土尔扈特部汗敦鲁布喇什(渥巴锡之父)曾派遣使臣吹札布,于乾隆二

①《清高宗实录》卷六七八。

②庄吉发:《谢遂〈职贡图〉满文图说校注》,台北:台北故宫博物院,1989 年版,第 163 页。

③同上书,第 165 页。

十一年(1756)到达承德避暑山庄朝觐,乾隆帝作《宴土尔扈特使臣》。乾隆三十六年(1771)作《伊犁将军奏土尔扈特汗渥巴锡率全部归顺,诗以志事》云:“终焉怀故土,遂尔弃殊伦。”①赞扬土尔扈特部的爱国正气。

乾隆帝一面精心筹划对土尔扈特部的接待和救助,一面命伊犁将军舒赫德护送渥巴锡等部落首领由伊犁起程朝觐,并命令沿途各省地方官员做好各种供给。九月八日皇帝在木兰围场伊绵峪亲切召见渥巴锡一行,用蒙古语与之交谈,并设盛宴款待,赐鞍马弓箭,一同围猎。作《土尔扈特汗渥巴锡等至伊绵峪朝谒,诗以纪事》:“类已全归众蒙古,峪征嘉兆信伊绵。”②说如今漠南漠北蒙古、厄鲁特蒙古及土尔扈特蒙古已全部归于大清的统治,皇帝在热河木兰围场的伊绵峪接见渥巴锡等人,就是一个好的征兆。

随后到承德避暑山庄,乾隆帝作《万树园赐宴土尔扈特汗渥巴锡等,即景成什》:“汗仍其旧号新绥,余各优封五等施。契苾讵徒四百帐,招摇那藉九夷旗。宁觎珍膳饱以德,马湩蚁醪醉不辞。于古为稀今厚幸,天恩祖烈奉惟寅。”③诗的大意是,皇帝为新归顺的土尔扈特部,分封了五等爵位。土尔扈特汗渥巴锡就像唐代自愿从热海迁移沙州的契苾何力一样。朝廷热情款待,使他们饱受恩德。这样归顺的事,自古少见,皇帝感谢上天和祖宗的恩惠,只有恭敬地承受和尊奉。

以上对《皇清职贡图》西域史实的补充和论述,意在说明自清朝康熙始,哈密、吐鲁番就率先归附。乾隆平定准噶尔和大小和卓之乱,不仅得到哈萨克、布鲁特的支持,得到乌什、库车等地首领和维吾尔族民众的支持,还得到周边各部的支持。统一西域之后,西域各族和周边各部职贡不绝,也感召着土尔扈特东归,展现出国泰民安、睦邻友好的图景。

①《清高宗(乾隆)御制诗文全集》三集卷九十九。
②《清高宗(乾隆)御制诗文全集》三集卷一百。
③《清高宗(乾隆)御制诗文全集》三集卷一百。

第十五章 乾隆帝与乌什事变

乾隆三十年(1765)闰二月,乌什城维吾尔族人在赖黑木图拉率领下,突然起事,全歼驻防清军,乌什办事大臣素诚自杀,阿奇木伯克阿布都拉投降被杀,赖黑木图拉等占据乌什城,是为乌什事变。此事震动南疆,阿克苏、喀什噶尔、库车、伊犁等地清军赶来围剿。八月,乌什在坚守六个月后被清军攻破,事变被镇压下去。乾隆三十三年(1768)宫廷画家张廷彦绘出《乌什战图》,乾隆帝作诗《乌什战图补咏》,还有更多的处理乌什事变的谕旨。乾隆帝作为平定乌什事变的最高决策者和指挥者,所作的诗作和谕旨可以供我们诗史互证。总结历史的经验教训,无疑会给我们有益的启示。

一、乾隆帝与《乌什战图补咏》[1]

乾隆帝的《乌什战图补咏》,以诗六首记述平定乌什事变的始末,分别为《闻变》《师援》《献谍》《悉故》《攻坚》《城复》。每首诗有小序,开篇还有总序。

总序:

自庚辰西师凯还之后,伊犁则筑城垦野,回部则减赋薄征,视地之大小险夷,各驻以大臣,戍以兵卒,晏然无事矣。越五年乙酉,而有乌什之变。乌什者,介于阿克苏、喀什噶尔之间,为回部适中之地,依山为城,有险可恃,田肥饶,水充足,又有牧场可滋长马牛羊。故变乱之后,逆贼守至越六月,始食尽力穷,缚其酋以献。于是诛戮其精壮,迁徙其妇稚。凡乌什之城及其所附村落皆为官有,驻以大臣,戍以兵卒,如前制而更申明纪律焉。夫乌什固据形胜,得扼吭捩臂之势,而宜厚驻我兵,以镇压众回部之地也。初以王师剿逆抚顺,不可无故夺之。今值彼变乱,自取屠灭,因以为回部适中官军都会之地。是又《开惑论》所谓愈变而愈康者,非天垂贶,岂能若是哉。而予渺躬之荷龙绥励兢业,又当何如哉。其致变之由,及我官军之奋勇克复,条为六事,各系以咏如左。

①此章中出现的总序及诗六首皆出自《清高宗(乾隆)御制诗文全集》三集卷六十九。

总序的意思是，自乾隆二十五年（1760）清朝平定准噶尔与大小和卓之乱、统一西域之后，朝廷在天山以北的伊犁等地修筑城池，大兴屯垦，在天山以南则减轻赋税，抚慰百姓，各地驻兵戍守，平安无事。谁知五年之后，乾隆三十年（1765），天山以南爆发了乌什变乱。乌什介于阿克苏与喀什噶尔之间，依山筑城，地势险要，土地肥沃，水源充足，还有牧场放养牲畜，所以在变乱之后得以坚守超过六个月，最终食尽力穷，首领遭缚。朝廷斩杀其起事者，将妇女儿童迁移他处，将乌什城与乡村全部收为官有，将总理天山以南的参赞大臣由喀什噶尔迁至乌什，制度如前，纪律更加严格。乌什因其地形控制要害，所以朝廷在此厚驻兵力，控制整个南疆。当年平定大小和卓，不是无故而战，今乌什变乱，纯属自取灭亡。皇帝认为乌什为适中之地，如《开惑论》所说，是愈变愈康。若非上天垂青眷顾，怎会有如此结果。身为人君，除了安抚鼓励、谨慎从事，还能怎么做呢？关于乌什变乱缘由及清军将士奋勇攻克的经过，乾隆帝写了组诗六首（并序）如下：

其一　闻变

乙酉二月，乌什小伯克赖黑木图拉等聚众五百余，乘夜纵火焚掠，戕杀官军。驻守之副都统素诚自杀，贼遂据城为变。时驻阿克苏之副都统卞塔海闻之急邮奏报，览其词过于张皇，知其庸懦不足集事，且回众久怀德威，使非激之致乱，不应自弃化外。庸可不察其由，以示惩创，因降旨驻伊犁之将军明瑞细查致变之由以闻。

南巡三月返春舟。六百飞传计里邮（卞塔海初奏乌什事由，六百里驰达时，方自杭州回跸，即于行舟批答并筹度调兵诸机宜）。展视乃知乌什变，报来始自阿苏投（回语阿克苏，急呼则为阿苏，乌什卡伦官全福等闻城中变，急投阿克苏报知，卞塔海即据以入告）。轻徭本是常施惠，倡乱何当彼取尤。师驻伊犁定赴援，重臣宣命察因由（回众蠢动固罪无可逭，若召衅有由，亦不可不申国法以儆其余，因密谕明瑞于赴援时访实速奏）。

小序的意思是，乾隆三十年（1765）二月，乌什小伯克赖黑木图拉率五百余人起事，控制全城。驻守此城的副都统素诚自杀，阿克苏副都统卞塔海慌张奏报。皇帝知其平庸懦弱不成事,也知其为激而生变,不可不查明严惩,所以命令伊犁将军前往细查。

诗的大意是,乾隆帝第四次南下巡视,三月间由杭州回程的时候,接到阿克苏副都统卞塔海所发日行六百里的奏报,看后才知是乌什发生事变。朝廷对天山以南各城轻徭薄赋,经常施以恩惠,为什么还有人要带头作乱?若事出有因,那么对乌什官员不可不以国法惩处,警诫其他。因此皇帝密令伊犁将军明瑞前往救援,并确实查明实情,尽快奏报。

其二 师援

阿克苏、喀什噶尔与乌什相掎角,应援最近,而卞塔海与驻喀什噶尔之都统纳世通虽亦领兵往救,但二人素未经战阵,无益于事。时明瑞闻而统兵赴援,兼程遄进,至则申明军律,并力攻城,贼始困窘。

勋戚伊犁董重兵(明瑞于平定回部时奋勇追剿,屡著功绩,素为回人所惮,因命其为将军驻伊犁,统辖诸回城事),早年回部得威名。变闻遂率雄师援,涂远仍教兼驿行(计明瑞闻乌什事必率师赴援,但伊犁相距几二千里,虑或稽时,奏至知其兼程前进,为之欣慰)。可笑无能还妒阻(纳世通甫至乌什,闻明瑞统兵赴援之信,恐其分功,遽行文阻止,奏至,降旨严饬,而明瑞亦不从其言决计迅赴),幸因未听遂遄征。逆回始相(入声)仓皇守,壁垒新知纪律明(卞塔海、纳世通诸事失措为逆回所轻,及明瑞至,申严军律,贼众始惶惧死守不敢复出)。

小序的意思是,阿克苏、喀什噶尔与乌什并峙而立,救援最为近便。阿克苏副都统卞塔海与喀什噶尔都统纳世通虽然领兵前往,但因两人没经历过战阵,于事无补。此时明瑞统领兵马兼程前往,他到乌什后申明军纪,下令攻城。起事者处境窘迫。

诗的大意是,明瑞是有功勋的皇亲国戚,在天山以南素有威名。朝廷特此任命他为伊犁将军,总统天山南北军政事务。想来明瑞获悉乌什事变,一定会率师赴援的。但伊犁与乌什相隔将近两千里,还有天山阻隔,皇帝担心或有拖延。接到奏报知道他正兼程进发,皇帝为此感到欣慰。可笑的是喀什噶尔都统纳世通刚到乌什,就听说明瑞率兵赴援,他唯恐明瑞抢了他的功劳，遂急速行文阻止，遭到乾隆帝下旨训斥。而明瑞也没听他的，照常疾速前进。纳世通与阿克苏副都统卞塔海处事无方，被乌什人所轻视。等到明瑞赶至乌什，严明军纪，乌什事变之人才退入城内死守。

其三　献谍

> 乌什小伯克赖黑木图拉既叛，虑其力之不能抗清军也，乃相与聚谋，走间谍巴布敦等卑辞厚币，求援于霍罕之厄尔德尼伯克。又教为诡语，以煽乱所过诸布鲁特。惟时布鲁特久效恭顺，且知逆党之妄也，遂执巴布敦等，遣使诣喀什噶尔以献。
>
> 游牧东西勃律连（唐之勃律即今之布鲁特），不同回部列氓编（诸回城向苦准噶尔赋重，自己卯底定时，即为减定赋额一如内地编户征纳，人皆乐输，至布鲁特则逐水草而居，非若回人之能习耕作尽地利，故虽向化内附不令纳赋，惟入觐时职贡效忱而已）。负城既叛赖黑木（赖黑木图拉既据乌什，即遣其党巴布敦等偕安集延、塔什罕之贸易回人赍书币潜往霍罕乞援），间道潜通安集延。布鲁适居路径过，驹支募遇计擒全（巴布敦等至布鲁特境，即诡称附近乌什各回城同时俱乱，冀以煽惑诸部众，适喀什噶尔阿奇木伯克噶代默特遣人告之以叛逆，惟乌什一城，余皆安堵时，布鲁特比齐里克齐遂诱巴布敦等擒之，即遣其弟喀尔扪都解送喀什噶尔。比者部落之首领，即如回部伯克之职）。扪都解送喀什噶，外域输衷意实虔。

小序的意思是，乌什小伯克赖黑木图拉起事后，考虑到不能与清军抗衡，商议逃走。他们派出侦探巴布敦等人，携带厚礼，准备向霍罕请求援助，又谋划煽动所经之地的布鲁特也参加叛乱，但早已归顺天朝的布鲁特，将巴布敦等擒获，押送至喀什噶尔。

诗的大意是，今天的东西布鲁特如唐代的大小勃律一样比邻相连。自归顺天朝以来，朝廷对待他们不似对待天山以南的维吾尔族人那样编入户籍，减轻赋税，对布鲁特的要求只是入觐朝贡而已。赖黑木图拉占据乌什城后，即派遣巴布敦等与安集延、塔什罕前来贸易之人，携带书信重金，取道偏僻小路，前往霍罕求援，途经布鲁特时煽惑叛乱。时值喀什噶尔阿奇木伯克噶代默特派人到此通告。布鲁特首领比齐里克齐将巴布敦等擒获，派遣其弟喀尔扪都将其解送至喀什噶尔。如此献纳忠心，恭敬可嘉。

其四　悉故

布鲁特既缚献巴布敦等于喀什噶尔，时驻喀什噶尔之副都统柏琨讯其变乱之由，则称乌什之阿奇木伯克阿布都拉横派黩扰，荡检宣淫，而副都统素诚不但不加督责，且与之同流合污，以是回众不胜其忿，遂胁聚生变。又纳世通、卞塔海平时亦妄自尊大，凌虐诸回，素为众怨所集，且卞塔海初至乌什城下，不事诘剖，辄施枪炮以攻，及贼出拒，复怯而败走。纳世通继至，亦茫然不知所措，贼益逞其负隅之势。明瑞询察得实，胪章入告，与柏琨所奏悉合，因各视其罪重惩之。

巴布敦辞实可凭。周谘我众又堪征（明瑞查访致乱所由，知素诚扰累不法及纳世通、卞塔海庸妄乖谬诸罪状，皆得自贸易人众、台站诸回之口，询之在事侍卫等，亦众吻一）。哥舒翰既少恩甚（阿布都拉为哈密回部贝子玉素甫同产弟，以其久内附之回，授为乌什阿奇木伯克，乃自莅事以来，不知恤众，每将疲瘦羊马倍值取利，又肆为淫恶，致所属回众切齿，作乱亦并遇害，实非意料所及），李大宜还耽乐仍（素诚在乌什，惟事科派苦累，又复淫纵无忌，赖黑木图拉之妻亦曾为所留，因而蓄怨生变，则素贼实死有余辜矣）。一死余辜真尚有，两驽要驾愧惟增（此虽素诚、阿布都拉之罪，然用二人以致偾辕之愧，实切于怀）。可同效节加优恤，用戒将来示创惩。

小序的意思是，布鲁特将擒获的巴布敦等押解至喀什噶尔。驻喀什噶尔副都统柏琨也查明了事变原因是乌什阿奇木伯克阿布都拉与乌什副都统素诚同流合污、贪黩荒淫，喀什噶尔都统纳世通与阿克苏副都统卞塔海凌辱虐待，众怒积聚，最终爆发。事变之初，卞塔海赶到乌什城下，不问缘由就下令开枪放炮进攻。在遭到抗拒后，又胆怯败退。接着纳世通赶到，也不知该怎么办。于是起事者越发增添了据险顽抗的气势。伊犁将军明瑞多方询问调查得到实情，奏章陈述，与喀什噶尔副都统柏琨所奏情况完全相合，朝廷就要视每人罪行，严厉惩处。

被布鲁特缚献的巴布敦的供词实在可信为凭，明瑞听取贸易人众、台站人员、在事侍卫等多方意见，众口如一，都揭发素诚不法害民，纳世通、卞塔海荒谬悖理，阿布都拉贪婪淫恶更为民众切齿痛恨，事变时被杀。这是乾隆帝所没有想到的。素诚科派苦累民众又淫纵无忌，罪大恶极，虽死不足抵其罪。而乾隆帝对任用此二人致败事感到惭愧于心。对在此事变中为国捐躯者，要从优抚恤，用以告诫后来人，奖惩分明。

其五　攻坚

明瑞等攻乌什数月，围困甚力，贼出拒战者，即擒获诛磔。于是贼惊骇，聚计谓，与其束手就毙，毋宁舍死以求生，因谋夜出袭营。清军觇知之，预为之备。贼首赖黑木图拉中箭死，贼党益窘怖，复推赖黑木图拉之父厄塞木图拉为阿奇木，悉众死守，以延残喘。此皆得之捉生鞫讯者，已而明瑞复抡骁锐夜薄其城，登陴毁堞，奋击获大胜，贼自是日危蹙矣。

罪不容诛贼自知。求生舍死死相持。诱来平野骑弗进（贼知罪在不赦，侥幸逭死，明瑞等知之，即调兵两队，先后继进，前队次青努尔，择地张甄以待，欲诱贼至平地，合后队奋击，贼即退守城，清军追蹑及城下，贼犹持火器，乘陴拒敌，轰以大炮，贼乃匿避），仰薄高峰铳竞施。督以冲坚诚亦易，谕令（平声）郑重故因迟（乌什初变，明瑞即统兵赴援，复命尚书阿桂驰驿往会之，彼时以乌什蕞尔孤城，又无外援，易于收服，毋庸悉锐进攻，轻撄锋镝，致多伤我士卒，因谕令严急攻围，待其势穷力蹙，乘机取之）。云梯竖即登城堞（贼既穷窘，益固守不敢出，明瑞等以时届秋令，师旅不宜久羁，乃简巴图鲁六百余，中夜携云梯分道潜往薄城两隅，东北隅先登，贼未觉，梃刃交下，守陴贼狼狈窜，即举号火招继进者，又循墉自北而东南悉据有之，毁其垣垛施枪箭巨石俯击，歼贼无算，后以天明收军，未即得城），早使游魂釜底驰。

小序的意思是，明瑞等围攻乌什数月，起事进出城作战的，都被抓获杀死。起事者商议，与其坐等败亡，不如拼死求生，谋划乘夜袭营。清军暗中了解到情况后，预先做了防备。起事首领赖黑木图拉中箭身亡，众人又推举其父为首来勉强维持，这是审讯俘虏所了解到的。明瑞挑选勇猛精锐之士，乘夜登城击杀获胜，起事者更加窘迫。

诗的大意是，起事者知道没有退路，拼死抵抗以求生存，还想侥幸逃走。明瑞就调兵两队，前队张开两翼，诱敌至平地，配合后队奋力斩杀。起事者退回城中，持火枪抗拒。清军仰攻，配以炮轰，他们躲避起来。事变之初，明瑞率兵赶到，朝廷又命尚书阿桂驰驿前往会合。当时认为乌什为一孤立小城，易于收服，可是进攻时颇多伤亡，因此将官才下令严加围困，等待其窘迫时，乘机攻取。时已入秋，明瑞挑选六百多名勇士，乘夜携带云梯，从东北角登城。起事者初未察觉，发现时抵挡不住就逃跑。勇士举火把引导后续，又沿城墙自北而向东南，俯击杀敌。后天亮而收兵。虽然还未得城，但城中起事者早已是釜底游鱼。

其六　城复

登城之捷，贼益胆落。清军乃逼城筑垒严围，断其樵汲。即有突出者，并击败之。贼城粮绝马饥，拆屋以爨，撤茅以饲，殍仆溢涂巷，众皆忧悸离畔。沙布尔者，乌什之旧商伯克，故未从贼为恶，乘人心汹惧，谋缚厄塞木图拉诣军营纳款，因以献城。至夜遂内溃。先是谕明瑞等曰：贼不早悔罪伏法，若城垂破始乞降，则不可贷，当尽歼之，以扬我武。黎明，清军振旅入城，悉戮其党羽，徙其妇孺，乌什复平。时八月十五日也。

斧螗锋猬势将成，将恐多伤退我兵（我东北登城一军既获全胜，其攻西南者以贼已有备，不复能上。明瑞等因天已向明，恐为贼所要袭，急撤城上兵，遂未得乘锐捣其巢穴）。高垒深壕奚逭命，析骸易子苟延生。倒戈缚就无完卵，舆榇献来逮破城。教写阵图旌众勇，定功惟是凛虚盈。

小序的意思是，登城之战打击了起事者的士气，清军又筑垒严围，断绝其柴源水源。城中粮草断绝，他们只有拆房屋烧火做饭，用屋顶茅草饲养马匹。大批的人饿死倒地，大家皆惊恐不安而离心。旧商伯克沙布尔乘机谋划将厄塞木图拉捆绑，到清军大营降服，同时献城。当夜起事者就内部崩溃。皇帝先前曾命令明瑞等人，若敌众不及早归降，则城破不可宽恕。天亮时，清军开进城中，斩杀起事者，将妇女儿童迁徙别处，乌什事变得以平定。这天是八月十五日。

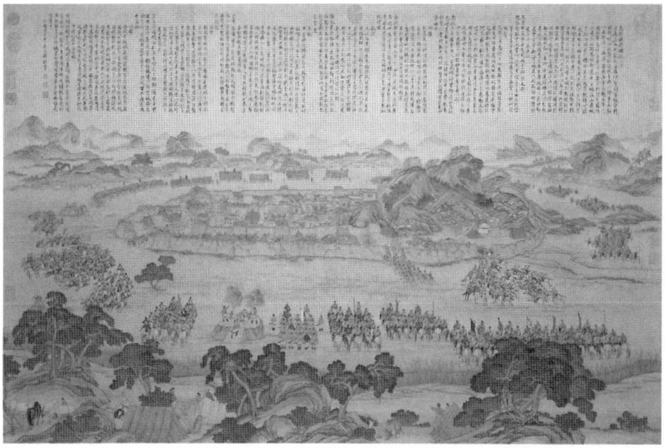

张廷彦绘《乌什战图》

诗的大意是，清军在登城之战时就将大功告成，因为恐怕多有伤亡而退兵。起事者虽有高垒深沟，可哪里能活命？他们粮尽柴绝，只能苟延残喘，最后，放下武器，反戈献城，也未能保全性命。清军以决死之势，最终攻破乌什城。皇帝命画师绘出反映战阵的《乌什战图》，以表彰众将士的勇武。建立功业使人可敬，更是要总结其哗变的原因。

二、乾隆帝对乌什事变的处理

1. 任官不当

乌什地处新疆天山以南，北靠伊犁，南通喀什噶尔，西接布鲁特游牧部落，具有重要的战略地位。所以，清朝统一新疆后，对乌什特别重视，在乌什设有办事大臣一员，兼理阿克苏、赛里木、拜城等城事务。乾隆二十五年(1760)三月八日，伊犁将军舒赫德进言“乌什阿奇木伯克员缺，甚属紧要，请以玉素布之弟阿布都拉补授”。与此同时，伊犁参赞大臣阿桂请以拜城阿奇木伯克噶代默特补授。乾隆帝考虑到和阗六城尤属紧要，派噶代默特调补。“乌什阿奇木伯克著阿布都拉补授。”①阿布都拉是四世哈密王玉素布之弟。

乾隆二十七年(1762)四月二十四日,乾隆帝谕云:“乌什城与布鲁特接壤,安集延人等时来贸易,事务颇多,著派副都统素诚前往乌什,更换永庆。素诚系新经任事之员,恐一人不能独办。现在库车事简,有鄂宝已足办理,著图勒炳阿前往乌什,同素诚办事。”②

可见乾隆帝对素诚是有些不放心的。他又派图勒炳阿前往乌什协办事务。图勒炳阿原任河南巡抚,因讳灾饰过,两年前被派往库车办事,到乌什一年后就进关代理贵州巡抚。素诚从此独当一面。乾隆二十八年(1763)十一月八日,乾隆帝谕云:“素诚覆奏,清语(满语)不通,素诚系满洲奴仆,又在回疆办事,理宜勤学清语,折内竟有不成话者,皆由素不熟习所致,着严加申饬。”③素诚素质不高,亦可见一斑。但乾隆帝想不到,素诚与阿布都拉惹出的更大的祸患还在后头。

2. 暴虐引发

乌什事变发生时,阿布都拉已在该城任阿奇木伯克五年,素诚已任办事大臣三年。乾隆三十年(1765)二月,素诚、阿布都拉强迫乌什维吾尔族人运送沙枣树,这项额外差役,本来就使众人不满。素诚为使差役人员背负行李,将运送沙枣树的人员增加到二百四十名之多。④ 而负责押送者恰巧是妻子曾被素诚奸淫、对素诚早有怨恨的小伯克赖黑木图拉。由于素诚等派驻官员、阿布都拉等伯克与随从多年来苛虐乌什维吾尔族人,乌什维吾尔族人早已积累了强烈的怨恨,被强迫运送沙枣树,就成为乌什暴动的直接导火索。大家一经赖黑木图拉动员,就群起响应。

乾隆三十年(1765)闰二月二十二日,据清军擒获的参与乌什起事的维吾尔族人额尹敏供称:“驻扎大臣等,从前派出屯田,回人前往伊犁,所购马

①《清高宗实录》卷六〇八。
②《清高宗实录》卷六五九。
③《清高宗实录》卷六五九。
④《清高宗实录》卷七三〇。

匹牲只及采买官粮，均未给价。又将瘦羊四百只，每只令回人缴价四两，此项银两，俱系哈密回人（阿布都拉）侵蚀。”①

伊犁将军明瑞对乌什事件进行调查，得知“回人等素有怨恨驻扎大臣办事官员……而怨恨乌什大臣及阿奇木伯克办事者尤甚”。他们压迫乌什维吾尔族人的具体情况是：“乌什籴买官粮，发给工价，俱不能如数。大臣公署及办事处所用油薪，俱向回人索取。其不肖兵丁常将回人欺凌，尚不敢与其争较。至素诚父子及办事笔帖式伊哈齐，将城村回人妇女任意奸宿，又见伯克之妻年少者，托故传唤入署过宿，不令归家。再，阿奇木伯克阿布都拉从前尚知守分，因伊妻去岁病故，遂与亲随哈密回人等恣意妄为。此次办送沙枣树科，素诚令伊子回京，一切行李俱令回众背负，并派小伯克赖黑木图拉押送。而赖黑木图拉之妻前经素诚留住署内，因此挟嫌倡乱，煽惑所派回人……再查伊犁的所交赋税，较各城为重，而乌什回人，愿往者众。询据告称，伊犁赋有定额。由此观之，乌什回人作乱，实因扰累所致。”②

据在回疆任职多年的满族官员椿园七十一在《西域闻见录》中记载：“乌什阿奇木伯克阿布都拉，哈密回人也。随从之人皆哈密回子，俱系伊萨克之阿拉巴图，服役奔走，任其意之所为，不敢与较。而回疆各城则不然，其伯克皆系流官，所属回户等诸部民，迥与哈密之主仆名分不同。阿布都拉习见哈密回子为伊萨克驱策之处，视同一例，加以性情暴戾，鞭挞凌虐，日以为常，且勒索多方，贪婪无厌，其随从之人尤为恣横。乌什回子已不堪终日，乃办事大臣苏成（即素诚）糊涂淫酗，而其子尤恶劣无知……乌什回子久欲寝其皮而食其肉矣。”③

显然，素诚是以征服者的心态管理乌什的。阿布都拉为哈密郡王衔贝勒玉素甫之弟，到乌什任阿奇木伯克后，亦将乌什维吾尔族人看成是其阿拉巴图（奴隶），任意欺凌。正是素诚和阿布都拉的暴行，引发了乌什事变。归结起来主要表现在两个方面：一是任意苛派捐税，加重了维吾尔族人的负

①《清高宗实录》卷七三一。

②《平定准噶尔方略续编》卷二十九。

③［清］椿园：《西域闻见录》卷六，《乌什叛乱纪略》。

担；二是奸淫妇女，凌辱维吾尔族人。

3. 处置失当

素诚和阿布都拉等的暴虐行为，是导致乌什维吾尔族人起事的原因。但当时赖黑木图拉等只是将斗争的矛头指向乌什城的素诚、阿布都拉等官员，起初并没有与清朝对抗的打算。至于后来将城外维吾尔族人全迁入乌什城并坚守城池和清军对抗达六月之久，实因阿克苏副都统卞塔海的处置不当所致。据明瑞调查："彼时城内回众，尚未尽变。卞塔海领兵到彼，不问事由，即行放枪，旋经射书招抚，众心未定。第三日，又用炮攻城，贼众始出抗拒。"①

卞塔海领兵至乌什，本可查明真实情况，妥善处理事变，却不问青红皂白，一到便放枪射击。被乌什城维吾尔族人击退后，他又不派人前往招抚，仅"射书招抚"，无有诚意。在维吾尔族人尚未决定时，卞塔海便下令开炮攻城。乌什维吾尔族人已无退路，被迫群起反抗到底。而喀什噶尔都统纳世通领兵刚到乌什，就听说伊犁将军明瑞率兵赴援，唯恐抢了他的功劳，奏请阻止，遭到乾隆帝下旨训斥。

明瑞按计划迅速赶到乌什，多方听取各阶层意见，众口如一揭发素诚不法害民、阿布都拉贪婪淫恶以及纳世通和卞塔海荒谬悖理的罪行。

乾隆帝作诗痛斥素诚、阿布都拉罪大恶极，认为他们即使死也不足抵其罪。对于任用此二人败事，他感到实在惭愧于心。以卞塔海不查讯致乱缘由就放枪攻城、损兵败退又不据实奏报为罪名，以纳世通平素骄纵、遇事争功、镇压不力为罪名，将二人在军前正法。

4. 协力平乱

乌什事变后，清军迅速从阿克苏、喀什噶尔、库车、伊犁等地赶来，云集包围乌什城，控制了事态的蔓延。

乌什小伯克赖黑木图拉起事后，派出巴布敦等人，携带厚礼，准备向境外的霍罕请求援助。他们又谋划煽动所经之地的布鲁特也参加叛乱。但布鲁特早已归顺清朝，遂将巴布敦等擒获，押送至喀什噶尔。

①《平定准噶尔方略续编》卷二十九。

除上述两点外，各地维吾尔望族、阿奇木伯克等在安抚各城民众、维持各地安定方面也起了重要的作用。如叶尔羌阿奇木伯克鄂对之妻热依木，当时随其子鄂斯满住库车城。乌什事变后，热依木考虑到叶尔羌人户尤多，且伯克、阿訇中多不知理之人，难保无事，性懦无断，恐丈夫鄂对为众所惑，便向库车办事大臣请求赴叶尔羌帮鄂对处理，得到允许后，她昼夜兼行，赶到叶尔羌，对蠢蠢欲动的伯克、阿訇等晓以大义，并将各户的军器马匹没收，从而使叶尔羌局势得到控制。

阿克苏维吾尔族人亦有观望思动之意，“其阿奇木伯克色提巴尔第方入觐回至肃州，闻风七日夜驰六千余里入阿克苏城，回子乃不敢动”。

库尔勒哈子伯克阿满因曾受阿奇木伯克色提克的责打，怨恨在心，欲乘乌什暴动杀死色提克，率众前往乌什，遭到其兄噶匝纳奇伯克和硕尔的反对：“我曾入觐，见大皇帝威福，且赏赉甚重。尔何出此妄言，再不改悔，必呈报处治。”并随即将消息告之阿奇木伯克色提克。色提克采取相应措施，避免了暴动发生。① 南疆各城维吾尔族人在伯克等员的安抚下，没有群起而响应乌什暴动，一方面说明此时南疆社会矛盾尚未激化，另一方面也表明清朝对南疆望族及阿奇木伯克等伯克的恩抚政策对安定南疆社会有很大作用。

5. 政策调整

乌什事变后，乾隆帝对起因进行了调查，对朝廷在南疆的统治政策进行了反思，并做了政策调整。主要内容有二：一是要求驻扎大臣不得苛虐维吾尔族群众和伯克，二是限制阿奇木伯克等伯克的权力。

严令要求各驻扎大臣洁己奉公，不得扰累维吾尔族人，并要求各城大臣加强互相监督。驻扎大臣往往高高在上，如喀什噶尔参赞大臣纳世通接见官员时，“即大伯克等皆向伊等长跪，并多派回人服役”②。他与主事乌尔衮“任意勒索回人，殴詈伯克”，并竟敢将散秩大臣阿奇木殴辱，③以致“阿克

①《清高宗实录》卷七三六。

②《平定准噶尔方略续编》卷二十九。

③《清高宗实录》卷七三七。

苏、喀什噶尔大小伯克,见办事人员极为畏惧”。[1] 对此,乾隆极为震怒,认为“实出情理之外”,谕云:“回部伯克,俱系恩赏职衔品级之人。该官大臣,固不可过于优容,亦不可任意凌贱……着传谕各城办事大臣,嗣后各宜守身洁己,善视伯克,一切事务,秉公办理,属下人员,严加约束,毋令扰累回众。”[2]

今日乌什燕子山风光

乌什暴动的另一个重要原因是阿奇木伯克权力过大,肆意凌辱剥削小伯克和维吾尔族群众。因此,暴动平定后,伊犁将军明瑞等遵旨上奏《回部事宜》,军机大臣会议后奏准实行,其主要内容如下:一是限制了阿奇木伯克的权力,规定一应事务需与伊什罕伯克会商,不得独权揽办;二是在赋役、差役上减轻了维吾尔族人的负担。

特别值得一提的是,就在乾隆三十年(1765),乾隆帝还将全权总理南八城军政事务的喀什噶尔参赞大臣移驻乌什二十多年,称乌什参赞大臣,直到乾隆五十二年(1787)又迁回喀什。这次反思与调整,对南疆社会的安定起了很大作用。

①《平定准噶尔方略续编》卷二十九。
②《清高宗实录》卷七三七。

第十六章

乾隆帝与新疆高朴玉石案

严惩贪官，是清乾隆帝治理天下、巩固统治的一项重要政策。新疆叶尔羌办事大臣高朴作为皇亲国戚、乾隆帝格外信任的镇边大臣，竟然监守自盗、私采私贩玉石，酿成当时轰动全国的贪污走私大案。此案虽发自新疆，却牵涉全国不少地方的许多人，其中不乏一些高级官员，其走私范围之大，涉案人数之多，是乾隆帝所始料未及的。他再三责令，严查穷追，曾雷厉一时。高朴等主要案犯被就地正法，案中所有商人及奴仆亦未能逃脱，总督、巡抚中多人被谴责罚金。

乾隆帝便装像

历史是一面镜子，今天我们重新审视这段历史，或许能得出有益的启示。

一、高朴案发

乾隆四十三年(1778)九月十六日，清朝派驻南疆乌什办事大臣永贵的一道参劾奏折，被快马加鞭送到京城乾隆帝手中。内容是“据阿奇木伯克色提巴尔第控告，高朴在叶尔羌私采玉石，串通商人，贩至内地售卖”①。

高朴，高佳氏，满洲镶黄旗人。他是已故文渊阁大学士高斌之孙、乾隆帝的慧贤皇贵妃之侄，原任朝中兵部右侍郎，乾隆四十一年(1776)被派任叶尔羌为办事大臣。

叶尔羌在天山以南、喀喇昆仑山北麓、塔里木盆地西南缘，地理位置非常重要。西北经英吉沙可抵喀什噶尔，东距阿克苏六百五十千米，南距和阗三百五十千米，西通帕米尔高原。由于历史的原因，帕米尔周边各国和部落

①《清高宗实录》卷一〇六七。

都来叶尔羌贸易。叶尔羌汉代为莎车国,三国时为疏勒国,隋唐至宋属于阗国,明时为叶尔羌汗国,清初为准噶尔汗国所灭。乾隆帝统一西域后,在此设办事大臣,官阶二品,下辖和阗领队大臣,可谓位高权重。协助其管理维吾尔族民众事务的是阿奇木伯克。乾隆帝将作为皇亲国戚的高朴派驻于此,虽出于感情和信任,但当然更希望他在任能安定边疆。可事与愿违,高朴竟是祸害边疆之人!

距叶尔羌东南二百千米的密尔岱山(在今叶城县东南),属昆仑山的一部分,自古就是和阗大玉(俗称山料)的主要产地,终年积雪,弥望无际,又称玉山。乾隆帝统一新疆之初,为防民间私采,下令将该山封闭,并批准前任叶尔羌办事大臣期成额的奏请,在山口安设关卡一处。

高朴于乾隆四十一年(1776)四月八日到任,来后就羡慕叶尔羌阿奇木伯克鄂对生活富裕。八九月间,鄂对为讨好高朴,送给他九十块玉石,重二千八百千克,让他运到江南出售得钱。经与鄂对商量,二人选中张銮。张銮祖籍是山西右玉县,原在甘肃经商,后入新疆。他以赊账的方式在叶尔羌推销绸缎,使阿奇木伯克鄂对欠他纹银七千八百八十一两,其他四五人各欠他纹银五六百两不等,他趁机购买玉石。高朴向张銮要了绸缎和九十两金子,以八百斤玉石抵算。张銮自己也带了五十一块玉石,重一千二百千克。十月十一日张銮从叶尔羌起身,他与高朴的家人李福、熊濂一行十一辆车前往苏州,合伙干起了贩玉生意。尝到走私贩玉的好处之后,高朴就把生财之道瞄向了密尔岱山。他利用乾隆帝对他的信任,以严防维吾尔族人涉险营私为名,奏请隔年一次开采密尔岱山玉石,获得乾隆帝的批准。应当指出,如今北京故宫博物院珍宝馆里陈列的玉山《大禹治水图》,就是这一时期开采的玉料,为温润密致而坚硬的青玉,高二百二十四厘米,宽九十六厘米,重五千三百多千克。

玉山《大禹治水图》

据故宫档案记载,这块大玉是乾隆四十六年(1781)夏运到北京的。可以说,高朴私采盗卖玉石,是在这块大玉起运不久案发的。大玉从产地运起,历时三年,选择图样后发往扬州,雕成后再运回北京,前后历时近十年。大禹是久传民间的圣王,大禹治水是数千年来人们传颂的伟大功绩,历代帝王都以效仿尧、舜、禹来标榜自己。乾隆帝把大禹治水这一古老传说雕刻在珍贵的玉石之上,表示对大禹的崇敬,他在乾隆五十三年(1788)为玉山题诗:“功垂万古德万古,为鱼谁弗钦仰视。画图岁久或湮灭,重器千秋难败毁。”①认为大禹治水的功德应当万古流芳,仅仅靠图画难以永久保存,刻在玉石之上可以传之千秋万代。乾隆帝在统一新疆三十年后,抚今忆昔,为新疆的社会进步而深感欣慰。他申明刻玉是为了宣传古代圣王的功德,使自己和后来者效仿,而不是玩物丧志,这才是他的良苦用心所在。

乾隆帝没有想到,高朴与他的用心背道而驰,在为皇家采玉的同时,私自役使三千余名维吾尔族民工进山采玉,命手下人伙同奸商潜赴内地售卖,私获暴利,价值数十万两。叶尔羌阿奇木伯克鄂对等人也添派二百人进山采玉。冰天雪地,饥寒交迫,加之山高路险,性命难保,百姓为此科派所苦累,自是怨声载道。高朴还利用职权,在视察和阗时,在委任小伯克时,权钱交易,索取银两,向在叶尔羌做生意的商人们勒索,很快就暴富起来。

①《清高宗(乾隆)御制诗文全集》五集卷三十五。

乾隆四十三年(1778)三月,“鄂对病故,高朴即奏请以鄂对之子鄂斯满,接办该处阿奇木伯克事。朕认为若如此,父子相继办事,竟似叶尔羌之阿奇木为伊家世职,久之与唐时藩镇何异。因将色提巴尔第调至该处,以鄂斯满调赴喀什噶尔。意在为回部伯克防微杜渐,并非令色提巴尔第往查高朴之事也”。①

色提巴尔第到任不久,就发现高朴以他的名义派人进密尔岱山采玉,贪赃枉法,民众怨恨。高朴为了收买他,贿送元宝五十个。没想到正直不阿的色提巴尔第并不为财所动,他将元宝交给手下的通事(翻译)萨木萨克封存,将高朴之事迅速向新任乌什办事大臣永贵控告。高朴私采私贩玉石案,由此败露。

二、乾隆之愤

乾隆帝看了永贵的奏报,气愤至极,他最担心的就是乌什事件的重演。

清朝统一新疆后,朝廷派驻这里的军政官员开始习于逸乐,日益腐化。他们和大小伯克勾结起来欺压民众,满族官员、乌什办事大臣素诚更是其中凶残的代表,他昏愦酗酒,奸淫妇女。乌什阿奇木伯克阿布都拉助纣为虐,贪婪残暴,民众恨之入骨。乾隆三十年(1765)春,素诚强征二百四十多名维吾尔族人运送沙枣树,负责押运的小伯克赖黑木图拉因其妻曾被素诚留宿衙署积有仇恨,便率众起事,进攻驻守乌什的清兵。素诚自知乾隆帝不会饶了他,畏罪自杀。阿布都拉遭活捉后,被愤怒的群众打死。阿克苏办事大臣卞塔海闻讯率兵镇压。民众原来只想惩罚作恶多端的素诚和阿布都拉,并无造反之意。赖黑木图拉率众大开城门迎接卞塔海,想说明原委,希望取得谅解和宽大。谁知卞塔海下令剿杀,迫使全城维吾尔族人奋起反抗,卞塔海大败而逃。南疆各地受乌什事件影响,纷纷准备起而响应。乾隆帝下令将贻误大局的卞塔海等人处死,命伊犁将军明瑞翻越天山达坂赶到乌什,率兵万人进攻,但遭到顽强抵抗,战事陷入僵局。清政府又增派阿桂协助镇压,

①《清高宗实录》卷一〇六八。

用排炮轰城。赖黑木图拉阵亡后，其父额色木图拉被推为首领，继续坚守。在清军历时半年的围攻下，城内口粮断绝，投降者将额色木图拉交出，清军得以入城。乾隆帝下令严厉镇压，将参与起事的一万多人分四批发遣伊犁种地。

清朝统一新疆刚刚五六年，就发生了这场动乱。乾隆帝深知是官逼民反所致，他说："朕以回人（即维吾尔族人）断无无故作乱之理，必系彼处大臣官员等，将伊等苦累不堪，致启衅端。"①为了缓和矛盾、巩固统治，他下令公布素诚的罪状，对伯克权限做了规定，将赋税额度再次调低，同时将总理天山以南事务的参赞大臣由喀什噶尔迁到乌什，以防止类似事件的发生。

乌什事件的教训，乾隆帝记忆犹新。围城时，他就下令克城后将城墙拆毁，不可稍留基址。现在高朴如此贪黩妄为，"回众（即维吾尔族民众）积怨日深，二三年内，必致如昔年素诚在乌什激变之事。而叶尔羌地大城坚，较乌什尤甚，尚复成何事体？"②为此，他对高朴恨得咬牙切齿！

三、查抄家产

九月十六日，乾隆帝当即批复奏折，命令乌什办事大臣永贵"亲往该处，将高朴翎顶拔去，与案内人犯质审"。同时指出"永贵据实奏办，公正可嘉。着即秉公严审，如果属实，一面具奏，一面将高朴即在该处正法"。九月二十八日"复据永贵奏，查询原控各款俱实，并查得高朴彼处仍现有银一万六千余两，金五百余两。高朴贪婪无忌，罔顾法纪，实出情理之外"。③

接着命令管理吏部的武英殿大学士阿桂等人，就高朴在叶尔羌索取维吾尔族人玉石等物并私行贩卖起自何时、卖与何地何人、得价几何、有无寄京物件等方面，对其在京家人内，逐一严加查讯。

阿桂曾参加平定准噶尔及大小和卓之乱的战争，功绩卓著。新疆统一后，

①《清高宗实录》卷七三七。
②《清高宗实录》卷一〇六八。
③《清高宗实录》卷一〇六七。

他起初率军驻守南疆要地阿克苏，后移驻伊犁，督办屯田事宜，奉召还京。协助明瑞平定乌什事件后，他留驻伊犁、塔城一带，乾隆三十二年(1767)成为继明瑞之后的第二任伊犁将军。阿桂久在边疆任职，深知此案关系重大。他奉命查抄了高朴的在京家产：住房一百三十间(其中五十间出租)，在涿州等地有土地四十二顷八亩，大制钱十五串，大小玉器八十四件，还有金银首饰、铜锡器五十二挂、绸缎、珊瑚等贵重物件共数百件。在高朴家人常贵住房内，刨出银子二千多两，经查是高朴自上年八月以来托带的银两，还有金银玉器。① 初步查证，高朴到任不久就贪黩妄为，已属确实。

同时从高朴的家信中，看到有其家人李福及差往内地办事的熊先生年底可以到京等语。阿桂推断李福和熊先生必是高朴手下的贩玉之人，他们的去处很可能是苏州、扬州、江宁(今南京)一带玉雕业发达的工商业名城，况且高朴之父高恒生前曾驻扬州任两淮盐政，高朴在此贩玉，是有便利条件的。

为此，乾隆帝命江南河道总督萨载、江苏巡抚杨魁等马上派员查缉，一经捕获，迅速解京。考虑到高朴在外的家人有所耳闻，可能"将银两物件沿途寄匿，或并窃取潜逃"，而甘肃嘉峪关、陕西潼关等是必经之路，遂"传谕沿途各督抚，飞饬各属，留心盘诘，如有高朴家人过境，即行锁拿"。② 一场追捕高朴团伙和缴获赃物的破案工作，在京城、江苏、陕西、甘肃和新疆同时展开。

四、南下追缴

阿桂在京首先找到熊濂之子熊鹤龄。"据供，其父熊濂系镇江出旗监生，充四库馆誊录，高朴赴叶尔羌时，随往代管笔札等事，上年高朴寄给伊父银两，代捐州同职衔。今年三月回京，即往镇江葬坟。"③乾隆帝认为熊濂自叶尔羌回京后，必是借葬坟为名进行贩玉。再讯，熊鹤龄果然供认其父赶赴苏州，帮李福贩卖玉石去了。

①阿桂等奏折，《史料旬刊》第19期。

②勒尔谨、毕沅奏折，《史料旬刊》第22期。

③《清高宗实录》卷一〇六七。

奉命查缉的苏州官员姚思康访得一个秦姓商人。据他说,本年三月内,有西客张名远从口外来苏,闻得他甚兴头。后来四月间,有高朴家人李姓等住在他家。张名远现在苏州玉石街阊门居住,携带物料约值银数十万两。官府即将张名远收审。江苏巡抚杨魁面讯,得知此人真名张銮。李福带来玉料九十块,张銮自带玉料五十一块,熊濂也由北京赶到苏州。李福先托张銮卖出玉料六十二块,其余二十八块中有四块自做玉器,还有二十四块存于张銮家中。经过搜查,在张銮家中,"统共起出现存玉器十二件,玉料大小三十九块,计重八百十三斤,零星碎玉二百四十九斤,又碧玉一块,大小玉子十七件,又查明玉匠现做玉器九十二件"。[1] 江苏当局遵旨派员于九月三十日起程将张銮解京审办。

张銮供称,李福、熊濂已于九月十七日自苏州乘船北上回京,船上张挂高朴兵部右堂旗号。办案者按这一线索飞速追缉,于九月二十六日,在淮关截获李福、熊濂分乘的太平船、尖头船及随从五人,收缴大小玉器八十四件,杂色银两万四千零八十两,金二百四十九两,金镯二只,重四两,并绸缎衣服零星等物,通共四十余箱。办案者同时搜出会票、期票、收票、账簿等项,李福所带账簿,记载买卖玉石共银十二万八千八百五十九两。[2] 这说明卖玉的大部分银两还没有收回。

李福供认,高朴在叶尔羌积下玉石九十块,计重二千八百余斤,遇张銮在叶尔羌收购玉石,就托他带往江南销售。二人议明卖出银两七股分红,高朴得五股,张銮得二股。他们去年十月十一日从叶尔羌起身,到了山西汾州后,熊濂分路先自进京,他与张銮今年三月到苏州。因为苏州行秤比关外之秤较轻,所以将玉石重新称验时发现多出四百余斤,实重三千二百六十九斤。李福又与张銮私下商议,将多出的玉石也算作他的一股。张銮经手卖出玉料六十二块,议价银十二万八千八百五十九两。九四折算,实银十一万九千零六十七两。高朴得五股银七万五千七百零四两,张銮得二股银三万零二百八十一两,李福得一股银一万三千零八十二两。

①杨魁、舒文奏折,《史料旬刊》第19期。
②萨载、寅著奏折,《史料旬刊》第21期。

熊濂供称,他原为镇江驻防汉军,后奉裁出旗为民,入北京大兴县民籍。因为教习满文、代写奏折被高朴看中,受他捐纳成为监生,在四库全书馆充当月誊录。后被高朴带往叶尔羌,从事笔札等事。去年高朴又借给他三百六十两银,加捐州同职衔。他要回京,高朴托他带玉往苏州贩卖。“我当时再三劝阻,高朴就是不听。并说你去走走,将来有利息送你四千两银子。”①熊濂就是这样一步步地上了高朴的贼船。

五、西北截查

当阿桂奉旨查抄高朴在京家产之时,乾隆帝命令军机大臣提审了给高朴带回物件的侍卫纳苏图,“供称:高朴家人常永,于今年四月十九日自叶尔羌起身,带车五六辆,载运玉石,赴肃州一带售卖”。肃州即今甘肃酒泉。据此,乾隆帝传谕陕甘总督勒尔谨,“将常永迅速严密查拿”。②

九月二十五日,也就是李福、熊濂落网的前一天,由甘肃进入陕西之首站的长武知县张图就盘获常永及跟役阿牙斯和二小等三人。陕西巡抚毕沅立即奏报:“搜查行李,仅有零星玉器什物,并无大玉材料。讯据供称:实在因病告假回京,不曾携带玉石,并无隐匿寄顿。”乾隆帝十月六日于奏折内批示:“所讯全属谎供。”因为与常永同道先行的张元、马德亮已在直隶(今河北省境内)被拿获,遂送京审讯,“供明常永带大车九辆,箱子四只,内载有高朴玉料三千斤,家人等玉料一千斤”。③

毕沅升堂再审,常永这才供说高朴有玉石一千斤,今年四月十九日交给他与在叶尔羌当乡约的赵钧瑞,嘱托他二人带进关内,设法沿途售卖,卖玉得银由他带回京。他先行被拿获,赵在后面,所以不知卖玉情况如何。乾隆帝指出常永所供多不实不尽,催令陕甘总督勒尔谨在辖境内迅速查拿赵钧瑞,务必人赃俱获。

①萨载、寅著奏折,《史料旬刊》第21期。
②《清高宗实录》卷一〇六七。
③《清高宗实录》卷一〇六八。

赵钧瑞很快就在固原州开城被拿获，但官府未发现玉石。知州那礼善会同千总沈宗贵彻夜审讯，赵钧瑞才招供：他系陕西渭南县回民，离家外出做买卖已近二十年，任叶尔羌乡约，在阿克苏、叶尔羌等处有客店四座，饭铺一所，住房一所，骡马十五头，骆驼七十只，另在肃州出租骆驼九十余只。今年三月他想回家，在高朴衙门领取路票（即通行证）时，高朴将玉石一千五百斤、侍卫纳苏图玉石五百斤、常永玉石一千斤，一并交他带到内地售卖，他还将他的玉石五百余斤一起装车。在肃州因价贱未卖，他们便商议运到苏州出售。常永押车先行，赵钧瑞因讨账在后。常永行至靖远（今甘肃泾川），因渡口盘查甚严，恐致败露，他将玉石分两批埋于糜子滩和打捞池，然后让车户马万金返回通知后面的赵钧瑞。比起常永来，赵钧瑞大抵从实招来，但是将他的玉石一千余斤说成五百余斤。根据他的供词，那礼善和沈宗贵迅速挖出糜子滩埋藏的玉石九百七十余斤和打捞池埋藏的玉石十二余包，称重三千三百二十四斤，内玉子四十二斤，山材玉石四百四十一块。[1]

至此，高朴贩玉团伙的主要案犯李福、熊濂、张銮、常永、赵钧瑞等人全部落网。遵照乾隆帝指示，人赃俱被解送京师。乾隆帝传谕杨魁，将李福等所卖十二万八千余两之项，照数追足解京。[2] 毕沅审讯赵钧瑞之子赵世保，赵世保供出其父曾与魏良弼、徐盛如等人合伙在南方贩玉，共有四起，约重四千余斤，共计卖出白银十四万一千两。乾隆帝下令速行查追解京。[3]

六、明正典刑

与此同时，乌什参赞大臣永贵在叶尔羌就高朴勒索金银和采玉私贩等劣迹严加审讯，高朴俯首无词。他的心腹家人沈泰交代后，办案人员在高朴住处查出“金银一万数千两，珠宝不计其数”。[4] 另外据常永揭发，高朴在补放伯克时索取银两。更使乾隆帝愤恨的是，孝圣宪皇后丧期未满二十七个

①勒尔谨、毕沅等奏折，《史料旬刊》第22期。
②《清高宗实录》卷一〇六八。
③《清高宗实录》卷一〇七〇。
④《清高宗实录》卷一〇六七。

月，作为钦派大臣的高朴竟敢在叶尔羌看戏听曲，他如此贪黩妄为，肆行取乐，在乾隆帝看来，实在情理之外，更出人伦之外！

高家素与乾隆帝关系亲密。高朴已故的祖父高斌，生前是乾隆帝信任倚重的文渊阁大学士；伯父高晋是现任两江总督兼文华殿大学士；姑姑为乾隆帝宠爱的慧贤皇贵妃；父亲高恒生前曾任两淮盐政的要职，因贪污公款三万二千两白银，并私受盐商贿金，于乾隆三十三年（1768）案发被杀。

但此事并未减弱乾隆帝对高家的感情，他在三年之后还是将在朝中任武备院员外郎、给事中的高朴破格提拔为都察院左副都御史，俗称总宪，相当于如今的中央纪检委或最高检察院的负责人。众臣当然不服，议论纷纷。乾隆帝辩解说："高朴年少奋勉，是以加恩擢用，非他人比。乃在朕前有意见长，退后辄图安逸，岂足副朕造就裁成之意？"①可见乾隆是有意要培植他。由于众臣强烈要求夺职，乾隆帝这才把他降职为兵部右侍郎。乾隆四十一年（1776）十月六日，高朴又被派往叶尔羌，成为镇守一方的封疆大吏。

由此看来，高朴是很得乾隆帝喜欢的。但同时他又是一个自以为聪明的贪黩之徒，自恃皇亲国戚无人敢惹，自忖天高皇帝远可以瞒上欺下，到任不久就大肆干起敲诈勒索和私采私贩玉石的卑劣勾当，同时也进贡乾隆帝最为喜爱的痕都斯坦玉器。待到案发，乾隆帝怒不可遏，痛斥高朴贪黩负恩，罔顾法纪，甚于其父高恒，罪大恶极，不能因为他是慧贤皇贵妃之侄、高斌之孙而稍加宽贷。《清史稿·高恒传》记载，乾隆三十三年（1768），两淮盐政亏空案发，乾隆帝要杀高朴之父高恒，时任大学士傅恒说请看在慧贤皇贵妃的分上，"恩贷其死"。傅恒是孝贤皇后之弟，乾隆帝虽然非常器重，还是当即反问："如皇后兄弟犯法，当奈何？"傅恒"战栗不敢言"。时隔十年，高朴又作孽如此，自是无人敢于求情。

九月二十八日，乾隆帝再次重申："高朴贪黩负恩若此，较伊父高恒尤甚，不能念系慧贤皇贵妃之侄、高斌之孙，稍为矜宥也。"②

十月六日乾隆帝御批："此等孽种，不惟国法所不容，亦其家所断不可

①《清史稿·高恒子高朴传》。

②《清高宗实录》卷一〇六七。

留！且使高晋彼时即行具奏，早为发觉，或不至狼藉若此，何致此时之溃败决裂，无可挽救乎！”①十月十九日发布谕旨，指出：“高朴系钦派大臣，今孝圣宪皇后大事未满二十七月，乃敢肆行取乐，实出人伦之外，仅将伊正法，不足蔽辜。着传谕永贵，于高朴正法后，尸骸不准携回内地。”②

乾隆四十三年（1778）十月二十八日，永贵遵旨将高朴及伊什罕伯克阿布都舒库尔和卓、什呼勒伯克果普尔等，押出叶尔羌城外，一同正法，“回众俱皆悦服”。③ 同时宣布对百姓减免赋税。高朴等平日祸害维吾尔族民众，众皆痛恨。民众今见其明正典刑，无不拍手称快。

清末叶尔羌城景

高朴手下的办事司员达三泰，怂恿高朴强迫百姓开采玉石，是高朴特派在密尔岱山承办玉石的官员。他串通奸商牟利，从中婪索，实属助纣为虐。尚在解京途中的十一月二十日，乾隆帝传谕勒尔谨，“即派大员前往嘉峪关一带，俟达三泰解到何处，即放该处将该犯正法，并将其尸骸抛弃野外，不准收殓，以示惩儆”。④

至于高朴贩玉团伙中的主要案犯李福、熊濂、张銮、常永、赵钧瑞等人，均在京被处死。

七、官风腐败

轰动全国的高朴私采私贩玉石案，波及全国许多省府州县的上百人。

①《清高宗实录》卷一〇六八。
②《清高宗实录》卷一〇六九。
③《清高宗实录》卷一〇六九。
④《清高宗实录》卷一〇七一。

据常永揭发，高朴出京赴叶尔羌上任途中，纵容家人勒索骚扰，在保定随意喝令鞭打差人。乾隆帝认为，此事与吏治甚有关系，如当时有人控告，也就不会有高朴以后作案之事了。他指责直隶总督周元理、山西巡抚巴延三、陕西巡抚毕沅、陕甘总督勒尔谨，对高朴出差过境的恶劣行径，“岂毫无见闻，何以不行参奏”。①

吏部尚书绰克托，在奉召回京前任乌什参赞大臣，总理南疆事务。高朴到任后不久便劣迹昭著，绰克托曾到叶尔羌视察，不可能毫无所知。乾隆帝痛斥：“绰克托所司何事，何以不据实参奏，其通同徇隐，几酿事端，实为深负朕恩。”②

高朴那么多的玉石何以进关？高朴家人李福供称：自叶尔羌携带玉石动身，经过嘉峪关一带，有人盘问，只要说是高大人家人，同师爷进京，带的是随身行李，没有什么东西，就一路放过，也不查看了。到了肃州，他们换了骡子，装作买卖人，由边墙一带行走。到山西汾州，复从山西走河南，过浦口到苏州。过关口时，因张銮常走，兵丁都熟识了，他们给巡查的一些好处费，人就被放过来了。

对此，乾隆帝指出：“嘉峪关为新疆往来总路，前因新疆大玉块间有偷贩内地之事，曾谕令勒尔谨于嘉峪关严行查诘。乃李福携带玉石数千斤，装载车辆，明目张胆，进关而行，关口员役，询系高朴幕友家人，竟不查看，即行放过，是关口竟为虚设！”他斥责勒尔谨：“几同木偶，良心何在？”③他认为李福等人进关后所经各省各地方官及各关口监督，均难辞其咎，通知各地总督巡抚，查明参奏。

高朴家人在苏州贩玉何以畅行无阻？高朴作为皇亲国戚，伯父高晋又是两江总督兼大学士，当然使他权炙一时。据李福交代，三月间他由浦口坐船到江宁，即向高晋呈交了高朴的亲笔信和托带的玉碗皮件等物，信中说是为了后年的皇上万寿，到苏州置办贡品。

乾隆帝指出，新疆官员如用自己的钱就地购买几件玉器呈进，他是可以

①《清高宗实录》卷一〇六九。
②《清高宗实录》卷一〇六七。
③《清高宗实录》卷一〇六八。

收下的，但新疆所产玉石归国家所有，新疆官员取之在苏州制造贡品，他一见即知，非但不收，还要治其监守自盗之罪。而且他曾下旨说寿辰不许大臣进贡。何况高朴官仅侍郎，按职分是不能进贡的。高晋深知此情，却有意徇私默许，使得“高朴家人在苏半年有余，携带玉料值银至数十万两，肆行售卖，公然明目张胆，毫无顾忌，已属众所共知”。[①] 乾隆帝斥责杨魁身任江苏巡抚，近在苏州，不聋不瞎，却任由高朴家人违法无忌，不知是何肝肠。

李福离开苏州时，持高朴名帖和高晋所给护牌，到织造衙门，舒文下令开单，代为上税七十两银，就放行过关。乾隆帝指责舒文“徇情故纵，不行参奏，其罪实无可逭”。[②]

李福过淮关时，高朴事已败露。淮关监督寅著即将高晋所给护牌收去，意在替高晋掩盖罪证。江南河道总督萨载审讯李福时了解此情，但也匿不上报，袒护同官。乾隆帝命寅著自行议罪，痛斥高晋对高朴事隐匿欺罔，“高晋闻之，能不惭愧无地乎，且问心亦何以自安乎！”[③]

李福、张銮还持高朴信到江宁织造衙门见了基厚，也说是赴苏州办贡品。基厚之父西宁是高晋亲兄，高朴是基厚堂叔。乾隆帝指责西宁父子，当时既不奏闻，事后又不举报，真是徇私负恩。[④]

面对此情形，乾隆帝禁不住愤然慨叹：“官官相护恶习，固结不解，实为可恨！”[⑤]

八、官商勾结

在破获高朴贩玉团伙之际，各地陆续抓到一些贩玉石商人。

例如，陕西巡抚毕沅奏报：在西安缴获私贩玉石的吴芑洲等七人，查出

①《清高宗实录》卷一〇六八。
②《清高宗实录》卷一〇六九。
③《清高宗实录》卷一〇六九。
④《清高宗实录》卷一〇六九。
⑤《清高宗实录》卷一〇六九。

大小玉石一千三百六十七斤；泾阳知县葛晨拿获雷英等三人，缴获玉石一千零五十四斤；靖远知县赵赞、代理巡检李尚志拿获樊迎吉、李文芳二人，查抄玉石五百八十三斤；咸宁、长安二县知县王朝爵、丁尹志在北关客栈拿获一姓施之人，查出玉石六百六十三斤。

据陕甘总督勒尔谨奏报：泾州知州张何衢盘获李步安等四人，共缴玉七百八十余斤。李步安还供出他的同伙傅德在阿克苏以每斤十四两银的价格，买了赵钧瑞的玉石一千斤。

邻近新疆的陕甘两省是这样，远离新疆的内地各省也有贩玉商人涉足。

毕沅根据线索，派员从西安追至湖北襄城，在襄阳县的配合下，抓获杨添山等十七人，搜出玉石九百四十多斤。

两淮盐政伊龄阿查出牛四伙同王洪绪、祝文相等人在肃州徐子建家，用银二万七千五百两，买玉二十二块，重一千五百多斤，去冬来扬州贩卖，得银三万一千多两。

江苏巡抚杨魁在苏州严加盘查，了解到自肃州、阿克苏、叶尔羌等地来苏州贩卖绸缎杂货的商人，多是私行夹带玉块在此出售。据调查，苏州玉行存玉石五十二块，计八百八十六斤，已卖出玉石五十六块，计一千二百八十七斤，共价银四万一千七百五十七两。各货栈也存有玉石，如任公栈未卖出的玉石即有一千余斤，陈公栈有未卖出的玉料一百五十七斤。

苏州织造舒文奏报：他于本年正月间，经玉匠介绍，在任公栈买到贩客李业玉料一块，重一百九十斤，用银八千二百两。乾隆帝批复："此皆因汝等抬价赏买，以致奸商获利。朕若知此，早不收尔等玉器矣。可笑，然此非汝罪，罪在高朴！"①

乾隆帝这话算是点中了要害。以上玉石都是直接或间接地从新疆贩来，虽说贩玉之事早已有之，但作为叶尔羌办事大臣的高朴私采私贩玉石，影响恶劣，更导致了民间玉石走私的猖獗泛滥。据江西巡抚郝硕奏：景德镇磁行老板王延赞交代说，闰六月十七日，有山西曲沃县人柴安国、李以挺自

①杨魁、舒文奏折，《史料旬刊》第26期。

苏州来镇投伊行内住歇，制买瓷器一百四十余桶，共用银一千一百余两。另闻伊二人要将瓷器运赴和阗、叶尔羌换买玉石。[①] 正是在这种情况下，高朴与奸商张銮一拍即合，迅速勾结起来。高朴想通过他走私玉石牟取暴利，而张銮则想利用高家的权势大发横财，七股分红即是最有力的证明。

官商勾结，不仅腐蚀官场，败坏社会风气，而且侵蚀国家经济，危及统治，所以乾隆帝对此颇为担忧，十分痛恨。他命令各级官员对所有拿获的玉石贩子切实严审，首先查明他们是否与高朴家人串通。考虑到这次主要是对高朴玉石案的查处，如果对其他走私案辗转追究就会涉及太多，所以只要与高朴家人确实无关系者，乾隆帝对其的处理仅是没收玉石，不再另行治罪。同时申明，“此乃朕格外之恩”，以后“复有私赴新疆偷贩玉石者，一经查获，即照盗窃满惯例，计赃论罪，不能复邀宽贷矣！”[②]

九、奖罚分明

就高朴玉石案，乾隆帝对有关人员分别给予了奖励或惩罚。

首先奖励的是永贵。永贵在平定准噶尔战争中，以副都统衔兼参赞大臣驻巴里坤，随后以刑部侍郎身份管理乌鲁木齐、辟展（今鄯善）、喀喇沙尔（今焉耆）等地驻军屯田。清军进兵叶尔羌平定大小和卓之乱，他驻阿克苏办理军需。统一新疆后，他回京任仓场侍郎、左都御史等职，又被派往新疆任喀什噶尔参赞大臣、伊犁将军等要职。召回在京任吏部尚书时，山东发生王伦之乱，给事中李漱芳上奏说民众滋事，是为饥寒所迫。乾隆帝以妄言罪降为礼部主事。吏部请将李漱芳升为员外郎。乾隆帝斥责永贵市恩，削职夺花翎，命以三品顶戴自备资斧赴乌什任办事大臣，并通知军机处：“永贵至乌什后，若仍不痛改前非，实心任事，必将伊在彼正法，以示炯戒。”[③]

---

①郝硕奏折，《史料旬刊》第 27 期。
②《清高宗实录》卷一〇七〇。
③《清高宗实录》卷一〇五一。

高朴玉石案结束后，乾隆帝又说："永贵罪不至贬，今命西行，适以发高朴之奸，潜销祸萌，此天启朕衷也。"以永贵"于高朴一事，办理果决，甚属妥协"，仍授为吏部尚书，赐花翎，又授为乌什参赞大臣，总理南疆。次年召还回京，升为协办大学士①。乾隆帝说此举目的是使"诸臣所共知共见，祸福惟视其人之自取，朕亦不稍存成见于其间"，表示他用人以德才唯举。

再就是色提巴尔第。他原是拜城伯克，在清朝统一新疆中立功，先后任英吉沙尔、阿克苏、喀什噶尔阿奇木伯克。鄂对死后，调任叶尔羌阿奇木伯克。他将高朴及伊什罕伯克等沟通舞弊之事秉公呈报，乾隆帝认为"甚属可嘉，着赏给贝子职衔，以示鼓励"。② 但色提巴尔第心中颇不踏实，因为此案是由他揭发引起的，他恐怕不明真相者说他无事生非。十月二十八日，乾隆帝传旨鼓励他："实心办理，以承恩眷。"③十一月七日谕令："将密尔岱山采玉之例永行禁止，交色提巴尔第管理，以绝滋扰。"④色提巴尔第为感谢乾隆帝的提拔信任，后来在乾隆五十七年（1792）特意进献和阗玉笔砚匣，乾隆帝欣然题诗《咏塞提卜阿勒第所贡和阗玉笔砚匣》说："虽非贵异物，实乃表丹衷。"⑤赞扬其忠诚。

色提巴尔第进献的和阗玉笔砚匣

还有拿获高朴贩玉团伙中不法奸商赵钧瑞的固原知州那礼善，乾隆帝

①《清史稿·永贵传》。
②《清高宗实录》卷一〇六七。
③《清高宗实录》卷一〇六九。
④《清高宗实录》卷一〇七〇。
⑤《清高宗（乾隆）御制诗文全集》五集卷七十。

表彰其实心办事,传谕军机大臣存档记名,将来到京,带领引见。

与此同时,乾隆帝惩罚了一大批与此案有牵连的官员,首先是鄂对。他原是库车伯克,在清朝统一新疆中立功,先封为贝子,后晋贝勒。其画像与吐鲁番的额敏和卓、乌什的霍集斯、哈密的玉素甫、和阗的阿什默特、喀什噶尔的噶尔默特一同悬挂于紫光阁百名功臣之列。乾隆帝曾亲笔赞词:“平伊犁时,归顺勤王。回部杰出,其心允良。往谕和阗,被围三月。共噶布舒,全守卓越。”①但鄂对任叶尔羌阿奇木伯克时,却伙同高朴干起偷贩玉石的勾当。乾隆帝说:“高朴虽系恶棍,然伊至叶尔羌之前,鄂对等即有玉石,可见偷采玉石之事,尚非始自高朴。鄂对知晓高朴稍有才能,惟恐查出,不敢隐瞒,进而串通高朴,伙同大肆妄为。”②半年前鄂对病故时,乾隆帝四月十八日表示:“朕心深为悯恻,着加恩由该处赏给银三百两,其贝勒职衔,即令伊子鄂斯满承袭。”③十月十六日乾隆帝痛斥鄂对“实昧良负恩,伊若尚在,亦当正法。虽所故,伊子鄂斯满所袭贝勒职衔,著传谕永贵,传旨革去”④。考虑到鄂斯满与玉石案无涉,仍留喀什噶尔阿奇木伯克之任。

关于鄂对生前所欠张銮银七千八百余两,乾隆帝指示向鄂对家属照数追缴入官。在补放伯克时向高朴馈送银两的五品伯克阿布都拉阿济斯及和阗阿奇木伯克迈底雅尔等人,也被永贵奉旨一一查办。

高朴的同僚淑宝作为叶尔羌帮办大臣,与高朴同城办事,虽未通同作弊,但畏惧权势,隐匿不报,乾隆帝命令革职,解京治罪。

吏部尚书绰克托因在乌什参赞大臣任内对高朴劣迹徇隐不报,被革去吏部尚书职,拿交刑部治罪。

对高朴玉石案,许多督抚大员都负有责任,乾隆帝命令他们自行议罪。高晋上书请退大学士,暂留两江总督一职以此赎罪,并愿每年交出养廉银五千两充公。其他督抚纷纷效仿交银赎罪:江苏巡抚杨魁愿罚银二万两;两淮盐政伊

①《钦定皇舆西域图志》卷首四天章四。

②军机处档,乾隆四十三年十一月初三日奉上谕。

③《清高宗实录》卷一〇五五。

④《清高宗实录》卷一〇六九。

龄阿愿罚银一万五千两；舒文在苏州织造上革职留任，愿罚银二万两；西宁愿罚银一万五千两；淮关监督寅著交罚银二万两；陕甘总督勒尔谨交罚银四万两；陕西巡抚毕沅交罚银三万两；山西巡抚巴延三交罚银四万两；浙江巡抚王亶望交罚银二万两。乾隆帝看到群臣纷纷认罪自罚，也就不再追究了。

十、历史启示

发生在二百多年前的高朴私采私贩玉石案，留给我们的启示是发人深思的。

首先应当承认，乾隆帝对高朴案件的处理是快速果断、基本正确的。从案发到结束，历时三个多月，他每天批阅奏折、发布谕旨，见于《清高宗实录》的有近七十道，有时一天发出两三道。民国年间北京故宫博物院所编《史料旬刊》第 19—28 期载有《高朴私鬻玉石案》，原按语称："于故档中查出玉石案奏折百余件"，可见乾隆帝对这一案件的重视。

他对此案主要人员的处理，可说是公允的，特别是处死高朴等人，是符合广大民众意愿的。不仅利于减轻民众负担，消除民众的不满情绪，更有利于稳定清朝在新疆的统治。

但也应当指出，乾隆帝在处理这一案件中，存在着前紧后松的趋势，特别是后期，明显执法松懈。作为封建帝王，执法时往往以个人意志为转移。也许是他感到法不责众，对涉案的许多高级官员，只是训斥一顿，罚银了事。可就在这些官员中，不少人后来又被揭发出更为严重的贪污行为。如乾隆四十六年（1781），甘肃团伙贪污案发，陕甘总督勒尔谨赐自尽，布政使王廷赞处绞，调任浙江巡抚的前布政使王亶望以贪污金银逾百万处斩，他们的儿子年满十二岁者全部发配伊犁。贪污银二万两以上的兰州知府蒋全迪等二十二名府县官员处斩，其中就有查办高朴案有功、被表彰的固原知州那礼善。因此案被正法五十六人，发配四十六人。历史证明，执法不严，就会纵容贪官在犯罪的道路上越走越远。

更应当看到高朴案有着相当深刻的社会背景。乾隆帝生逢其时，凭借着康熙、雍正两朝所培蓄的国力,使国家的声势达到最高峰。但在他执政的中晚期,由于巡幸和铺张浪费,造成吏治败坏,军政腐化,贪污成风。他本人任意挥霍国库,又大量收受各地官员的贡品,殊不知都是掠之于民。他查看了阿桂等人从高朴家中抄出的大量玉器等物,想到高朴每次进贡给他的玉器不过几件,又俱属平常,而将质优价高的据为己有,不禁大骂高朴"天良丧尽"。按乾隆帝的意思,凡天下的好东西,都应归他所独享,以贡品来衡量臣子的忠奸,岂不助长贪污受贿之风?清朝最大的贪污犯和珅,就是乾隆帝一手扶植起来的宠臣。乾隆帝自身腐败就很难扫除贪污腐败。虽然他三令五申惩治腐败,确实惩治了一大批贪官(二品以上官员因贪赃被杀者达二十人之多)。虽然也想就高朴案杀一儆百,但只能震慑一时,无法遏制整个统治阶层贪污腐败的蔓延。时隔不久,新疆又接连发生贪污大案,如乾隆四十六年(1781)的哈密通判经方私亏库银案,乾隆四十七年(1782)的乌鲁木齐采买冒销案和都统索诺木策凌受贿案,乾隆四十九年(1784)奇台知县杨桑阿侵吞公款案,乾隆五十二年(1787)伊犁将军奎林婪赃案,乾隆五十三年(1788)和阗领队大臣格绷额勒索民众银物案等。乾隆帝对涉案官员,重者抄家处斩,轻者革职流放,处惩可谓严厉,但并未扭转新疆日益腐败的官风。

总之,在权力支配一切的专制主义中央集权的官僚制度下,人治大于法治。对权力缺乏有力的制约,对官员缺乏切实的监督,对财务缺乏完善的审查,产生腐败就成为必然。贪污是大小官员的通病,上梁不正下梁歪,致使贪污猖獗,屡禁不止,成为不可克服的顽症,上蚀国财,下残民生。虽然乾隆朝对贪官污吏的惩处是有清一代最为严厉的,但结果正如薛福成在《庸庵笔记》中所说:"诛殛愈重而贪风愈甚。"贪风屡禁不止,腐败终至不可收拾,根本的原因是其专制制度造成的。

第十七章

乾隆帝查处新疆贪污大案述评

清朝乾隆后期，清廷接连查处了新疆发生的多起政府官员贪污、走私、受贿等重大案件。其中情节特别严重的案件有三起：一是乾隆四十三年（1778）案发的叶尔羌办事大臣高朴私采私贩玉石案；二是乾隆四十六年（1781）案发的哈密通判经方私亏库银案；三是乾隆四十七年（1782）案发的乌鲁木齐采买冒销贪污案和都统索诺木策凌受贿案。乾隆帝在以上案件被揭发后，立即严厉查处，当事人多被诛杀，与案件有牵连而被流放、革职、降职或罚俸者更是为数众多，这其中还有不少总督、巡抚等高级官员或皇亲国戚。这不仅对当时的新疆产生了巨大震动，甚至在全国都产生过较大影响。我们现在对此进行简要叙述和评论，以期从中得出某些有益的历史启示。

乾隆帝晚年朝服像

一、影响较大的腐败案件

乾隆后期，天下承平日久，政府官员腐化日深，因而贪官污吏越来越多，赃额也越来越大。在全国政府官员中，以权谋私、贪污受贿者少则得赃银数万两，多则十几万两，甚至数十万两白银的重大案件也层出不穷。各级官员上下勾结、相互利用，大肆侵吞国家钱财，残酷盘剥人民群众，使得国库日见空虚，民众苦不堪言，直接危害着清王朝的统治和社会的安定与发展。乾隆帝面对整个吏治的日渐腐败，也不得不发出“官官相护之风，至于举朝皆然”①的感叹。

清朝统治新疆之初，尚比较注意吏治。特别是统一西域五年之后竟发

①《清高宗实录》卷一一五〇。

生乾隆三十年(1765)乌什事变,维吾尔族民众因不堪忍受官员伯克的压迫剥削而被迫起事,使乾隆帝颇感震惊。他因此对派驻新疆的官员以及当地伯克的任用更为慎重,制定了诸如官员、伯克的回避、监察、考核、更换等一系列制度,以防止各级官员、伯克胡作非为,激起民变。这对当时的吏治整肃是有一定成效的。但是到了乾隆后期,随着清朝整个统治阶级的日益腐败,各级官吏遂置原有的各种法规于不顾,贪污、走私、受贿等违法乱纪之事逐渐增多起来,其中数额最巨、影响最大、清廷查处最为严厉的,即是本章开头所列举的三起案件。

1. 高朴私采私贩玉石案

高朴,慧贤皇贵妃之侄,于乾隆四十一年(1776)派驻新疆叶尔羌任办事大臣。

叶尔羌是新疆南部仅次于喀什噶尔的第二大城市,是南疆重要的经济文化中心之一,也是全国著名的玉石产地。叶尔羌城南四百余里的密尔岱山,属昆仑山的一部分,出产的玉石品质优良,是新疆向清廷进献的重要贡品。徐松在《西域水道记》中曾描述说:"山峻三十许里,四时积雪,谷深六十余里。山三成,下成者麓,上成者巅,皆石也,中一成则琼瑶函之,弥望无际,故曰玉山。采者乘牦牛至其巘凿之,坠而后取,往往重千万斤。……玉色黝而质坚,声清越以长。"乾隆二十六年(1761),乾隆帝为新疆的玉石作诗《回玉圭谣》:"昆仑西极玉所都,穆满灵器传西胡。"①规定叶尔羌等地每年向清廷"进贡玉石一万八千余斤"。② 清廷后为垄断玉石生产,严禁私人开采贩卖,并在通往密尔岱山的要道上"安设卡座一处,以防私窃"。③

高朴到任后,利用乾隆帝对他的信任,以严防维吾尔族群众涉险营私为名,奏请间年一次开采密尔岱山玉石,并私自役使维吾尔族群众三千余人进山为他采玉。在高朴的带领下,叶尔羌阿奇木伯克鄂对又添派二百余人为自己采玉。高朴又与内地商人张銮等人勾结,派家人李福、常永等人把大批玉石偷

①《清高宗(乾隆)御制诗文全集》三集卷九。
②《钦定皇舆西域图志》卷四十二,《回疆通志》卷八。
③《清高宗实录》卷一〇六七。

运入关，在苏州等地公开贩卖，“肆行牟利，值价数十万两”。[1] 由于高朴是皇亲国戚，甘肃、陕西等地关卡对高朴的进关车辆竟不检查，一路放行。特别是他的伯父、两江总督兼大学士高晋一伙官员的庇护纵容，使高朴团伙大规模的贩玉活动畅行无阻，仅在苏州一次交易即“得价至十二万八千余两之多”。[2]

另外，高朴在叶尔羌还滥用职权，在补放任免各级伯克时任意索取银两，又私自收受鄂对贿送的黄金五十两、玉石二千余斤，帮助鄂对贩玉牟利。

在高朴、鄂对的纵容带动下，叶尔羌大小官员伯克贪污受贿、采贩玉石成风。例如主事职衔的达三泰、伊什罕伯克阿布都舒库尔和卓等人，都参与了这一猖獗一时的违法活动。对此，乾隆帝指出：“高朴勾串奸商，赃私狼藉”，是“从来所未有”的重大贪污受贿、走私贩私案。[3]

2. 经方私亏库银案

哈密是新疆东部的门户，是通往内地的要道，行政上在清朝统治新疆前期属陕甘总督和乌鲁木齐都统（包括镇迪道）共同管辖。因该地每年过往的人员及转运钱款物资的车辆较多，清廷特在哈密办事大臣之下专设哈密通判一职进行管理。通判本为清廷设于各府分掌粮运及农田水利等事务的下级官员，职位与县令相当。但哈密通判则管理行人及运输，主要经手国家仓库钱粮。经方任哈密通判后，利用职权，监守自盗，任意贪污挪用经手的钱粮公款。案发后查出经方侵用库银二万三千余两，亏空库银六万一千余两，亏缺粮草核计价银六万七千余两，共计十五万余两。

另外，经方为防止上司查处，又用贪污来的部分钱财填敬上司，以塞其口。他分别贿赂了乌鲁木齐都统索诺木策凌，原镇西府知府、后任镇迪道员的巴彦岱等人。乾隆帝就经方一案指出：“经方系一通判微员，竟至侵亏帑项至十五万余两，此事实属大奇！”[4]

3. 乌鲁木齐采买冒销贪污案和都统索诺木策凌受贿案

乌鲁木齐是清代新疆重要的政治、军事、经济中心之一。乌鲁木齐都统

①《清高宗实录》卷一〇六八。
②《清高宗实录》卷一〇六八。
③《清高宗实录》卷一〇七〇。
④《清高宗实录》卷一一四五。

管辖东自巴里坤、西到精河、南至吐鲁番的广大地区，职权仅次于总统全疆军政事务的伊犁将军。管辖驻乌鲁木齐的镇迪道，下辖镇西府的宜禾县和奇台县以及迪化直隶州的阜康、昌吉、玛纳斯等县。乌鲁木齐驻防有大批军政官员、八旗绿营官兵、家眷及其他人员，每年所需粮食，除从当地兵屯和农民缴纳的粮赋中解决外，不足部分则由各县从农民手中购买。

乌鲁木齐一直是清朝统治新疆后的重点开发地区之一，农业生产发展很快。据不完全统计，到乾隆四十二年(1777)时，仅屯田农民已有一万七千四百二十一户，七万一千八百一十四人。① 到乾隆四十四年(1779)，“乌鲁木齐一带地方……岁获丰登，近年改设郡县，迁移内地民户，以及商民闻风而至，已有三万余户”，②成为新疆重要的粮食产地。随着农业的发展和粮食产量的增加，自乾隆三十八年(1773)以后，乌鲁木齐地区的粮食价格也迅速下跌，“即如小麦，每京石用银不过八九钱至一两九分不等”，③比乾隆三十八年以前每京石小麦价银一两五钱左右便宜了许多。

谷贱伤农，为经办官员侵吞库银造成了可乘之机。事实上，官府在收购粮食时，是按乾隆三十八年(1773)以后的现行粮食价格付款的，但向国库报销时，却按此前奏报的粮食价格结算。这样，官府每收购一石粮食，可以“剩银三四钱及五六钱”④。各级官员们把这笔数目可观的冒销银两全部私下瓜分，贪污肥己。

对这种明目张胆的贪污行为，七八年来清廷竟无一人上奏揭发此事，可见参与其事之大小官员勾结之紧、包庇之严。到乾隆四十七年(1782)案发时，所查各级历任官员贪污的银两，少则数百两、数千两，多者达数万两。最多的如瑚图里，在任奇台知县时贪污银九万两，“在宜禾县任内，侵蚀银三万三千余两”，⑤共计贪污银十二万三千余两。又如窝什浑，在任奇台知县不长

①《钦定皇舆西域图志》卷三十三。

②《三州辑略》卷二。

③《清高宗实录》卷一一五五。

④《清高宗实录》卷一一五六。

⑤《清高宗实录》卷一一六〇。

时间内，即“亏缺库存银四万余两”。[1]

经过一一查证，乌鲁木齐所属各主要军政官员几乎全部与这一采买冒销贪污案有关。乾隆帝在上谕中一次点名被革职拿问的官员就有木和伦、丰坤、徐维绂、吴元、贺万寿、黄岳英、德平、伍彩雯、王喆、张健菴、刘建、何琦、于得升、瑚图里共十四人。

在此案中，朝廷还查出前任乌鲁木齐都统、在任盛京将军索诺木策凌曾接受各州县官员贿赂的银子数万两。据窝什浑供称，仅他一人“到任后馈送并供应索都统银一万五千余两”。[2] 同时查出索诺木策凌的手下人也曾仗势乘机向下级官员勒索受贿银物千余两。

对于此案，乾隆帝说：“迪化等州县采买粮石，辄敢浮开价值，冒销帑项，又复交结上司，公行贿赂，此事实属大奇！”[3]新疆官员利用职权贪污受贿、走私贩私大案连年迭起，连乾隆帝也惊叹不已。

二、乾隆帝亲自过问查处

以上案件相继被揭发后，清廷震动，乾隆帝更是异常重视，多次发布上谕，亲自指挥办案。他对上述案件的查处，概括起来有以下四个特点。

1. 惩办严厉

对直接参与作案的当事人不论职位高低，重者处斩抄家，轻者充军发配。

乾隆四十三年(1778)九月，清廷接到乌什办事大臣永贵奏报：新任叶尔羌阿奇木伯克色提巴尔第控告高朴在叶尔羌私采玉石，串通商人，贩至内地售卖。乾隆帝对此怒不可遏，立即传谕永贵：“如果属实，一面具奏，一面将高朴即在该处正法。”对直接参与此案的叶尔羌伊什罕伯克阿布都舒库尔和卓，也下令“与高朴一并正法”[4]。

同时，命大学士阿桂查抄高朴在京家产。结案时，对直接参与私采私贩

①《清高宗实录》卷一一五九。
②《清高宗实录》卷一一六二。
③《清高宗实录》卷一一五五。
④《清高宗实录》卷一〇六七。

玉石的高朴手下主事达三泰和家人李福、常永、熊濂以及商人张銮、赵钧瑞等人，全部处以死刑。对伙同高朴作案的原叶尔羌阿奇木伯克鄂对，虽然其曾在清朝统一新疆中战功卓著，且于事发半年前死去，但乾隆帝仍痛斥："实属昧良负恩，伊若尚在，亦当正法。"①于是降罪至其家人，其子鄂斯满承袭的贝勒职衔被革除。鄂对生前赊欠张銮银一千七百余两，乾隆帝也指示向其家属照数追缴入官。

乌鲁木齐采买冒销贪污案，情况较为复杂，涉及面较广。乾隆帝下令对参与此案的官员进行调查，许多人被革职拿问，家产被查抄入官。其中贪污银四万两以上者，如瑚图里、德平、窝什浑、伍彩雯、王喆等人，被判处斩，他们的儿子亦都被发往伊犁充当苦差；木和伦、善达、承志、傅明阿等人被革职发往烟瘴之地的云南、贵州充军，永远不得释回，其后代亦不准在八旗中做官；徐维绂、张健菴等人"免死发往黑龙江充当苦差，虽遇大赦，不得省释。其亲子亦不准应试出仕"。②

至于索诺木策凌，在上年经方私亏库银案中就已被查明受贿，本应治罪，但被清廷从宽处理。乌鲁木齐采买冒销案发后，他因负有主要责任，被乾隆帝派人从盛京革职解押回京。经过调查审讯，先后查出他在乌鲁木齐都统任上接受迪化知州德平、奇台县知县窝什浑等人贿赂银数万两，乾隆帝"宣旨赐令自尽，以为大臣辜恩昧良者戒"，③对其手下仗势勒索受贿银物的家人"邬玉麟、王老虎、郭子，俱着如议即行处绞"。④

高朴、索诺木策凌都是乾隆帝的宠臣。高家与乾隆帝的关系非同一般，累世显赫。索诺木策凌在乌鲁木齐长期任职，从办事大臣、参赞大臣到首任都统，一直得到乾隆帝的宠信。乾隆四十五年（1780）春，清廷召他回京，乾隆帝还特意安慰他说："毋庸疑惧，并非因伊办事不善，令其回京，朕欲授为将军。"⑤结果委派他到清朝的发祥地盛京做了将军。但是，案发后，乾隆帝

---

①《清高宗实录》卷一〇六九。
②《清高宗实录》卷一一六三。
③《清高宗实录》卷一一六三。
④《清高宗实录》卷一一六〇。
⑤《清高宗实录》卷一一〇二。

还是给予严厉惩处，绝不姑息。

对于哈密经方私亏库银案的有关官员，也是严惩不贷。主犯经方被正法处斩，“伊子重庆，着销去旗籍，发往伊犁给厄鲁特为奴”。[①] 曾接受经方贿赂、徇隐不报的镇迪道员巴彦岱、镇西府知府富明，分别受到斩监候秋后处决和从重发配新疆服役的惩处。[②]

2. 连坐罚处

对虽没参与作案，但由于失职、渎职而使以上案犯得以顺利进行作案的官员也进行了查处。

乾隆帝在严厉惩处以上各案犯时，为革除官官相护恶习，对失职、渎职官员也进行了必要查处。如时任吏部尚书的绰克托，回京前曾任乌什参赞大臣；淑宝作为叶尔羌帮办大臣，与高朴同城办事。他们虽未伙同高朴作案，但因隐匿不报，均被乾隆帝革职治罪。

乾隆帝认为，高朴手下的李福等人偷运大量玉石，连过关卡竟能畅通无阻，长期无人过问，其中必有原因，遂下令沿途各省彻底追查。结果查出各地由于吏治败坏，法纪松弛，不少官员在此案中犯有失职渎职罪。例如，嘉峪关是新疆与内地的交通要道，清廷特命在此驻兵设卡，盘查走私人员物品。但当李福等人赶着几辆大车、装载数千斤玉石明目张胆通过时，守关官员“询系高朴幕友家人，竟不查看，即行放过，是关口竟为虚设”。乾隆帝斥责陕甘总督勒尔谨：“几同木偶，良心何在？”[③]李福一伙进关后，经陕西、山西等省，顺利到达江南的苏州。乾隆帝认为所经各省地方官员，均难辞咎，又下令严查。结果陕甘总督勒尔谨、陕西巡抚毕沅、山西巡抚巴延三等人都受到革职留任、降级或罚俸的处分。

李福一伙在苏州贩玉时，高朴的伯父、两江总督兼大学士高晋为其发放护牌，提供方便和保护。乾隆帝大骂高晋渎职：“于伊侄高朴偷卖玉石一案，始终隐匿欺罔，实属昧良负恩。高晋以阁臣而补总督，事君之道，当如是

①《清高宗实录》卷一一四六。
②《清高宗实录》卷一一五〇。
③《清高宗实录》卷一〇六八。

乎?”[①]此外,江南河道总督萨载、江苏巡抚杨魁、两淮盐政伊龄阿、苏州织造舒文、淮关监督寅著等人,对李福一伙的非法贩玉活动视而不见,知情不报,徇私放行,乾隆帝对此禁不住慨叹:“外省官官相护恶习,固结不解,实为可恨!”[②]朝廷对这些官员全部给予罚俸银二万两左右的处分以示警告。

关于经方私亏库银案,哈密办事大臣佛德、哈靖阿虽未参与并于事后揭发,但哈密通判是他们的属员,又同处一城,同样有不可推卸的失职之责。正如乾隆帝所说:“佛德、哈靖阿近在同城,岂无见闻,乃直至此时查办,始行和盘托出,平日所司何事?”这二人也被革去职衔,并分摊赔偿经方所贪污的库银二万三千余两。经方的上司、乌鲁木齐都统奎林也因失察而分摊赔偿经方贪污的部分银两。由于哈密地方兼受陕甘总督管辖,甘肃的有关官员也被勒令赔缴部分银两,“以示惩儆”。[③]

在乌鲁木齐采买冒销案中,奎林在任乌鲁木齐都统,他虽没参与作案和收受贿赂,但既没有阻止案件的发展,也没揭发下属的犯罪行为,属严重的失职。奎林尽管是乾隆帝孝贤皇后的侄儿,仍被削去原先所袭的承恩公爵位。

3. 案件查处迅速

哈密经方私亏库银一案,由于涉及面小,因此查处的时间比较短,从案发到结案只用了四个月的时间。乌鲁木齐采买冒销一案,尽管历时年久,涉及面广,牵连人员多,但前后也只用了七个多月时间就查清结案。这在交通、通讯都不发达的当时,特别是发案地区、犯案人员又多在距京数千里之遥的新疆而言,其办案速度应该说是比较快的。

对于案情重大、涉及近半个中国、牵连数百人之多的高朴私采私贩玉石案的查处,其速度之快更是前所少见的。据《清高宗实录》统计,乾隆帝在查处高朴案件中,发布有关上谕近七十道,有时一天发出两三道。故宫《史料旬刊》第19至第28期载有《高朴私鬻玉石案资料》,原编者按语中说:“于故档中查出玉石案奏折百余件”,可见乾隆对这一案件的重视。此案不但与新

①《清高宗实录》卷一〇六九。
②《清高宗实录》卷一〇六九。
③《清高宗实录》卷一一四三。

疆一些人员有关，而且涉及甘肃、陕西、山西、河南、江苏、浙江、江西、湖北等省官员。与此案直接或间接有关的人员中，上有省级督抚大员，中有道府州县的一般官员，下有差役、商人及普通百姓。尽管如此，此案从接到永贵揭发的奏折算起，到基本结案，也只不过用了四个月的时间，其查处速度和办事效率，在当时来说，不能不说是惊人的。

4. 奖励有功人员

乾隆帝在严厉惩办贪污受贿、走私贩私官员的同时，对在以上案件中举报及办案有功的人员也给予了必要的奖励。

如在查办高朴采私贩玉石案中，对举报和查处有功的永贵和色提巴尔第都给予重奖。永贵原先曾在新疆任职，回京任吏部尚书时，因得罪于乾隆帝而被撤职，被发往乌什任办事大臣。乾隆帝还为此通知军机处："永贵至乌什后，若仍不痛改前非，实心任事，必将伊在彼正法，以亦炯戒。"[①]永贵以戴罪之员身份任职边陲，自不得不实心视事。他接到色提巴尔第的控告后，立即奏报，奉旨前往叶尔羌查处高朴案件，"办理果决，甚属妥协"[②]，受到乾隆帝的大加称赞，乾隆帝随即还赐永贵花翎。次年，永贵召还回京，升任协办大学士，乾隆帝此举的目的是使"诸臣所共知共见，祸福惟视其人之自取，朕并不稍存成见于其间"，[③]表明他惩贪扶正的决心。色提巴尔第于鄂对死后从喀什噶尔被调任叶尔羌阿奇木伯克。他到任后，发现高朴贪婪不法，民众怨恨，特别是高朴竟以他的名义私派民工进山采玉，还贿送元宝五十个。色提巴尔第并不为此所动，将元宝交通事封贮，将高朴之事迅速向永贵据实控告。乾隆帝对色提巴尔第拒受贿赂、勇于举报的行动大加赞赏奖励，"晋封贝子品级，其长子迈默特阿卜都拉授二等台吉"，[④]还把密尔岱山查禁私采玉石之事交他主办，表现对他的信任和支持。

①《清高宗实录》卷一〇五一。
②《清高宗实录》卷一〇七五。
③《清高宗实录》卷一〇六七。
④《回疆通志》卷五。

三、乾隆帝办案的历史启示

总结乾隆帝对新疆官员利用职权贪污受贿、走私贩私重大案件的查处，我们可以从中得出哪些有益的历史启示呢?

上述三个案件，问题确实严重。哈密的经方只是一个小小的通判，利用职权在不长的时间内贪污银物十五万两。新疆当时一石小麦不值一两白银，一个普通士兵一年的薪俸才十几两白银，相比可见经方贪污钱财数额之大。高朴和索诺木策凌两案，牵涉不少高级官吏及皇亲国戚，清朝的吏治腐败状况可见一斑。乾隆帝在查处高朴案件时曾说，如果对高朴等人贪黩妄为不尽快查处，那么“回众积怨日深，一二年内，必致如昔年素诚在乌什激变之事”。① 可见，乾隆严厉惩治新疆贪官的目的是为了防止激起民众造反，以保持社会的安定和统治的长久。

乾隆三十年(1765)，由于乌什办事大臣素诚与阿奇木伯克阿布都拉等一伙官员伯克互相勾结、贪婪残暴、科派累民、奸淫妇女等，乌什维吾尔族民众被迫起事，戕杀赃官，据城固守。清廷动用大批军队镇压，历时半年才平息下去。乌什事件的教训，乾隆帝记忆犹新。为了巩固清朝统治，本着“治国莫要于惩贪”②的先祖教诲，他对以上案件迅速查处，严厉惩办，这在客观上有利于国家和人民，有利于社会安定和生产力的发展。

但是，综观乾隆帝查处以上案件的全过程，也可发觉其中有明显的不足之处。

一是前紧后松。高朴案发之初，乾隆帝下令严查重治，以平民愤。但是，追查的结果却是他所始料未及的：涉及的人员和地区，不但远远超出叶尔羌一隅，而且牵连到内地许多省市的督抚权贵和皇亲国戚。这就不得不使乾隆帝考虑继续严查下去的后果和影响了。他虽然在谕旨中一再表示对只知袒护、不知国法的官场腐败现象极为痛恨，但在最后结案时仍不得不

①《清高宗实录》卷一〇七五。

②《康熙起居注册》二十四年九月十九日。

说，这类腐败现象，“皆由平日吏治因循所致。此案系初次发觉，从前类此者，自属不少，难于逐一追究。所有议处大小各员，其应革任者，着从宽免其革任，仍注册；其应勒职降调者，着照部议降级，俱从宽留任。”①乾隆帝就是这样，以法不责众为理由，把一批本应接受严惩的官员给从宽处理了。

乌鲁木齐一案，历时既久，官员更替，难以追究，参与作案者远远多于被惩处者。即使被查处的，后来也有不少人被从轻发落了。乾隆帝解释说：“上年甘省冒赈一案，办理甫毕。今复查出乌鲁木齐侵蚀采买粮价之事，本应从重究办，因去岁甘省冒赈案犯较多……所以区分情罪，法至宽也。今此案亦因冒赈案内查出，事同一例。”②甘肃省官员折捐冒赈，瓜分公款，因牵连人员太多，乾隆帝结案时对一些人从宽处理了。乾隆帝对乌鲁木齐一案仿照前例，也予以从宽处理，以为惩办首恶便能收杀一儆百之效，岂不知前紧后松，为贪官开幸生之路，后患更为严重。

二是执法随意。乾隆帝虽然一再说要以法制贪，但在封建专制制度下，他的话就是法，执法时往往依个人的意志和一时的好恶喜怒而定，根本谈不上以法办案。他不顾慧贤贵妃的情面，坚持要杀高朴，除高朴罪情严重、杀之可以平民愤、防止乌什事件重演外，还有两件事使得乾隆帝大为恼怒而如此为之。一是查抄高朴在京家产时，他发现高朴进贡的皆是平常玉器，自己将品质优良的上等玉器收藏，这在乾隆帝看来是犯下了“天良丧尽”的欺君之罪。二是孝圣宪皇后丧期未满，高朴竟在叶尔羌演戏听曲，寻欢作乐，这在乾隆帝看来又是“实出人伦之外”的大不敬行为。这两条罪状在封建专制时代比走私贪污几万两银子要严重得多，所以乾隆帝是非杀高朴不可了。相比之下，同为皇亲的高晋、奎林，在以上案件中或包庇，或纵容案犯，论罪至少应该革职惩儆，但都被乾隆帝从轻发落——奎林只是被削爵，高晋只是被罚俸银，他们依然身居高位，继续贪赃枉法。

罚俸是清朝惩处犯有轻微过失官员的一种措施。清初，吏治较清明，罚俸制度尚能较好执行，这对打击贪官、整肃吏治起过一定作用。但是，乾隆

①《清高宗实录》卷一〇七二。

②《清高宗实录》卷一一六〇。

后期吏治腐败、贪污成风，罚俸只能放纵案犯继续作恶。在处理高朴一案时，乾隆帝责令一些渎职的督抚自行议处。于是，两江总督高晋、江苏巡抚杨魁、苏州织造舒文、淮关监督寅著，均自愿罚俸银二万两，陕甘总督勒尔谨自愿罚俸四万两。这些人何来如此多的银两？还不是贪污受贿而来！就在高朴案处理后不到三年，勒尔谨、王亶望等又因直接参与另一贪污案被清廷处斩。这是罚俸阻止不了贪污横行的明证。

乾隆帝对新疆以上案件的查处，虽然震动一时，但不能解决全国吏治的腐败现象，也不能阻止新疆官员以权谋私、贪污受贿的问题。就在查处以上案件不久，新疆又接连发生一系列官员的贪污受贿案。如乾隆四十九年（1784）奇台知县杨桑阿侵吞公款案，迪化知州观成亏空库银案；乾隆五十二年（1787）伊犁将军奎林婪赃入已案；乾隆五十三年（1788）和阗领队大臣格绷额婪索银物案，等等。在这些案件中，官员贪污受贿的钱财成千上万，给国家和人民群众造成很大危害，连乾隆帝也说："甫经大加惩创之后……种种积弊，全未铲除。"①

吏治日趋腐败，贪官惩而不绝，这是我国历史上任何一个封建王朝由盛转衰、由衰而亡的主要表现之一。如果我们把乾隆后期官员的贪污受贿腐败现象放到当时的社会中来分析，至少有以下两个主要原因：

第一是乾隆帝本人作风不正。纵观乾隆帝一生，他的文治武功在历史上享有盛名，但骄逸奢侈在历史上也颇有名气。他统治中国六十余年，总结自己一生，自认做了两件大事——西征和南巡。西征即统一新疆，这在我国历史上无疑是丰功伟绩。但是他六次南巡，兴师动众、大肆铺张、劳民伤财，造成国库空虚、民力困乏，则完全是为了贪图一时的虚名。在他的带动下，大小官员挥金如土，贪污受贿成风，百务废弛。乾隆帝自己每年都要接受下属以进贡、祝寿、献礼等名义进献的大批钱财，他本人就是全国最大的贪污受贿者，而又有谁敢对他进行查处呢？因此，尽管乾隆帝在全国不断地查处官员贪污受贿案件（他曾先后杀贪污受贿的省级督抚官员三十多人②），但始

①《清高宗实录》卷一二〇五。

②《旧典备征》卷五。

终不能遏制整个官场的贪污受贿之风。自身不正，上行下效，整个官风如此，不是靠杀几个人所能改变得了的。

第二是乾隆帝用人不当。乾隆后期，吏治的日益腐败表现在用人上就是唯亲是举。乾隆帝长期信任重用我国历史上著名的贪污受贿犯和珅即为突出一例。和珅，满洲正红旗人，由于机灵巧佞，善于奉迎，得到乾隆帝的赏识，很快从一般官员升为内务府大臣、户部尚书、文华殿大学士，晋封一等忠襄公，任军机大臣二十四年。他利用手中的权力，欺下瞒上，聚敛豪取。各省督抚司道官员为了保住官位，都竭力巴结和珅，贿送大批金银宝物，造成整个官场一片黑暗。后来嘉庆帝查抄和珅家产，“值银二亿二千多万两。当时国库每年的收入为四千多万两……相当于五年多的国库收入，可见其赃物之多，财产之富。甚至和珅的两个仆人抄没的家产也值银七百万两之多”①。乾隆帝对自己身边的大贪污犯和珅不但不惩罚，反而多次派他去查处下级的贪污案件，如此这般怎能遏制全国官员的腐败贪污受贿之风！

在我国漫长的封建社会里，官场中的以权谋私、贪赃枉法现象是一直存在、久治不愈的一种痼疾。只是当每个封建王朝吏治较清明之际，这一痼疾表现不太突出罢了。乾隆帝对新疆上述三大案件的查处，虽然可以震慑一时，但并不能阻止吏治的日益败坏，更不能从根本上遏制这种丑恶现象。

①戴逸：《简明清史》（第二册），北京：人民出版社，1980 年版，第 373 页。

参考文献

一、普通图书

[1] 赵尔巽等. 清史稿[M]. 北京:中华书局,1977.

[2] 新疆维吾尔自治区民族研究所. 新疆简史[M]. 乌鲁木齐:新疆人民出版社,1980.

[3] 戴逸. 简明清史(第二册)[M]. 北京:人民出版社,1980.

[4] 邓淑萍. 故宫所藏痕都斯坦玉器特展图录[M]. 台北:台北故宫博物院,1983.

[5] 冯尔康. 雍正传[M]. 北京:人民出版社,1985.

[6]《柯尔克孜族简史》编写组. 柯尔克孜族简史[M]. 乌鲁木齐:新疆人民出版社,1986.

[7] 傅恒等. 平定准噶尔方略[M]. 台北:台湾商务印书馆,1986.

[8] 王锺翰. 清史列传[M]. 北京:中华书局,1987.

[9] 庄吉发. 清高宗十全武功研究[M]. 北京:中华书局,1987.

[10] 庄吉发. 谢遂《职贡图》满文图说校注[M]. 台北:台北故宫博物院,1989.

[11] 爱新觉罗·弘历. 清高宗(乾隆)御制诗文全集[M]. 北京:中国人民大学出版社,1993.

[12] 唐文基,罗庆泗. 乾隆传[M]. 北京:人民出版社,1994.

[13] 恒慕义. 清代名人传略[M]. 西宁:青海人民出版社,1995.

[14] 刘汉忠. 杨廷理诗文集[M]. 香港:香港新世纪国际金融文化出版社,2000.

[15] 朱诚如. 清史图典·乾隆朝[M]. 北京:紫禁城出版社,2002.

[16] 钟兴麒,王豪,韩慧. 西域图志校注[M]. 乌鲁木齐:新疆人民出版社,2002.

[17] 西仁·库尔班. 中国塔吉克史料汇编[M]. 乌鲁木齐:新疆大学出版社,2003.

[18] 冯明珠. 乾隆皇帝的文化大业[M]. 台北:台北故宫博物院,2003.

[19] 万雪玉,阿斯卡尔·居努斯. 柯尔克孜族:历史与现状[M]. 乌鲁木齐:新疆大学出版社,2005.

[20] 赖洪波. 伊犁史地文集[M]. 香港:香港银河出版社,2005.

[21] 徐松. 西域水道记(外二种)[M]. 北京:中华书局,2005.

[22] 修仲一,周轩. 洪亮吉新疆诗文[M]. 乌鲁木齐:新疆大学出版社,2006.

[23] 陈超. 布鲁特首领车里克齐拥护清朝统一的事迹[M]. 乌鲁木齐:新疆大学出版社,2006.

[24] 谷苞. 新疆历史人物[M]. 乌鲁木齐:新疆大学出版社,2006.

[25] 中国第一历史档案馆. 乾隆西域战图秘档荟萃[M]. 北京:北京出版社,2007.

[26]《柯尔克孜族简史》编写组,《柯尔克孜族简史》修订本编写组:《柯尔克孜族简史》(修订本)[M]. 北京:民族出版社,2008.

[27] 故宫博物院. 史料旬刊[M]. 北京:北京图书馆出版社,2008.

[28] 朱彭寿. 旧典备征[M]. 北京:中华书局,2008.

[29] 新疆社会科学院历史研究所. 清实录新疆资料辑录(1—12 册)[M]. 乌鲁木齐:新疆大学出版社,2009.

[30] 邹爱莲. 清代起居注册·康熙朝[M]. 北京:中华书局,2009.

[31] 陈第. 毛诗古音考[M]. 北京:中华书局,2011.

[32] 周轩. 乾隆帝与土尔扈特东归[M]. 乌鲁木齐:新疆大学出版社,2011.

[33] 永瑢,纪昀等. 文渊阁四库全书[M]. 上海:上海古籍出版社,2012.

[34] 新疆维吾尔自治区博物馆. 故宫博物院清代新疆文物珍藏展[M].

乌鲁木齐:新疆人民出版社,2012.

二、期刊中析出的文献

[1] 史棣祖.清朝平定准噶尔部贵族的叛乱及其意义——从新疆昭苏县格登山石碑谈起[J].北京:文物,1976(12):59-67.

[2] 王世襄.清代的相扑[J].北京:紫禁城,1981(1):5-7.

[3] 王荃猷.一幅难得的清代蒙古族作乐图[J].北京:故宫博物院院刊,1981(3):49-51.

[4] 周轩.《平定准噶尔勒铭格登山之碑》碑文浅释[J].乌鲁木齐:新疆大学学报,1981(4):73-79.

[5] 李之勤.格登碑杂考[J].乌鲁木齐:新疆大学学报,1981(4):67-72.

[6] 潘深亮.塞宴四事图[J].北京:紫禁城,1990(3):32-33.

[7] 马文华.18—19 世纪布鲁特人的社会经济概况[J].乌鲁木齐:新疆大学学报,1990(3):53-60.

[8] 王启明.清代新疆伊犁通乌什道——从达瓦齐逃遁路线谈起[J].乌鲁木齐:西域研究,2015(2):30-38.

后　记

在我研究清代新疆文史的生涯中，我最钟情的人物是林则徐与乾隆帝。

林则徐在流放新疆三年期间，伊犁开垦，南疆勘地，他继在人生的最高峰虎门销烟之后，又在人生的最低谷做出了杰出的历史贡献，更显示其英雄本色。为此我潜心研究，相继出版了《林则徐诗选注》（获新疆第四届社科成果二等奖）《林则徐在新疆》（获第十四届中国图书奖）和《林则徐新疆资料全编》（获新疆第九届社科优秀成果奖）等。

而乾隆帝，虽说他终其一生未能来过新疆，但谁人能否认他与新疆的密切关系？谁人能轻视他在新疆历史上的重要地位？我为此一直想将乾隆帝与新疆作为研究重点，可是此前只出版过《乾隆帝与土尔扈特东归》一书。这部《乾隆帝与新疆》就是我多年研究的成果汇集。

我是文学专业出身，酷爱古典诗词，从研究林则徐的诗文进入他的内心世界，研究乾隆帝与新疆，也想从他所不被人关注的诗文方面另辟蹊径。

我曾在紫禁城乾隆帝退位后的乐寿堂（今故宫文物陈列室）流连忘返，这里既有玉山大禹治水、玉山丹台春晓和青玉云龙瓮三大玉山，还有许多金佛和珍珠宝塔，但是游客一般不会关注颐和轩西墙上的《西师诗》和东墙上的《开惑论》。乾隆帝在平定准噶尔后所写的长诗《西师诗》、在平定大小和卓后所作的长文《开惑论》，都是他极为看重的，书中意在对此有所研究。

我曾登临阿克苏地区最西边的乌什县的险要的燕子山，观摩不知哪位清人题写的“远迈汉唐”的碑刻，俯瞰山下一池碧水的燕泉公园，还有县城鳞次栉比的建筑。回想乾隆帝统一西域仅仅五年之后，竟然爆发了持续半年之久的乌什事变。乾隆帝命宫廷画家绘出《乌什战图》，题写《乌什战图补咏》诗六首叙其始末。鉴于很少有人留意，书中的《乾隆帝与乌什事变》也是希望引起今人关注。因为历史是一面镜子。

书中还值得一提的是《平定回部勒铭伊西洱库尔淖尔之碑》。英国军官扬哈斯本在他的著作《大陆的心脏》中记载，他于 1890 年 10 月造访此碑并拓片，“这个石碑后来被俄国人搬到塔什干，放到塔什干博物馆”。联想到格登山之碑至今巍然屹立在伊犁边界上，使我对伊西洱库尔淖尔之碑的下落耿耿于怀，但充满期待。

近代爱国学者魏源在《南京条约》签订之际的《圣武记》，写于“海夷就款江宁之月”，意在激励战败后的人心。而我研究乾隆帝与新疆的目的，源自我对新疆的热爱。祖籍山东昌邑、生在吉林长春、长在乌鲁木齐的我，对新疆这片土地充满深情。还有我自认的守土有责，就像我在书中开篇所说：“一个国家和民族，必须要从历史中认识自己，从中汲取经验和教训、智慧和力量，而绝不可以忘记过去。”

人生有限而事业无穷，除了个人的研究之外，我还参与新疆历史上最大的文化工程——“新疆文库”的编辑出版工作，忝列编辑出版委员会副主任兼编务总监，近年我将以更多的精力投身于此，回报真正养育我的新疆大地。校毕书稿，抬眼眺望东天山巍峨入云的博格达峰，我不禁默默地许下了心愿。最后要特别感谢合作者吴轶群副教授，获得历史学硕士学位留校后即与我成为同事，他 2007 年毕业于复旦大学历史地理研究中心，师从著名中国历史地理学家葛剑雄教授，获历史学博士学位，返回新疆大学任教。在近十年的科教合作中，多有启发和相助，在本书中主要合作完成第五、九、十、十五章，其他各章中贡献亦多。还要感谢与我合作完成最后两章的新疆社科院研究员齐清顺先生。

周轩

于新疆大学红湖畔